KB082161

Wabi-Sabi:
Further Thoughts

わび・さび

일러두기

· 인명·지명·단체명을 비롯한 고유명사는 국립국어원 외래어표기법을
  따랐으나 관례로 굳어진 것은 존중했다.
· 이 책 말미의 주석 중 옮긴이 주는 ⓔ를 붙여 표시했다.
· 참고 문헌은 국내서 및 한국어판 번역서를 기준으로 하되,
  한국어판이 없는 외서는 출간연도만 명시했다.

와비사비
Wabi-Sabi: Further Thoughts

2022년 2월 22일 초판 인쇄 · 2022년 2월 28일 초판 발행 · **지은이** 레너드 코렌 · **옮긴이** 박정훈
펴낸이 안미르 · **크리에이티브 디렉터** 안마노 · **편집** 김한아 · **디자인** 옥이랑 · **커뮤니케이션** 김세영
영업관리 황아리 · **제작** 스크린그래픽 · **종이** 백상지 260g/m², 그린라이트 100g/m²
글꼴 SM태명조, AG최정호체, AG최정호 민부리, Le Monde Livre Cla

안그라픽스
주소 우 10881 경기도 파주시 회동길 125-15 · **전화** 031.955.7755 · **팩스** 031.955.7744
이메일 agbook@ag.co.kr · **웹사이트** www.agbook.co.kr · **등록번호** 제2-236(1975.7.7)

ISBN 979.11.6823.006.4 (03100)

다만　이렇듯

와비사비

레너드 코렌 쓰고
박정훈 옮기다

안그라픽스

더 상세한 고찰　　　　　　　　　　　7

　　와비사비의 우주　　　　　　　　　10
　　와비사비는 어떻게 생겨났는가 1　　13
　　와비사비는 어떻게 생겨났는가 2　　45
　　와비사비 본유의 물질성　　　　　　69
　　와비사비의 현실과 디지털 현실　　81

사진 설명　　　　　　　　　　　　　97
주석　　　　　　　　　　　　　　　101
옮긴이의 글　　　　　　　　　　　121

더 상세한 고찰

1994년 나는 와비사비わびさび라는 용어를 책『와비사비: 그저 여기에』에서 소개했다. 그 책을 통해 와비사비를 "불완전하고 비영속적이며 미완성된 것들의 아름다움이다. 소박하고 수수하며 관습에 매이지 않는 것들의 아름다움이다."이라 명시했다.[1] 또한 와비사비는 일본 문명의 본질적인 의미를 규정짓는 미적 감수성이라는 입장을 펼쳤다.

그 책에서 와비사비라고 규정한 의견과 원리가 거의 언제나 미적 성향을 띠어왔음에도, 그것이 강렬한 어조로 표현된 적은 이전에도, 어쩌면 문화의 수용기에도 없었을 것이다.[2] 결과적으로 자기 작업의 면모를 설명하는 데 그 책의 어휘와 개념 도식이 유용하다는 걸 많은 이가 발견했다. 심지어 어떤 이는 창작의 새로운 자극으로 삼기도 했다. 시간이 지나 여러 작가와 사상가는 와비사비에 관한 자기의 새로운 책에 내 이론과 설명을 접목하기 시작했다.

나는 와비사비의 인식 체계가 광범위하게 수용된 것에 전반적으로 만족했다. 하지만 이해하기 용이한 방식으로

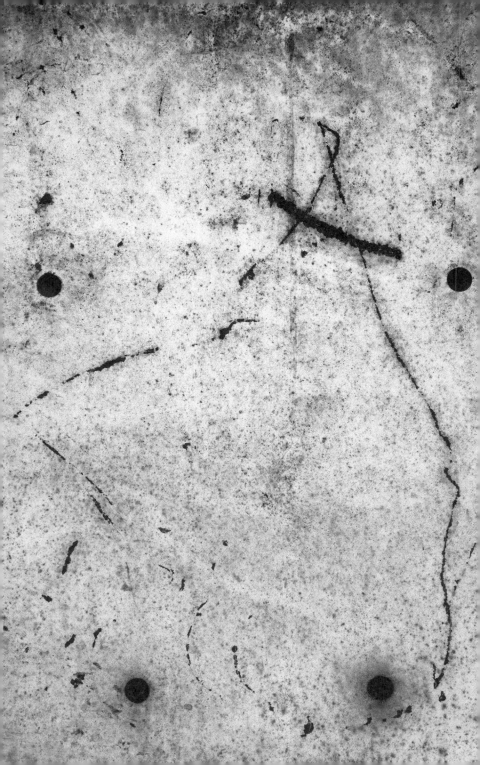

와비사비의 개념을 제시하는 데 열중한 나머지 『와비사비』에선
와비와 사비라는 두 일본어 단어가 결합하게 된 상황을 설명하는
데 소홀했다. 이 때문에 일본 역사에서 와비사비의 실제적 위치에
수많은 오해를 불러일으켰다. 이 책은 그런 오해를 어느 정도나마
해소하고자 썼다.

   와비사비가 어떻게 생겨났는지 명확히 밝히고, 더 나아가
이를 통해 와비사비의 특성을 분명히 하는 데 이 책의 목적이
있다. 반면 텍스트 자체는 새로운 미적 패러다임의 창출과
관련한 그 오해들을 풀고자 의도적으로 사용된 방법론적
'도구'다. 마지막 두 장에선 현대 세계에서 와비사비의 위치라는
색다른 문제를 다루었다. 여기에서 제기된 사안을 갖고 독자들과
함께 물질성 및 물질성의 본질을 숙고해 보고자 한다.

와비사비의 우주

형이상학적 근거	사물은 무無에서 나와 무로 돌아간다.
영적 가치	진리는 자연의 관찰로부터 나온다. '위대함'은 쉽게 보이지 않고 간과된 세밀함에 깃든다. 아름다움은 추함으로부터 끌어낼 수 있다.
마음 상태	불가피한 것의 수용 우주 질서에의 감응
도덕 계율	모든 불필요한 것들을 제거한다. 본질에 마음을 두고 물질적 위계는 무심히 대한다.
물질적 특성	자연적 과정을 암시 불규칙함 친밀함 진솔함 수수함 탁하고 어두움 단순함

와비사비는 포괄적인 미적 체계라 할 수 있다. 와비사비의
세계관, 와비사비의 우주는 자기지시적이다. 이 세계관과 우주는
존재의 궁극적 본질(형이상학), 신성한 인식(영성), 정서의
평안(마음 상태), 행위(도덕성), 사물의 모양과 느낌(물질성)에의
종합적 접근을 가능케 한다. 미적 체계의 구성 요소가 한층
정연해지고 더 명료하게 규정될수록 이 체계는 더 가치 있어진다.
즉 개념적으로 이해하기에 한결 용이해지고, 더욱더 다양한
방식으로 근본 원칙을 참조할 수 있게 된다.[1]

와비사비는
어떻게 생겨났는가 1

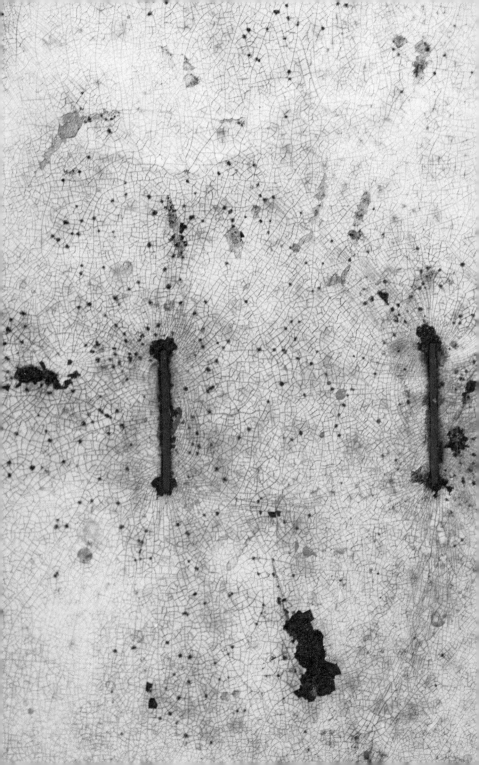

혼동의 원인

일본어 사전에서 '와비사비'나 가운데를 띄어 쓴 '와비 사비'를
찾아보면 실망할지도 모른다. 사전에 없는 낱말이기 때문이다.[1]
하지만 지적 호기심이 있는 일본인들에게 그 뜻이 무엇인지
아느냐고 물어보면 예외 없이 그렇다고 대답할 것이다. 그 뜻을
분명하게 표현할 수 없음에도 말이다.

이를 뭐라고 설명해야 할까?

와비侘び는 현존하는 일본 최고最古의 시가집인
『만엽집萬葉集』[2]에 등장하는 예스러운 낱말이다. 이 책은 일본의
민족주체성이 처음으로 통합되기 시작한 8세기에 편찬되었다.
이 시기 일본이 가장 우선시한 모범은 중국이었다. 한시漢詩에서
빌려온 개념인 사비寂び는 '고적함'을 의미했다.[3]

13세기 무렵 사비는 일본 시에서 절대적으로 중요한
용어이자 예술적 이상이 되었다. 사비의 감수성은 여타 대부분의
일본 예술 장르인 문학, 회화, 무대 예술, 실내 디자인 등으로
번졌다. 이 시기의 사비에는 '낡고, 바래고, 쓸쓸한 정취를 즐김'
그리고 '시들어버린 것들을 아름답게 여김'이라는 의미가 담겼다.

사비의 감수성은 또한 닳고 해진, 미완성된, 불완전한, 모호한,
묵묵한[4], 부조화스러운 것들에 깃든 미의식으로까지 확대되었다.
황실에서 봉직한 후 말년에 승려가 된 요시다 겐코吉田兼好,
1283-1350가 그의 유명한 수필집『도연초徒然草』에서 언급한 미의
속성과 같다.[5]

　(사비에는 철이 산화되어 적갈색으로 변하는 과정을 일컫는
'녹슬다rust'의 뜻도 있음을 주목하자.[6] 이 뜻은 별도의 어원을
갖는다. 시간이 흐르면서 '녹'은 사비의 다른 뜻과 얽혔고 결국
와비사비가 되었다.)

　감정적인 어조에 물든 사비라는 단어와 일본 다도 관습의
새로운 형식을 구현한 와비차佗び茶를 서술하기 위해, 15세기
후반에 와비라는 단어가 등장했다.[7] 일본에서 다례茶禮, tea
ceremony는 주로 차를 우려낸 탕이란 뜻의 차노유茶の湯, 또는
차노유에서의 정신 수행을 강조한 차도茶道로 칭한다. 처음
일본에 들여온 건 중국 송나라에서 유학하던 승려들로, 참선 중
정신을 맑게 유지하려는 의례적 용도였다.[8] 그 후로 차 마시기,

즉 끽다喫茶나 음다飮茶는 귀족 및 무사 계급에 의해 술을
곁들이거나 곁들이지 않은 연회, 감별력을 뽐내는 시음회 같은
유희의 일부로 편입되었다. 차를 진지한 예술적 행위의 중심에
처음으로 놓은 건 와비차의 시조라 불리는 무라타 주코村田珠光,
1423–1502이며, 일본 다도의 엄격한 법도는 중국 다도의 시조라
불리는 육우陸羽, 733–804의 『다경茶經』에서 비롯되었다.[9]

사비처럼 와비도 『만엽집』에 등장한 오래된 단어이다. 와비는
'마음 깊이 겸손하게 용서를 구하다'라는 뜻의 말에서 왔다. 본디
와비는 부정적인 어감이었다. 하지만 수백 년이 지나 다도의
틀 안에서 이 단어의 사용은 극에 이르러 와비는 가련한, 비참한,
궁핍한, 적막한, 쓸쓸한, 허전한, 허망한 등 시적으로 긍정적인
의미를 함축했다.[10]

그 후 100년 남짓 동안 와비차는 매우 유행했다. 이 시기에
와비의 의미는 대체로 사비의 뜻과 겹쳐졌다. 달리 말해 와비는
흔히 사비를 뜻하게 되었다.

와비차의 창안

와비차는 중세 유럽의 암흑기와도 비견되는 일본의 극심한
사회정치적 혼란기, 즉 전국시대戰國時代, 1466–1598라 불리는
그칠 줄 모르는 전쟁의 시대에 고안되고 발전했다. 와비차가
당시 파국적인 현실에 대한 미적 순응에서 시작됐다는 게
더 적합한 설명일 것이다. 많은 이가 재산을 잃었고 그들의
소유물이 파괴되었다. 많은 파손품 중에는 중국에서 건너온
값비싼 다기茶器도 있었다.[11] 사람들은 대체물을 원했다. 일본에서
제작된 다기는 표면상 덜 정교하고 덜 세련된, 거칠고 고르지
않은 질감의 대용물일 뿐이었으나 그 대신 구하기에 무난했고
구입하기에 부담이 없었다. 그렇게 일본산 다기들이 다도에
사용되기 시작했다.

　와비차의 발생지는 다실茶室이었다. 와비차의 다실은 규모가
작았고 비교적 투박했다. 주로 정원 내에 있는 별도의 작은
초막을 다실로 삼았다.[12] 바깥세상의 고초와 근심으로부터
단절된 다실의 안쪽에서는 사회의 관습과는 관계없이
예술적이고 철학적인 가치가 정착했다.[13]

일본식 다실은 삶의 이상화된 순간을 경험하는 데 맞춰진 작은
폐쇄 공간이다. 오늘날 우리에게 '전통'으로서 전해 내려오는
다실은 대체로 저 16세기에 개발된 와비차 다실을 본으로
삼는다. 자유롭게 해석해보자면, 일본의 현대 건축가들은
'일본다움'이라는 신화의 핵심에 깃든 특별한 상징성을 탐구하기
위한 (조형적인) 터로서 다실의 유형을 발견한다. 결과적으로
현대 일본식 다실의 규범적인 요건은 와비차 다실만큼이나
탄력적이다. 달리 말해 매우 독특하다.

　와비의 예술적 모험은 능숙한 기획자이자 차 모임의 주최자
역할을 하는 다두茶頭가 주관했다.[14] 이전 일본 다도 방식은
다실 밖 별도의 구역에서 준비한 차를 하인이 안으로 들여오는
것이었다. 와비식은 달랐다. 과거의 다도 전통과 단절되어
집기什器조차 갖추지 않은 채, 다두가 다실 바닥에 앉아 다객茶客의
눈앞에서 직접 차를 준비하고 대접했다.

　다두는 다도에 필요한 도구를 장만하고 환경을 조성하는
데 관여했다. 가장 존경받는 다두는 관습에 얽매이지 않는

독창성으로 주목받았다. 반면 모방은 예의에 어긋나는 것으로
받아들여졌다. 이는 다양성과 예측 불가능성을 경쟁하듯이
추구하는 상황을 낳았다. 결과적으로 와비의 본질적인 개념은
다양한 예술적 이해를 통해 지속적으로 재창조되고 확장되었다.[15]
하지만 와비다운 것이 정확히 무엇인지에 대한 포괄적인 의견
일치는 없었다.

와비차 다두의 대다수는 사물(물건, 상황, 사건)의 의미와
중요성이 사물끼리 비교하거나 다른 사물을 암시적으로
표현하는 데 달려 있다는 것을 인지했다. 따라서 오래된 것은
새로운 것과, 외국의 것은 국내의 것과, 매끈한 것은 거친 것과,
값비싼 것은 값싼 것과, 유명한 것은 무명의 것과, 복잡한 것은
단순한 것과 나란히 놓았다.

와비의 물질성을 창안하기 위한 가장 일반적인 전략은
낡거나 다도와 무관한 물건에 새로운 기능을 부여해 상징적으로
연관 짓는 방식으로 다시금 사용하는 것이었다. 가령 농부의
밥그릇은 찻잔의 용도로 변경되었다.[16] 빈 기름병과 약통은

차 보관함으로 새로이 활용되었다.[17] 비슷한 사례로, 금 가고
이 빠지고 깨져버린 사발과 여타 다구는 폐기되는 대신 귀중하게
수리되어 다도의 자리로 돌아갔다.[18]

짚을 엮은 농가의 지붕은 초막 다실의 지붕으로 차용되었다.
이것은 검박한 농부의 삶을, 금욕적인 은둔 시인의 삶을
암시했다. 벽 내장재로 쓰인 대나무 격자 살이 거칠게 드러나게끔
마감처리를 하지 않은 다실도 있었다. 달리 말해서 서정적으로
각색된 고매한 청빈의 형상화는 적극적으로 양성되었다.

와비는 아울러 다른 형식의 예술을 원용했다. 와비차 다두의
의례적인 '행위'의 절용성과 정교함은 일본 전통 가무극인 노能의
꾸민 듯한 신체 동작에 어느 정도 영향을 받았다.[19] 와비차는
또한 유현幽玄이라 불리는 노의 영묘한 분위기를 받아들였다.
유현은 존재와 비존재가 교차하는 곳에 있는 내세로부터의 부름,
즉 초혼을 뜻한다. 일본 토착종교인 신도神道의 영향을 받은
존재의 현묘함이 주는 암시 같은 것이다. 신도의 우주론에서
현세는 내세, 즉 정령의 세계와 공존한다.

마지막으로 언급해야 할 중요한 점은 와비차의 지적 기층에는
선불교에서 비롯된 사상과 관점이 깔려 있다는 것이다. 선禪
수행 자체는 철학적 화법을 거의 사용하지 않는다. 이것은 매우
실천적인 규율이었다. 선에 있어 단 하나의 목표는 득도得道이다.
선사禪寺는 문화 교류의 한가운데 있었다. 일본 선종禪宗은
그 자신을 소명하기 위해서 유교, 도교, 신도의 교리를 흡수해
다시금 활용했다.[20] 이런 가르침 중 일부는 종래 와비차와
통합되었다. 고명한 다두는 모두 일정 기간 선사에서 수행했다.
와비차 다두 중에서 역사적으로 가장 존경받는 센노 리큐千利休,
1521-1591는 "다도의 여러 기물과 도구 중에서 족자보다 더 중한
것은 없다"고 말한 것으로 잘 알려져 있다.[21] 이를 포함해, 그 밖의
많은 센노 리큐의 성찰로 추정되는 와비차의 바탕은 리큐의
제자이자 승려인 난보 소케이南坊宗啓의『남방록南方錄』에 남아
있다.『남방록』의 진위에 대한 의문이 여전히 남아 있음에도,
난보의 기록은 일본 차의 전통이 귀감으로 삼은 리큐의
언행과 감성의 면모를 뒷받침한다.『남방록』은 또한 와비의

물질성이 사실은 사비였다는 판단을 암묵적으로 뒷받침한다. 다실 도코노마床の間에 걸어둔 족자에는 주로 '깨달음을 얻은' 불자佛者의 붓글씨가 쓰여 있다.[22] 일반적으로 족자는 선 사상이 깃든 도리를 표현했다.[23]

　　선의 태도, 특히 단순함을 철저히 지향하고, 인위적인 기교를 지양하며 청빈을 심미화하는 경향은 다실의 설계에도 영향을 미쳤다. 선종의 문학 작품에는 (자발적인) 청빈의 필요성을 언급한 내용이 많다. 중국 조동종曹洞宗을 일본에서 개창한 도겐道元, 1200-1253 선사의 규율은 다음과 같이 기록되었다. "다른 종파들이 선을 언급할 때 그들이 칭송하는 것은 선의 무소유 정신이다. 한때 나는 토지와 재산을 소유한 적이 있다. 하지만 지금의 내 몸과 마음 상태를 그때와 비교해보면 오직 법의와 발우뿐인 지금의 내가 얼마나 더 좋은지 깨닫게 된다. 도를 알고자 하면(깨달음의 경지에 다다르려면) 너는 반드시 청빈해야 한다."[24] 와비차의 전개에 많은 부분 임제종臨濟宗의 영향이 있었음에도 근저를 이루는 정조는 종파를 막론한다.

청빈의 가장 적나라한 표출은 다회 공간의 축소였다. 와비차 초기의 다실은 다다미 6첩 반이 들어가는 정도의, 두 평이 조금 넘는 작은 크기였다. 하지만 이 시기가 끝나갈 무렵 다실의 크기는 3분의 1로 줄어들어 한 평도 채 되지 않았다.

겸허와 겸양 역시 선 전통의 일부였다. 와비차 초기에 다도 참석자는 걸어서 다실로 들어왔다. 말기에 다객들은 공손하게 손과 무릎으로 기어서 작은 문을 통해 들어왔다.[25] 이런 공간의 압축과 참여자를 겸손하게 만드는 입실 방식의 효과는 일시적으로나마, 적어도 이론적으로나마 신분의 차이를 평등하게 만들었다.

와비차의 시대가 발전함에 따라 겸양과 겸손, 그리고 단순함으로의 경향이 강해졌다. 평범할지라도 모든 사물이 지닌 '본질적인 특이성'을 발견하고 존중하는 것을 중요시했다. 더 많은 물건을 다실 밖으로 내보냈으며, 그로 인해 건축적 요소 및 다른 남은 것들에 각별한 주의를 기울였다. 다실에 남은 물건은 더 단순하고 소박해졌다. 그 물건들은 그 지역에서

世の中は三十八年十四角へ
とらうて三十の形を
人よする達く
ギ立弟大蔵

자라고 만들어진 것들과 돌, 나무, 강… 그리고 계절의 운율, 즉 사물의 자연적 근원을 더 잘 드러낸 것들이었다.[26]

와비차의 최후

일본에서 고급문화의 전파는 주로 사회 고위층으로부터 밑으로,
즉 지도층으로부터 일반 대중에게로 내려가는 식이었다. 하지만
와비차가 발전하던 시기는 이런 통칙에서 벗어난 때였다.
전반적으로 16세기는 하극상의 시대로 알려져 있다. 예술 및
정치의 영역에서 능력을 첫째로 삼는 기풍이 지배적이었다.[27]
이 시기엔 능력과 공명심이 신분을 능가했다. 일본의 계급제도가
여전히 경직되어 있음에도 다실은 귀족, 무사, 승려, 장인, 상인
등이 예술을 향한 저마다의 열망을 추구하며 자유롭게 어울린
장소였다. 상인과 상인 계층 출신의 사람들은 가장 유능하고
영향력 있는 다두임을 입증했다. 차와 관련해서 와비라는 용어를
처음으로 사용한 인물은 한때 상업에 종사했다고 알려진
무라타 주코였다. 와비차의 창안에 관계된 또 다른 선구자
다케노 조오武野紹鷗의 아버지는 (원래 무사 계급이었으나)
상업에 종사했다. 조오의 제자이자 와비차의 가장 저명한 인물인
센노 리큐는 부유한 상인을 아버지로 두었다. 와비차는 '상인의
차'로 불리기도 한다. 하지만 흥미롭게도 조닌町人이라 불리던

당시 일본의 상인 계층은 신분 피라미드의 맨 아래에, 농민보다도 아래에 있었다.[28]

능력을 본위로 하는 시대정신은 다른 중요한 방식으로도 와비차 다실에 스며들었다. 소박한 일본식 도자기와 그 외 수집해서 수리하거나 새로 만들어진 와비의 물건들은 비교적 거칠고 생김새가 못났다. 하지만 다실에서 와비의 물건들은 정교하고 기품 있고 값비싼 당물唐物, 가라모노과 동등하게 사용되었다. 무라타 주코는 다회에 소박한 와비의 물건들을 중국산 명품과 같이 두고 사용해야 한다고 했다.[29] 같은 공간에서 나란히, 진지하고 동등한 배려로 상이한 두 종류의 물건을 함께 사용한 것은 와비 물건들의 지위를 효율적으로 당물 자리에 끌어올렸다. 실제로 물질적 가치를 다시 매기는 일이 일어났다.

그럼에도 귀족층 및 고위 무사 계급은 '와비 혁명', 즉 이전 시대에 문화적 자산을 쌓고 이를 독점한 이들의 심기를 분명 불편하게 만든 위계적인 물질적 평가의 변화에 자유롭게 참여했다. 그들이 소장한 고가의 중국산 공예품은 한때 우월한 권력과 특권의 상징이었지만 이제 그것의 상대적인 가치는 떨어졌다. 천성적으로 의심이 많은 사람은 상인 즉 다두들이 어떻게, 그리고 무슨 권리로 '훌륭한' '뛰어난' '최상의' 와비를 판단하는 특정한 기준을 제시했는지 물어봤을 것이다. 달리 말해서 어떻게, 왜 와비의 물건들이 다른 것들보다 진정 더 훌륭한지, 누구의 권위로 말미암아 평가되는지 의심했을 것이다. 상인-다두들이 사리사욕으로 가치를 조작한다고 생각한 사람들이 있었을지도 모른다. 와비차의 숭고한 원칙과 실제 관행 사이에는 엄연한 모순이 있었다. 가령 고도의 감식안과 연관된 지식의 습득은 부를 쌓는 또 다른 방식이었다. 선종의 입장에서 이 방식은 '실상'을 제대로 보지 못하게 만드는 장애물이었다. 또한 와비차는 고가의 물건을 소유하는 데 집착하고, 이를 얻기 위해 수단을 가리지 않는 이들에 의해 좌우되었다. 매수 행위를 기록한 장부에서 심리전과 우월감이 엿보인다.[30] 어느 시점에 어떤 변화가 있어야 했다.[31]

　　1570년 즈음, 거듭되는 전쟁과 정치적 혼란기는 끝났다.

일본 열도는 끝내 통일되었다. 질서와 통제가 다시금 중요해졌다. 이와 동반해 전통적 위계 원칙이 복귀되었다. 예술에 내려진 특허의 시대는 끝이 났다. 와비차처럼 상인 및 그 동류의 사람들이 그때까지 일본 예술에 기여한 것들이 규범으로 영구히 남았음에도 그들은 문화 엘리트 사회 밖으로 밀려났다. 와비차의 혁신자 센노 리큐서껀 많은 이가 직책에서 내쫓겼다. 특히 리큐는 그가 섬기던 도요토미 히데요시의 명으로 할복했다. 리큐에게 사형 선고가 내려진 실제 이유는 불확실하지만, 다양한 가설이 나왔다. 설득력 있는 것들로는 첫째, 리큐가 다구 판매에 부적절한 방식으로 연루되었다는 점. 둘째, 리큐의 성격, 위신, 자만이 어떻게든 히데요시의 심기를 건드렸다는 점. 셋째, 리큐는 사실상 권세 있는 인물이었으나 권력 다툼 와중에 단지 줄을 잘못 섰다는 점을 들 수 있다. 어쨌든 리큐는 오늘날 의미심장한 자취를 일본 문화에 영구히 남긴, 영향력 있는 절세의 예술가이자 창작자의 전형으로 평가받지만, 와비차의 유행은 1500년대 후반부터 계속 사그라졌다. 와비라는 양식 그대로의 대범한 실험과 창의는 시들었다.

그 후 와비는 점점 더 보수적이고 더 예법을 따지고 더 규칙에 얽매인 다도의 방식으로 변해갔다. 조부 센노 리큐의 탁월한 성취를 기민하게 활용한 센 소탄千宗旦, 1578–1658은 오늘날 일본 중세 문화의 살아 있는 박물관이라 불리는 것을 궤도에 올려놓은 인물이다. 소탄은 리큐가 목숨으로 치러야 했던 정치적 오판을 예의 피하면서 황실과 권신 및 고위 무사와의 인맥을 넓혔다. 그리고 나서 자기 아들들이 권력 있는 여러 쇼군將軍 문중에서 다두로 일하게끔 권유하고 도왔다. 반면 소탄 본인은 영적 심미가로서의 이미지를 가다듬는 데 매진했다. 소탄은 리큐보다 더 와비의 삶을 그러안은 듯하다. 유작『선차록禪茶錄』에서 소탄은 '차와 선의 조화'를 강조했다(다만 이 책은 위작으로 의심받는다). 그후 소탄 가의 후손은 현재까지 다두 및 리큐 유산의 지킴이로 삶을 꾸린다. 그들의 일은 차 관련 도구의 감정과 검증, 다도 교육의 체계화, 다도 지도자 자격 승인 및 관리, 전반적인 와비차 신비주의의 전수다. 그 과정에 다양한 법어法語는 차의 정신적인

면을 강조하기 위해 제도화되었다. 리큐가 불교 덕목 중에서 꼽아 다도에 도입한 지침인 '조화, 존중, 순수, 평온'이 가장 중요하게 열거된다. 이 덕목들은 원래 와비차의 개념이 아니었고, 후에 다도가 단순한 취미나 '고상한 재능'으로 취급되는 걸 방지하려는 목적으로 도입되었다.[32]

미적 우위에 있던 와비차가 끝판에 이른 시기와 다도가 사실상 일본의 '전국적인 성사聖事'로서 그 지위와 특권이 전반적으로 올라가던 때는 역설적이게도 겹친다.[33] 일본 열도를 통일한 도요토미 히데요시는 두 차례에 걸쳐 직접 천황을 모시고 다도를 행했다. 즉 군사-정치의 최고 통치자에 의한 국가 제일의 문화적 표현이 일본의 가장 고귀한 존재에게 바쳐진 것이다.

와비, 사비, 와비사비?

와비차가 활기 띤 시대를 지나는 동안 와비차의 생성과 실행에
동참했던 이들은 적합한 물질성, 환경, 심경에 관한 자기 생각을
편지, 일기, 시, 주석 등에 남겼다. 이 책에 등장하는 '와비차의
시대'라는 말은 간간이 '활기'나 '활발'이라는 수식어와 더불어
사용되었다. 이 기간은 무라타 주코가 처음으로 초기 와비차의
원리를 「마음의 글心の文」에 기록한 1488년 무렵부터 리큐가 죽은
1951년까지를 뜻한다.

    역설적이게도 20세기 중반, 이런 자료들과 맞닥뜨린
연구자들은 그 문서들에서 언급된 본질적 미의 특성에 대해
설명할 때 정확히 어떤 단어를, 즉 와비를 사용해야 하는지 또는
사비를 사용해야 하는지 의견을 모으는 데 어려움을 겪었다.
대다수 전문가는 와비라는 단어를 자기 해설 전반을 아우르는 데
사용했다. 반면 저명한 일본 문학 연구자 도널드 킨Donald Keene,
1922-2019 같은 학자들은 와비가 아닌 사비를 사용했다.[34]
그는 다음과 같이 썼다. "어쩌면 다도는 드러나지 않는 기품에
대한 일본인의 지극한 애정 표현일 것이다. 위대한 다인茶人

리큐가 추구한 이상은 사비였다. … 리큐의 사비는 좋은 것을
살 형편이 안 되는 사람에게 강요된 소박함이 아니었다. 그에게
사비란 쉽게 구할 수 있는 호화로움을 거부하고, 금으로
만들었거나 갓 만들어 번쩍이는 주전자보다 녹슬어 보이는
주전자를 애호하며, 화려한 궁궐보다 아무런 장식도 없는 작은
초막을 선호하는 마음가짐이었다."[35]
    이와는 대조적으로 선불교 및 일본 예술에서의 선불교의
영향력에 관한 연구의 권위자 스즈키 다이세쓰鈴木大拙, 1870–1966는
와비스러운 것들의 더 유형적이고 정량화된 면모를 설명하기
위해 사비를 사용했고, 더 직관적이고 정서적인 측면을 설명하기
위해 와비를 사용했다.[36] 하지만 그는 현상이나 심경이 객관적인
것과 주관적인 것 사이의 모호한 경계에 걸쳐져 있을 때 와비와
사비는 구별되지 않는다고 설명했다. 스즈키는 "어떤 면에서
와비는 사비이고, 사비는 와비이다. 이 두 용어는 서로 바꿔 쓸 수
있다."고 말했다.[37] 그럼에도 그는 와비와 사비를 합친 와비사비를
어디서도 사용한 적이 없었다.

일본인 비평가와 역사가, 심지어 다도 기관에 속한 지식인들의
글까지, 많은 경우 와비와 사비를 와비사비로 합치려는 의지가
뚜렷해보였다. 뜻이 밀접한 두 용어의 복잡한, 어쩌면 괴팍한
사용은 암묵적으로 인정받았다.[38] 오늘날 학식 있는 일본인들이
와비사비의 선험적 존재를 그토록 확신하는 듯 보이는 이유가
사실 이 때문이다.

　그렇다면 왜 와비와 사비는 한 단어로 합쳐진 적이 없었을까?
그 누구도 와비사비가 매우 어색한 개념이라고 생각하지
않았거나, 혹은 다뤄야 할 문제라고 여기지 않았기 때문일
것이다. 아니면 역사가 및 다도 관련 기관 들에게 두 단어를
하나로 결합하는 데 드는 노력은 문화적으로나 정치적으로나
너무 막중했을지도 모른다. 이것은 수백 년의 전통을, 더 거슬러
올라 어원의 희미한 흔적을 뒤집어 놓을 수도, 그리고 문화의
수면을 전반적으로 휘저어 놓을 수도 있다. 그 위험을 무릅쓸
일본 예술 유산의 수호자는 거의 없어 보인다.

와비사비는
어떻게 생겨났는가 2

와비사비의 인식체계에 이르는 길

내 마음을 깊이 이끈 특별한 유형의 아름다움을 확인하고
설명하고자 나는 1992년부터 탐구를 시작했다. 당시 나는 주로
일본에 거주했다. 나에게 '아름다움'이란 우리가 살아 있고
세계와 연결되어 있다는 것을 더욱더 느끼게 해주는, 표면상
사물로부터 발산되는 자극적이고 쾌락적인 감각들의 집합을
뜻한다. 때로 이런 감정들은 진실, 선함, 사랑의 강렬한 느낌을
동반한다.

나는 왜 아름다움에 관심을 가졌을까? 얼마 전 내 아버지는
충격적인 교통사고를 당해 돌아가셨고, 이로 인해 나는 삶의
목적에 의문을 갖게 된 나 자신을 발견했다. 고려할 수 있는 모든
가능성 중에서 '아름다움을 경험할 수 있는 능력'은 삶을 위한
최선의 이유처럼 보였다. 아름다움은 고차원적 유형 인식에 대한
무의식의 반응이다. 어쩌면 아름다움은 우리 정신의 밑바탕인
개념의 구조를 훑어보는 일일 것이다. 아름다움이란 예컨대
세계가 우리에게 나타나는 방식의 근원을 드러내는 깨달음의
일종이다. 나는 이 과정을 더 잘 이해하고 싶었다.

나를 무엇보다도 감화시킨 유형의 아름다움은 쉽게 손 닿는 곳에,
빤히 보이는 곳에 그 모습 그대로 숨어 있다는 걸 느꼈다.
이 아름다움은 훌륭한 취향에 관한 것이 아니었다. 어쩌면
그 반대였다. 오히려 이 아름다움은 감수성이 지극히 예민하고
미적 성향을 지닌 사람들이라면 확실히 인식할 수 있는 것이었다.
　　어떻게 진행해야 할지 확신이 서지 않았다. 결국 카메라를
들고 도쿄에 있는 집을 나섰다. 그리고 관심에 포착되는
무엇이든 촬영하기 시작했다. 생각을 끊으려 애썼다. 나는
그저 셔터 버튼 위에 손가락을 댄 한 쌍의 눈이었다. 다음날도
무념무상으로 그저 걷고 촬영하기를 반복했다. 약 두 달 동안
매일 같은 일상을 지냈다. 때는 가을이었다. 얼마 지나서 다양한
모습으로 분해되는 나뭇잎 이미지를 다수 얻었다. 그 이미지들은
어빙 펜Irving Penn, 1917-2009이 세밀하게 관찰한 담배꽁초,
맨해튼의 배수로에서 집어 들었을 법한 담배꽁초를 떠올리게
했다.[1] 매혹적이었다. 하지만 이것이 의미한 바는 무엇이었나?
내포된 사상은 어떤 것이었나? 기저를 이룬 개념의 구조는

무엇이었나? 어떻게 이 모든 걸 언어로 표현할 수 있었나?

직감적으로 10년 안 되는 기간 동안 보관해온, 일본 다도를 연구하던 때의 오래된 수첩을 끄집어냈다. 몇 장을 읽고 나니 무언가 불현듯 떠올랐다. 일본인 친구들이 예측 불가능성의 심미적인 분위기를 약칭하는 데 사용한 와비사비라는 단어가 기억났다. 그 친구들이 의미한 건 '와비와 사비' 두 가지였을까, '와비 혹은 사비' 둘 중 하나였을까, 아님 두 단어를 합친 '와비사비'였을까. 내 관심을 이끈 건 와비사비, 즉 두 단어의 종합의 가능성이었다.[2]

시간이 흘러 와비사비가 물질과 환경의 특성, 감정 상태, 윤리도덕적 결정은 물론 영적 지향성에까지 두루 적용될 수 있다는 사실을 파악했다. 하지만 어느 정도 조사를 하고 난 후 이 단어가 정식으로 확립된 용어가 아니라는 것을 발견했다. 즉 글로 표현한 작품에서나 학문적 맥락에서 사용된 적이 없었다. 게다가 다도의 유형 및 관례에 직접적으로 결부되어 있지도 않았다. 와비와 사비는 확실히 일본 중세 시대에 속해 있던 데

반해, 모호하고 불확실한 표현인 와비사비는 그렇지 않았다.
나는 내가 찾던 어떤 미적 감각과 인식(아름다움)의 양식에
적합한 의미상의 구조를 발견했다고 여겼다.

　하지만 와비사비란 정확히 무엇이었을까? 적잖은 궁리 끝에
와비사비는 오늘날 와비차의 개념적 후계자라는 것을 밝혀냈다.
개념으로서의 와비차이기 때문에 차는 있든 없든 상관없다.
와비사비는 분명 와비차로부터 비롯되었다. 하지만 이것은
오랜 시간을 두고 다소 다른 것으로, 더 포괄적이고 더 평등한
것으로 탈바꿈되어 왔다. 한때 와비차가 사비의 모든 의미를
포괄했듯이 이제 와비사비는 와비차의 모든 의미를, 그리고 그
이상의 것들을 포괄한다. 와비사비의 개념을 분명하게 설명하고
쉽게 이해할 수 있는 형태로 옮김으로써, 국적과 상관없이 모든
사람이 와비사비를 자기 세계관과 미적 어휘에 포함할 수 있도록
하겠다는 내 임무의 초점은 명료해졌다. 본래의 환경으로부터
와비사비를 끄집어내면 본래의 뉘앙스가 좀 달라질 것 같았다.
무언가 잃을지도 모르지만, 다른 무언가를 얻을 수도 있었다.

와비사비의 개념화

와비사비의 개념은 와비차가 활발하던 시대에 표현된
사상에서 모은 것이다. 하지만 이 사상은 서구의 철학과 예술
이론이 일본에 영향을 미치기 이전에 형성된 것으로, 우리가
오늘날의 '유용한 개념'에 기대하는 명료함과 엄밀함이 없다.[3]
기실 와비차는 근대 미학 담론의 본질이라 할 수 있는 명확한
개념화와 거리를 둔 의식구조의 산물이다. 와비차는 '개념적
사고'를 거부하는 선불교의 의식구조를 지적 기반으로 삼는다.
그럼에도 철학적(개념적) 사상가이기도 한 저명한 선사禪師들이
있었다. 가장 중요한 인물로 도겐을 들 수 있을 것이다. 선의
개념과 실천에 대한 그의 강론은 명료한 통찰력이 돋보인다.[4]
더없이 유형적인 것으로부터 극도로 추상적인 것까지 포괄하는
현상을 유효한 개념으로 옮기는 작업은 내 도전 의식을 북돋았다.
사실 시적인 문구를 곁들여 와비사비스러운 것들의 사진을
그저 보여주기만 할 수도 있었다. 하지만 내 목표는 직관적인,
비언어적인 이해 이상이었다. 개념으로서의 와비사비의 온전한
의미, 즉 명료하게 개진된 사상의 매개체를 언어로 전하는 것이

관건이었다.

연구 결과와 일본 문화를 보는 내 통견洞見 간의 활발한
절충을 통해 와비사비의 미적 구성 요소의 토대를 밝히고자 했다.
이런 종합은 간결한 단어와 문장으로 농축되었다. 이 두 가지
모두는 와비사비 본유의 특성에 대한 감을 일깨워주는 듯했다.

와비사비는

미적 타자

'미적 타자'는 지배적인 미적 관습과의 대비 및 차이를 제시하는,
동일성에 맞선 방벽이다. 와비차가 시작된 시기, 중국에서 유래한
반듯하고 균형 잡힌 완벽에의 취향은 일본에서 대단히 높이
평가받은 (고급문화의) 미적 감수성이었다. 불규칙하고 성긴
질감의 물건들로 대표되는 와비의 취향은 미적 타자가 되었다.

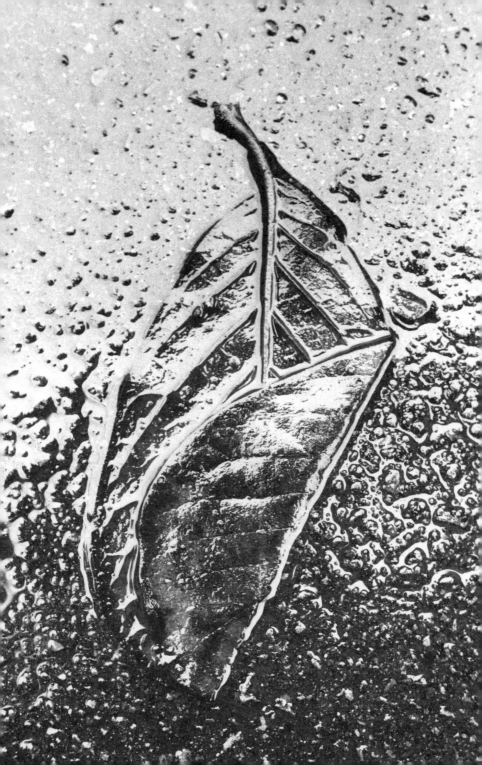

일상적인 것의 변용⁵

와비사비의 아름다움은 개념적인 사건이다. 이것은 사물에 내재하는 속성이 아니다. 와비사비는 사물을 바라보는 반사적이고 습관화된 태도가 사그라질 때, 사물들이 낯설게 다가올 때 '일어난다.' 와비사비의 아름다움은 매우 평범하고 특출나지 않은 듯한 것에, 혹은 존재감이 아예 없는 듯한 것에 깃든 비범함을 지각하는 데 관여한다. 상대적으로 조악하고 저렴한 국내산 도자기가 (비록 다른 면에서라도) 실지로 그 어떤 도자기만큼이나 아름답다는 중대한 자각은 와비차로 인한 것이었다.

예술 창작에 있어 강렬하고 역동적인 과정은 평범한 것을 비범한 것으로, 무형의 것을 유형의 것으로 표현하는 것이다. 적절한 맥락이 갖춰질 때 무엇이든 '아름다운' 것, 적어도 흥미를 끌 수 있는 것이 될 수 있다는 사실을 대다수 예술가가 안다. 맥락이나 개념 틀은 심히 미묘한 것에 관심이 집중될 때 특히 유용하다. '맥락화'나 '구성'은 사물들을 개별적으로 배치하는

것을 의미한다. 하지만 맥락화나 구성은 때로 어느 하나를
다른 것 옆에 대조되게 놓는 것을 의미할 때가 있다. 차분하고
깔끔하게 정돈된 틀이나 맥락은 제시된 특성을 아무런 방해 없이
인식할 수 있도록 한다.

무의 가장자리에 있는 아름다움

와비사비는 무의 무한한 잠재성에서 모습을 드러낸다.
사소하고 하찮은 것이라고 간과하거나 오인하는 것들,
미약하고 불확실하고 섬세하고 미묘한 것들에서 와비사비의
특이성은 비롯된다. 쉽게 알아볼 수 없는 아름다움을 발견하는
일은 와비차가 지속적으로 추구한 과업이었다.

고매한 청빈

여기서 '청빈'은 집착하지 않는 마음가짐을 일컫는다.
즉 관념이나 물질에 매달리지 않는 것을 가리킨다. '고매함'은
제한, 불편, 불확실성을 기품 있게 수용하는 태도를 말한다.
의식적이고 자발적이며 미적인 느낌으로 곤궁함을 포용하는
것은 와비차 개념의 근간을 이룬다. 물질적인 것에 매력을
느끼는 데 '영적 깨달음'은 필요하지 않을 것이다. 사실 그 반대가
옳을 것이다. 성인이나 현자, '각자覺者'의 보편적인 전형은
대개 매우 수수한 환경에 거하면서 물질에 대한 집착을 초월한
모습을 띤다.

불완전성

와비는 가시적으로 드러난 자연의 엔트로피적 과정에 의해
도상학적으로 표상된다. 엔트로피는 혼돈과 예측 불가능성을
촉진하며 다양성과 호기심을 낳는다. '불완전성'보다는
'불규칙성'이 용어상 더 적절할 것 같지만,[6] 불완전성이란
말에는 더한 공명이 있다. 이 말은 어떤 영적 상태를 내포한다.
불완전성이 구현된 사물은 온당한 상황에 놓였을 때
공감을 자아낸다. 이것이 와비 시대의 다두들이 이상적으로
여겼던, 물건과 감상자 사이의 공감적 유대다. '완전함'과
'불완전함' 사이의 경계는 상대적이고 자의적이다. 이 경계는
'비이원론적'으로 현실을 바라보는 방식에는 존재하지 않는,
유용한 구분이다.

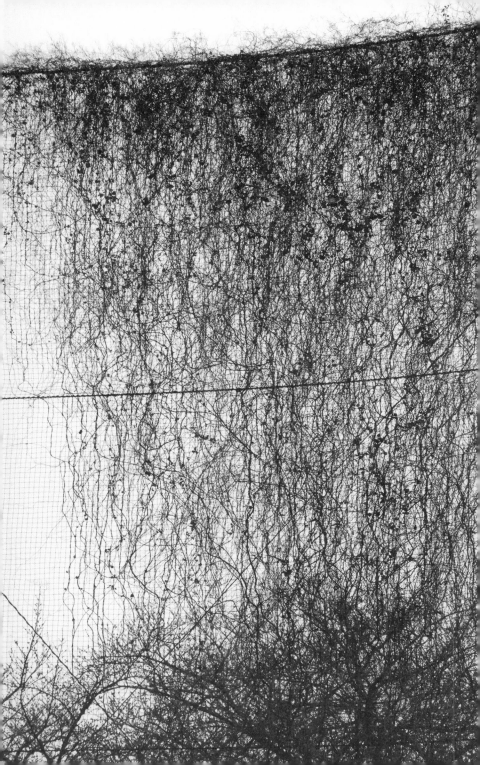

수사학적 고려 사항들

와비사비의 전반적인 개념에서 전술한 각각의 미적 구성 요소는 각각의 타자와 뒤얽혀 있다. 이런 상호관계를 더 명료히 하고자 개별적 요소와 각 요소의 논리적 결과물을 해체해 단일한 양식으로 재구축했다. 이 양식은 광범위하게 이해된 준거의 체계를 이용해 구성되었다. 이런 지적 활동 전반에 걸쳐 언어는 훌륭한 도구임에도 유용성의 한계를 드러냈다. 예를 들어 물질과 그 물질을 설명하는 적합한 단어 사이에 일대일의 직접적인 관련성은 없었다. 언어는 (그리고 사상은) 다른 존재론적 층위에 있다. 즉 물리적 대상의 범주와 분리된 존재의 범주에 속해 있다. 언어는 사물에 이름을 부여할 수 있지만 사물의 본질을 형상화하지는 못한다. 언어는 단지 그 본질을 암시할 수 있을 뿐이다. 언어의 한계를 보완하기 위해서, 특히 형용할 수 없는 것을 묘사하기 위해 글을 암시의 방향으로 밀고 나갔다. 이런 방식에서 나온 글은 독자의 정신에서 성장하고 확장될 것이었다.

　몇 장의 사진과 더불어 앞서 설명한 모든 게 한 권의 책으로 갈무리되었다. 상업 출판계에서 일반적으로 흔히 사용하는 것,

가령 신선한 제목이나 시선을 끄는 색깔, 특수한 코팅이나
인위적 질감, 추천사, 광고문, 바코드는 되도록 피했다.[7]
대신 『와비사비』에서 밝힌 대로 와비사비스러운 특성이 반영된
책을 만드는 데 집중했다. 이에 맞춰 잠잠한 색깔을 사용했다.
코팅을 입히지 않은, 살짝 까끌거리는 자연스러운 촉감의 종이를
사용했다. 사진의 경우엔 미감보다는 정보성을 중시했다.
서체는 장식 없이 간솔했다. 작고 가벼워 책의 물성物性은
수수했고 사근사근한 촉감이 있었다. 그리고 기발하다기보다는
기묘한 느낌을 주는 제목을 달았다.

와비사비 본유의
물질성

와비사비한 것들 만들기의 역설

『와비사비』가 처음 출판된 후 각종 분야의 창작자가 더러
와비사비라고 묘사된 걸 제작하기 시작했다. 와비사비 가구,
와비사비 건축 외피, 와비사비 실내 디자인, 와비사비 의상과
장식, 와비사비 예술 작품들이 등장했다. 고의로 낡고 해묵어
보이게 한 것들도 있었다. 다시 말해 자연스레 오래되고 닳은
것처럼 보이게 하려고 의도적으로 깨뜨리고, 녹슬게 하고,
색 바래게 하고, 찢고, 상처 낸 것이었다. 이들을 판단하는 건
내키지 않았으나 그럼에도 몇 가지 의문이 생겼다. 와비사비처럼
보이는 것들이 정말 와비사비인가? 와비사비는 단지 스타일이
되었을 뿐인가? 잘 만들어진 새 물건을 갖고서 그것에 일부러
손상을 가하는 것은 와비사비를 만드는 정당한 방식인가?
와비사비를 만들 때 실제로 만들어지는 건 무엇인가? 과연
누가, 무엇이 와비사비를 만드는가?
　　와비차의 시대를 (그리고 그 전후를) 조사해본 바로,
일본인의 언어 관습에는 물건이 만들어지는 방식을 설명할 때
인위의 과정을 축소하는 경향이 있었다. 달리 말해서 우리가

흔히 '내가 이것을 만들었다'든가 '그가 저것을 만들었다'고
설명하는 식으로는 표현하지 않았다. 창작의 과정을 일본식으로
말하자면 "사물은 (예술가나 제작자의) 기술적이거나 개념적인
개입이 닿지 않는 곳에서 자연발생적으로 나타난다."[1] 이 관점엔
자아가 없다.[2] 일본인의 언어 관습을 빌려 와비사비가 어떻게
생겨났는지 서술한다면 와비사비는 그저 '발생한다'는 단순한
표현이 더 정확할 것이다.

　누가, 무엇이 와비사비의 것을 만들었는지에 대한 전통적인
양면가치는 단지 언어가 어떻게 사용되었는가의 문제에만
머물지 않는다. 와비사비 민예품의 평가에서 확인할 수 있는
건 의도적으로 만들어진 와비다움은 유파의 양식에 상관없이
기피된다는 사실이다.[3] 이름 있는 예술가와 장인이 만든
물건에 관한 기록에는 익명의 누군가가 만든 물건이 새로운
상황에 새로운 방식으로 사용된 무수한 예가 곁들어 있다.
평범한 것이든 특별한 것이든 관계없이 파손된 다기를 깨진
자국 그대로 둔 채 붙여서 다회에 다시 사용한 경우도 있다.

하지만 의도적으로 와비사비의 상황에 적합하게 물건들이
만들어졌더라도 그 물건들이 진정 와비인지 아닌지를 판별하는
일은 제작자의 몫이 아니었다. 이것은 오로지 감상자 각각의
결정에 달린 문제였다.

물질과 영혼을 조화시키기

(표면상) 물질성에 대한 두 가지 상반된 관점은 와비차와
관련한 설화로부터 우리에게까지 이른다. 어떤 이야기에서는
와비사비의 물건들이 예술적인 창조 행위로 말미암아
중요해졌다고 한다. 예술 교육 같은 사회적 과정을 통해
이 물건들의 특별함은 더 역력히 드러난다. 시간이 흘러 많은
(그리고 영향력 있는) 이의 손길을 거친 이 물건들은 문화적,
상업적으로 훨씬 더 높은 가치를 지닌다.

　또 다른 이야기는 탈물질적이고 비이원론적 관점이라
불리는 것을 말한다. 비이원론적 혹은 비이원주의는 내가
나 자신이라고 생각하는 개별적 작은 존재인 '자아'와의
동일시를 그치고, '존재하는 모든 것'에 의식적으로 일체감을
갖는 것을 의미한다. 선불교 및 여타 영적 자유의 가르침이 이런
세계관을 뒷받침한다. 비이원론적 인식은 더 많은 경험과 지식을
얻음으로써가 아니라 신념, 집착, 사념邪念을 놓아버림으로써,
명료함을 떠남으로써 가능해진다. 생각(개념적 사고)은
정신 구조의 구축에 대한 것이다. 실재를 비이원론적으로

경험하는 것은 그 구조를 자유롭게 풀어버리는 것이다.
이런 방식을 통해 볼 때 모든 사물은 동등하고 고유한 가치를
지닌다. 사물에게로 주의가 집중될 때만 그 사물들은 활성화된다.
즉 사물의 진정한 유용성과 진가가 생기를 띠고 드러난다.
관심이 거둬지는 순간, 사물들은 우리의 즉각적인 인식에서
물러나 다른 것들에게 그 자리를 내준다. 그리고선 '평범함'의
상태로 되돌아간다.

　와비차의 상징적인 존재라 할 수 있는 센노 리큐는 사물을
바라보는 두 가지 방식을 예시했다. 리큐는 한편으로는 와비차를
'고요하고 청정한' 마음으로 영혼의 깨달음에 들기 위한 수단으로
여긴다.[4] 음료로서의 차가 실상 와비차의 핵심이 아니었던
것처럼 와비의 물질성은 오로지 지금에 머물게 하는 또 다른
방편이었다. 리큐는 사물에의 집착과, 아예 집착 그 자체를
영혼의 실추와 동일시했다. 「리큐백수利休百首」에 다음과 같은
글귀가 있다. "솥단지 하나로도 다회가 되는 것을, 많은 수의
도구를 갖는 것은 어리석구나." 이 격언을 풀어보면 다음과 같다.

'솥단지 하나만 있다면 여기다 차를 만들 수 있다. 그걸로 충분할 것이다. 많은 걸 가져야만 하는 사람은 얼마나 그 자신이 부족한 것이냐.'5 상업적인 충동은 다른 한편으로는 리큐에게 심각한 문제였다. 그는 물질에 사로잡힌 듯, 애착이 강해진 듯했다. 리큐는 와비차의 상징처럼 여겨지는 진귀한 물건들을 습득하고 수집하며 심지어 그것들로 폭리를 취하는 유혹에 맞서지 못한 것처럼 보였다. 리큐는 자기 '혜안慧眼'과 경계심을 갖고 그런 상업적 행위에 관여했을 것이다. 하지만 그가 정말 그랬는지 아니었는지 우리가 알 방법은 없다.

　　어느 경우에도 물질성의 영리화에 문제는 없다. 심지어 물신화에도 문제가 없다. 물질 가치를 만들어 영위하는 것은 인류가 늘 해오던 것이다. 와비사비가 상품으로 전환되는 전적인 관습은 누군가에게 와비사비를 거스르는 것처럼 보일지도 모른다. 기실 와비사비의 것들은 '깨달음을 주는 물질'로서, 더러 신비스러운 지위를 방불케 하는 것처럼 보인다. 그러나 결국 물질성은 그저 물질성일 뿐이다. 물질성 자체에 내재한

목적은 없다. 그저 해석하기 나름이다. 무딘 영혼에게 가장
바람직한 와비사비의 물질성은 경제적 가치의 저장고, 부를
축적하는 수단일지도 모른다. 반면 초연한 관점으로 물질성이
우리를 '영원한 현재'에 머물게 해줄 것을 기대하는 이들에게,
와비사비는 바로 그 기대의 해답이 될 수 있다.

와비사비의 현실과
디지털 현실

디지털 와비사비?

창작자들이 와비사비에 느끼는 주된 매력은 현재 광범위하게
퍼진 디지털화된 현실과 와비사비가 대조를 이룬다는 점에 있다.
너무 만연한 탓에 디지털 현실은 미적으로 무미건조하게, 심지어
둔감하게까지 보인다. 역설적으로 와비사비가 설령 '디지털'의
확실한 안티테제antithesis라 할지라도, 그럼에도 와비사비가
디지털 형태에서 존재할 수 있는지 묻는 이들이 있다. 엉성한
소프트웨어 프로그래밍을 제외한다면 대답은 간단히 '아니오'가
될 것이다. (의도적이든 우연적이든 엉성함은 몰지각의 결과이다.
몰지각은 와비사비의 개념에 들어 있지 않다.) 그 이유는
다음과 같다.

관념적인 양립 불가능성

실질상 관념적인 양립 불가능성이 와비사비가 디지털 형태로
존재하는 걸 막진 못하더라도 어쨌든 이 문제는 디지털 영역이
모던 프로젝트the Modern Project의 하위 부류, 그리고 어쩌면
최상위 부류라는 논제에 포함되어야 한다.[1] 모던 프로젝트와
와비사비의 근본적인 신념 체계는 실질적으로 정반대다.

모던 프로젝트	와비사비
인식의 모든 형태 중 최선은 이성이다.	이성은 인식의 여러 주요 양태 중 하나일 뿐이다.
과학은 인간이 지닌 문제에 궁극적인 해결책을 제공한다.	과학은 인간이 지닌 문제의 한정된 범위만 다룰 수 있다.
지금의 '망가진' 세상은 앞으로 개선될 것이다.	세상은 단순히 현재로서 존재하고 언제나 그러할 것이다.
인간이 자연의 주인이 되어 지배하는 것은 필연적이다.	인간과 자연은 하나이다. 주종관계가 아니다.[2]
모든 경우와 상황에 맞는 보편적인 해결방안을 모색한다.	특정 경우와 상황에 맞는 구체적인 해결방안을 모색한다.

존재론적 양립 불가능성 1[3]

와비사비는 실제(현실) 세계의 실제적인(현실적인) 것들과의
인위적이지 않은 끊임없는 상호작용에 기반한다. 실제 세계는
오로지 이 세계를 지각하는 의식에 의존한다. 반면 디지털 현실은
이를 존재하게끔 하는 누군가(프로그램 개발자, 장치 제작자)가
필요하며, 기계장치 및 외부 동력에 의존한다. 제작자의 의지,
아니면 기계 장치나 동력이 작동하지 않을 때 디지털 현실은
존재하기를 그친다. 존재하기 위해 인위가 적용되는 차원에,
또는 기계 장치와 외부 동력원의 우발적 변화가 적용되는 차원에
와비사비는 존재하지 않는다.

존재론적 양립 불가능성 2

와비사비는 최전방에 실제 형태로 있는 무한한 정보다. 그러나
디지털의 모든 것은 0 아니면 1인 이분법 구조로 인코딩되어야
한다.[4] 0과 1 사이에는 아무것도 없다. 하지만 와비사비는 0과
1 사이 무의 무한성에 존재한다. 형이상학적으로 표현하자면,
와비사비는 회색의 모든 영역을 망라한다.[5] 결론적으로 이분법의
세계에 와비사비가 온전히 존재할 수 있는 자리는 없다.

존재론적 양립 불가능성 3

와비사비는 완전히 독립된 물리적 존재 상태인 '실제성'에
기반한다. 실제성은 디지털 영역에 존재하지 않는다. 이 영역에는
오직 '가상성'만이 존재한다. 디지털 디스플레이에 구축되는
이미지의 최소 단위인 픽셀의 배열 조합을 통해, 실제성은
가상적으로 모방되거나 유사해진다. 때문에 어느 정도 거리를
두고서는 실제처럼 보이기도 한다. 현실과 유사해지기 위해 더
많은 픽셀이 사용될수록 디지털 디스플레이는 더 현실적으로
보인다. 이것은 프로그램과 소프트웨어의 현실성을 어느
지점까지 확장할 것인지, 누군가 또는 무언가가 결정한다는
의미이다. 그러나 프로그램이 얼마나 확장될지에 상관없이,
프로그램이 구현되는 장치가 어느 것인지에 상관없이,
실제성이라는 허상이 흩어지는 지점은 언제나 있을 것이다.
그리고 프로그램과 장치 사이엔 픽셀과 텅 빈 공간만이 남는다.
진정한 실제성 없이는 와비사비도 없다.

존재론적 양립 불가능성 4

내재적으로 유한한 디지털의 영역에서 쓸모없거나, 사소하거나,
중요치 않은 정보가 (필수적으로) 축소 및 통합 과정을 거쳐
단순히 정리되거나 제거된다는 것은 기정사실이다.[6] 하지만
와비사비는 환원주의적인 명제가 아니다. 실제 현실의 풍부한
대역폭 없이는 와비사비 또한 없다. 와비사비의 시선으로 볼 때
쓸모없고 사소하며 중요치 않은 것들은 오묘함의 양상들이다.
오묘함은 극도로 정밀하고 섬세하며, 애매모호하고 막연한
것들을 함유한다. 또한 오묘함은 인식하거나 분석하거나
서술하기에 난해하다. 와비사비에 있어 그 어떤 정보든
도외시되는 것은 자연계에서 어느 한 종種이 소멸해버리는 것과
같은 의미를 지닌다.

감각의 결핍

디지털 영역이 와비사비를 뒷받침하는 데 필요한 실제성이나
'완전성', 사실성의 기준을 충족시키지 못한다 해도 문제가 될까?
다음의 사고思考 실험에서 감각 정보의 점진적인 손실은 디지털
제작에 내재한 환원론적 접근 방식을 나타낸다.

　단원 100명으로 구성된 교향악단이 연주하는 베토벤 5번
교향곡을 직접 실황으로 듣는다고 상상해보자. 작곡가의 의도에
따라 연주가 끝날 때마다 다섯 명의 단원이 자리를 떠난다.
그리고 다시 작품이 연주된다. 차이를 알아차리기 전까지, 밖으로
나간 단원은 과연 몇 명일까? 그 차이를 설명할 수 있을까?

　음식으로 비슷한 실험을 해보자. 가장 좋아하는 음식을
떠올린 다음 하나씩 천천히 재료들을 제거한다. '가장 중요하지
않은' 재료부터 먼저 치운다. 이 음식의 맛이 제대로 안 날 때까지
제외된 재료는 얼마나 될까? 만약 제외된 재료가 원래 존재하지
않는 세상에 우리가 태어났더라면, 우리에게 이것이 상관있는
문제가 됐을까?

와비사비는 우리가 태어난 세상, 즉 인간의 몸과 마음이
지금까지 영향을 받아온 환경을 반영한다. 이 세상이 내보내는
신호를 가장 미묘한 수준까지 알아차리는 것은 살아남기,
먹고살기에 필수적인 능력이다. 디지털 영역은 과하게
생략되고 조작된 하위세계sub-world로, 이는 (불완전한)
인간 정신의 산물이다. 그 세계에서의 생활에 누적되는
영향은 과연 무엇일까?

사진 설명

6   (시멘트) 불상.

8, 14   선박 부품 조립 공장으로 쓰였던 오래된 창고의 내부 벽면.

19   볏과에 속하는 식물 중 가장 키가 큰 대나무는 와비차 도구를 만드는 데
          예나 지금이나 풍부하고 쓰임새 많은 재료다.

22-23 녹차 가루를 다완에 덜어내는 용도의 찻숟가락인 차샤쿠茶杓.
          찻숟가락은 처음 중국에서 들어왔고 주로 상아 재질이었다. 초기 일본산
          찻숟가락은 단단하고 묵직한 금이나 은으로 만들었으나 와비차의 시조
          무라타 주코는 이를 대나무로 만들었다. 차 가루를 말끔히 털어 넣기
          위해 섬세한 도자기 다완에 찻숟가락을 두드릴 때, 대나무를 사용해야
          다완이 손상을 입지 않았다. 대나무 찻숟가락은 그 후 널리 사용되었다.
          리큐가 디자인한 평범하지만 품격 있는 찻숟가락이 오늘날 가장 흔히
          사용하는 것의 모체로 알려져 있다. 리큐가 손잡이 중간에 대나무
          마디가 오게 한 건 예술적인 이유에서였을 것이다.[1] 와비차 다두들은
          다회 때마다 찻숟가락을 새로이 만들었고 모임이 끝날 때 손님에게
          주곤 했다.[2] 와비차의 전성기가 끝나고 찻숟가락은 달리 인식되었다.
          리큐의 할복 이후 찻숟가락은 처음으로 장인정신의 화신이라는
          새로운 상징적 의미를 띠게 되었다. 다두들이 목공에 장인이 아닌
          만큼, 있는 그대로의 개성이나 혼이 각자의 찻숟가락을 거쳐 나온다는

생각이 있었다. 더군다나 할복으로 인한 죽음에는 대놓고 애도를
표할 수 없었기에 마지막 다회 직전에 리큐가 손수 깎은 물건은
대단히 감정적인 의미를 갖게 되었다.[3]

24   아무렇게나 쌓인 녹차 가루. 주로 와비차에 사용된다. 말차는 톡 쏘는
맛이 있고, 갓 따온 풀 내음이 나고, 밝은 녹색을 띤다. 말차 사용법은
에이사이榮西 선사가 중국에서 임제종과 함께 일본에 들여왔다. 음료로
마시면 피로 해소의 효능이 있고 가벼운 쾌감을 준다.

29   중년의 나이에 선승이 된 목계牧谿가 13세기에 그린 수묵화
〈육시도六柿圖〉.[4] 14세기 일본으로 들어와 여러 이름난 다실의
도코노마에 걸렸다. 현재는 교토의 임제종 대찰인 다이토쿠지大德寺
경내의 류코인龍光院에 소장되어 있다. 와비차의 위대한 창시자 중
다수가 다이토쿠지에서 학습했거나 이곳과 연관이 있다.

30–31 다이토쿠지의 탑두사원인 고토인高桐院의 주지 다이코 소겐大綱宗彦이
19세기에 그린 수묵화 〈두부도豆腐圖〉. 존 베스터John Bester가 영역한
아와카와 야스이치淡川康의 『선화Zen Painting』(1970) 97쪽에서 저자는
'두부는 다이코가 가장 즐겨 그린 소재였다'고 한다. 간편하고 흔한 일본
음식인 두부는 중용의 삶, 그리고 '만물에 깃든 자성自性'의 은유였다.
그림 오른편 네 줄의 화제畫題는 다실에서 지켜야 할 자세인 조화, 존중,
순수, 평온에 대해 내비친다.[5] 본문 39쪽 참조.

38   우에마쓰 에이지植松永次의 도자기 꽃병. 2004년경.

40   우에마쓰 에이지가 만든 도자기 꽃병의 밑바닥. 2003년경.

44–45 논. 일본 나고야.

46   은행잎. 미국 캘리포니아 웨스트 마린West Marin.

48   포장도로 위의 나뭇잎. 일본 도쿄.

51, 54   나뭇잎. 미국 캘리포니아 웨스트 마린.

57–58   포장도로 위의 나뭇잎. 일본 도쿄.

64   울타리에 걸쳐진 마른 덩굴. 일본 도쿄.

68–69   의도적으로 방치된 집의 외관. 일본 도쿄. 1994년경.

72–73   층층이 쌓여 있는 다시마.

80, 83   채색한 금속 궤의 확대 사진. 1940년경.

86–87   타고 남은 해변 모닥불의 나무 숯.

94   종이에 목탄으로 그은 일획.

95   그 일획을 지운 흔적.

* 별도 표기가 없는 사진은 모두 지은이가 직접 촬영한 것이다.

주석

더 상세한 고찰

1 ☞ 이하 이 책에서 언급하는 『와비사비』는 한국어판인 『와비사비: 그저
여기에Wabi-Sabi: for Artists, Designers, Poet & Philosophers』(박정훈 옮김, 안그라픽스,
2019)를 기준으로 한다.

2 이 책에 등장하는 '미적인' '미학' '미적으로' 같은 용어는 독자들이
이 단어들을 알고 인지하는 방식, 즉 현상과 사물의 감각적이고 정서적인
특성을 지칭한다. 더 나아가 '미화된' '미화' 같은 용어는 어떤 것을
예술작품처럼 경험하고 감상할 수 있는, 또는 아름다움이나 '감식안'이라는
렌즈를 통해 보이는 인식의 전환을 뜻한다. 더 자세한 논의는 저자의
『당신에게 미학은 어떤 의미입니까: 미학의 열 가지 정의Which Aesthetics Do
You Mean: Ten Definitions』(2010)를 참고.

와비사비의 우주

1 와비사비의 인식 체계를 다룬 이 장은 『와비사비』에서도 같은 제목의
'와비사비의 우주'로 다루었다. 와비사비 인식 체계의 모든 양상을
『와비사비』에서 좀 더 자세히 설명해놓았다.

와비사비는 어떻게 생겨났는가 1

1　『와비사비』를 출판하기 전, 기존의 어느 일본어 사전에도 '와비사비'는
　　나오지 않았다. 하지만 하라다 도모히코原田伴彦의 『정원과 다실: 하나야기와
　　와비사비庭と茶室: 華やぎとわび・さび』(1984)에는 가운데를 띄어 쓴 '와비 사비'가
　　나온다. 라다 이베코비치Rada Iveković과 자크 폴랭Jacques Poulain이 엮은
　　『유럽-인디-포스트모더니티: 동양사상과 서양사상Europe-Inde-postmodernité:
　　pensée orientale et pensée occidentale』(1993)에 수록된 마티야 밀친스키Matja
　　Milcinski의 글 「와비사비에 다가가기On Approaching Wabi-Sabi」, 그리고 폴
　　발리Paul Varley와 구마쿠라 이사오熊倉功夫가 엮은 『일본의 차: 차노유
　　역사에 관한 시론Tea in Japan: Essays on the History of Chanoyu』(1989)에 수록된
　　15대 센 종가千宗室의 글 「차노유 및 차노유 역사에 대한 고찰Reflections on
　　Chanoyu and Its History」에서 인용한 히사마쓰 신이치久松真一의 「다도문화의
　　성격茶道文化の性格」(1973)에서는 '와비사비'를 찾을 수 있다. 위에 언급한 모든
　　글에서의 '와비사비'나 '와비 사비'는 '와비 혹은 사비' 아니면 '와비와 사비'를
　　뜻한다. 실제로 두 단어의 조합이나 종합이라고는 볼 수 없다.
　　　ⓒ 히사마쓰 신이치의 「다도문화의 성격」은 『다도의 철학茶道の哲学』(김수인
　　옮김, 동국대학교출판부, 2011)에서 읽을 수 있다.

2　ⓒ 영어권에서 통용되는 만엽萬葉의 한자 뜻풀이는 흔히 '잎 엽葉'을 문자
　　그대로 옮겨 'Ten Thousand Leaves'라고 하며, 저자 역시 이 풀이를
　　그대로 사용해 'Collection of Ten Thousand Leaves'라고 적었다. 하지만
　　'엽'은 가령 '17세기 중엽'과 같이 시대, 세대를 의미한다. 따라서 만엽은
　　만세萬世, 즉 '아주 오랜 세대'를 말하며, '오랜 시대(세대)에 걸쳐 불릴 노래
　　모음'이라고 풀이해야 한다.

3　ⓒ 사비의 한자인 '적寂'은 고요하다, 적막하다, 죽다 등으로 풀이된다.
　　야나기 무네요시柳宗悅는 이를 불교미학적으로 풀어 "무사無事의 미, 심상의
　　미를 동양에서는 '사비의 미'라고 합니다. 혹은 무의 예술이라고도 합니다.

사비는 그저 적적하다라는 것이 아니라 모든 집착을 떠난 고요함의
뜻입니다. 따라서 사비의 미는 자재미自在美이고 불이미不二美입니다."라고
했다. 야나기 무네요시. 최재목, 기정희 옮김. 『미의 법문美の法門』. 이학사.
2005.

4 ☞ '묵묵한'이라고 옮긴 'muted'는 소리뿐 아니라 빛과 색이 낮게 가라앉은
   상태를 말한다.

5 ☞ 『도연초』라는 제목의 한국어판은 채혜숙 번역(바다출판사, 2001)과
   정장식 번역(을유문화사, 2004)이, 『쓰레즈레구사』라는 제목의 한국어판은
   김충영·엄인경 번역(문, 2010)과 성용기·성현우 번역(책사랑, 2013)이 있다.

6 ☞ 일본어에서 녹을 뜻하는 단어錆도 '사비'로 발음한다. 저자는 와비사비에
   가장 가까운 영어 단어가 소박한, 조야한, 오래된 등의 뜻을 가진
   'rustic'이라고 본다.

7 ☞ 와비차를 다른 말로 초암차草庵茶라고도 한다. 초암은 글자 그대로
   짚풀 따위로 지붕을 엮은 암자를 뜻하며, 일본에서는 와비차 다실을
   초암이라고도 부른다. 초암차의 원류는 매월당 김시습으로, 덴류지天龍寺의
   슌초俊超 선사는 경주 용장사 초암에 기거하던 매월당을 찾아가 초암차를
   전수받고 귀국해 이를 다이토쿠지의 잇큐一休 선사에게 전한다. 잇큐는
   고려 유민의 후손으로 무라타 주코의 스승이다. 이상의 내용은 『한차韓茶
   문명의 동전東傳』(최정간, 차의세계, 2012) 및 『일본 도자기 여행: 교토의
   향기』(조용준, 도도, 2017)에서 상세히 다뤘다.

8 ☞ 임제종의 개조開祖인 에이사이 선사가 1191년 남송南宋에서 돌아올 때
   다수의 불교 경전과 함께 대량의 차 종자를 들여온 것으로 알려져 있다.
   그가 저술한 『끽다양생기喫茶養生記』(1211)는 일본 전역에 전래된 차 경전이
   되었다. 에이사이 후대의 다서茶書들이 선 사상을 토대로 둔 다도 미학서라면

『끽다양생기』는 제목이 말해주듯이 양생, 즉 병증을 다스리고 건강을
관리하는 데 도움을 주는 약리적 용도로서의 차를 중심에 놓은 책이다.
『끽다양생기 주해』(류건집, 이른아침, 2011)에 원문과 번역 및 해설이
실려 있다.

9 ┗ 무라타 주코의 맥을 이은 다케노 조오가 제자 리큐에게 전한
「와비문佗びの文」을 보자. "다도는 찻잎을 우적우적 씹어 먹는 것에서
시작되었다고 한다. 그러다가 각성과 소화 및 숙취에 좋고 생명이
길어진다는 약의 효용이 중시되었다. 다음 단계는 차 맛을 분별해내는
게임 형태인 투차鬪茶로 차를 즐기게 되고, 즐기다 보니 차를 즐기는 장소를
갖추게 되었다. 차 승부가 끝나면 술자리로 이어져 향락이나 다도구의
무분별한 구입 등의 폐단을 낳게 되었다. 이런 현상에 대한 자각과
전국시대의 전쟁으로 인한 공허한 마음으로 인해 차에 정신성을 부여하게
되었다. 다도의 틀을 잡은 정신성이 바로 와비라고 할 수 있다." 조용란.
「다케노 조오의 와비문 고찰」. 『일어일문학연구』 76권 2호. 한국일어일문학회.
2011.

10 ┗ 와비의 한자인 '차佗'는 낙망하다, 실의하다 등으로 풀이된다.
일본어에서는 '한적하다'는 의미도 있다. 저자가 와비의 어원이라 밝힌, 사과,
사죄의 뜻을 가진 단어 '와비詫び'와 발음이 같다. 다케노 조오는 「와비문」에서
와비를 "정직하고 조심스럽게 여기며 자만하지 않는 모습"이라고 정의했다.

11 ┗ 당물은 15세기경 생긴 말로, 중국에서 만들어져 일본에 건너온 최고급
물건을 뜻한다. 일본 국내에서 제작된 물건은 화물和物, 와모노이라 부른다.

12 ┗ (소쇄원이) "차를 마시는 곳이라면 일본의 유명한 다도가 센노 리큐가
교토에 만든 초가집 형태의 다실보다 앞선 시대의 다실이다. 소쇄원을
건설한 양산보는 리큐의 스승 다케노 조오와 동시대 인물이다. 일본에서
16세기 후반에 대유행한 껍질을 벗기지 않은 통나무로 지은 다실이

이곳 조선에서도 건축됐음은 우연이라고 볼 수도 있다. 소쇄원처럼 자연 한가운데 마련하는 한국식 정자는 일본에서 히데요시가 야마자토山里, 산속 마을라고 부르던 초암의 다실과 일맥상통한다. 소쇄원의 양산보가 살아 있던 1537년 전라남도에서 제작된 분청사발이 일본에 처음 다기로 들어왔다는 기록이 있다. 일본에 있는 어떤 다실도 이 소쇄원보다 연대가 앞선 것은 없다. 이들 사이에 어떤 관련성이 있는 것인가? 나는 한국 전라남도 담양의 소쇄원과 16세기 후반 일본의 다실 건축 사이에는 긴밀한 관계가 있다는 것을 직감한다." 존 카터 코벨Jon Carter Covell. 김유경 편역. 『일본에 남은 한국미술』. 글을읽다. 2008.

13 ▣ 난보 소케이의 『남방록』에 이르기를 "다실에서는 옛날부터 세속의 잡담을 금지한다. 손님도 주인도 꾸밈없이 있는 그대로의 이야기를 나누어야 한다. 말이나 얼굴을 거짓 꾸미려는 사람이 다실에 들어가서는 안 된다. 다회는 네 시간을 넘겨서는 안 된다. 단 불법佛法이나 다도에 대한 이야기로 시간을 넘기는 일은 예외로 한다." 박전열.『남방록 연구: 일본 다도의 원리와 미학』. 이른아침. 2012.

14 ▣ 다두는 그저 차를 대접하는 데 그치지 않고, 일본어로 차고토茶事라고 하는 다회茶會의 목적과 분위기를 잘 헤아려 그에 맞는 다구, 시, 그림, 꽃꽂이 등을 세심히 마련하는 역할도 했다. 이런 이유로 저자는 『와비사비』에서 다두를 '아트 디렉터'라고 정의했다.

15 ▣ "다도에는 '고노미好み'라는 말이 있는데, 이는 찻자리나 노지露地, 또는 여러 종류의 다기나 다도의 제반 작법 규구規矩 등을 다도의 법칙에 따라 형성하거나 창조하는 것이다. 하지만 한층 더 깊은 차원에서 말하면 그것은 주체로서의 '현지現旨'가 자유롭게 작용해 자기를 표현하는 것이어야 함과 동시에, 아직 없던 것들이 다도적으로 창조되는 것을 말한다. 참된 의미의 고노미는 법칙을 초월한 현지에 의해서 자유자재로 형성되어 창조된 것이 법칙화되어 가는 것을 말한다. 그것은 다른 말로 근원적인 무심의 창조라

할 수 있다. 또한 의식적인 작위와 무작위를 뛰어넘은 작의라 할 수도
있다. 고노미의 주체는 좋아하게 된 것에 제약되거나 따라서 하는 것이
아니라 좋아하게 된 것 또는 세워진 법칙으로부터 자신을 항상 자유롭게
유지함으로써 끊임없이 새로움과 싱싱함을 가꾸는 것을 의미한다. 그러므로
참된 고노미에 모방이라는 것은 아예 있을 수도 없다. 모든 것이 자신에게서
나오는 새로운 것이며 독창이다." 히사마쓰 신이치. 김수인 옮김.『다도의
철학』. 동국대학교출판부. 2011.

16 ⓒ 고려와 조선의 생활잡기로서의 밥그릇, 막사발이 일본으로 건너가
 고려다완高麗茶碗, 이도다완井戸茶碗으로 사용되었다는 게 통념이나, 이들
 다완이 실은 고려와 조선의 승려, 수행자, 사기장 들이 불법에 따라 빚어
 예불에 사용한 작품이었다는 설득력 있고 신빙성 갖춘 학설도 있다. 이에
 관한 자세한 논의가『조선 막사발과 이도다완』(정동주, 한길아트, 2012)에
 실려 있다.

17 ⓒ 원래의 용도와는 다르게 다도에 응용된 도구를 '미타테見立て 다기'라
 부른다. 미타테는 '다시 봄' '새롭게 봄'의 뜻으로, 관습 따위에 얽매이지
 않은 자신만의 신선한 시각을 말한다. 선별한다는 의미도 있어 조선의 일상
 용기에서 선별되어 다도에 사용하는 다완을 미타테 다완見立ての茶碗이라고
 부른다.

18 ⓒ 옻칠 등을 통해 깨진 조각들을 이어 붙이거나 메꾼 후 금은 등의
 금속분말로 수리하는 기법을 긴쓰기金継ぎ라 부른다. 고장 난 물건을 함부로
 버리지 않고 다시 사용한다는 의도와 더불어, 우발적 사고의 흔적이
 고스란히 남아 있는 그릇의 완전하지 않은 아름다움을 긍정한다는
 의미가 있다.

19 ⓒ 와비차의 다두는 차를 준비하고 대접하는 데 불필요한 동작을
 최소화하고 정교함을 추구한다. 이를 체득하기 위해선 행위의 반복이

필수적이다. 이것은 와비차에서 수행의 한 방법으로 간주한다.

20 ⊡ 이를 습합習合이라 한다. 사전적 의미는 서로 다른 종교의 교의나
주의를 절충해 조화시키는 것이다. 일본의 경우 특히 신도와의 습합을
일러 신불습합神佛習合이라고 한다. 1868년 메이지 정부의 개혁 조치인
신불분리정책에 의해 강제로 분리되었다. 이후 신도는 국가 종교로
포고되어 국교화되었다.

21 이즈쓰 도시히코井筒俊彦, 이즈쓰 도요井筒豊.『일본 고전 미학에서의 미의
이론·The Theory of Beauty in the Classical Aesthetics of Japan』. 1981. 147쪽.
⊡ "족자처럼 소중한 도구는 없다. 손님에게도 주인에게도 같은 감동을 주어
한마음이 되게 해주는 도구라 할 수 있다. 족자 가운데는 묵적이 가장 좋다.
족자에 쓰인 말씀을 부처라 생각하고 존귀하게 여기며, 그 필자인 도인 혹은
조사祖師의 덕을 느낄 수 있다. 속인의 솜씨로 쓴 족자를 걸어서는 안 된다."
박전열.『남방록 연구: 일본 다도의 원리와 미학』. 이른아침. 2012.

22 ⊡ 도코노마는 다다미방에서 한쪽 벽면이 우묵하게 안으로 패인 부분의
바닥을 한 단 올린, 일종의 장식대다. 보통 꽃꽂이를 단 위에 올려놓고
벽면에 서화 작품을 족자로 걸어둔다. '깨달음을 얻은 불자의 붓글씨'는
묵적墨蹟을 말한다. 사전적 의미로는 먹으로 쓴 흔적이나, 한국과 일본의
불교에서는 선의 정신을 담은 선승의 필적을 지칭한다. 게송, 법어, 시 등이
이에 속한다.

23 ⊡ 리큐의 일대기를 그린 야마모토 겐이치山本兼一의 소설『리큐에게
물어라利休にたずねよ』(권영주 옮김, 문학동네, 2010)에는 리큐가 다실에
걸어놓은 두 편의 묵적이 각기 등장한다. 하나는 다이토쿠지의 선승이자
리큐에게 참선을 가르친 고케이 소친古溪宗陳이 지은 오언사구의 게송이다.
"허공홀생백 고금수부장 호중천지별 일월발령光虛空忽生白 古今誰覆藏 壺中天地別
日月發靈光." 해석하면, '텅 빈 속에 홀연 밝은 빛 생기니 예나 지금이나 누가

덮어 감출 수 있으랴. 항아리 속 어두운 별천지에서 해와 달의 신령한
빛 발하는도다.' 다른 하나는 소천이 쓴 붓글씨 '송무고금색松無古今色'이다.
'예나 지금이나 소나무의 색은 변함없이 한결같다'는 뜻으로『예기禮記』에서
끌어온 글이다. (일본어 소설 원문도 한국어판도 시의 번역이 잘못되어 있어
임의로 다시 했다.) 두 묵적이 실제 리큐의 다회에 걸려 있었는지는 확인할
수 없지만 리큐의 후손인 센 종가가 소천의 여러 묵적을 소장한 것으로 보아
나름 설득력 있는 문학적 장치다.『남방록』에는 리큐가 중국 송나라의 임제종
승려인 원오극근圜悟克勤의 친필 족자(현재 일본의 국보)와 후지와라노
이에타카藤原家隆의 와카和歌 한 수를 걸어두었다는 기록이 있다. 와카 내용은
다음과 같다. "꽃이 피기를 애타게 기다리는 사람에게 산골 마을의 눈
틈새로 난 봄풀을 보여드리고 싶네花をのみ待つらん人に山里の雪間の草の春を見せばや."

24 마스나가 레이호増永靈鳳 편역.『조동종 입문: 도겐 선사의 정법안장正法眼藏
    수문기A Primer of Soto Zen: A Translation of Dogen's Shobogenzo Zuimonki』. 1971.
    54, 81쪽.
    ⓒ 승려의 최소한의 소유물을 일러 삼의일발三衣一鉢이라고 한다. 삼의는
    겉옷, 중간옷, 속옷을 뜻하며(이 중 겉옷을 법복이라고 한다), 일우는 하나의
    밥그릇을 지칭한다. 후계자에게 가르침을 남길 때 흔히 의발을 전한다고
    표현할 정도로 법복과 발우는 불법의 중요한 상징이다.

25 ⓒ 이 문을 니지리구치躙り口라고 부른다. 무릎걸음으로 들어가는 입구란
    뜻이다. 가로세로 약 60센티미터의 크기다. 신분 고하에 관계없이 누구나
    같은 자세로 들어가야 함은 물론, 특히 사무라이의 경우 칼을 찬 채로는
    저 문으로 들어갈 수 없었다.

26 와비차가 창안된 시기에 대한 좋은 참고 자료는 메리 엘리자베스 베리Mary
    Elizabeth Berry의『교토의 내란 문화The Culture of Civil War in Kyoto』(1997),
    루이스 앨리슨 코트Louise Allison Cort의『시가라키: 도공의 골짜기Shigaraki:
    Potter's Valley』(2001), 낸시 흄Nancy G. Hume이 엮은『일본인의 미학과 문화

해설Japanese Aesthetics and Culture: A Reader』(1995), 에드워드 케이먼스Edward
Kamens의『일본 전통 시에서의 우타마쿠라, 암시, 상호 텍스트성Umatakura,
Allusion, and Intertextuality in Traditional Japanese Poetry』(1997).

ㄹ 시가라키信楽는 시가滋賀현에 속한 지역으로 시가라키야키信楽燒라
불리는 도자기를 생산하는 곳이다. 특히 너구리 장식품이 유명하다.
우타마쿠라歌枕는 와카에 사용된 제목, 단어, 소재 및 그걸 모아 만든 책을
의미했으나 현대에는 와카의 소재가 된 각처의 명승지를 지칭한다.

27 ㄹ 부를 축적한 상인 계급이 상위 계급인 사무라이를 고용하거나, 상인
계급의 여흥 문화가 무사 계급에 영향을 끼친 일 등을 말한다. 히데요시가
리큐에게 할복을 명한 가장 표면적인 이유가 바로 하극상이었다.

28 ㄹ 리큐도 그의 스승 다케노 조오도 항구 도시 사카이㈼의 상인 집안
출신이다. 사카이는 무역과 상업으로 경제적 부를 쌓았고, 이를 바탕으로
문화예술을 향유하는 분위기가 만연한 곳이었다. 도요토미 히데요시는
무사 계급에만 의존하지 않기 위해 상인 계급을 활성화했고 상인 계급, 특히
사카이의 상인들은 히데요시의 권력을 지탱하는 역할을 했다. 당시 신분상
상인은 농민과 장인 아래에 있었으나 부를 축적한 상인들은 사무라이를
고용할 정도로 권세가 있었다.

29 ㄹ "다도에서 가장 중요한 일은 일본의 다도구와 중국의 다도구를 조화롭게
사용하는 일이며, 신경을 써야 할 일이다." 무라타 주코.「마음의 글」(조용란,
「고보리 엔슈의 다도관: '가키스테노후미書捨文'를 중심으로」,『한국차학회지』
20권 4호, 2014에서 재인용).

30 이를 발췌한 내용이 아서 린지 새들러Arthur Lindsay Sadler의『차노유: 일본의
다도Cha-no-yu: The Japanese Tea Ceremony』(1933)에 실려 있다.

31 여기에서 논의한 와비차의 최후에 대한 고찰은 모건 피텔카Morgan Pitelka가

엮은『일본의 차 문화: 예술, 역사, 관례Japanese Tea Culture: Art, History, and
Practice』(2003)에 수록된 데일 슬러서Dale Slusser의「16세기 일본 차 관례의
전환The Transformation of Tea Practice in Sixteenth-Century Japan」에서 나온 것이다.

32 하야시야 다쓰사부로林屋辰三郎, 나카무라 마사오中村昌生, 하야시야
    세이조林屋晴三 공저.『일본 예술과 다도Japanese Arts and Tea Ceremony』. 1974.
    125쪽.

33 "차 문화는 사람들을 한데 모으는 정서적 유대감과 인간관계가 펼쳐지는
    환경이나 상황을 세심히 장식하는 예민한 감성이라는 일본 심미주의의
    정수를 구현한다. 다도는 이런 인식과 감성의 의례화로서, 그리고
    가설적으로 말하자면 일본인의 이상적인 행동 방식이 집약된 유예遊藝의
    일종으로서 이해되었을 것이다." 폴 발리, 조지 엘리슨George Elison.「차 문화:
    기원부터 센노 리큐까지The Culture of Tea: From Its Origins to Sen no Rikyu」.『쇼군,
    예술가, 평민: 16세기의 일본Warlords, Artists, Commoners: Japan in the Sixteenth
    Century』. 1981. 189쪽.

34 王 도널드 킨은 일본에 귀화한 미국인 학자로, 일본 문학 및 역사를 다룬
    저술이 일문판 30권, 영문판 25권에 이른다. 대표작 중 하나인『메이지라는
    시대明治天皇』(김유동 옮김, 서커스, 2017)가 한국에 소개되어 있다.

35 도널드 킨.「일본인의 미학Japanese Aesthetics」.『동서양철학Philosophy East and
    West』 19권 3호. 1969년 6월. 302-303쪽.

36 王 본명은 스즈키 데이타로鈴木貞太郎. 임제종 승려로 1897년 미국으로
    건너가『대승기신론大乘起信論』을 영역하는 등 선 사상을 서구에 알리는
    데 노력했다. 한국에 소개된 그의 책은 선불교 입문서의 고전이라
    평가받는『선이란 무엇인가』(이목 옮김, 이론과실천, 2006) 및『불교의
    대의』(김용환·김현희 옮김, 정우서적, 2017) 등이 있다.

37 스즈키 다이세쓰.『선과 일본문화Zen and Japanese Culture』. 1970. 284-285쪽.

38 15대 센 종가.「차노유 및 차노유 역사에 대한 고찰」.『일본의 차: 차노유
     역사에 대한 시론』. 1989. 239-240쪽.

와비사비는 어떻게 생겨났는가 2

1 ⊡ 미국인 사진가 어빙 펜이 길거리에서 주운 담배꽁초를 흰 배경 위에
놓고 극도로 클로즈업해 촬영한 1970년대의 '담배꽁초 시리즈'를 말한다.

2 이 종합을 시각적으로 어떻게 나타내야 할까 곰곰이 생각했다. 가운데를
띈 '와비 사비'보다는 띄지 않은 것이 미적 종합으로서의 와비사비의 개념을
단연코 강화해줄 것 같아서, 철자법상 관행을 따라 '와비사비'를 채택했다.
⊡ 원문은 "Wabi-Sabi"로 표기했으나, 한국어 표기는 하이픈을 흔히
사용하지 않기에 '와비사비'로 옮겼다. 일본어도 일반적으로 하이픈 없이
붙여 쓰거나 가운뎃점을 넣어 '와비·사비わび·さび'라고 쓴다.

3 생각한 바를 설명하기 꺼리는 일본인에 대한 역사적 근거는 데이비드
폴랙David Pollack의『의미의 균열: 8세기부터 18세기까지 일본에서의 중국의
종합The Fracture of Meaning: Japan's Synthesis of China from the Eighth through the
Eighteenth Centuries』(1986)에 잘 논의되어 있다. 폴랙은 일본어의 중심 문자인
한자를 빌려준 중국의 '월등한' 문화와 일본의 경쟁적인 관계가 일본인이
자기 문자 언어를 지속적으로 불신하게끔 이끌었다고 설명한다. 더불어
조지 베일리 샌섬George B. Sansom의『일본 문화 요약사Japan: A Short Cultural
History』(1931) 138-160쪽을 보라.

4 니시지마 구도 와후西島愚道和夫, 초도 크로스Chodo Cross 공역.『도겐 선사의
정법안장Master Dogen's Shobogenzo』1-4권. 1994-1997.
⊡ 한국어판으로는 한보광의『역주 정법안장강의』1-4권(여래장, 2006-
2020)이 있으며,『정법안장』의 해설서로는 최현민의『불성론 연구』(운주사,
2011)가 있다.

5 철학자이자 예술비평가인 아서 단토Arthur Danto의『일상적인 것의 변용The
Transfiguration of the Commonplace』(김혜련 옮김, 한길사, 2008)을 지칭한 것이다.

단토에게 '일상적인 것의 변용'이란 일반적인 일상의 상품들이 불현듯
예술로 변용된 20세기 미국 팝아트의 중요한 순간을 뜻한다. '고양高揚'과
'변형'이란 단어는 '변용'과 바꾸어 쓸 수 있다.

6   토 "대체로 모든 것에 있어서 완벽하게 정비되어 있는 것은 별로 좋은
것이 아니다. 미완성인 부분이 그대로 남아 있는 것은 오히려 장래가 남아
있는 듯해 흥미로우며 마음을 편안하게 해준다." 요시다 겐코. 채혜숙 옮김.
『도연초』. 바다출판사. 2001.

7   바코드는 디지털 시대 어디에나 있는 상징이기에, 아날로그의 전형적인
감수성을 표상하는『와비사비』의 표지나 내지에 바코드를 넣는 게 적절하지
않다고 여겼다.『와비사비』원서 재판이 처음 나왔을 때까지는 바코드가
없었지만 대형 체인 서점이 취급을 거부했다. 결국 현재의 상관례에 따라
뒤표지에 바코드를 넣게 되었다.

와비사비 본유의 물질성

1   마이클 마라Michael F. Marra가 엮은『일본어 해석학: 미학과 해석에
관한 현재의 논쟁들Japanese Hermeneutics: Current Debates on Aesthetics and
Interpretation』(2002)에 실린 사사키 겐이치佐々木健一의 유익한 논문「자동성의
시학The Poetics of Intransitivity」17~24쪽에 무아無我의 작용을 다룬 논의가 있다.
E 자동성이란 우리의 경험이나 관념에 상관없이 세계에 실재하는 사물
고유의 특성을 뜻한다. 마치 목적어를 필요로 하지 않는 자동사intransitive
verb처럼 사물들이 독립적으로 저마다의 존재적 자동성을 갖고 있음을
일컫는다.

2   E "일체의 법은 원래부터 언어의 상 또는 이름의 상을 벗어나 심연의 상,
즉 의식의 대상으로서의 모습을 떠나 결국은 평등하다고『대승기신론』은
말하고 있다. 평등하다는 것은 궁극적인 경지까지 좇아가서 바라보면
어떠한 차별도 없다는 말이다. 즉 절대 무분절이라는 것이다. 이리하여
이른바 본질은 실로 지독하게 그 허구성이 폭로되고 철저하게 실재성이
부정되는 것이다. 본질의 부정, 그것을 불교 용어로는 무자성無自性이라 한다.
무자성은 본질이 원래는 없다는 것으로서 그 실재성을 부정하는 것은 결국
어떠한 차별도 없음, 즉 공空을 배경으로 모든 존재자가 연기緣起에 의해
성립하는 것, 서로 관계되어 상대적으로만 그 존재자를 지니고 있는 것으로
생각된다." 이즈쓰 도시히코. 박석 옮김.『의식과 본질意識と本質』. 위즈덤하우스.
2013.

3   E 야나기 무네요시는『미의 법문』에서 그저 무심으로 만들어진 민기民器는
차를 위해 일부러 만든 다완이 아니기에, 그래서 결코 아름다움에
집착하지 않기에 무아와 불이不二, 공덕이 민기에 나타난다고 보았다.
이와 관련해 존 카터 코벨의 다음과 같은 평가는 특기할 만하다. "한중일의
도자기를 비교해보면 중국은 통제control, 한국은 무심함casual, 일본은
작위적contrived이라는 것이 잘 드러난다. 중국 도자기는 가마와 유약의

완벽한 통제를 추구한 결과 특히 도자기에서 무취미하기까지 한 일종의
완벽의 경지를 이뤄냈다. 한국의 도공은 언제나 자연스럽기 짝이 없고
무심해서, 이들이 만들어내는 도자기는 도공의 기질과 불이 어떻게
작용했는지가 그대로 반영된다. 일본인들은 15세기 이도다완 전쟁에서
보듯, 이런 한국적 무심함을 높이 취해서 의도적으로 무심함을 과도히
발전시킨 나머지 그들의 도자기는 자의식이 담긴 작위적인 것이 되었다.
일본인들은 가마에서 구워낸 화병의 한 귀를 일부러 구부리거나 깨버려서
한국 도자기가 갖는 '무심함'의 미를 주려고 한다." 존 카터 코벨. 김유경 편역.
『부여기마족과 왜倭』. 글을읽다. 2006.

4   ㄷ 원문의 'vehicle'을 '수단'으로 옮겼다. 일차적으로 탈것을 뜻하는
      vehicle은 소승불교, 대승불교 할 때의 '승乘'과 정확히 대응된다. 대승의
      한 갈래인 선종이 참선을 해탈의 수단으로 여긴 것처럼 리큐는 와비차를
      깨달음의 방편으로 인식했다. 선종과 와비차 모두 아무런 분별 없이 참여한
      이들을 태우고 진리로 향해 가는 탈것, 즉 수단이다.

5   리큐의 100가지 어록 모음이라 전해지는 「리큐백수」는 그의 죽음 100년
      후에나 세상에 알려졌다. 다만 '실제'의 리큐를 추적하는 과정에 있어 사실과
      허구는 때로 뒤얽힌다. 리큐가 직접 썼다고 입증할 수 있는 현존 자료가 없기
      때문이다. 어록에 실린 시와 격언이 리큐의 실제 기록이라고 볼 수는 없고,
      리큐의 정신을 계승한 많은 다두에 의해 쓰여 내려온 지혜의 어록집이라
      해야 옳다.

와비사비의 현실과 디지털 현실

1. '모던 프로젝트'라는 용어는 철학자 마르틴 하이데거Martin Heidegger에게서
   왔다. 근대성으로 일컫는 것은 중세 후기 및 르네상스 시기 유럽에서 발달한
   사상에서 시작했다고 여긴다.

   ⊡ 프로젝트Project는 하이데거의『존재와 시간Sein und Zeit』에 나오는 개념어
   'Entwurf'의 영역英譯이다. 보통 기투企投, 투사投射라고 옮겨 쓴다. 상황, 사물,
   도구에 자신의 생각을 투영하는 것을 뜻한다. 모던 프로젝트는 근대성의
   (사상적) 밑그림이라 할 수 있다. 개인지상주의, 자유방임주의, 합리주의,
   과학만능주의, 현세주의, 기계론, 주관론 등이 모던 프로젝트에 속한다.

2. ⊡ 불이사상不二思想은 자연과 인간, 유와 무, 생과 사, 자아와 타자, 마음과
   몸, 선과 악, 승僧과 속俗이 둘이 아니라는, 즉 대립적 관계가 아니라는 불교의
   관점이다. 불이의 사상이 와비차에 도입되어 다회에서는 참여자들의 사회
   계급, 다기의 금전적 가치 등의 분별을 내려놓는다. 온전히 선다일여禪茶一如,
   다선일미茶禪一味의 경지에 들어가기 위함이다. "리큐의 다도에서 가장
   비밀한 것은 무빈주無賓主, 즉 손님과 주인이 따로 없는 차노유다. 대저
   무빈주의 차라고 하면 바로 선다에서 늘 하는 일이다. 만약 무 한 글자를
   더하지 않는다면 유흥으로 아주 떨어져버린다." 자쿠안 소타쿠寂庵宗澤,
   「젠차로쿠禪茶錄」,『다도고전전집茶道古典全集』제10권. 단코샤淡交社. 1977(정천구
   역주,『일본불교사연구』제3호, 2010년 10월에서 재인용).

3. 존재론은 있음, 존재, 현실, '무엇임'의 본질과 특성을 연구하는 철학의 한
   계열이다. '존재론적'이라는 용어는 이런 종류의 논의가 최근 부각되는
   디자인 철학 분야와 관계있다는 것을 설명하기 위해 여기에 사용되었다.

4. ⊡ 인코딩은 인간이 인지할 수 있는 형태의 데이터를 컴퓨터가 인식할 수
   있는 이진법으로 변환하는 과정을 일컫는다. 코드화, 부호화, 암호화로 바꿔
   쓸 수 있다.

5   ⊡ 마치 0과 1 사이에 단지 0.5만 있는 게 아니라 무한한 수가 들어
있는 것처럼, 회색은 흰색과 검은색 사이의 다양한 스펙트럼으로
충만하다. 회색은 백과 흑 사이의 고정된 한 점이 아니라 쪼갤 수 없는
농도의 차이이다. 이 농도의 차이는 미세지각(라이프니츠) 또는 미시적
무의식(들뢰즈)을 통해 감각되어 불투명한 상태로 무의식에 잠재한다.
"와비사비는 회색, 갈색, 검은색의 무한한 스펙트럼으로 나타난다."
『와비사비』. 87쪽.

6   ⊡ 가장 가까운 예로 우리가 매일같이 접하는 음원 파일을 들 수 있다.
CD에 들어가는 음원은 WAVE 포맷으로 정보 1초당 데이터양을 뜻하는
비트 전송률이 약 1,411kbps이다. WAVE 파일에서 인간이 들을 수
없는 주파수 범위를 잘라낸 포맷인 MP3 파일의 비트 전송률은 최대
320kbps이며, 디지털 모바일 기기를 통해 스트리밍 서비스로 듣는 음원의
용량은 MP3와 같거나 그 이하다. (최근 WAVE 파일에 근접한 음질을
스트리밍으로 제공하는 음원 플랫폼도 하나둘 등장했다.) 잘라내고 압축한
범위가 가청 영역대를 벗어난 부분이어서 비트 전송률이 낮아져도 음질의
차이를 구별하기 어렵다고는 하지만, '공간감'이 확연히 덜 느껴진다는 데는
많은 이가 동의하는 편이다. 참고로 우리가 귀로 직접 듣는 소리는 비트
전송률로 나눌 수 없는 무한대의 음질이다. TIFF, JPEG 등의 이미지 포맷과
우리가 두 눈으로 직접 보는 것도 마찬가지의 관계다.

사진 설명

1 　日 "그 찻숟가락을 들고 다시 다케노 조오의 저택에 찾아갔다. 찻숟가락을
　보고 조오가 신음했다. 얼마 동안 말이 없었다. 무라타 주코 시대에는 대나무
　마디가 보기 흉하고 거치적거린다고 잘라버리곤 했다. 조오는 그것을
　끄트머리 가까이 두어 소박함을 자아냈다. 요시로(리큐의 어릴 적 이름)는
　대담하게도 마디를 가운데보다 조금 위로 가져가 초암 풍의 와비에 위엄과
　품격을 부여했다. 마디를 남긴다면 요시로가 깎은 위치에 있을 때가 가장
　아름다웠다. 그보다 조금이라도 위여도, 아래여도 어색했다. 그 위치가
　절대적이고 긴장감 있는 아름다움을 자아냈다." 야마모토 겐이치. 권영주
　옮김.『리큐에게 물어라』. 문학동네. 2010.

2 　日 "대체로 리큐가 만든 찻숟가락은 농차기나 다완의 크기에 어울렸다.
　이것이 이치에 맞는 일이다. 사람들이 리큐에게 찻숟가락을 만들어달라고
　부탁할 때 '어떠어떠한 농차기에 쓸 것입니다'라고 말하면 기꺼이 응낙하고
　부탁받은 대로 만들었다." 박전열.『남방록 연구: 일본 다도의 원리와 미학』.
　이른아침. 2012.

3 　日 이런 의미를 잘 대변하는 시 한 수가 있어 소개한다. "깨어 있는 손으로
　사람이 만들어 따스한 생명이 스민 물건들은 / 세월이 흘러 대물림되어도
　정신이 깃들어 있다, 그리하여 여전히 빛이 난다 / 긴 세월 동안 아득히 /
　이런 까닭에 어떤 물건들은 그 연륜으로 인하여 더욱 애틋하다 / 그것을
　만들었던, 이제는 잊힌 이의 은은한 생명 오롯이 배었기에" D. H. 로렌스.
　류점석 옮김.「사람이 만든 물건들Things Men Have Made」.『제대로 된 혁명』.
　아우라. 2008.

4 　日 목계는 13세기 남송 말기의 선승이자 화가이다. 일본 수묵화 발전에
　기여한 인물로 널리 알려져 있다. 몽골이 세력을 확장하던 시기, 화를 피해
　남송의 많은 승려가 일본으로 건너갔고 이 중에는 남송에서 유학하던

일본인 승려도 많았다. 이들이 본국으로 돌아올 때 목계의 작품을 가져왔다.
일본에 있는 목계의 작품 중 세 점이 국보로 지정되어 있다.

5   ㄷ 화제를 우리말로 옮기면 다음과 같다. "세상에서는 콩으로 빚은 네모나고
부드러운 두부 같은 사람이 되어라世の中は 豆で四角で やわらかで 豆腐のような
人になれ人."

옮긴이의 글

많은 이가 부처의 설법을 들으러 영취산에 모여들었다. 부처가
그들에게 가르침을 전하던 도중 말을 그치고 가만히 한 송이
연꽃을 들어 보였다. 무슨 영문인지 몰라 눈을 깜빡이는 무리
가운데서 제자 가섭이 살며시 미소를 지었다. 그 미소를 보고
부처는 그에게 법통法統을 물려주었다. 염화미소拈花微笑의 일화다.
　　부처와 가섭은 언어에 기대지 않고 마음에서 마음으로
전하고 받았다. 깊디깊은 열반의 미묘한 마음. 연꽃도
미소도 언어의 지평 너머로 사라져버린 일기일회一期一會의
사건이기에 누군가에게 말로 전할 수 없다. 그러나 이 일화가
지금의 우리에게 전해 내려올 수 있는 건 문자를 통해서이다.
불립문자의 가르침을 얻기 위해선 문자에 기대서야 한다는 역설.
우리는 이 역설에서 모순 너머의 진리를 찾아낸다. 언어를 통해
뜻을 취했다면 그 말을 놓아버려야 한다는 진리. 강을 건너면
타고 온 배를 잊어야 하고, 부처를 만나면 부처를 죽여야 한다.
　　부처가 단지 한 송이 연꽃을 들어 올렸던 것처럼, 리큐도 다만
어둡고 좁은 다실에서 물을 끓이고 차를 달여 마셨을 따름이다.

흔히 와비차의 완성자라 불리는 리큐지만 그가 실로 와비차, 와비사비, 다도를 위한 개념적 토대를 마련하고 그 개념을 정립하는 데 몰두했을 거라 생각하지 않는다. 그는 매일매일 행했다. 단순했다. 그것이 무를 향해 가는 작은 배라 여겼다.

레너드 코렌의 언어를 빌려 우리는 거듭 와비사비를 읽는다. 이 언어는 손가락이라는 방편일 뿐이다. 우리가 보아야 할 것은 그의 손가락이 아니라 그 손가락이 가리키는 달이다. 달이 떠 있는 모습은 누가 보는가에 따라 달리 보일 것이다. 어두운 밤 가운데서 은은한 빛을 발할 수도, 구름에 가려 어렴풋할 수도, 한파의 바람이 오가는 낮 하늘에 걸려 은빛으로 식어 있을 수도, 강 위에 맺혀 물결이 만드는 무늬와 함께 일렁일 수도 있다.

우리에겐 저마다의 달이 있다. 결국 우리가 이 책을 경험하며 발견하는 것은 불성佛性처럼 우리 각자가 본디 지닌 와비사비의 마음이다. 불완전하고 비영속적이며 미완성된 것들의 아름다움에 감응하는, 소박함 속에 깃든 숭고함에 눈뜨는, 매일 똑같이 반복되는 것을 새롭게 대하는, 너와 나를 분별하지 않는,

생명의 덧없음에 공감하는 마음. 『법구경法句經』의 구절처럼 악을
행하지 않고, 많은 것을 바라지 않으며, 고독 속을 걷는 이의 마음.
　책을 통해 선한 가르침을 주시는 코렌 선생께 깊이
감사드린다. 다시금 안그라픽스와 함께 작업한 것은 큰
기쁨이었다. 이 책의 출간을 반겨줄 독자 여러분께는 합장으로
예를 표하고 싶다.

2022년 1월
박정훈

세상의
미래를 바꿀
책읽기

세상의 미래를 바꿀 책읽기
김인수 지음

초판 1쇄 2020년 11월 01일
초판 2쇄 2020년 11월 11일

지은이 김인수
펴낸이 신현운
펴낸곳 연인M&B
기 획 여인화
디자인 이희정
마케팅 박한동
홍 보 정연순
등 록 2000년 3월 7일 제2-3037호
주 소 05052 서울특별시 광진구 자양로 56(자양동 680-25) 2층
전 화 (02)455-3987 팩스(02)3437-5975
홈주소 www.yeoninmb.co.kr
이메일 yeonin7@hanmail.net

값 17,000원

ⓒ 김인수 2020 Printed in Korea

ISBN 978-89-6253-501-3 03810

장자로부터 황무지까지! 한 권으로 끝내는 인문 고전 다이제스트!

김인수 지음

세상의 미래를 바꿀 책읽기

휴머니스트 군인작가 인산 김인수 장군의 세미책 읽기

지금 이 시대를 살아가는 사람들이 꼭 읽어야 할
인문 고전 독서의 정수!

역사 철학 문학 전쟁 심리학

연인M&B

"줄거리의 악몽에서 벗어나라."

"책을 읽는 이유는 내 가슴에 던져지는 단 하나의 문장을 온전히 받아 내기 위함이다."

제가 인문학 강의를 할 때마다 늘 강조하는 말입니다. 책을 잘 모르는 사람들, 책을 가까이하지 않는 사람들이 쉽고, 편안한 마음으로 책을 접하기를 바라는 마음의 표현입니다. 저는 현역군인이면서 작가입니다. 37년째 군 복무를 해 오면서 늘 책과 글을 가까이했습니다.

또한 병영독서운동을 펼치고 있는 독서운동가이자 장병들에게 책을 권하는 책 전도사로서 지금까지 병영 내에서 170여 회의 인문학 강의를 펼치고 있습니다. 한 손에는 총칼을 들고, 한 손에는 책과 펜을 든 장병들이 진정 강한 군인이라는 신념을 품고 있기 때문입니다. 강의를 할 때마다 젊은 용사들(저는 아들들이라고 부릅니다)에게 묻는 말이 있습니다. "올해 책을 몇 권 읽었느냐?", "올해 책을 몇 권 샀느냐?"고 말입니다. 대답은 제가 굳이 말씀드리지 않아도 다 짐작하실 수 있으시겠지요? 병영 내에 도서관이 있어도 잘 읽지 않고, 봉급이 인상되어도 책은 잘 사지 않습니다.

이런 현실 속에서 저는 매우 의미 있는 운동을 펼치고 있습니다. 바로 '세미책'입니다. 세미책은 "세상의 미래를 바꿀 책읽기, 세상을 아름답게 만들 책읽기"를 뜻합니다. 대한민국 군대에 들어오는 젊은이들이 육군훈련소를 비롯해 신병교육기관에서부터 좋은 책을 읽는 습관을 기르고, 군 생활 동안 인문 독서를 통해 사유하고 성찰하는 사람으로 거듭나길 바라는 저의 간절한 소망을 품고 있습니다. 그래야만 대한민국 군대의 미래가 바뀌고, 대한민국의 미래가 바뀌고, 세상의 미래가 바뀔 것임을 확신하고 있습니다. 지금은 저와 뜻을 함께하는 많은 분들이 지지하고 있고, 응원하고 있습니다.

이번에 저는 이 '세미책'의 이름으로 한 권의 책을 세상에 냅니다. 이 글은 제가 오랫동안 마음에 품고 있던 글입니다. 세상을 향해 전하고 싶던 글입니다. 이 시대를 살아가는 우리 모두가 꼭 읽었으면 하는 소망을 담은 책입니다. 몇 년 전부터 저는 아주 의미 있는 시간을 보냈습니다. 제가 작가로 등단한 이후 늘 쓰고 있는 '인산편지'를 통해 동서양의 인문 고전을 세상에 전하는 일이었습니다. 여러모로 일천하고 부족한 제가 주옥같은 인문 고전들의 깊은 뜻을 완벽히 소화했다고는 할 수 없지만, 제 생각으로 걸러내고, 제 마음으로 재해석한 내용입니다. 쉽게 말씀드리면 "이 세상을 살아가는 우리가 꼭 읽어 보아야 할 '인문 고전 다이제스트'인 셈입니다."

  그 글들을 정리하여 선보입니다. 다시 말씀드리지만 하고 싶은 것도 많고, 해야 할 일도 많은 세상 속에서 살아가면서 최소한 이 책들만큼은 꼭 읽으셨으면 좋겠습니다. 그런 간절한 마음이 가득 담긴 이 책 한 권만 있으면 인문 고전에 대한 소양을 갖출 수 있을 것이라고 생각합니다. 제 나름대로는 회심의 역작입니다. 그래서 부족하나마 부끄럽지는 않겠다는 용기를 냈습니다.

  책은 총 5부로 구성했습니다. 각 부의 제목은 우리 인간이 삶을 살아가는데 있어서 가장 중요한 의미를 담았습니다. 소중히 여기고 행동해야 할 가치를 품었습니다. 각각의 안에 들어 있는 내용들은 하나하나가 다 한 권의 책입니다. 그 책에 나와 있는 핵심적인 내용을 제 생각과 마음으로 정리한 글입니다. 그래서 다이제스트란 말을 썼습니다. 그냥 단순한 요약과 간추리기가 아닌 제가 재해석하기도 하고, 정리하기도 한 글이기에 독창적이고 창의적이면서도 원문의 내용에 크게 벗어나지는 않았음을 말씀드립니다. 참고로 했던 책들은 출처에 명시했습니다.

  지금 우리는 4차 산업혁명 시대를 살아가고 있습니다. 눈을 뜨고 나면 새로운 획기적인 기술이 나타납니다. 그러면서도 각종 자연재해와 바이러스 등에는 여전히 연약한 인간의 민낯이 여지없이 드러납니다. 겸허해야 하고 겸손해야 할 이유입니다. 사유하고 성찰해야 할 이유입니다. 그 지름길은 역시 책입니다. 부디 바라기는 이 시대를 살아가는 우리 모두가 이 한 권의 책을 통해 먼저, 자기 자신의 내면과 마주하길 원합니다. 그리고 함께 더불어 살아가는 사람들을 바라보길 원합니다. 이 책 한 권이 당신을 그런 길로 안내할 수만 있다면 저는 많이 행복할 것입니다.

 감사한 분들이 많습니다. 책이 나오기까지 늘 함께해 준 사랑하는 아내와 아이들, 부모님과 가족들께 고마운 마음을 전합니다. 국가 방위의 숭고한 사명을 감당하며 늘 저와 함께하는 동료 전우들, 인산편지 독자님들께 깊이 감사드립니다.

 이 책이 세상에 나올 수 있도록 도와주신 유기홍 시인님, 멋진 책으로 만들어 주신 연인M&B의 신현운 대표님을 포함한 출판 관계자분들께도 따뜻한 감사의 마음을 전합니다. 그리고 무엇보다도 책을 사랑하고 늘 함께하는 이 세상의 모든 분들께 깊이깊이 감사드립니다. 세미책은 늘 당신과 함께할 것입니다.

2020년 가을
김인수

| 차례 |

프롤로그   4

PART 1 인생이란 무엇인가?

장자 (장자)   12

인생이란 무엇인가? (톨스토이)   35

심리학을 읽는 밤 (아들러)   48

소소한 풍경 (박범신)   61

지금 이 순간을 살아가는 자세 (디트리히 그뢰네마이어)   74

PART 2 행복이란 무엇인가?

소크라테스의 변명 (플라톤)   88

일리야스의 행복 (톨스토이)   103

행복이란 무엇인가? (샤하르)   111

평화와 행복을 획득하는 10가지 방법 (데일 카네기)   124

버리고 얻는 즐거움 (오리슨 마든)   136

PART 3 혼돈의 시대 어떻게 살 것인가?

난중일기 (이순신)   150

징비록 (류성룡)   164

산성일기 (작자 미상)   190

목민심서 (정약용)   202

백범일지 (김 구)   223

PART 4 삶의 중요한 질문들

당신은 정직한가? (낸 드마스)   250

무엇이 최선인가? (조셉 L. 바다라코)   263

어떻게 원하는 것을 얻는가? (스튜어드 다이아몬드)   275

나는 남들과 무엇이 다른가? (정철윤)   288

당신은 어떤 사람입니까? (채사장)   301

고수의 생각은 어떠한가? (조훈현)   311

PART 5 삶의 아름다움을 노래하자

시경 (작자미상)   326

나의 별에도 봄이 오면 (윤동주)   352

황무지 1편 (T.S. 엘리엇)   368

황무지 2편 (T.S. 엘리엇)   383

인생이란 무엇인가?

세상의
미래를 바꿀
책읽기

장자 (장자)
—인산, 인류를 향한 영원한 가르침을 배우다

인생이란 무엇인가? 첫 번째로 인류를 향한 영원한 가르침인 '장자'를 펼칩니다. '장자'는 총 33편으로 구성된 책입니다. 문장이 비유와 우화로 어우러져 재미있으며, 인간의 삶, 즉 인생에 대한 깊은 사색이 담겨있습니다. 장자의 사상에는 깊고 순수한 종교적 태도가 스며 있습니다. 이 '장자'를 읽노라면 인생의 문제가 자연스럽게 정리되고, 쉽게 그려집니다. 깊이와 넓이로 따지면 따라올 만한 책이 그리 많지 않습니다.

잘 아시겠지만 고전을 해석하는 방법은 다양합니다. 이 책 '장자'도 원문을 통해 고사성어나 우화, 일화를 중심으로 해석한 책들이 많이 있습니다. 다만, 여기에서는 동양고전 연구가인 김원일 선생이 해석하고 옮긴 책을 중심으로 '장자'를 살피겠습니다. 장자의 33편을 다 망라하되 목차는 원 제목을 따르지 않고, 제가 읽고 나서 느낀 주제를 중심으로 임의로 정했음을 알려 드립니다. 중국의 위대한 고전 '장자'의 세계를 여행하시면서 '인생이란 무엇인가'를 깊이 생각해 보는 시간이 되길 빕니다.

대자연의 섭리에 몸을 맡기십시오.

'붕'이라는 새가 있습니다. '곤'이라는 고기가 변하여 이 새가 되는데 붕의 등은 몇 천 리나 되는지 알 수가 없을 정도로 큽니다. 차마 가늠하기도 쉽지 않습니다. 이 새가 하늘을 날 때는 커다란 날개를 펴기 위해 많은 양의 바람을 필요로 합니다. 바람을 타고 푸른 하늘을 등에 업고 나는 붕새를 상상해 보십시오. 매미와 작은 비둘기는 그런 붕새를 알지 못합니다. 느릅나무나 박달나무를 향해 날아오를 때 거기마저도 힘에 겨워 이기지 못하고 떨어집니다. 그러니 9만 리나 날아가는 붕새의 기분을 어찌 알겠습니까? 아침에 생겼다가 저녁이면 시들고 마는 버섯은 하루가 얼마나 긴 지를 모르고, 여름 한철을 사는 매미는 1년이 얼마나 긴 세월인지를 모릅니다. 지혜가 작고 수명이 짧은 미물은 대붕의 뜻을 알지 못하는 것입니다. 작은 것과 큰 것의 차이입니다.

요가 허유에게 천자의 자리를 물려주고 싶다고 했을 때 허유는 "지금 천하는 잘 다스려지고 있습니다. 그러니 내가 새삼스레 천자가 된다는 것은 천자라는 이름을 바라는 것이 되지 않겠습니까? 이름이란 실상의 부수물에 지나지 않는 것입니다. 뱁새는 넓은 숲속에 집을 짓고 살지만 한 개의 나뭇가지를 필요로 할 뿐이며, 두더지가 황하물을 마셔도 배만 차면 그것으로 족한 것이오."라고 말하며 거절했습니다.

오늘날 많은 사람들이 자기 자신을 돌아보지 못한 채 권력이나 명성만을 추구합니다. 지식을 길러 관리가 된 사람, 공을 세우거나 재능을 인정받아 요직에 오른 사람, 덕이 높다 하여 권좌에 앉은 사람들이 많습니다. 그들은 스스로를 '붕'이라 생각합니다. 그러나 깊이 생각해야 합니다. 우리는 자신과 남, 안과 밖을 잘 구별하지 못합니다. 영예로운 것과 속된 것이 자신에게 본질적인 것이 아님을 알지 못합니다. 자신이 원하는 삶을 살아가는 데 있어 필요한 것과 필요 없는 것의 차이도 깨닫지 못할 때가 많습니다. 그러니 늘 무엇엔가 속박된 채 살아갑니다. 진정한 자유는 천지자연에 몸을 맡기고, 만물의 기운에 따라 무궁한 세계에서 거닐 때 얻을 수 있습니다. "지인(至人)은 자신을 고집하지 않고, 신인(神人)은 공적을 생각지 않고, 성인(聖人)은 명성에 관심이 없다."는 말을 새겨야 할 이유입니다.

주관적 가치판단을 버리고 세상에 순응하십시오.

남곽자기라는 사람이 앉아 있습니다. 하늘을 우러러보며 조용히 호흡을 가다듬습니다. 곁에 모시고 있던 안성자유가 그 모습을 보고 중얼거립니다. "어떻게 된 일일까? 살아 있는 몸뚱이가 마치 마른 나무처럼 굳어 버리고, 마음 또한 불 꺼진 재처럼 되어 버리다니…." 의식을 찾은 남곽자기가 말합니다. "너는 사람의 음악은 알고 있어도 땅의 음악을 들은 적은 없을 것이다. 설령 땅의 음악을 들을 수 있다 하더라도 하늘의 음악을 듣는 경지에는 이르지 못할 것이다." 그는 자연이 들려주는 소리를 들으라고 합니다. 땅이 토해 내는 숨결인 바람에 귀를 기울이고, 하늘거리는 나뭇가지와 잎을 보면서 방금 지나간 바람의 흔적을 보라고 합니다. 궁금한 안성자유가 또 묻습니다. "하늘의 음악은 무엇입니까?" "사람의 음악과 땅의 음악은 대상과 상황에 따라 천차만별이다. 그러한 모든 것들을 제 소리와 제 음색으로 울리게 하는 것이 곧 하늘의 음악이다."라는 답변이 나옵니다. 그렇습니다. 우리는 자신의 생각, 자신의 견해, 자신의 고집을 놓지 않습니다. 자신만이 듣고 싶은 소리만 듣습니다. 그러나 이것에서 벗어나 하늘이 우리에게 들려주는 소리를 들어야 합니다. 장자가 알려 주는 큰 가르침입니다.

우리의 마음은 아침저녁으로 변합니다. 기뻐하는가 하면 어느덧 성을 내고, 슬퍼하는가 하면 어느덧 즐거워합니다. 이와 같은 인간 심리의 모든 형상은 무엇으로부터 기인하는 것입니까? 우리 인간의 심리는 끊임없이 변하고 있지만, 무엇이 그 궁극의 원인인지는 알지 못합니다. 누군가는 이렇게 말합니다. "바깥 사물이 존재하지 않으면, 자기라고 하는 의식은 생겨나지 않는다. 따라서 마음의 변화란 바깥 사물과 자기와의 교섭에 의해 자기 내부에서 생겨나는 것이다." 그러나 이 말도 심적 기능의 근원에 대한 해답을 주지 못합니다. 여러분은 어떻게 생각하십니까? 현상은 있어도 형체가 없습니다. 한평생 아등바등하며 몸과 마음을 괴롭혀도 평안을 얻지 못합니다. 그래서 모든 사람들은 인생을 불가사의하다고 말합니다. 인생은 '달리기'가 아닙니다. '마라톤'은 더욱 아닙니다. 인생을 달리듯 살지 마십시오. 매 순간순간마다 세상을 품고, 세상과 나누고, 세상에 순응하는 삶이어야 합니다.

구분하지 않는 삶, 곧 정신의 자유입니다.

인간이 살아가는 세상에는 모든 게 '이것'과 '저것'으로 구분됩니다. 우리는 늘 '이것'과 '저것'을 구분하고, 비교하며 살아갑니다. 때론 서로 의존하기도 하고, 배척하기도 합니다. 그러나 성인은 이것이냐 저것이냐에 속박됨이 없습니다. 어떤 존재를 '이것'의 입장에서 보면 '저것'이 되고, '저것'의 입장에서 보면 '이것'이 됩니다. 양자는 상대적이 아닙니다. 동시에 옳기도 하고, 동시에 그르기도 합니다. 양자의 구별이 존재하지 않는 것입니다. 가치판단은 정해져 있는 것이 아니라 인간이 정해 놓은 것입니다. 나와 다른 것의 대립을 해소시키면 개별적인 존재를 초월합니다. 나와 타인과의 대립을 해소시키면 나와 타인의 개별적인 존재를 초월합니다. 이것을 초월해야 대립이 사라지고, 다툼이 없어집니다. 전쟁도 소멸합니다. 인간이 인간을 존중하면서 살아가는 세상이 이루어집니다. 그런 세상의 끊임없는 변화에 순응하면서 살아가야 합니다. 이것이 올바른 삶입니다.

'조삼모사(朝三暮四)'라는 말이 있습니다. 원숭이를 키우는 저공이 원숭이들에게 도토리를 주면서 아침에 세 공기, 저녁에 네 공기를 주겠다고 하니 원숭이들이 성을 냈는데, 아침에 네 공기, 저녁에 세 공기를 주겠다고 바꾸니 금방 화가 풀어졌다는 얘기입니다. 본질적으로는 큰 차이도 없는데, 어떤 때는 성을 내고 어떤 때는 기뻐합니다. 자기 생각에, 자기가 옳다고 생각하는 것에 묶여 있기 때문입니다. 우리는 '조삼모사'식의 생각에서 벗어나야 합니다.

또 하나 우리를 둘러싼 모든 만물들의 인식과 평가도 완전한 것이 못됩니다. 인간의 사물에 대한 인식은 운동(시간)과 형식(공간)의 두 범주로 구별됩니다. 운동의 기본적인 개념은 '처음'이고, 형식의 기본적인 개념은 '존재한다'는 것입니다. 모든 사물이 이러한 인식의 영역 속에서 판단을 형성하게 되면 바로 '처음 이전'과 '아직 존재하지 않았을 때'라는 부정 판단이 성립하게 되고, 이어 끊임없이 부정의 부정의 부정의 부정의… 무한한 연쇄반응이 이어집니다. 인간의 인식은 완전한 것이 못됩니다. 우리는 세상에서 늘 구분하며 살아갑니다. 옳고 그름, 좋고 나쁨 등등… 그러나 장자는 말합니다. 구분을 하지 않는 것이 참으로 구분하는 것이며, 가치를 부여하지 않는 것이 참으로 가치를 부여하는 일이라고, 드러나는 것이 참된 것이 아니고, 분별은 무의미한 일이라고 합니다. 깊이 새겨야 할 말입니다.

인간의 생명은 유한하나 앎의 작용은 끝이 없습니다. 우리들은 이러한 이치를 알면서도 여전히 지식에 속박되어 있습니다. 선과 악의 구별도 결국은 지식의 작용입니다. 여러분은 들꿩의 기분을 아십니까? 그들은 먹이와 물을 찾아 온 들판을 헤매고 다닙니다. 고생할지언정 새장 속에서 편안히 길러지려 하지 않습니다. 배부르게 먹는 것보다 자유를 원하기 때문입니다. 육신의 자유도 이러할진대 하물며 정신의 자유는 어떠하겠습니까? 구분하면 속박됩니다. 구분하지 않는 삶이 정신의 자유입니다. 정신의 자유는 곧 무엇인가에 속박되지 않고 자연에 순응하며 살아가는 것입니다.

자신을 먼저 살피고, 무용의 쓰임을 깨달으십시오.
"덕을 잃게 된 것은 명예를 얻으려는 마음에 이끌려서이며, 지식에 의존하게 된 것은 싸움에 그것이 필요하기 때문이다. 명예욕에 사로잡히고 지식에 의존하는 한 사람 사이의 대립과 항쟁은 심해질 뿐이다." 공자님께서 안회에게 하신 말씀입니다. 오늘날 명예와 이익에 마음을 뺏기어 자기 자신을 파멸로, 심지어는 죽음으로 몰고 가는 사람들이 있습니다. 참으로 안타까운 일입니다. 궁극적으로 명예욕이나 지식은 상대방을 해치고 자신을 망치는 흉기에 지나지 않음을 명심해야 합니다. 자신을 먼저 살피고, 상대방을 존중해야 합니다.

'텅 빈 충만'이라는 말을 들어보셨을 것입니다. 방이 텅 비어 있으면 있을수록 더 많은 빛이 들어찹니다. '무소유'의 정신이고, '무심'의 경지입니다. 이 '무심'의 경지에 도달하지 않는 한 잠시도 마음이 편안할 수 없는 것이 인간의 삶이기에 늘 힘써야 합니다. 너무 잘하려고 하지 마십시오. 너무 잘하려고 하면 말에 거짓이 섞이게 되고, 꾀를 부리게 되어 결국에는 일을 그르칩니다. 드러나는 것이 참된 것이 아님을, 진정한 겸손은 하찮은 겸손에 힘쓰지 않음을, 진정한 용기는 남을 해치지 않음을 명심하며 살아가야 할 일입니다. 그러기 위해서는 마음을 비우고 늘 순응하며, 무엇보다도 늘 자신을 살피십시오.

남백자기라는 사람이 상구 지방을 여행할 때 유난히 눈에 띄는 큰 나무가 있었습니다. 좋은 목재로 쓰일 것이라는 생각을 하며 자세히 살펴보니 가지가 이리저리 꾸불꾸불 꼬여 있어서 목재로서 쓸모가 없었습니다. 그 모습을 보고 깨달았습니다. 아무짝에도 소용없는 나무였기에 사람의 손을 타지 않고 그렇게 큰 나무로 성장할 수 있었다는 것을. 무용의 쓰임은 아무도 모릅니다. 쓸모 있는 나무가 빨리 베어지고, 온전하고 깨끗한 짐승이 제물로 바쳐짐을 깨달아야 합니다. 흠 있고, 쓸모없는 것이 오래가고, 불길하다고 여겨지는 것이 대길이 되는 이치입니다.

외물에 의해 움직이지 않는 마음을 지녀야 합니다.
훌륭한 인물의 마음가짐에 대해 공자님께서 하신 말씀입니다. "사람들은 죽고 사는 문제를 가장 크다고 하나 생사의 문턱에서 조금도 동요하는 일이 없고, 천지가 뒤집힌다 해도 꼼짝하지 않는다. 만물의 실상을 통찰하여 현상계의 변화에 흔들리지 않는다. 일체의 변화를 있는 그대로 받아들이면서도 그 근본이 되는 도를 잃지 않는다." 만물은 곧 하나이니 모든 것을 똑같이 받아들이고, 이해득실에 구애받지 않는 것이 성인의 마음이라는 말씀입니다.

사람은 겉모양보다 마음이 중요합니다. 겉모양과 신분은 무의미합니다. 권력과 재물, 계급과 위치가 중요하지 않습니다. 명성을 추구하는 것은 자기 몸을 구속하는 것입니다. 중요한 것은 속에 지니고 있는 자질과 덕입니다. 그러나 지극한 사람은 이 자질과 덕이 드러나지 않습니다. 자질이란 온전한 재능입니다. 사물의 변화에 마음을 어지럽히는 일이 없이 모든 것을 자기의 운명으로 알고 마음을 즐겁게 가져 일체의 사물을 있는 그대로 받아들이는 사람만이 무한히 변화하는 바깥 세계에 대해 항상 새로운 조화를 창조해 나갈 수 있습니다. 덕이란 만물과 일체가 되어 그것을 포용하는 것입니다. 덕이 있는 사람은 고요히 멈춰 있는 물과 같아서 사람들이 모여들고, 사람들이 떠나지 못하게 되는 것입니다.

'도'는 만물의 근원입니다.

지식이란 완전한 것이 못됩니다. 참된 앎이란 앎이 없는 것입니다. 진정한 사람은 사물에 지배당하지 않고 자연스럽게 사는 사람입니다. 지나친 욕심으로 인해 타고난 생명의 힘을 고갈시키지 않습니다. 삶에 집착하지도, 죽음을 기피하지도 않습니다. 자기 자신을 자연현상의 하나로 보고, 주어진 삶을 즐기다가 자연으로 돌아가는 것이 삶입니다. 장자는 그것을 인생이라 말합니다. 다만 살아가는 동안에 참다움을 잃지 말아야 합니다. 참다움을 잃으면 남의 본성에 영합하고 세상 평판에 이끌려 자기의 즐거움을 다하지 못하기 때문입니다. 지식이 시대의 흐름을 따른다는 것은 필연적인 움직임에 순응한다는 것이고, 덕이 자연의 섭리를 따르는 것이라 함은 남과 함께 덕이 이를 수 있는 곳에 도달할 수 있음을 말합니다.

'도'란 무엇입니까? 마음으로 느낄 수는 있으나 감각으로 확인할 수는 없습니다. 어떤 것에도 의존하지 않는 독립적인 것입니다. 유구한 과거로부터 존재하였습니다. '도'는 만물의 근원으로 어디에나 있습니다. 생사를 초월한 '도'의 존재는 변화하는 삼라만상의 근원이면서 모든 것을 변화에 맡깁니다. 인간에게 주어지는 신체의 변화도 자연변화의 일부입니다. 우리가 세상에 얽매이며 생활하고, 삶의 구속에서 해방되지 못하는 것은 사물에 얽매여 있기 때문입니다. 그러나 사물은 자연의 섭리를 거역할 수 없습니다. '도'는 인간적인 욕망의 초월에서 얻어집니다. 인간에게 있는 최대의 미혹은 삶에 대한 집착입니다. 그러므로 삶과 죽음도 변화하는 자연의 현상일 뿐임을 받아들여야 합니다. 물고기를 살리는 것이 물이듯 인간을 참으로 살리는 것은 도밖에 없음을 알아야 합니다. 깨우쳐 노력하면 바른 길로 갈 수 있습니다.

세상은 강압에 의해 다스려지지 않습니다.

일중시의 제자 견오와 광접여라는 사람의 문답입니다. 견오가 자신의 스승인 일중시에 대해 광접여에게 말했습니다. "우리 선생님이 말하기를 임금된 사람은 솔선수범하여 사회질서를 바로잡아 나가야만 백성들의 추앙을 받아 천하를 다스려 나갈 수가 있다고 했습니다." 광접

여의 답입니다. "그처럼 남에게 보이기 위한 덕에 지나지 않는 것으로 천하를 다스리려 한다는 것은, 한 줄기 내를 파 놓고 온 바다의 물을 전부 그리로 흘려보내려고 한다든가, 한 마리의 모기에게 태산을 지우려고 하는 것과 마찬가지이다. 성인은 외면적인 제도나 법을 이렇게 저렇게 해 보려고 하지 않고, 먼저 자신의 천성을 제대로 키워서 백성들에게도 각각 자신에 맞는 생활을 하게 한다. 성인의 정치란 이런 것이다." 이 말씀은 지금의 상황에 대입해도 전혀 어색하지 않습니다. 한번 생각해 보십시오. 우리는 무슨 일이 발생하면 외면적인 법, 제도나 시스템의 문제를 먼저 찾습니다. 그리고 새롭게 개선하려고 애씁니다. 물론 필요한 일입니다. 그러나 한 조직의 리더나, 한 나라의 지도자는 먼저 자신의 천성을 제대로 키워야 합니다. 결국 깊이 성찰하면서 자신을 돌아보라는 말입니다. 그러고 나서 구성원들이, 국민들이 각각 자신에 맞는 생활을 하도록 힘쓰도록 해야 한다고 합니다. 오늘날 나라를 다스리는 위정자들, 장병들을 지휘하는 군의 지휘관들, 기업의 CEO들, 학교의 선생님들을 비롯한 모든 사회 지도층 인사들이 귀담아 새겨야 할 말입니다.

세상은 저절로 다스려지게 해야 합니다. 서툰 재주를 경계해야 합니다. 범과 표범은 아름다운 털가죽으로 인해 사냥꾼들에게 죽게 되고, 원숭이나 사냥개는 날쌘 것 때문에 쇠사슬에 얽매이게 되는 것입니다. 서툰 재주는 자신의 몸을 망치는 것은 물론 자신이 속한 조직, 사회, 나라를 망칩니다. 정치인들이나 관료들, 군인들이 서툰 재주를 부리면 나라의 근본이 위태롭게 되고, 안보가 위태롭게 됩니다. 이는 곧 국민들의 삶이 위태롭게 되는 것으로 이어집니다. 늘 서툰 재주를 경계해야 합니다.

군자와 소인의 차이는 없습니다.

남녀 두 사람의 종이 각각 양을 지키고 있었는데, 두 사람 다 양을 잃어버렸습니다. 주인의 추궁에 남자 종은 책을 읽고 있었고, 여자 종은 놀이를 하고 있었다고 했습니다. 두 사람의 행실에는 분명 차이가 있으나 양을 잃어버린 근본적인 과실에는 차이가 없습니다. 사람들 중에는 본래의 자기를 잊고 사물의 노예로 살아가는 사람들이 많이 있습니다. 우리를 노예로 만든 대상이 '인의'일 경우엔 군자로, '재물'인 경우엔 소인으로 일컫습니다만 근본은 매한가지입니다. 근본적인 면에서는 군자니 소인이니 구별을 해 본들 소용이 없다는 것입니다.

천하를 잘 다스리는 것은 자연에 맡겨 두는 일입니다. 사람들에게는 그들만의 본성이 있습니다. 추우면 옷을 입고, 배고프면 농사를 지어 먹게 마련입니다. 이것을 자연의 본성이라 하며, 각자가 천성을 좇아 순진한 것을 자유라 합니다. 올바르게 살라고 하는 것도 어찌 보면 본성을 잃은 것입니다. 몸을 굽혀 예악을 지키게 하고, 겉치장에 신경을 쓰고, 인의를 앞세워 천하 사람들의 마음을 사려고 합니다. 그러다 보니 애써 꾀를 생각해 내고, 앞을 다투어 이익을 좇게 됩니다. 그것이 인간의 본성을 잃은 것입니다.

도둑에게도 道가 있습니다.

세상 사람들은 재물을 도둑맞지 않기 위해 자루 끈을 단단히 매고, 재물을 담은 상자에 자물쇠를 굳게 채웁니다. 그러나 좀도둑의 경우라면 모르지만, 큰 도둑은 오히려 그런 것을 더 좋아합니다. 그릇째 몽땅 들고 가기에는 끈이나 자물쇠가 튼튼할수록 편리하기 때문입니다. 우리가 세상의 지혜라고 여기는 것이 큰 도둑을 위해 물건을 잘 보관해 두는 것인 셈입니다. 엄청난 아이러니입니다.

유명한 도둑 도척에게 부하들이 도둑에게도 도(道)가 필요한지 물었습니다. 도척은 "무엇을 하든 사람에게는 도가 필요한 것이다. 우리들로서는 물건이 어디에 있는가를 꿰뚫어보는 것이 성(聖)이요, 맨 먼저 침입하는 것이 용(勇)이며, 맨 뒤를 지켜 철수하는 것이 의(義)다. 전진과 후퇴를 그르치지 않도록 상황을 바르게 판단하는 것이 지(知)요, 얻은 것을 공평하게 나눠 주는 것이 곧 인(仁)이다. 이 다섯 가지 덕을 체득치 못한 채 큰 도둑이 된 전례가 없다."고 말했습니다. 도둑도 이러할진대 우리들은 어떠해야 하겠습니까?

참다운 자기가 되어야 합니다.

보물을 없애야 좀도둑의 뒤가 끊어지듯이 호화로운 장식을 버리고, 영롱한 색채를 잊어야만 참된 자기의 눈을 가지고 세상을 볼 수 있습니다. 너무 공교로운 것은 서툰 것과 같습니다. 우리는 참다운 총명을 지닐 수 있도록 힘써야 합니다. 참다운 총명을 지니고 있는 한 외부 사물에 현혹되는 일은 없으며, 참다운 지혜를 가지고 있는 한 미망에 빠지는 일도 없습니다. 참다운 덕을 지니고 있는 한 자신을 잃는 일은 더더욱 없음을 명심해야 합니다.

오늘날은 참다운 덕을 잃어버린 세상입니다. 사람들은 모두 지혜를 좇고, 이익을 추구하는 바람에 잠시도 편할 날이 없습니다. 특히 세상을 이끌어 가는 위정자들이 지식과 지혜만 소중히 알고 도를 잃어버리면 세상이 어지러울 대로 어지러워집니다. 그물과 덫을 만들면 물고기와 짐승들이 편안히 살아갈 수 없습니다. 우리 사람들도 마찬가지입니다. 인위적인 일에 힘쓰고, 궤변을 좋아하며, 지혜를 자랑하는 사람이 많을수록 사람들은 본래의 자기를 잃고 맙니다. 우리가 만들어 낸 것이 너무 많아서 우리가 편안히 살아갈 수 없는 세상이 되었음을 지금 경험하고 있지 않습니까?

자연 그대로에 맡기십시오.

인심은 종잡을 수 없습니다. 인심을 안정시키려면 부디 조심하여 사람들의 마음을 어지럽히지 않도록 해야 합니다. 사람의 마음이란 깎아내릴 수도 있고 추켜세울 수도 있습니다. 불길같이 타오르기도 하고 얼음장처럼 차가워지기도 합니다. 가만히 있으면 못물처럼 고요하고 움직이면 공중으로 날아오릅니다. 이렇듯 천변만화해서 결코 종잡을 수 없는 것이 사람의 마음입니다.

운장이 홍몽을 만났습니다. 만물을 키우고자 하는 욕망이 있는 운장이 그 비법을 묻자 홍몽이 답했습니다. "먼저 마음을 잘 길러라. 무위 속에 몸을 둔다면 만물은 저절로 생육된다. 네 몸을 잊고, 네 정신을 떨어 버려서 자신과 사물을 아울러 망각한다면 자연의 근원과 더불어 한 몸이 될 것이다." 마음의 집착을 풀어 버리십시오. 그러면 정신의 속박에서 벗어납니다. 천지는 비록 광대하더라도 조화가 미치지 않은 바 없고, 만물이 비록 잡다하다지만 그 다스림이야말로 한 가지에 지나지 않습니다.

요임금에게 한 관리가 오래 살고, 부자가 되고, 아들을 많이 두도록 축수했습니다. 요는 아들이 많으면 걱정이 끊일 날이 없고, 부자가 되면 귀찮은 일을 다 감당할 수가 없고, 오래 살면 욕을 당하는 경우가 많아져서 덕을 쌓는데 방해가 될 뿐이라고 했습니다. 요의 대답을 들은 관리는 "인간은 모두가 하늘로부터 생(生)을 부여받습니다. 따라서 제각기 그에게 알맞은 일자리를 갖기 마련입니다. 아들이 몇 명이 되던 제각기 천분에 맞는 길을 걸어가게 하면 걱정이 생길 리가 없습니다. 또 아무리 얻어도 그것을 사람들에게 나눠 주면 번거로울 게 없습니다. 성인이란 모든 것을 자연 그대로에 맡길 뿐 인위적으로 하지 않는 사람입니다." 하곤 홀연히 사라졌습니다.

기계가 발달하면 기계에 지배당합니다.

공자의 제자 자공이 진나라로 가는 도중 한수 남쪽에 다다랐을 때 들에서 일하는 한 노인을 만났습니다. 노인은 밭에 파 둔 우물의 밑바닥까지 내려가서 물동이에 물을 길어 밭에다 열심히 뿌리고 있었습니다. 그것을 본 자공이 노인에게 무자위(통나무에 가로 막대기를 걸친 뒤 앞쪽엔 두레박, 뒤쪽 끝에 무거운 돌을 매단 지렛대 같은 도구)를 이용하여 상하로 움직이기만 하면 물을 쉽게 길을 수 있는데 왜 어렵게 직접하느냐고 말했습니다. 그 말을 들은 노인은 "기계가 있으면 반드시 그것을 이용하고자 하는 데서 작위(作爲)가 생깁니다. 그러면 어느덧 타고난 마음을 잃어버리고 잡념이 끊이지 않는 법입니다. 마음이 잡념으로 어지러워지면 도를 얻을 도리가 없습니다. 나라고 해서 무자위를 쓸

줄 모르는 바는 아니나 거기까지 타락하고 싶지 않기에 쓰지 않을 뿐입니다."라고 했습니다. 4차 산업혁명 시대를 맞아 점점 더 인간을 편하게 하는 기계에 빠져 있는 현대인들이 새겨야 합니다.

성인과 덕인과 신인을 구분하십니까?

원풍이 순망에게 성인(聖人)의 정치에 대해 물었습니다. "성인의 정치란 벼슬을 임명하고 법령을 공포함에 있어서 정당함을 잃지 않고, 인재를 발탁함에 있어서 적재적소를 얻게 하며, 모든 일의 사정을 속속들이 알아 그 해야 할 바를 행하고, 언행을 삼가 수신하는 것을 으뜸으로 삼는 것이오. 그렇게 하면 천하는 저절로 감화되어 다만 손을 들어 가리키고, 턱을 끄덕이기만 해도 천하 백성이 모두 따르게 되오." 또 덕인(德人)에 대해 물었습니다. "가만히 있어도 생각하는 바가 없고, 행동한다 해도 계획이 없으며, 시비선악 따위를 마음속에 간직하지 않소. 그리하여 온 천하 사람들과 이익을 같이하는 것을 자기 기쁨으로 삼고, 함께 모자람이 없이 사는 것을 편안함으로 삼소. 남아돌도록 쓰는 재물이 어디서 생기는지 모르며, 배부르게 먹은 음식이 또한 어디서 생기는지 생각지 않소. 이런 사람을 덕인이라 하오." 마지막으로 신인(神人)에 대해 물었습니다. "생명의 본원에 이르고, 만물의 실정에 깊이 미치니 모든 일에 얽매이지 않으며, 모든 것을 오로지 그 본래의 모습으로 돌아가게 하오. 이 경지에 오른 사람이 바로 신인이오."

세 사람이 길을 갈 때, 그중 한 사람이 길을 잘못 든다면 그래도 목적지를 찾아갈 가능성은 남아 있습니다. 그러나 셋 중에서 둘이 길을 잘못 드는 경우는 어떻게 되겠습니까? 아무리 고생해도 목적지를 찾아갈 수 없을 것입니다. 바로 미혹한 자가 많기 때문입니다. 천하가 모두 미혹한데 혼자만 도를 구한다 해도 얻을 수 없을 것입니다. 미혹하면 되는 일이 없음을 명심해야 합니다.

사람과 글에 대한 평가를 쉽게 해서는 안 됩니다.
사성기가 노자를 보고 대뜸 힐난했습니다. 노자의 집 쥐구멍 근처까지 먹다 남은 음식이 흩어져 있는데 피를 나눈 누이동생은 돌보지 않고 재산만 모은다는 것이 그 이유였습니다. 노자는 대꾸하지 않았습니다. 나중에 잘못을 알고 사과하러 찾아온 사성기에게 노자는 "당신은 지자(知者)니 성인이니 하는 관념에 사로잡혀 있는 모양인데, 나는 그런 것을 벗어난 지 이미 오래요. 어제 만일 당신이 나를 소라고 했으면, 나는 나 자신을 소라고 인정했을 것이며, 말이라고 했다면 역시 말인 줄로 알았을 것이오. 남이 그렇게 말하는 데는 그만한 이유가 있을 것이 아니요. 그것을 못마땅하게 생각해서 반대하고 나서면 더 심한 봉변을 당하게 되는 거요. 나는 조금도 저항하는 법이 없소. 그것도 자연히 그렇게 되는 것이지 의식적으로 억누르는 것은 아니라오."라고 말했습니다. 사람에 대한 평가를 쉽게 해서는 안 되는 이유입니다.

목수 윤편이 제나라 환공의 글 읽는 것을 보고 거기에 쓰인 것은 옛사람의 찌꺼기 같은 것이라고 했습니다. 이유를 묻자 "수레바퀴 축의 구멍은 너무 크게 깎아도 못 쓰고, 너무 작게 깎아도 안 되는 법입니다. 굴대와 구멍이 꼭 들어맞아야 하는데 이것은 호흡을 잘 맞추어야만 되는 것입니다. 소인이 자식에게 그 비결을 깨치게 해 주려고 하나 좀처럼 잘 되지 않습니다. 그래서 나이 일흔이 되도록 여태껏 목수 일을 직접 하고 있습니다. 옛사람들도 참으로 중요한 대목은 말로 표현하지 못한 채 죽어 버리지 않았겠습니까? 그러고 보면 임금께서 읽고 계신 책도 옛사람의 찌꺼기 같은 것임에 틀림없을 줄 아옵니다." 참으로 새겨야 할 말입니다. 우리가 지금 읽고 있는 옛사람의 가르침도 그 찌꺼기일 수 있습니다. 목수의 신분으로 임금에게 그런 말을 할 수 있다는 것도 놀랍지만, 그 지혜와 정신의 깊이가 더 놀랍습니다. 빈부귀천을 뛰어넘는 혜안에 경의를 표할 수밖에 없습니다.

편안하고 담담히 살면 근심걱정이 없습니다.

사람들은 인의(仁義)와 충신(忠信)을 말합니다. 큰 공업(功業)을 말하고, 큰 이름을 세우기를 원합니다. 하지만 뜻을 갈지 않아도 행동이 고상하고, 인의가 없이도 몸을 닦으며, 공명(功名)이 없이도 나라를 다스립니다. 강해(江海)가 없어도 한가하며, 도를 끌어들이지 않고도 오래 살 수 있다면 모든 것을 잊어버리고도 어느 것 하나 없는 것 없고, 마음이 비어 끝이 없고, 모든 아름다움은 스스로 따를 것입니다. 이것이 천지의 도이며, 성인의 덕입니다.

성인은 허심(虛心), 고요, 허무, 무위(無爲)의 경지에서 쉰다고 합니다. 무위에 쉬면 마음이 고요하고, 마음이 고요하면 곧 편안할 것입니다. 마음이 고요하고 편안하면 모든 근심 걱정이 깃들지 않을 것이며, 온갖 나쁜 기운도 그를 덮칠 수가 없는 것입니다. 이렇게 되면 그의 덕은 온전할 수 있고, 그 정신은 손상되는 일이 없게 되는 것입니다. "겨우 백 개쯤의 도리를 듣고는 천하에 자기만한 자가 없는 줄 안다."는 속담이 있습니다. 눈앞의 대상에만 집착하지 말아야 합니다. 생긴 대로 사는 것이 올바른 삶의 방법입니다.

장자가 복수에서 낚시를 즐기고 있는데 초나라의 중신이 왕의 명령을 받고 찾아와 재상이 되어 달라고 간청했습니다. 장자가 말하기를 "귀국(貴國)에는 죽은 지 3천 년이 된 영험한 거북의 등껍질이 있다고 합니다. 임금께선 그것을 비단보에 싸서 상자에 넣어 두고 소중히 제사를 드린다고 합니다. 그런데 그 거북을 보시오. 죽은 뒤에 제사를 받는 편과, 살아서 흙탕물 속에 꼬리를 끌고 다니는 편을 생각해 볼 때 어느 편이 더 낫겠소." "그야 살아 있는 편이 더 좋겠지요." 그러자 장자가 다시 말했습니다. "자, 그만 돌아가 주시지요. 나도 진흙 속에 꼬리를 끌며 살고 싶소." 오늘날에도 권력을 탐하고, 자리에 연연하는 사람들이 많이 있습니다. 돈을 쓰고, 인맥을 동원하려 애씁니다. 재상의 지위를 거절하며, 죽어서 제사를 받는 것보다 살아서 흙탕물 속에 꼬리를 끌고 사는 것이 낫다고 하신 장자의 말씀을 귀담아들어야 합니다.

완전한 덕을 쌓아야 합니다.
사람이 세상에서 살면서 높이 치는 것은 부귀와 장수며, 즐기는 것은 한 몸의 안락함과 맛있는 음식, 아름다운 의복과 듣기 좋은 음악입니다. 또 천하게 여기는 것은 가난과 일찍 죽는 것과 맛난 음식을 먹지 못하고, 아름다운 옷을 입지 못하며, 좋은 빛깔을 보지 못하고, 좋은 소리를 듣지 못하는 것입니다. 그리하여 만일 그것들을 얻지 못할 때는 크게 걱정하고 두려워하게 마련이니 이야말로 한 몸뚱이만 위하는 어리석은 짓이 아니고 그 무엇이겠습니까?
장자는 아내가 죽었을 때 노래를 불렀습니다. 혜자가 어이없어 하며 그 까닭을 물었을 때 장자는 이렇게 대답했습니다. "지금 내 아내는 천지라는 거대한 방안에서 편히 잠자려 하는데 내가 굳이 시끄럽게 곡을 해댄다는 것은 도대체 천명(天命)을 모르는 소행일 걸세. 그래서 곡을 하지 않는 거네." 장자는 죽음이란 자연의 변화에 불과하다고 하였습니다.

자연의 도는 그냥 쉽게 터득할 수 없습니다. 뜻을 분산시키지 않고 정신을 집중해야 합니다. 일상생활에서도 속마음과 바깥쪽 행실을 잘 닦을 수 있도록 노력해야 합니다. 모든 생명은 본성대로 편안히 살기를 원합니다. 그러므로 살아가면서 단계적으로 수양을 쌓아 완전한 덕을 지녀야 합니다. 어느 날 왕이 기성자에게 투계(鬪鷄)를 훈련시키라고 말했습니다. 열흘쯤 지나 왕이 경과를 물었습니다. 기성자는 "멀었습니다. 덮어놓고 살기를 띠면서 적을 찾아다니기만 합니다." 열흘 뒤에도 "아직 멀었습니다. 다른 닭의 울음소리를 듣거나 근처에 닭이 있다는 기척만 느껴도 싸울 기세가 등등해집니다." 또 열흘 뒤에도 "아직 멀었습니다. 다른 닭의 모습을 보면 노려보며 성을 냅니다." 마침내 다시 열흘이 지나 왕이 묻자 이렇게 대답했습니다. "이젠 됐습니다. 옆에 다른 닭이 아무리 울며 싸움을 걸어와도 전혀 움직이는 기색조차 없이 마치 나무로 만든 닭(木鷄)처럼 보입니다. 이야말로 덕이 차 있어서 그 어떤 닭도 당해 내지 못합니다. 그 모습만 보아도 달아나고 말 것입니다."

눈앞의 이익을 좇지 마십시오.

가나라 사람 임회라는 자가 도망칠 때 천금의 보배를 내버려둔 채 갓난아기만 업고 도망쳤습니다. 그 이유에 대해 임회는 "천금은 나와 이익으로 맺어져 있지만, 이 애는 나와 운명으로 맺어져 있다."고 말했습니다. 이익으로 맺어져 있느냐, 아니면 운명으로 맺어져 있느냐, 이것이 내가 누구와, 무엇을 함께할 것인가에 대한 가치판단의 기준입니다. 우리가 이익을 너무 좇다 보면 위험하기 짝이 없습니다. 나무에 붙어 있는 버마재비를 노리는 까치, 그 까치를 노리는 사냥꾼, 그리고 또… 이익에 눈이 멀면 위험이 보이지 않는 법입니다.

참으로 군자의 도를 닦고 있는 사람이라고 해서 반드시 유복(儒服)을 입고 있는 것은 아니며, 유복을 입고 있다 해서 또 반드시 군자의 도를 닦는다고 할 수는 없습니다. 이는 군인들도 새겨들어야 합니다. 군복(軍服)을 입고 있다고 해서 다 군인이 아니고, 위국헌신(爲國獻身)이라는 군인의 도를 실천하는 군인만이 군인입니다. 지극한 사람은 자신을 드러내지 않고 묵묵히 최선을 다하는 사람입니다.

모든 사물은 절대적이지 않고, 모든 일은 때가 있습니다.
자기 밖에 있는 일체의 사물은 어느 하나도 반드시 절대적인 것이 아닙니다. 예로부터 임금들 치고 그 신하가 충성하기를 바라지 않는 이가 없거니와, 그렇다고 해서 신하가 충성을 다할 경우 반드시 임금의 신뢰를 얻는 것은 아닙니다. 또한 부모들 치고 자식의 효도를 바라지 않는 사람은 없습니다. 하지만 자식이 효도를 다한다 해서 반드시 그 부모로부터 사랑을 받는 것은 아닙니다.

모든 일은 때와 경우에 알맞아야 합니다. 당장 급한 쌀 한 되를 꾸러간 장자에게 위문후는 세금을 거두는 대로 3백금을 꾸어 주겠다고 했습니다. 장자는 길바닥의 물고랑에서 물이 없어 파닥거리는 붕어에게 양자강물을 범람시켜 붕어를 맞이하겠다고 하면 이치에 맞는 말이 아니라고 일갈했습니다. 겨우 한 되의 쌀만 있으면 사람이 살 수 있고, 겨우 한 바가지의 물만 있으면 붕어가 살 수 있는데 나중에 주겠다고 하는 3백금과 양자강물이 무슨 도움이 되겠습니까? 아무리 크고 좋은 것도 때를 놓치면 이와 같은 것입니다.

작은 지혜를 버려야 큰 지혜를 얻습니다.

뜻이 크지 못하면 큰일을 하지 못합니다. 임나라의 한 젊은이는 대형 낚시와 낚싯줄을 만들어 50마리의 큰 소를 미끼로 삼아 회계산에 올라가서 동해에 낚시를 던졌습니다. 낚싯줄을 드리운 지 1년이 지나 큰 물고기가 잡혔습니다. 산이 진동하고 바닷물이 뒤흔들릴 정도의 큰 고기였습니다. 이 고기로 포를 떴는데 수많은 사람들이 다 고기를 배급받아 배부르게 먹을 수 있었다고 합니다. 성경에 나오는 예수님의 '오병이어' 이야기와 유사합니다. 장자는 이런 이야기를 들어보지도 못한 사람들과는 천하를 함께 이야기할 수 없을 것이며, 바라지도 말아야 할 것이라고 하십니다.

사람의 능력과 지혜는 믿을 것이 못됩니다. 아무리 알아도 때로는 궁지에 빠지는 수가 있고, 아무리 신통력을 가져도 그것이 미치지 못하는 경우가 있습니다. 아무리 투철한 지혜와 능력을 가진 사람도 많은 사람의 지혜와 힘 앞에는 견디지 못합니다. 작은 지혜를 버리고 나서야 큰 지혜를 얻게 되며, 착한 일을 하려고 하는 노력을 버린 뒤라야 절로 착해지게 되는 것입니다. 갓난아이는 특별히 말을 가르쳐 주는 스승이 없어도 말을 배우게 됩니다. 이렇게 절로 배우게 되고, 절로 알게 되는 것이야말로 완전한 앎이 되는 것임을 깨달아야 합니다.

여러분은 지금 여러분이 옳다고 믿는 사람, 옳다고 믿는 일들이 정말 옳다고 생각하십니까? 사람의 능력은 원래가 도에 의해 주어진 것입니다. 따라서 천부(天賦)의 성품으로 되돌아가서 무심히 살아갈 것 같으면 말과 행동은 자연 바르게 되는 것입니다. 무심히 모든 것을 받아들이는 사람에 대해서는 누구나가 다 대립 의식을 잃고 마는 법입니다.

한 사람이 천하보다 귀합니다.

천하는 이 세상 모든 것입니다. 더없이 가치 있는 것입니다. 그러나 천하라도 한 목숨을 희생할 수 있을 만큼 가치가 있지는 않습니다. 한 사람이, 한 목숨이 천하보다 귀한 것입니다. 천하를 안중에 두지 않는 사람이야말로 천하를 맡을 수 있을 것입니다. 생명을 존중하는 사람은 비록 부귀한 지위에 있다 하더라도 향락을 위해 몸을 해치는 일이 없고, 비록 가난하고 비천한 환경에 놓여 있어도 이익이나 욕심으로 인해 육신을 괴롭히는 일을 하지 않습니다. 오늘날 높은 지위에 있는 사람들은 어떻습니까? 지위를 잃을까 걱정하며, 한순간의 욕망과 이익을 위해 가볍게 몸을 망치는 일이 얼마나 많습니까?

검술을 좋아하는 조문왕에게 장자가 3검(劍)을 말했습니다. 천자의 칼, 제후의 칼, 서민의 칼이 그것입니다. 천자의 칼을 한 번 쓰면 제후는 숙연히 몸을 바로 하고 온 천하가 일시에 굴복합니다. 제후의 칼을 쓰면 천둥 번개와 같은 위력을 가지고, 온 사해가 다 임금의 명령에 복종합니다. 그러나 서민의 칼은 한 번 목숨이 끊어질 뿐 나라를 위해서는 아무런 소용이 없습니다. 천자와 제후들이 서민의 칼을 쓰려고 하면 안 되는 것입니다.

스스로 참다운 지혜를 구하십시오.

열자는 귀한 풍모로 인해 다른 사람들로부터 우선적으로 대우를 받자 이를 두려워했습니다. 앞으로 나라를 다스리는 자가 틀림없이 엉뚱한 기대를 하고 자신을 맞아들여 국정을 맡긴 다음 그 성과를 보고 싶어 할 것이라는 게 두려움의 요체였습니다. 스승은 그에게 자기 자신을 완전히 버려야 그런 두려움에서 벗어날 것이라 했습니다. 오늘날에는 스스로 두려워하지 않고, 먼저 대우를 받으려고 하는 사람들이 너무 많습니다.

인위적으로 공정을 꾀하는 것은 공정이 아니며, 의식적으로 자연에 순응하려는 것은 참다운 순응이 아닙니다. 자신의 영리함을 믿고 지혜를 쓰면 도리어 사물의 지배를 받게 되지만, 참다운 지혜를 가진 사람은 무심히 사물에 순응할 뿐입니다. 이 모든 것이 장자의 가르침입니다.

인생이란 무엇인가? (톨스토이)
—톨스토이는 인산의 영원한 스승

살아가는 동안 인간에게는 세 가지의 유혹이 있다고 합니다. 강하고 거친 육체적 욕망, 스스로 잘났다고 뽐내는 교만함, 격렬하고 불순한 이기심이 바로 그것입니다. 우리가 사는 세상에 이 세 가지 유혹이 없으면 어떻게 될까요? 과연 완전한 질서가 이루어질까요? 다른 유혹이 그 자리를 대신하지는 않을까요? 문제는 유혹에 대처하는 자세입니다. 이 세 가지 유혹을 완전히 이겨 내는 방법은 끊임없는 성찰과 수양밖에는 없습니다. 우리는 인간의 삶에 대해 끊임없이 고뇌하면서 들여다보아야 합니다. 위대한 철학자, 뛰어난 예술가, 탁월한 문학가들을 보면서 이들이 알려 주는 인간, 그리고 인간의 삶에 대해 천착해야 하는 이유입니다.

'인생이란 무엇인가?' 그 두 번째 시간은 러시아가 낳은 세계적인 대문호 톨스토이입니다. 톨스토이는 1828년 러시아의 아스나야 폴랴나에서 태어났습니다. 부모님을 일찍 여의고 친척집에서 자랐으며, 1844년 카잔대학에 입학했으나 대학 교육에 실망하여 중퇴하였습니다. 1851년

포병대에 입대하여 다수의 전쟁에 참가하기도 했으며, 1856년부터 고향에 칩거하면서 농장 경영과 집필 활동에 전념하였습니다. 1862년 16세 연하인 소피야 안드레예브나와 결혼한 뒤 문학에 전념하여 '전쟁과 평화', '안나 카레리나'를 발표했습니다. 특히 '안나 카레리나'의 마지막 몇 장을 쓸 무렵 정신적 전환기를 맞아 이때부터 독자적인 종교적 인생관을 갖게 됩니다. '인생이란 무엇인가'는 말년에 쓴 글로, 톨스토이의 독자적인 종교관이 담겨 있습니다. 톨스토이는 말년까지 왕성한 작품 활동을 하면서 전 세계인의 존경을 받다가 1910년에 서거했습니다.

톨스토이의 '인생이란 무엇인가'는 문학적이기보다는 철학적, 종교적인 견해가 더 강한 글입니다. 유명한 철학자 파스칼의 말로 시작합니다. "인간이란 자연 속에서 가장 나약한 갈대에 지나지 않는다. 한갓 사물을 생각하는 갈대이다… 우리의 뛰어난 가치란 사고 속에 존재한다. 때문에 올바르게 생각할 일이 아닌가." 톨스토이는 인간의 이성을 찬양했습니다. 이성은 인간의 생활을 통제하는 지상의 법칙이며, 이성을 지닌 생물, 즉 인간이 필연적으로 의존하여 생활하지 않으면 안 될 법칙입니다.

생명과 행복
톨스토이는 제일 먼저 인간의 생명을 살핍니다. 오직 생명의 올바른 이해만이 과학 전반에 대하여, 특히 개개의 과학에 대하여 올바른 의의와 방향을 부여할 뿐 아니라 인생과 상합하는 그 의의의 비중에 따라 과학을 나눈다고 주장합니다. 생명이 이해되지 않는다면 과학 자체도 오류가 될 수밖에 없다는 것입니다. 사람들은 대체로 자신의 이익을 위하여 생활하고 있습니다. 자신의 행복을 바라지 않는 인생을 생각할 수 없습니다. 누구에게나 산다는 것은 곧 행복을 원하는 일이고, 행복을 바라고 누리는 일이 결국 삶입니다. 따라서 톨스토이가 말하는 인생은 결국 생명을 가진 인간이 자기 자신의 행복을 추구해 나가는 과정이라고 쉽게 이해하시면 될 것입니다.

사람들은 때론 자신의 생명만이 참다운 생명이며, 자신을 둘러싼 타인의 생명은 자신의 생존을 위한 하나의 조건에 불과한 것처럼 생각하기 쉽습니다. 남의 불행이 자기의 불행과 같지 않습니다. 남이 불행해지는 것을 바라지 않았다 해도 남의 고통을 보는 것은 자신의 행복이 조금 손상되는 데에 불과합니다. 그러니 우리가 어떠한 큰 재난이나 사고를 당한 타인을 깊이 이해하는 것은 우리의 의지와는 무관하게 쉽지 않습니다. 그 슬픔과 고통의 1/10도 같이하지 못하는 이유입니다. 남이 행복해지기를 바란다고 해도 마찬가지입니다. 남이 행복해지기를 바라는 것은 남이 행복한 것을 보고는 자신의 인생을 더 행복하게 만들고 싶은 까닭인 것입니다. 인간에게 소중하고 필요한 것은 자신의 것으로만 느끼는 생명의 기쁨, 즉 자신의 행복입니다.

그런데 여기서 아주 중요한 한 가지 사실을 우리가 깨달아야 합니다. 사람들이 각자 자신의 행복을 추구하는 중에 자신의 행복이 자신만의 노력에 의해서만 이루어지지 않고, 남들에 의해 좌우된다는 것을 알게 된다는 것입니다. 사람들은 자신을 위하여 행복을 바라며 생명을 추구하건만, 그 소중한 자신이 도무지 행복도 생명도 마음대로 하지 못함을 알게 되는 것입니다. 그래서 타인의 기쁨을 자신의 기쁨으로, 타인의 아픔을 자신의 아픔으로 조금이라도 더 깊게 받아들이는 삶이 행복한 삶입니다.

위대한 스승들의 가르침

인간의 이성은 먼 옛날부터 생존경쟁이나 고통, 죽음에 의하여 소멸되지 않는 인간의 행복을 탐구해 왔습니다. 사람들은 누구나 인생의 유일한 목적을 행복에 두지만 개인만의 행복이란 있을 수 없습니다. 서로가 싸워서 멸망하거나, 스스로 자멸하기도 하는 무수히 똑같은 개성 중에 뒤섞여, 자신의 행복만 추구하는 개인으로서의 인간 생활은 불행하며 무의미합니다. 아래에 소개하는 인생에 대한 위대한 스승들의 가르침을 잘 음미하시면 인생과 행복에 대해 조금 더 이해하시기 쉬울 것입니다.

인생이란 인류의 행복을 위하여 하늘에서 인간에게 내린 빛이 만천하에 충만한 것이다.   –공자

인생이란 보다 더 큰 행복에 끊임없이 도달하고자 하는 혼의 과정이며 완성이다.   –바라문

인생이란 행복의 극치인 열반에 도달하기 위한 자신을 버리는 것이다.   –불타

인생이란 행복해지기 위하여 겸손과 자기를 낮추는 것을 향하는 길이다.   –노자

인생이란 신의 계명을 지키면서 사람이 행복할 수 있도록 신이 사람 속에 불어넣은 생명의 입김이다.   –유대 현인

인생이란 사람을 행복하게 하는 이성에 대한 복종이다.

-스토아학파의 철학자

인생이란 사람을 행복하게 만드는 사랑, 신과 이웃에 대한 사랑일 뿐
이다.   -예수 그리스도

인생의 지침

오늘날 인간이 자신의 행동을 선택하는 것은 온전히 자신의 자유의
지로만 하지 못합니다. 어떤 지침이 없이는 살아가지 못합니다. 그래서
하는 수 없이 인간 사회에 존재하고 있는 외면적인 생활 지침에 따라
자신의 행동을 선택하고 있습니다. 이러한 지침은 어떤 경우에 있어서
는 이성적 판단으로부터 멀어지고 있고, 합리적인 설명도 결여되어 있
으면서도 여전히 인간의 행동을 지배하고 있습니다. 이것은 인간 사회
의 단순한 생활 습관으로, 그 지배가 강할수록 사람은 점점 자신의 참
생활의 의미를 이해하지 못한 채 살아가게 됩니다.

이 지침은 고정된 것이 아니라 때와 장소, 상황에 따라 다양하게 나
타납니다. 톨스토이는 여러 가지 의식이나, 문화, 행동 습관에서 찾습
니다. 이슬람교도의 성지순례, 중국인이 선조의 위패에 바치는 촛불,
민족이나 지역별 장례·결혼·출산 등의 의식, 서양인의 결투, 일정
한 날에 차리거나 해 먹는 음식 등도 이에 해당합니다. 심지어는 군인
이 명예로 삼는 군복이나 충성을 다짐하는 의식 등 흔히 의례나 관례를
통칭하는 것, 의무나 신성한 임무라고 부르는 것까지도 그 예외는 아니
라고 말합니다.

사람들은 자신이 무엇 때문에 그렇게 생활하는지조차 모르면서도 남들은 다 알고 있으려니 하면서 살아갑니다. 그런데 그렇게 말하는 남들도 실은 그와 같은 사실을 제대로 모르기 때문에 역시 똑같이 생각하며 생활할 뿐입니다. 사람이 살아가면서 겪는 만남, 대화, 교류, 사랑, 전쟁 등 모든 활동들, 전기, 불, 전화, 학문 등 삶의 각종 수단들, 이런 것들의 총합이 과연 인생이라고 말할 수 있는지 톨스토이는 묻습니다. 그는 무역이나 전쟁, 교통, 과학, 예술 등에 수반되는 인간의 격렬하고 복잡한 활동 대부분은 인생의 입구에 운집한 어리석은 군중의 잡담에 불과하다고 일갈합니다. 깊게 새겨 보시면 이해하실 것입니다.

이성적 의식에 대하여

자기의 생활이란 결국 자신이 행복해지고 싶다는 소망에 지나지 않습니다. 이성의 소리에 귀를 기울이는 사람들이라면 이와 같은 자신만의 행복에 대한 생각은 망상일 뿐 아니라 자신이 무엇을 하든, 무엇을 얻든 결과는 반드시 고통과 죽음과 파멸로 이르게 마련이라는 것을 알게 될 것입니다. 자신은 행복해지고 싶고, 생명을 음미하고 싶고, 이성에 맞는 삶을 누리고 싶은데 그 당사자인 자신을 보거나 주위 사람을 보더라도 있는 것이라곤 불행과 죽음과 무의미뿐입니다. 어찌하면 좋은가? 어떻게 살면 되는가? 무엇을 하면 좋을까? 어디를 찾아봐도 해답을 구할 수 없습니다. 그리하여 사람들은 그 영혼을 찢기는 무서운 의문에 쫓기면서 자신의 고독을 몸으로 절실히 느낍니다.

이러한 고통의 원인이 과연 이성에서 오는가? 질문을 던질 수밖에 없습니다. 인간의 최고의 능력으로서, 살아가는 데 없어서는 안 될 이성,

자연의 폭력에 시달리는 무의무탁한 인간에게 생존의 방법과 향락의 기술을 가르쳐 주는 이성이 인간의 생활을 더없이 괴롭고 불유쾌한 것으로 만들어 버립니다. 인간이 자연으로부터 혜택받은 이 최고의 능력이 인간을 괴로운 상태로 몰아넣고, 사회가 발전할수록 이성이 발견한 내면적인 모순에서 오는 불안이 인간을 더욱 고통스럽게 만듭니다. 이것은 인간 생활과 동물 생활의 혼동에서 옵니다. 눈에 보이는 생활의 관념과 자의식을 혼동하여 자신의 눈에 보이는 이 생활이 자신의 인생이라고 확신함에 따라 발생합니다. 그래서 사람들은 때로는 동물적인 생존을 인생이라고 오해합니다.

이성적 의식이 없다면 인간으로서의 생활도 없습니다. 이성적 의식이 있고서야 비로소 인간으로서의 생활이 시작됩니다. 이성적 의식 가운데서는 자신의 출신 따위는 문제시하지 않고, 다른 이성적 의식과 시간, 공간을 초월하여 하나로 융합되는 것을 자각하게 됩니다. 그리고 나서야 타인을 자아 안에 포용하며, 자아는 타인 속에 존재하게 되는 것입니다. 사람은 동물적인 본능에 이끌려 가면서도 이성의 소리에 귀를 기울여야 합니다. 자기 혼자만의 행복 따위는 불가능하며, 무엇인가 다른 행복이 있다고 깨달았을 때 참된 생명의 모습이 나타나는 것입니다. 만일 우리가 다른 사람이 살고 있는 것도 깨닫지 못하고, 쾌락이 만족을 주는 것이 아님을 깨닫지 못하며, 자기가 죽을 수밖에 없는 존재라는 것을 모른다면 우리는 우리 자신이 살고 있다는 것을 깨닫지 못하게 되는 것입니다. 우리 안에 이성적 의식이 눈을 뜰 때 동물적 자아의 행복은 부정됩니다. 이 동물적 자아의 행복이 부정될 때 비로소 인간으로서의 참된 생활이 시작됩니다. 그래서 이성이야말로 살아 있는 우리를 하나로 연결할 수 있는 유일한 연결고리라고 믿어야 하고, 사람이 행복하려면 동물적 자아를 이성에 종속하게 해야만 합니다.

공자는 "참된 지식은 알고 있음을 알고 있다고 하고, 모르는 것을 모른다고 인정하는 데 있다."고 하셨습니다. 모든 사람은 무엇보다 먼저, 확실하게 자기가 찾는 행복에 대하여 알 수 있고 사실상 알고도 있습니다. 자신에게 행복이란 것을 가르쳐 주는 이성도 알고 있습니다. 인간의 참된 지식이란 자기라는 개인을 알고, 동물적 자아를 아는 데에 있습니다. 인생이란 참된 행복에 대한 욕구 외에는 아무것도 아닙니다. 행복에 대한 욕구가 인생입니다. 인간으로서의 참된 행복을 갈구하는 것이 곧 인간의 참된 생활입니다. 그런데 사유하지 않는 사람들은 인간의 행복을 자기들의 동물적 자아의 행복에 있다고 생각합니다. 과학도 인생의 행복을 동물적인 행복에 있다고 생각합니다. 이 같은 오류는 동물적 자아가 내포하는 개성을 이성적 의식과 혼동하는 데서 생깁니다.

자아는 동물의 본성이며, 동물로서의 인간의 본성이지만 이에 반해 이성적 의식은 인간만이 소유하는 특성임을 우리는 깨달아야 합니다. 이성을 아는 인간은 자신의 육체에만 봉사하며 살 수 없습니다. 이성적 의식은 언제나 인간에 대하여 그 동물적 자아가 요구하는 만족이 참된 행복일 수는 없다는 것과 그의 참된 생활이 될 수도 없음을 가르칩니다. 이성적 자아는 인간을 오직 참된 행복으로, 고유한 생활로, 동물적 자아 속에 포함되어 있지 않는 참된 생활로 이끌어 갑니다. 결론적으로 이성적 의식은 그 자체에 의하여 계시되어 있는 참된 행복 속에, 자기 스스로의 참된 생명을 찾게 하기 위해 인간에게 주어진 것입니다. 우리는 날마다의 삶, 순간순간의 생활 속에서 우리의 이성적 의식이 늘 발현되기를 힘써야 합니다.

톨스토이는 말합니다. 사람이 세계의 구성을 자기 자신의 입장에서 바라보았을 경우에 개인으로서 자신을 위한 행복은 있을 수 없다고 말입니다. 그런데 우리 인간은 이 있을 수 없는 행복, 자기 한 개인을 위한 행복을 유일한 행복으로 믿고 살아가고 있습니다. 그러나 행복이란 모든 사람들이 그들보다도 나를 더 사랑했을 때 비로소 가능합니다. 바꾸어 말하면 모든 사람이 다른 사람의 행복을 위해 살며, 자기 자신보다 남을 더 사랑할 경우에야 비로소 진정한 행복이 완성됩니다. 우리는 자기 자신만을 위한 행복 추구와 타인을 위한 행복 추구 중에 진정으로 나를 행복하게 만드는 것이 어떤 것임을 분명히 깨달아야 합니다.

이러한 삶을 위해서는 첫째, 서로 개인적인 행복만을 찾으려고 하는 생존경쟁, 둘째, 생명의 낭비와 포만, 고통으로 이끄는 향락의 기만, 셋째, 죽음에 대한 공포를 우리 곁에서 사라지게 해야 합니다. 자기 자신의 행복을 위하여 남과 싸워서는 안 됩니다. 쾌락을 추구해서는 안 됩니다. 고뇌를 피해서는 안 됩니다. 죽음을 무서워해서도 안 됩니다. 이러한 자아의 욕구에서 벗어나 진정한 이성적 의식의 욕구를 추구해야 합니다.

인간의 최대의 행복
인생의 모든 모순을 해결하고 인간에게 최대의 행복을 주는 감정이 있습니다. 바로 사랑입니다. 사랑이야말로 인간의 유일한 이성적 활동입니다. 사람이란 그 누구나 사랑의 감정 속에 인생의 모순을 해결할 수 있고, 사랑이 곧 인생 그것이라는 완전한 기쁨을 사람에게 줄 수 있는 특별한 것이 있음을 알고 있습니다. 그러나 참된 생명을 이해하지 못하는 사람들은 사랑의 기분을 인생의 본질로 보지 않고, 자기가 한평생 동안 늘 부딪치는 다른 기분과 마찬가지로 자신의 의지와는 아무런 관계도 없는 우발적으로 일어나는 기분처럼 생각합니다. 그런데 이러한 사람들이라 할지라도 다른 모든 상태에 있는 것보다 더 중요한, 독특한 그 무엇이 사랑의 상태 속에 들어 있음을 느끼고 있습니다. 그만큼 사랑은 위대합니다. 영원히 사랑하는 누구와 사랑을 받을 수 있는 누군가가 있을 때에 사랑은 인간에게 있어 최대의 행복이 됨을 우리는 깨달아야 합니다.

　사람은 누구나 자기의 가족, 친구, 조국을 사랑하며, 다른 많은 사람들을 사랑합니다. 사랑은 말만이 아니라 남의 행복을 위하여 던져지는 활동이자 실행입니다. 그 활동력은 자신에게 있어 가장 강한 사랑의 요구에 따라 나타나고, 다음은 그보다는 약한 사랑의 요구에 따라 나타나게 됩니다. 사랑의 요구는 모든 것이 한꺼번에 아무런 순서도 없이 쉴 새 없이 우리에게 나타납니다. 사랑의 요구는 특정한 대상과 무관하게 판단은 전적으로 자신의 몫입니다. 어떤 사람이 장래의 한층 더 큰 사랑 때문에 현재의 작은 사랑의 요구를 거절할 수 있다고 합시다. 이러한 판단이 옳은 것일까요? 대부분의 경우에는 이러한 요구에 판단이 어렵기 때문에 자연히 자신을 가장 즐겁게 해 주는 사랑의 구현을 택하게 됩니다. 즉, 사랑의 요구가 아니라 자기의 개인적 요구를 택한다는 것입니다.

톨스토이는 말합니다. 장래의 사랑은 있을 수 없다고, 사랑이란 오로지 현재의 활동이라고 말입니다. 현재에서 사랑을 구현할 줄 모르는 자는 결국 사랑을 가지고 있지 않은 자입니다. 만일 인간이 이성이 없는 동물이었다면 인간은 자기 기호에 맞는 것들만 사랑할 것입니다. 그리고 그들의 사랑은 그들이 현재 보유하고 있는 의식의 단계에서 가난한 사랑이며 삶일 것입니다. 인간은 이성적 존재입니다. 다른 존재도 자기 자신과 마찬가지의 감정과 사랑을 가지고 있다는 것을 압니다. 인생을 이해하지 못하는 사람들이 사랑이라고 부르는 것은 자아로서 자신에게 행복을 가져다 주는 조건을 다른 여러 조건보다 낫다고 여기는 감정에 지나지 않습니다. 인생을 이해하지 못하는 사람들은 생존을 인생이라 부릅니다. 그들은 사랑을 생존을 위한 여러 가지 조건 중의 하나라고 인식합니다. 그러나 진정한 사랑은 그렇지 않습니다. 사랑은 그것들과 같은 반열에 서 있는 조건이 아닙니다.

인생, 그것은 사랑!
참된 사랑은 동물적 자아의 행복을 포기했을 경우에만 가능합니다. 참된 사랑의 가능성은 인간이 자기에게 동물적 자아의 행복이라는 따위의 것은 존재하지 않음을 이해했을 때에만 비로소 생깁니다. "자기의 목숨을 얻는 자는 잃을 것이요, 자기를 위하여 자기 목숨을 잃는 자는 얻으리라." 이 의미를 깨닫는 사람만이 참된 사랑을 아는 사람입니다. 사랑은 우리 자신—우리의 동물적 개성—보다도 다른 여러 살아 있는 존재를 보다 낫다고 여기는 감정입니다. 사랑의 시초, 즉 그 근원은 이성을 흐리게 하는 감정의 폭발이 아니라 이성이 있는 사람들에게 선천적으로 더할 나위 없이 이성적이며, 따라서 조용하며, 기쁨에 찬 아이들에게, 이성적 사람들에게 나타나는 특별한 상태입니다.

참된 사랑은 항상 자아의 행복을 포기하는 것과 거기에서 생기는 모든 사람들에 대한 호의와 호감을 그 바탕에 가지고 있습니다. 보편적 자애입니다. 특정한 사람들에 대한 참된 사랑도 이 보편적 자애 속에서만 키울 수 있습니다. 그와 같은 사랑만이 인생의 참된 행복을 가져다 주며, 동물적 의식과 이성적 의식과의 사이에 발생하는 모순을 해결할 수 있습니다. 이 보편적 자애를 이해하지 못하는 사람은 사랑을 잘못 이해하는 사람입니다. 사랑이라고 잘못 불리는 편애는 생존을 위한 투쟁을 제거하지 못하고, 쾌락의 추구로부터 자아를 해방시키지도 못하며, 죽음에서 건지지 못합니다. 오로지 삶을 위한 투쟁을 치열하게끔 하고, 자신과 다른 사람을 위한 향락을 찾는 갈망을 더하고, 자신과 남에 대하여 죽음의 위협을 증대하며, 인생을 한층 더 어둡게 할 뿐입니다.

사랑은 진리요 생명입니다. 자기 생명을 타인을 위해 내던지는 사랑과 같이 사랑은 자기를 희생시켰을 때에 비로소 참된 사랑이 됩니다. 인간이 자기의 시간과 힘을 남을 위해 바칠 뿐 아니라, 사랑하는 자를 위하여 자신의 육체를 희생하게끔 하고 그에게 자신의 생명을 바칠 때에만 이를 참된 사랑이라고 인정하며, 그와 같은 사랑 속에서만 사랑의 보람을 찾아냅니다. 사랑은 자기희생의 행위와 자신이 사랑하는 존재와의 사이에 있어, 그와 같은 희생을 불가능하게 하는 아무런 장애도 가지고 있지 않은 사람에게만 가능합니다. 재미있는 것은 톨스토이가 이 대목을 설명하면서 돈을 수중에 넣고 저축하는 사람은 절대로 남을 사랑할 수 없다고 단정합니다. 깊이 생각해 봐야 할 문제입니다. 사랑은 베푸는 것입니다. 톨스토이는 사랑을 논하면서 성경의 여러 말씀들을 언급합니다. 사랑은 생명 그 자체이고, 축복받은 끝없는 영원한 삶이라는 그리스도의 가르침을 깊이 새기고 있음을 알 수 있습니다. 우리의 종교적 신념과 무관하게 사유해야 합니다.

참된 사랑은 선택된 사람들 내지 사물에 대한 사랑처럼 자아로서의 인간의 세속적인 행복의 증진에 대한 편애가 아니라 자기의 동물적 개성의 행복을 포기한 후에 남는 남의 행복에 대한 욕구입니다. 동물적 생존의 허무함과 오류를 의식하는 것, 그리고 유일한 참된 사랑의 생명을 자기 내부에서 해방시킨다는 것, 이것만이 인간에게 참된 행복을 줍니다. 그러기에 쾌락은 항상 사랑과는 반대입니다. 쾌락을 얻으려고 하면 할수록 사랑은 멀어지고, 인간의 유일한 행복에 접근하는 일이 점점 더 불가능해집니다. 인간의 유일한 행복은 사랑입니다. 그러니 인생은 곧 사랑입니다.

심리학을 읽는 밤 (아들러)

―아들러와 인산이 만나다

최근 우리 사회는 서로에 대한 믿음이 점점 사라지고 갈등과 대립이 커져 가고 있습니다. 도대체 무엇이 문제인지, 어디서부터 손을 대야 하는지 답답한 상황입니다. 이 부분에 대해서 우리의 현재는 물론 미래까지도 심각하게 고민해야 합니다. 이러한 상황일수록 더욱더 '인간'에 천착해야 합니다. 결국 사람이 문제입니다. 사람이 답입니다. 사람이 전부이기 때문입니다.

전에 염수정 추기경님은 "우리의 가치관, 배려심, 국가적 자존심도 바다 밑으로 침몰했으며, 무엇보다 우리 사회의 믿음이라는 가치가 끝없이 침몰했다."고 하시며, 반성과 회개를 주문하셨습니다. 저는 거기에 하나를 더 보태고 싶습니다. 반성과 회개를 통해 새로운 세상을 만들어 가야 합니다. 오직 인간에 대한 사랑이 흘러넘치는 새로운 세상을 우리의 손으로 만들어 가야 할 책임이 있습니다. 저도 끝없이 성찰하고, 깊이 고민하면서 새로운 희망, 새로운 꿈, 새로운 세상을 만들어 나가겠습니다.

이번엔 여러분도 잘 아시는 용기의 심리학자 '아들러'입니다. 어떤 사람이 아들러에게 물었습니다. "인생의 의미는 무엇입니까?" 아들러는 그 질문에 이렇게 답했습니다. "일반적으로 주어진 인생의 의미는 없습니다. 인생의 의미는 당신 스스로가 자기 자신에게 부여하는 것입니다." 여러분은 어떻게 생각하십니까? 여러분은 인생의 의미가 무엇이라고 생각하십니까?

유사 이래로 '인생의 의미'는 끝없는 탐구와 성찰, 연구의 소재가 되어 왔습니다. 철학과 문학과 예술이 인생의 의미를 주제로 다루어 왔습니다. 이는 "어떻게 살아갈 것인가? 어떠한 삶을 펼쳐 나갈 것인가?"의 문제로 귀결됩니다. 인생의 의미를 아는 사람만이 의미 있는 인생을 살아갈 수 있기 때문입니다.

사랑받는 사람, 미움 받는 사람

모든 사람들로부터 사랑받는 사람이 될 것인가? 아니면 미움받는 사람이 될 것인가? 이런 질문을 받으면 여러분은 어떤 선택을 하시겠습니까? 당연히 전자를 택하시겠죠? 그러나 놀랍게도 아들러는 단연코 후자를 선택할 거라 합니다. 비록 나를 미워하는 사람이 있어도 자유롭게 살고 싶기 때문이라고 말합니다. 또한 모든 사람에게 사랑받는 사람이 되지 말 것을 당부하고 있습니다. 아들러에게 인생의 의미는 '자유'입니다. 시도하는 것을 피하지 말고, 실패를 두려워하지 마십시오. 사람들이 실패를 두려워하는 이유는 그 가능성을 남겨 두고 싶어하기 때문입니다. 그래서 성공을 확신할 수 없으면 아예 도전조차 하지 않으려 합니다. 칭찬만 받고 자란 모범생들이 남다른 모험을 못하는 이유

이기도 합니다. 가능성을 남겨 두지 마십시오. 그러다 보면 평생 그 일을 유보하게 될지도 모릅니다. 우리는 타인의 기대를 충족시키기 위해 살고 있는 게 아닙니다. 인간관계는 심플한 것이고, 심플하게 생각해야 합니다. 자신이 정말 원하는 일을 하기 위해서는 누군가에게 미움을 받을 수도 있다는 것을 기억해야 합니다. 문제는 그렇게 살아야겠다는 용기를 갖는 일, 실천하는 일입니다.

인생의 거짓말

여러분은 지금 하고 싶은 일을 하고 있습니까? '갈매기 조나단'을 쓴 리처드 바크는 "당신은 행복한가요? 지금 이 순간, 진심으로 하고 싶은 일을 하고 있나요?"라고 묻고 있습니다. 우리는 우리 인생의 주인공으로 자유롭게 살아가야 합니다. 그 과정에서 자신의 자유에 대한 책임만 지면 됩니다. 아들러는 완전한 자유는 존재하지 않는다고 말합니다. 자유에는 반드시 책임이 뒤따르기 때문입니다. 자유롭게 자기의 인생을 산다는 것은 그것에 동반하는 책임까지 짊어진다는 것이기도 합니다. 하고 싶은 일을 하고 싶습니까? 자신이 생각한 대로 살아가고 싶습니까? 그렇게 사십시오. 대신 그렇게 살게 됨으로써 겪게 되는 일들을 감내해 나가면 됩니다. 인생의 과제 앞에서 우리들은 대부분 그 과제로부터 도망치고 싶어 합니다. 두렵기 때문입니다. 우리의 체면이나 자존심에 상처를 입을까 봐 두려워 인생의 부름에 응답하지 않으려 하는 것입니다. 혹은 응답하더라도 '만일 ~이라면'이라는 조건을 붙여 도망치려고 하기 일쑤입니다. 이러한 구실들을 아들러는 '인생의 거짓말'이라 부릅니다. 용기를 내어 자신의 힘으로 해결해야 합니다. 그것이 책임입니다.

다름과 차이의 문제에 대하여

'중성행동'이라는 개념이 있습니다. 적절한 행동이나 행위는 아니지만 그렇다고 공동체에 폐를 끼치지도 않는 행동입니다. 쉽게 예를 들면, 학생이 공부를 하지 않는 것입니다. 학생이 공부를 하지 않는 것은 분명 학생의 신분으로 볼 때 적절한 행동은 아니나, 그렇다고 남에게 폐를 끼치는 행동도 아닙니다. 그런데 우리들은 이러한 '중성행동'을 '문제행동'으로 바라봅니다. 이것이 잘못된 생각입니다. 남에게 피해를 끼치지 않는 중성행동에 대해서 우리는 너그러워야 합니다. 다른 사람이 자기와 다른 사고방식을 가지고 있다고 해서 질책하거나 비난해서는 곤란합니다. '다름'을 받아들이고, '차이'를 인정해야 합니다. 차이를 인정하려면 먼저 이해해야 합니다. 그러면서 동시에 우리가 원래 상대방을 이해하는 것은 불가능하다고 생각해야 합니다. 상대방에 대해 아무것도 모른다고 생각하는 것이 이해의 출발점입니다.

사람은 누구나 자신이 의미를 부여한 세상에서 살아가야 합니다. 과거의 경험이 지금 우리의 삶의 방식을 결정해서는 안 됩니다. 오늘은 더 이상 어제의 반복이 아닌 것이어야 합니다. 오늘 지금 이 순간부터 모든 관계를 새로 시작한다고 생각하면 늘 오늘을 새롭게 살 수 있습니다. 낙천주의와 낙관주의는 다릅니다. 낙천주의는 무슨 일이 일어나도 괜찮다며 아무것도 하지 않는 것이나, 낙관주의는 항상 현실을 직시하고, 현실을 있는 그대로 보면서 바로 그 현실에서 출발하는 태도입니다. 반면, 비관주의적 태도는 용기를 잃었을 때 나타납니다. 사람이 모든 상황에서 낙천적이면 그 사람은 틀림없이 비관주의자가 되어 버립니다. 지독한 비관주의자가 겉으로는 낙천주의자처럼 보이고 있는 것이라는 말을 새길 필요가 있습니다. 이제 우리는 "지금 여기서 할 수 있는 일을 하자."라는 낙관주의적 태도를 가져야 합니다.

단 한 사람의 중요성

"한 사람의 생명을 구하는 자가 전 세계를 구한다." 탈무드의 가르침입니다. 영화 '쉰들러 리스트'에서 쉰들러가 유대인으로부터 받은 반지에 새겨진 글귀입니다. 우리 앞에는 지금 관계하는 한 사람밖에 없습니다. 오늘 지금 내 앞에 있는 이 사람과의 관계를 조금이라도 낫게 바꾸기 위해 노력하는 것! 그것이 결국에는 전 인류를 좋은 방향으로 이끌어 가는 것입니다. 한 사람의 힘은 의외로 큽니다. 그렇게 믿고 자신이 할 수 있는 일부터 무엇이든 시작하십시오. 아들러는 자신의 강연을 평하는 사람에게 답합니다. "단 한 사람이라도 나의 메시지를 이해하고, 그것을 다른 사람에게 전해 줄 수 있다면 그것으로 나는 만족합니다."

목적론적 사고와 행동

아들러는 "행복이란 무엇인가?", "사람은 어떻게 살아가야 하는가?"에 대한 인간의 근원적인 질문에 대해 추상적이지 않고 분명한 이미지를 제시합니다. 행동은 신념에서 나옵니다. 인생을 자신 있게 살아가는 방법은 "나는 능력이 있다."고 믿는 것입니다. 제가 인문학 강의 때마다 강조하는 '자기효능감' 입니다. 그렇게 믿는 것이 자신감을 갖는 유일한 방법이라고 아들러는 말합니다. 또 하나 "사람들은 나의 친구이다."라는 생각입니다. 인간의 고민은 모두 대인관계에서 비롯됩니다. 사람은 혼자서 살아가는 게 아니라 '사람들 사이'에서 살아가기 때문입니다. 아들러는 목적론적 사고와 행동을 주문합니다. 목적론은 목적이

나 목표가 먼저 있고, 그 목적을 실현하기 위해 행동하거나 감정이나
사고를 만든다는 것입니다. 아이들의 어떤 특정 행동들에 있어 대부분
은 다른 원인이 있어서가 아니라 단지 어머니를 포함한 어른들의 주의
를 끌겠다는 목적에서 기인하는 것이라고 합니다. 그러니 애써 가며 행
동의 원인을 찾기에만 급급하지 말아야 합니다. 아들러는 아이들을 벌
주거나 꾸짖지 말라고 당부합니다. 벌로써 아이가 적절한 신념을 키울
수 있도록 돕는 것은 불가능하다고 합니다. 아이들의 행동이 부적절하
다면 그 부적절한 행동에는 주목하지 말고, 적절한 행동에만 주목해야
합니다.

평범해질 용기

'미움받을 용기'에 이어 아들러는 '평범해질 용기'를 강조합니다. 평범
한 사람은 우월감도, 열등감도 가지지 않는 사람입니다. 특별해야 한다
는 콤플렉스도 벗어 버릴 수 있습니다. 평범하다는 것은 자기 자신을 있
는 그대로 바라보는 일이며, 자기 자신을 온전히 사랑하는 일입니다. 우
리의 일상에서 평범하다는 것은 말 그대로 평범합니다. 누구나 잘 알고
있는 것입니다. 이는 우리의 자녀들을 키울 때도 적용해야 합니다. 그냥
단순한 칭찬보다는 '고맙다'고 말하며 기쁨을 공유하기, 때로는 어느 누
군가가 그저 내 곁에 있다는 사실 자체에 감사하기, 서두르거나 조바심
내지 않고 지켜보기, 온화하지만 때론 단호하게 대하기 등입니다.

행복해질 용기

우리는 행복을 추구합니다. '행복해질 용기'를 내기 위해서는 다음과
같은 생각을 가져야 합니다.

첫째, "모든 사람은 대등하다."라는 생각을 마음속에 지녀야 합니다. 모든 사람은 수평 관계입니다. 지위의 고하가 있을 수 있지만 사람의 고하는 있을 수 없습니다. 이것은 부모와 자식, 선생님과 학생, 사장과 사원, 지휘관과 부하 등 모든 조직에 다 적용되어야 합니다.

둘째, "말로 하라."입니다. 모든 문제는 말로 해결해야 합니다. 말로 문제해결을 꾀하지 않는 배경에는 상대를 자신보다 열등한 존재로 생각하며, 상대에게 말해 봤자 알아듣지 못할 것이라는 선입견이 존재하기 때문입니다.

셋째, "남에게 잘 보이려 하지 않을 때 우리는 편안해진다."입니다. 인간관계를 종적인 '수직 관계'가 아닌 횡적인 '수평 관계'로 생각해야 합니다. 수직적인 인간관계가 정신 건강을 해치는 가장 큰 요인입니다. 칭찬도 수직적인 관계의 소산입니다. 칭찬보다는 감정의 공유가 있어야 합니다. 경쟁은 대표적인 수직 관계의 산물입니다. 승리와 패배가 존재합니다. 그러므로 우리는 경쟁 관계 속에서 살아가기보다는 각자가 대등한 존재임을 받아들이고 서로 협력해야 합니다.

넷째, "자기 수용입니다." 지금 있는 그대로 자신을 받아들이는 일입니다. 자기에게 무엇이 주어졌는지가 중요한 것이 아니라, 자신에게 주어진 것을 어떻게 사용하느냐가 중요합니다. 행복은 지금 있는 그대로의 자신을 기꺼이 받아들이는 것입니다. 그런 사람은 지금 당장 행복할 수 있고, 앞으로도 영원히 행복할 수 있습니다. 우리는 "행복이란 무엇인가?" 고민하기보다는 "내 자신이 행복해지기 위해서는 어떻게 해야 할까?"를 고민해야 합니다.

다섯째, "타자 신뢰입니다." 우리는 다른 사람들을 믿지 않고는 행복해질 수 없습니다. 세상은 위험하거나 삭막한 곳이 아닙니다. 주변 사람들은 적이 아니라 오히려 자기 자신을 도우려고 하는 사람입니다. 다른 사람들을 적대시하면서 행복해질 수는 없는 것입니다.

여섯째, "타자 공헌입니다." 우리는 누군가에게 기쁨이 될 때 행복해집니다. 내 자신이 누군가에게 도움이 되지 않는다면, 누군가를 돕지 않는다면 결코 행복해질 수 없습니다. 우리는 친구를 인정하고, 그들과 조화를 이루며 그들을 위해 공헌할 줄 아는 자세를 배워야 합니다. 타인에 대한 공헌이 특별한 것은 아닙니다. 누군가에게 힘이 된다고 느끼는 것, 그 자체가 중요합니다. 우리가 행복해지기 위해서는 자기 수용, 타자 신뢰, 타자 공헌 중 어느 하나도 결여되어서는 안 됩니다.

인지론과 목적론

타인을 생각한다는 것! 어떤 상황이 자신에게 어떠한지를 먼저 생각하는 게 아니라 모두에게 어떠한지를 생각할 수 있어야 합니다. 아들러는 인간이 공동체에 소속되어 있다는 것을 느낄 때 안도감을 느낀다고 설명합니다. 그러므로 자기 자신부터 공동체를 위해 노력하고, 실천할 것을 주문합니다. 문제는 능력이 아니라 용기입니다. 아들러 심리학에는 두 가지 전제가 있습니다. 하나는 우리는 자신이 의미를 부여한 세상에서 살고 있다는 '인지론'입니다. 다른 하나는 문제가 '어디에서' '왜' 생겨났는가를 문제삼는 원인론이 아니라 '어디로' 향해 가는가를 중시하는 '목적론'입니다. 이 두 가지 '인지론'과 '목적론'을 이해하면 아들러의 심리학을 이해하는데 조금 더 도움이 될 것입니다.

진짜 원인 '목적인'

소크라테스는 탈옥을 권유하는 제자와 지인들의 요청을 단호히 거절

합니다. 왜 그랬을까요? "악법도 법이다. 그러니 법을 따라야 한다." 정도만 이해하고 있는 우리들입니다. 위대한 철학자 플라톤은 대화편에서 소크라테스가 탈옥을 거부한 이유가 감옥에 갇혀서 사형을 기다리는 것이 '선(善)'이라고 생각했기 때문이라고 설명합니다. 플라톤은 소크라테스의 죽음을 통해 인간의 존재와 행동의 원인에는 '진짜 원인'과 '부차적인 원인'이 있다고 설명합니다. 아리스토텔레스는 원인을 더 세분화해 소재인, 작용인, 형상인, 목적인으로 구분합니다. 조각의 예를 들면, 청동이나 대리석, 점토는 소재인이고, 조각가는 작용인입니다. 모델은 형상인이고, 조각가의 작품 제작 이유와 목적이 목적인이 되는 것입니다. 소크라테스가 탈옥하지 않은 '진짜 원인'은 바로 '목적인'입니다. 아들러 심리학에서의 '원인'은 플라톤이 말하는 '진짜 원인'이요, 아리스토텔레스의 '목적인'입니다.

선과 악에 대하여

소크라테스는 감옥에 갇히는 것을 '선(善)'이라고 판단했는데, 그리스어에서 말하는 '좋다' 혹은 '선'이라는 말의 의미는 도덕적인 의미가 아닙니다. 단지 '무엇인가를 위한 것이다'는 뜻일 뿐입니다. 그러므로 당연히 '악(惡)'은 도덕적인 부정이 아니라, "무엇인가를 위한 것이 아니다."는 의미로 받아들여야 합니다. 플라톤의 '파이돈'에는 "어느 누구도 악을 원하는 사람은 없다."는 소크라테스의 역설이 언급됩니다. 어느 누구도 악을 원하는 자는 없다는 말의 의미는 그 어느 누구도 자신을 위하지 않는 일을 원하는 사람은 없다는 뜻입니다. 누구든 자신의 행복을 원한다는 의미가 됩니다. 소크라테스는 또 "중요하게 생각해야 할 것은 그저 사는 것이 아니라 잘사는 것이다."라고 말합니다. '잘'이라는 뜻은 '아름답게', '바르게'라는 뜻입니다. 소크라테스에게 '선'은 바로 '아름답게', '바르게' 사는 것이었습니다. "아테나 사람들의 용서를 받지 않고 감옥에서 나가려는 것이 옳은 것인가?"라는 질문을 스스로에게 던졌을 때 소크라테스가 감옥에 갇힌 채 죽음을 택한 것은 지극히 당연한 결과였던 것입니다. 이제부터는 "악법도 법이다."라는 이유로 죽음을 택한 소크라테스의 마음을 더 깊이 이해할 수 있어야 합니다.

스스로의 선택과 결정

아들러는 사람들이 유전이나 환경, 과거의 경험 등을 자신의 목적을 위해 사용한다고 말했습니다. 그리고 공동체 감각이나 수평 관계, 협력, 공헌이라는 것 역시 '잘' 살기 위해 사람들이 스스로 선택하는 것이라고 했습니다. 철학자 프로타고라스의 "인간은 만물의 척도이다."라는 말은 모든 것은 각자의 생각에 따라 좋은지 나쁜지가 결정된다는 뜻입니다. 어떤 음식을 쓰다거나 달다고 각자가 생각하는 것은 참이라고 할 수 있지만 그 음식이 몸에 이로운지, 해로운지는 각자의 생각과는 무관하게 결정되는 것이라는 예를 듭니다. 무엇이 좋고 무엇이 나쁜지는 자신이 처해 있는 상황에 따라 그때마다 스스로가 결정하는 것입니다.

공통의 생각, 공통의 언어

우리는 각자 자신이 의미를 부여한 세계에서 살고 있습니다. 모두 동일한 경험을 하는 게 아니라, 저마다 자신의 관심에 따라 세계를 이해합니다. 사람들은 우리가 생각하듯이 그렇게 객관적으로 현실을 인식하는 것이 아닙니다. 세상을 주관적으로 해석하고, 의미화하며 살아갑니다. 사적 감각으로서 자기 자신이 구성하는 세계가 아닌 다른 절대적인 기준이 되는 세계를 상정하고 그것만이 진실이라고 생각할 필요는 없습니다. 또 자신의 사적인 감각을 다른 사람에게 강요해서는 안 됩니다. 주관적이면서도 사적인 감각을, 기성의 가치라는 이름으로 강요하는 일은 실로 위험하기 그지없기 때문입니다. 개개의 장면에서, 상황에서 각자가 사적 감각을 가진 사람들끼리 공통의 생각, 공통의 언어를 찾아내어 보다 '잘' 살아가는 방책을 찾아가는 수밖에 없습니다.

용기 있는 말

다른 사람에게 용기를 주는 것에는 정답이 없습니다. 모든 장면에서 모든 사람에게 용기를 주는 말은 있을 수 없습니다. 오직 상대와 함께 구성한 현실 속에서만 의미를 가집니다. 그러므로 우리는 지금 자신이 한 말이 상대에게 용기를 주었는지 아닌지를 늘 반성하고, 개개의 장면에서 어떤 말이 용기를 주는지 심사숙고해야 합니다. 때로는 별로 대수롭지 않은 말이 어느 누군가에게는 엄청난 용기를 안겨 주기도 함을 명심해야 합니다. 일본의 문호 오에 겐자부로의 '회복하는 가족'이라는 작품이 있습니다. 병든 할머니 곁을 떠나는 손자가 "할머니! 기운 내서 확실히 죽어 주세요!"라는 말을 남깁니다. 그러나 그 말은 결국 그 할머니에게 용기를 준, 다시 살게 되는 계기가 된 소중한 한 마디였습니다. 그래서 관계에 따라서는 아주 독하게 '죽어 버리라'고 외친 말도 용기가 될 수 있음을 우리는 깨달아야 합니다. 정호승 시인의 '사랑하다가 죽어버려라'가 떠오릅니다.

열등 콤플렉스, 열등감이라는 핑계

아들러는 '목적론'의 심리학자입니다. 그는 목적이라는 것이 개인이 머릿속에서 상상을 통해 이미지처럼 만들어지는 것이지 현실 속에 떡하니 놓여 있는 것은 아니라고 생각했습니다. 그래서 늘 목적에 대해 '가상적'이라는 표현을 썼습니다. 한편, 우리가 현재 겪고 있는 문제의 '원인'도 객관적으로 과거에 존재하는 것이 아니라고 설명합니다. 아들러는 인생에는 피해 갈 수 없는 과제가 있다고 말합니다. 일이라는 과제, 친구들과의 교우 과제, 사랑이라는 과제입니다. 이러한 인생의 과제와 맞서기 위해서는 상당한 노력과 인내가 필요하나, 대부분은 그 인생의 과제에서 도망치려 합니다. 바로 자신에게 그런 과제들을 해결할 능력이 없다고 스스로 과소평가하기 때문입니다. 이것이 열등 콤플렉스, 열등감입니다. 그러나 열등 콤플렉스, 열등감은 진실이 아닙니다. 자신이 수행해야 할 인생의 과제 앞에서 그것을 회피하기 위한 구실로 삼는 것이 열등 콤플렉스인 것입니다. 핑계입니다. 그런 구실과 핑계로 타인뿐 아니라 자기 자신도 속이고 있는 것입니다. '인생의 거짓말'입니다.

개인의 주체성

아들러는 결정론에 반대합니다. 사람의 사회적 조건, 성장환경 등을 가지고 그 사람의 상황을 설명할 수 없습니다. 사람을 결정하는 것은 사람 스스로입니다. 우리는 환경과 상황이 어떠하든지 간에 언제든 다른 삶을 살겠다고 선택할 수 있습니다. 자신이 정하는 것입니다. 그렇게 되면 '외상 후 스트레스 장애(PTSD)', '트라우마'를 벗어날 수 있습니다. 아들러는 이러한 것들을 아예 인정하지 않습니다. 우리가 겪는 그 어떤 경험도 그 자체만으로는 성공과 실패의 원인이 될 수 없습니다. 그 경험에 어떤 의미를 부여함으로써 우리 스스로가 자신을 결정하는 것입니다. 그러니 '트라우마'도 우리가 '트라우마'로 보지 않으면 됩니다. 그리스 철학에 '아크라시아'라는 중요한 주제가 있습니다. 어떤 일이 선이라는 것을 알고 있으면서도 그것을 실천할 수 없거나, 어떤 일이 나쁘다는 것을 알면서도 그것을 행하는 경우입니다. 아들러는 이를 부정합니다. 어떤 행위를 선택하는 시점에서 그 선택의 책임은 선택한 그 사람에게 있는 것입니다. 개인의 주체성입니다. 우리가 자신 있게 살아가야 할 중요한 이유입니다.

소소한 풍경 (박범신)

―인산, 문학과 인생을 들여다보다

'인생이란 무엇인가?'라는 무거운 질문은 단지 철학만이 답하지 않습니다. 그 질문에 대한 답은 이 세상 모든 것에 걸쳐 있고, 누구나 할 수 있습니다. 철학은 철학대로, 예술은 예술대로, 또 문학은 문학대로. 각자의 위치에서 삶을 이야기하고, 인생을 논할 수 있는 것입니다.

박범신 작가의 '소소한 풍경'이라는 소설이 있습니다. 이 소설은 파격적인 사랑을 담은 이야기입니다. 그러면서 깊은 인생 이야기입니다. 한편의 소설을 통해 인생의 의미를 느낄 수 있는 의미 있는 체험이 될 것입니다.

박범신 작가는 1946년 충남 논산에서 태어나셨습니다. 1973년 중앙일보 신춘문예에 당선되어 작품 활동을 시작하신 이래 '영원한 청년 작가' 칭호를 들으며 왕성한 작품 활동을 하고 계십니다. 대표작으로는 '죽음보다 깊은 잠', '풀잎처럼 눕다', '소금' 등이 있습니다. 지금은 논산 탑정호가 바라다보이는 기슭에 예쁜 집을 짓고 집필 활동을 하고 계십니다. 저는 논산에서 연대장을 할 때 만나 귀한 인연을 맺었습니다.

문학과 점점 멀어지고 있는 시대에 문학을 좀 더 가까이하시길 간절히 바라며 문학을 통해 인생을 생각해 보는 귀한 시간으로 독자님들을 모십니다.

들어가며

'소소한 풍경' 소소하다는 것이 무슨 뜻인지는 다 아실 것입니다. 작고 대수롭지 않은 것입니다. 일상적인 것입니다. 타인의 시선이나 주목을 받지 않습니다. 그러니 소소한 것에는 자유가 있습니다. 형식이나 억압으로부터 벗어날 수 있는 것입니다. '소소'는 이 소설의 배경이자 주인공의 고향입니다. 마치 삼한시대의 '소도'(신성한 구역)와도 같은 곳입니다.

이 소설의 형식은 아주 특이합니다. 주인공이 세 명 등장합니다. 이름이 없습니다. 여자 ㄱ, 남자 ㄴ, 다시 여자 ㄷ입니다. 그중에서도 여자 ㄱ이 주 화자입니다. 어느 날 작가에게 한 통의 전화가 걸려옵니다. ㄱ으로부터 걸려온 전화입니다. 10년 만에 ㄱ으로부터 전화를 받은 작가는 '소소'로 그 여제자 ㄱ을 찾아갑니다.

ㄱ은 오빠-엄마-아버지를 잃었습니다. 오빠는 성벽에서 강물로 떨어졌고, 엄마-아버지는 오빠의 추모관에서 돌아오는 길에 음주운전 차를 피하다 강물로 추락했습니다. ㄱ이 사랑하는 세 사람이 모두 물로 들어갔습니다. 그래서 ㄱ에게는 물이 특별합니다.

ㄴ은 형-아버지를 잃었습니다. 1980년 광주에서 총에 맞아 죽었습니다. 더 설명하지 않아도 무슨 사건인지 아실 것입니다. 그 충격으로 어머니는 요양소에 맡겨졌고, ㄴ은 혼자 방랑 생활을 했습니다. 그 방랑의 끝이 바로 ㄱ의 집이었고, ㄱ의 품이었습니다. 갈 곳이 없어 물구나무서기를 하고 있다가 ㄱ의 제안으로 방을 하나 얻어 머뭅니다.

ㄷ은 조선족 처녀입니다. 압록강 물을 건너 탈북을 하다 아버지가 강속으로 사라졌습니다. 어머니와 겨우 피한 장춘에서 그들을 거둬 준 남자로부터 욕을 당합니다. 어머니와 딸 ㄷ이 함께. 어머니는 그 남자와 살고, 딸은 한국에 와서 일합니다. ㄷ이 ㄱ의 집을 찾아옵니다. 잘 곳이 없어 하룻밤만 재워 달라고… 이미 ㄴ이 살고 있는 그 집에 ㄷ도 들어와 살게 됩니다. 이 세 사람의 기막힌 동거, 그리고 더 기막힌 사랑 이야기가 이 소설의 플롯입니다.

프롤로그

풍경이란 하나의 몸짓에 불과합니다. 그러니 '소소한 풍경'은, 결국 '소소한 하나의 몸짓'에 관한 얘기입니다. 작가에게 10년 만에 난데없이 전화를 걸어온 그녀 ㄱ의 첫 마디는 '데스마스크'였습니다. 왜 하필이면 데스마스크였을까요? 그녀는 대학 2학년 때 홀연히 사라졌던 학생이었습니다. 전화를 끊고 난 이후에 작가는 그녀를 찾았습니다. 그녀의 빌라 뒷 정원에서 공사를 하던 중 시멘트로 굳어진 데스마스크와 유골이 발견되어 경찰이 수사를 하고 있었습니다. 그녀는 선인장을 만지고 있었습니다. 데스마스크-선인장-가시로 이어지는 예사롭지 않은 끈이 운명처럼 다가옴을 작가는 직감으로 느꼈습니다. 그리고 그녀의 얘기를 듣습니다.

데스마스크와 그녀의 집터에서 나온 유골, 그리고 그 뒤를 이을 수많은 이야기들… 보편적인 지상의 삶을 통과한 뒤 만나는 삶의 비밀스런 내경을 엿보는 일이 펼쳐집니다. 작가는 그것에 끌립니다. 그래서 그 이야기를 풀어내려고 합니다. 그 끌림이 그의 생애를 끈질기고 황홀하게 붙잡고 있는 존재론적 당위라고 여기면서 말입니다. 본격적인 이야기는 그렇게 시작합니다. 존재의 비밀스럽고 고유한 홀림 속으로 킬러처럼 소리없이 걸어 들어가는 것으로….

혼자 사니 참 좋아

난 ㄱ입니다. 김춘수 시인의 '꽃'을 보면, 누구의 이름을 부르기 전까지 그는 다만 하나의 몸짓에 불과하며, 이름을 불러 주었을 때 그는 비로소 '꽃'이 되었노라고 합니다. 난 하나의 몸짓입니다. 그들이 아직 그 누구도 이름을 불러 주지 않은 삶의 비밀스러운 저편에 존재한다면, 그들을 한정 짓는 이름을 부르는 것이 타당한지를… 그래서 결국 난 이름 없이 ㄱ이 됩니다.

불쑥 선생님(작가)께 전화를 걸었고, '데스마스크' 얘기를 꺼냈습니다. 이 한 마디가 선생님께 도저히 억제할 수 없는 강한 유혹의 끌림이 될 것이라는 걸 상상도 못했습니다. 난 처음 학교에 오는 날 차도에 갇혀 있는 내게 차창 밖으로 내밀어 안전하게 건너가라고 손짓한 선생님의 그 하얀 손을 분명하게 기억하고 있다고 말씀드렸습니다. 내 기억 속에서 사라지지 않은 것은 선생님이 아니라 선생님의 손이었습니다.

사람마다 벼랑 끝에서 삶이 소등됐다고 여길 때마다 떠오르는 것이 있을 것입니다. 나에게 그것은 선생님의 하얀 손이었습니다. 만 스무 살의 내게 괜찮다고, 이제 안전하니 길을 건너라고 했던 그 손이 어쩌면 내 인생을 안전하게 이끌어 줄 것이라는 기대를 했었는지도 모릅니다. 그것은 진정 따뜻한 위로였습니다. 사랑은 진정 따뜻한 위로입니다. 나는 선인장을 좋아합니다. 특히 막 꽃을 피운 둥근 선인장 '금호'는 아버지가 지극히도 아꼈던 선인장이었습니다. 아버지의 동지인 그 선인장으로 인해 난 선인장을 알게 되었고, 선인장의 가시는 선인장의 데스마스크라는 사실도 알았습니다.

빌라 공사장에서 포클레인의 삽에 시멘트 덩어리들과 유골이 찍혀 나왔습니다. 시멘트로 만들어진, 희로애락이 완전히 거세된 데스마스크가 나왔습니다. 두개골의 주인은 죽은 직후나 직전, 콘크리트에 묻힌 게 확실했고, 난 경찰에 불려갔습니다. 내가 전에 같이 살던 ㄴ과 ㄷ에 대해 물었습니다. ㄴ은 나이든 남자였고, 갈 데 없이 물구나무를 서고 있는 그에게 나는 잠시 방을 빌려주었습니다. 그리고 조선족 여자인 ㄷ에게도 마찬가지였습니다. 아무도 상상할 수 없는 이 기막힌 일을 경찰이 이해하지 못하는 것은 당연했습니다.

난 남자1과 결혼해 1년여를 함께 산 적이 있었습니다. 대학에 입학한 첫날 그를 만났고, 하나밖에 없던 오빠를 잃었던 내게 그는 쉽게 들어왔습니다. 그도 사고로 여동생을 잃었다고 했습니다. 오빠-누이동생의 우연한 부합은 너무도 신비했습니다. 난 당시 이렇게 생각했습니다. "모든 크고 작은 죽음은 전설을 빚어내게 마련이다. 큰 죽음은 커다란 전설을, 작은 죽음은 조그만 전설을 빚어낸다. 시간의 광합성에 따른 전설은 죽음을 미화해 죽음에 대한 공포를 덜어 준다."고. 난 지워지는 게 아니라 살아남은 누구에게는 가시처럼 박히는 것이 죽음이라는 것을 압니다. 그리고 그 아픈 기억은 최종적으로 가시가 된다는 것도.

남자1은 나를 소유했습니다. 소유는, 소유하는 사람의 적합성에 따라 자유와 억압으로 구별됩니다. 연애 시절의 나에 대해 그는 적합성의 소유, 즉 자유에서 이탈하지는 않았으나, 결혼이 그 고귀한 '소유의 적합성'을 '비천한 지배에의 욕망'으로 바꾸어 놓았습니다. 자유를 잃고 억압에 묶인 것입니다. 남자1은 선인장을 싫어했습니다. 난 그가 가시 때문에 선인장을 싫어하는 줄 알았습니다. 오해였습니다. 사람들은 오해 때문에 사람이나 사물로부터 스스로 고립됩니다. 사랑의 경우는 더욱 그러합니다.

그러나 남자1은 1년도 안 돼 헤어졌습니다. 그리고 난 남자1-ㄴ을 만났습니다. 시간차를 두고 그 두 사람을 통과하면서 깨달은 것은 사람과 사람은 다른 별처럼 철저히 별개라는 사실이었습니다. 그러니 나는 남자1과 남자1-ㄴ이라는 두 개의 별을 여행한 셈입니다. 그리고 곧 ㄷ을 또 만났습니다. ㄷ은 생물학적으로는 여자지만 내겐 남자였습니다. 그러니 남자1-ㄷ이었습니다. 남자1은 내가 조금 더 일찍 가 본 별이고, ㄴ-ㄷ은 한 달여 차이로 만나고 한겨울을 동숙한 별이었습니다. 그들은 굳이 남자1-ㄴ-ㄷ으로 이름 붙인 것도 내게 있어 남자는 오직 하나여야 한다는 의식이 작용했을 것입니다.

ㄷ은 중국 장춘에서 왔습니다. 하룻밤만 재워 달라고 했습니다. 그 하룻밤이 새로운 여행의 시작이 되었습니다. 남자1과 헤어지고 몇 년 동안 혼자 살았던 내게 갑자기 ㄴ과 ㄷ이 찾아왔고, 우리는 혼자 사는 것만이 좋은 게 아님을 깨달아갔습니다. 남루할지언정 모든 방랑자에 겐 어떤 홀림이 있듯이 ㄴ이 바로 그런 사람이었습니다. 말수가 적은 그, 늘 꼼꼼하게 물건을 챙기고 조용했습니다. 그림자 같은 존재지만, 그러면서 어둡지 않았습니다.

난 유일하지 않으면 사랑이 아니라고 생각한 적이 많았습니다. "하나 밖에 없는 모든 것은 귀하고 아름답다." 내게는 그 유일한 것이 사랑이 었습니다. 사랑의 가장 윤리적인 법칙이란 유일하다는 것뿐이라고 생 각했습니다. 남자1과 헤어지고 나서 나는 소소의 집으로 왔고, 그들을 만났습니다. 들판 너머로 오래된 무덤들이 있고, 강이 있고, 포도밭이 있고, 오빠-어머니-아버지가 있고, 곁에 ㄴ과 ㄷ이 있습니다.

내겐 잊고 있었을 뿐 삼십대 초반의 젊은 육체가 있었습니다. 비록 선인장처럼 가시가 잔뜩 있는 육체일망정. 어느 날 ㄴ이 그 가시를 건 드려 몸뚱어리 밖으로 끌어내었습니다. 엄밀히 말하면 내가 먼저 다가 간 것입니다. 육체는 때론 영혼의 야영지가 됩니다. ㄴ을 만나고서야 내 육체는 영혼의 감옥으로부터 벗어나 영혼의 야영지로 변하는 경이 로운 경험을 했습니다. 육체는 선과 악, 기타 모든 것에 일률적으로 소 속하지 않습니다. 선과 악에 속하는 것은 오로지 정신뿐임을 나는 믿 습니다. 내 육체는 정신보다 더 완전한 자유를 지니고 있습니다. ㄴ과 의 한덩어리 됨은 자유였습니다. ㄴ을 만나기 전까지 나는 정적과도 같은 고독 속에서 살았습니다. 그 속에서 나는 육체 안에 나날이 가시를 쟁였고, 그 가시들이 모여 몸 전체가 몸뚱어리만한 가시로 하나될 때 그게 바로 죽음이라고 생각했습니다.

ㄴ은 삽과 곡괭이를 사서 우물을 팠습니다. 내게 있어 우물은 노년의 어둠이 떠오르고, 그가 말하는 샘에선 청춘의 빛이 먼저 떠올랐습니다. 우물 파는 남자 ㄴ, 그는 스스로 풍경이 되었습니다. 그와 단둘이 지낸 지 한 달 남짓, 그와 내가 '멍청한 자유'로 맺어졌지만, 한 침대에서 잠든 적은 없었습니다. 덩어리가 풀리면 그는 항상 방으로 돌아갔습니다. 그와의 '덩어리 되기'는 향기처럼 내 몸에 스며 왔고, 나는 경이롭게 연주되었습니다. 희고 푸르게. 분명 쾌락이 아닙니다. 자연 발생적인 휴식이고, 자연 자체입니다. 그와 나의 감각세계가 합일해 빚어낸 창조의 다른 너울이라고 해도 좋습니다. 그의 손길은 이를테면, 내 육체를 단숨에 초기화해 언제나 저기, 먼 요람에 닿게 했습니다.

ㄷ이 들어오면서 셋이 지내는 것도 좋았습니다. 셋이 강을 따라 걷다 만난 도자기 마을, 하나 남은 숙소에서 우리 셋은 처음으로 함께 밤을 보냈습니다. 그리고 돌아온 후 며칠째 눈이 내려 모든 길이 분별없이 고립되어 있던, 설해 속 깊은 밤. ㄴ과 포개져 있는 그 방안으로 ㄷ이 성큼 들어왔습니다. 난 알아차렸지만 멈출 수 없었습니다. "멈추지 마. 가던 길을 가는 게 좋아." 그의 귓구멍에 나는 숨을 불어넣었습니다. "자기들끼리만, 너무해요!!" ㄷ의 말, 그것은 하나의 진언이었습니다. 그렇게 우리 셋은 하나가 되었습니다. 무지개를 보면서 ㄷ은 왜 예쁜 건 금방 사라지느냐고 내게 물었습니다.

차에 치어 죽어 묻어 준 고양이 묘지에 앉아 난 죽음을 생각했습니다. 난 장엄한 죽음은 존재하지 않는다고 생각합니다. 묘비에 이름을 새기든 말든, 죽음은 온전히 죽은 자의 것일 뿐입니다. 죽음에 의해 무언가를 잃어버린다는 생각은 산 자들의 착각에 불과합니다. ㄴ-ㄴ-ㄷ은 서로에게 어떤 요구도 하지 않았습니다. 우리가 만났을 때 이미, 각자 죽음에 익숙해져 있었습니다. 죽음에 익숙해지면 이별이 두렵지 않으며, 이별이 두렵지 않으면 가지려고 할 필요도 없습니다. 소유하려 하면 할수록 소유 자체가 주인이 된다는 것을 아는 일이야말로 죽음에의 이해라 할 수 있기 때문입니다.

둘이 사니 더 좋아

나는 ㄱ이 아니라 ㄴ입니다. 내가 ㄱ을 처음 만난 날, 물구나무서기를 했던 이유는 갈 데가 생각나지 않았기 때문이고, 내 육체 속에 너무도 많은 여분의 힘이 남아 있다는 걸 여실히 느꼈기 때문이었습니다. 여분의 힘은 더러우니까. 암튼 그렇게 해서 나는 ㄱ을 만났고, ㄱ의 집으로 갔습니다.

금색 테두리가 둘러쳐진 반상기 위에 놓여 있는 밥그릇과 국그릇을 보고 감동을 받았습니다. "둘이 밥 먹으니 참 좋네!" ㄱ은 그렇게 말했습니다. 우린 말없이 지냈고, 나는 금방이라도 떠날 수 있도록 짐도 풀지 않고 더플백 안에 그대로 놔두었습니다. 그냥 눌러 있기가 미안해서 난 뜰을 치우기 시작했고, 헛간의 문과 지붕도, 수도꼭지와 변기도 고치고 갈아끼웠습니다. 그리고 세 자루의 삽을 샀습니다. 고향 집의 작두샘을 떠올렸습니다. 눈에 보이지 않는 지하의 물길을 통하면 내가 버린 고향으로 되돌아갈 수 있을 것 같았습니다. 아버지, 형, 어머니의 기억이 펌프 주둥이로 쏟아지는 물, 갑자기 쏟아져 나오는 물길 위에 뜨는 무지개와 함께 나타났다가 사라졌습니다.

우물에게는 비밀이 있다고 생각했습니다. 땅 밑으로 연결된 거대한 비밀, 샘을 퍼 올리는 나는 그 거대하고 신묘한 비밀을 지상의 한낮으로 퍼 올리는 거라고 생각했습니다. 비밀이 없는 세상은 사막처럼 황막합니다. 오아시스가 아름다운 건 단지 사막 속에 있기 때문만은 아닙니다. 오직 우리만 알고 있어야 했기에, 다른 종족에게는 비밀로 해서 지켜야 하기 때문에 오아시스가 아름다운 거라고 나는 생각했습니다.

우리는 아픈 기억들에 대해서 말을 하지 않았습니다. 관심도 두지 않았습니다. 그러면서도 각자가 지닌 몸속 '가시'들을 우리는 서로 알고 있었습니다. 그리고 그 가시는 영혼 깊은 곳에서 솟아나는 샘물에 젖어 모조리 녹아 없어졌습니다. 우리 셋은 지구가 아닌 다른 별에 살고 있었습니다. 셋으로 삼각형을 이룬 게 아니라 셋으로부터 확장되어 마침내 하나의 원을 이루었습니다.

우물에서 물이 쏟아지던 날, 우리는 서로 세례를 주었습니다. 세례를 받았습니다. 그 물로 씻어 우리 모두 신생아로 태어났습니다. 그리고 초월에 이르는 환한 길이 우리 앞에 마침내 열렸다고 생각했습니다. 그런데 우물 속의 정적이 나를 끌어당기는 기분이었습니다. 두렵고, 뭔지 모르게 한없이 그리웠습니다. 나는 우물로 들어갔습니다. 오랫동안 꿈꾸던 그 세례의 길로요. 새가 앉았다가 떠난 뒤에도 그 가지에 아무런 흔적을 남기지 않는 것처럼.

이제 짐작하시겠죠. 그 데스마스크의 주인은 저 ㄴ입니다. 저는 조지 해리슨을 꿈꾸는 인디밴드의 베이스 연주자였습니다. 내가 우물 안으로 들어가는 것을 ㄱ과 ㄷ이 보았을 것입니다. ㄷ은 콘크리트를 내 위에 부었으니까요. 그렇게 저는 데스마스크가 되었습니다. 인생의 희로애락이 모두 배제된 데스마스크가 된 것이었습니다. 그 데스마스크는 제 자유의 상징입니다. 그것을 통해 저는 자유로운 영혼으로 세상에 다시 모습을 드러낸 것입니다.

셋이 사니 진짜 좋아

다시 ㄱ입니다. 엄마와 아버지는 밀짚모자의 구멍을 놓고 많이 다투셨습니다. 아버지는 밀짚모자의 구멍이 아버지의 숨구멍이라 하셨고, 엄마는 구멍 뚫리지 않은 모자가 어머니의 숨구멍이라 했습니다. 같이 사는 사람들에게는 다 그런 숨구멍이 있을 것입니다. 이런 숨구멍이 필요합니다. 난 이제 압니다. 함께 있어도 '숨구멍'이 따로 있어야 겨우 유지될 수 있는 게 1대 1의 관계라는 것을.

ㄴ이 우물로 들어가고, ㄷ이 떠나고… 5년 만에 나는 ㄷ을 찾았습니다. 그녀는 햇빛이 드는 방에서 아침마다 햇빛에 몸을 말린다고 했습니다. 그곳에서 나는 그녀의 가시를 듣고 보았습니다. 우리는 각자가 가시를 품고 있었습니다. 죽음이 깃든 소소의 어둔 방에서 우리는 그 몸뚱어리 속 가시 때문에 비로소 덩어리질 수 있었습니다. 덩어리지는데 필요한 것은 깊은 이해뿐임을 우리는 서로 알고 있었습니다.

우리가 덩어리져 있었던 시간들은 한없이 강해져 두려움이 없고, 한없이 맑고 원대해져 과거와 현재와 미래의 구분을 넘어섰던 순간들이었습니다. 그러나 지금은 돌아갈 수 없는 지나간 열락일 뿐입니다. ㄷ이 떠나던 날 나는 선인장 하나를 주었고, ㄷ은 그걸 잘 간직하고 있었습니다. 가시를 뻗대지 마라. 더 다칠 뿐이다. 안으로 여미고 살아라. 선인장은 ㄷ에게 늘 그렇게 말하는 것 같았습니다.

ㄱ과 ㄷ은 알고 있었습니다. 우물이 정해진 ㄴ의 길이었다는 것을. 제 발로 떠난 ㄴ이 꽃길을 따라갔다고 여겼습니다. ㄴ이 떠나던 순간 뒷산 철쭉꽃 더미를 보고 있던 ㄱ을 ㄷ은 보았습니다. ㄷ은 또 알고 있었습니다. 우물을 파는 ㄴ의 모습이 자기 묘를 파는 느낌이었다는 것을. 그녀에게는 신기가 있었는지도 모를 일입니다. 분명한 것은 그해 겨울, 셋이 서로 통했던 게 확실했다는 것입니다. 그렇게 '불멸의 사랑'은 우리 인간의 절대적인 욕망입니다.

나 ㄱ은 선생님께 다 털어놓았습니다. 선생님은 무엇이 우리 셋을 덩어리지게 했는지 알고 싶다고 하셨습니다. 사랑이라고 하면 너무 범속하다고 하시며 말씀하셨습니다. "죽음이란 말만으로 너희 세 사람의 관계, 그 덩어리를 모두 설명할 수는 없어. 너는, 너희는 순수한 영혼을 가졌어. 그게 가장 중요해. 너희는 너희를 씻었어. 그렇게 씻고 나면 최적의 순수성으로 앞날을 내다보게 되는 거야."

나는 이제 더 이상 선인장을 키우고 싶지 않습니다. 나누어 줍니다. 그리고 물을 생각합니다. 만물이 물로부터 왔다고 한 그리스의 철학자

탈레스를 떠올리며. 물 따라 길이 있고, 길 따라 물이 있습니다. 물을 채우면 작은 욕조에도 우리의 본향입니다. 오빠-엄마-아버지가 들어간 그 물이 나의 본향입니다.

나오며

세 사람의 사랑은 통속적인 삼각관계가 아닙니다. 세 꼭짓점으로 이루어진 삼각이 아니라 세 꼭지가 원으로 변한 원형입니다. 그 원형은 돌고 돌아 다시 제자리로 찾아갑니다. 그 세 사람의 사랑은 곧 우리 인생입니다.

이 소설에서 작가는 선인장의 가시와 데스마스크를 통해 인생을 아주 심오한 사랑으로 풀어냈습니다. 가시가 많이 박힌 사람의 영혼이 본래 넋에 가깝다는 작가의 말은 앞으로도 깊이 생각해 볼 것입니다.

사람들 몸뚱어리 속에 박힌 저마다의 삶의 가시를 하나 둘씩 뽑아내며, 결국은 희로애락이 거세된 평온한 데스마스크를 향해 가는 것이 바로 인생입니다. 동의하시든 동의하시지 않든 사랑은 오직 자신의 몫이기에, 결국 인생도 온전히 자신의 몫입니다.

지금 이 순간을 살아가는 자세 (디트리히 그뤼네마이어)
—인산의 영원한 외침, 카르페 디엠!

우리 사회가 안고 있는 여러 가지 문제들 중 '기성세대와 젊은 세대의 양극화'가 있습니다. 세대 간의 갈등이 이념, 지역 간의 갈등 못지않습니다. 그리고 세대와 나이의 차이에서 오는 단순한 갈등을 넘어 사회적, 경제적, 정치적으로 심각한 수준에 와 있습니다.

지금 5~60대인 대부분의 부모 세대는 6.25전쟁 이후 1955년부터 60년대 중반까지 태어난 '베이비붐' 세대입니다. 고도의 산업화 시대와 민주화 시대를 보내면서 우리나라의 경제성장과 정치적 민주화를 일구어냈고, 학력이 급격하게 신장된 고등교육을 받은 세대입니다.

이 세대에는 헝그리 정신이 통했고, 개천에서 용난다는 말이 통용되었습니다. 노력하면 반드시 이룰 수 있다는 신념이 있었고, 교실마다 "뜻이 있는 곳에 길이 있다."는 표어가 걸려 있었습니다. 실제로 이 세대가 왕성한 사회 활동을 벌였던 1985년 당시 20대의 실업률은 7.2%였다고 합니다. 그런데 지금은 그보다 높습니다. 부모 세대에 비해 학력이 월등한 자식 세대들이 더 심한 구직난을 겪고 있는 것입니다.

주위를 돌아보면 이러한 문제를 안고 있는 가정들이 많이 있습니다. 남의 일이 아닙니다. 바로 내 친구의 일이고, 내 이웃의 일이고, 곧 나의 일이 될 수 있습니다. 유리천장과 같은 계층의 공고화, 부익부빈익빈의 대물림, 청년실업의 증가, 비정규직의 증대 등이 단순한 갈등을 넘어 심각한 사회문제입니다.

특히, 지금 자라나는 젊은이들, 우리의 자녀들에게 있어 이 문제는 매우 중요합니다. 지금 20대의 청년들이 바로 서지 않으면 이 나라의 미래는 어두울 것입니다. 장차 통일된 우리나라를 이끌어 갈 주역들이기에 더 늦기 전에 국가가 우리 청년 세대들을 위해 기성세대들이 해야 할 분명한 역할을 다해야 합니다. 제가 병영독서운동인 세미책 운동(세상의 미래를 바꿀 책읽기, 세상을 아름답게 만들 책읽기)을 앞장서서 펼치고 있는 이유입니다.

'인생이란 무엇인가?' 이번에 다룰 주제는 '지금 이 순간을 살아가는 자세'입니다. 우리는 늘 지금 이 순간이 가장 중요하다고 말하며, 최선을 다하라고 합니다. 순간순간 후회 없는 삶을 살고, 지금 이 순간을 마음껏 즐기면서 살라고도 합니다. 그것이 행복한 인생이라고 말합니다. 그러면 지금 이 순간을 어떻게 살아야 할까요?

이 책 '지금 이 순간'은 독일의 디트리히 그뢰네마이어가 썼습니다. 저자는 '미세치료의 아버지'로 불리울 만큼 독일에서도 손꼽히는 의사이자, 비텐-헤르텍케 의과대학의 정교수입니다. 그는 자신의 경험을 토대로 삶, 죽음, 건강, 질병 등을 성찰하며 '더 나은 삶을 위한 자세'를 설파합니다.

지금 이 순간에 충실하라!

우리는 늘 시간 속에서 살고 있습니다. 시간적으로 제한을 받는 우리의 존재는 어두운 영겁 속에서의 섬광과 같습니다. 아마 대부분의 사람들은 지금 당장 안 죽을 거라고 생각하며 살지도 모릅니다. 하지만 우리는 우리 자신에게 허락된 시간만큼만 이 땅에서 살 수 있다는 것을 잘 알고 있습니다. 이것이 우리의 삶입니다. 아우구스투스는 시간에 대해 "어느 누구도 나에게 그것을 묻지 않는다면, 나는 그것을 알고 있다고 말하겠다. 하지만 내가 누군가에게 설명하려 든다면 그것을 알지 못한다."라고 말했습니다. 우리는 우리의 시간이 언제 끝날지 모릅니다.

사람마다 느끼는 시간은 제각각 다릅니다. 이 시간을 어떻게 보내느냐에 따라 삶의 깊이가 달라집니다. 매 순간순간 명상하듯이 치밀함과 깊이와 질을 지닌 삶을 사십시오. 순간에 매우 충실한 사람은 멈추지 않는 시간의 연속을 알고 있는 사람입니다. 영원한 시간의 의미를 알고 있는 사람에게는 시간이 멈춘 것이나 다름없습니다.

현대사회에서는 일에 목숨 거는 사람들이 많습니다. 심지어는 'workaholic'이라 하며 이를 자랑하는 사람도 있습니다. 그러나 여유를 느끼지 못하는 사람은 불행한 사람입니다. 지친 영혼을 위로할 줄도, 헤매는 자아를 찾을 시간도, 소중한 사람들과 영원을 함께한다는 의미도 깨닫지 못하는 사람입니다. 성찰하지 않는 삶입니다. 일에 목숨 거는 것은 노예의 삶입니다. 여러분은 벗어나십시오. 지금 이 순간 자기 삶의 주인으로 사십시오.

"깨닫고도 행동하지 않는 사람은 깨닫지 못한 것이다."는 말이 있습니다. 제가 몸담고 있는 조직도 수년 전부터 '일하는 문화' 개선을 위해 많은 노력을 하고 있습니다. 그러나 여전히 쉽지 않습니다. 이유는 단한 가지입니다. 행동하지 않기 때문입니다. 힘은 분주함 속이 아니라 여유로움 안에 있습니다. 쉼 없이 나무를 자르는 사람보다 쉬면서 중간중간 쉬면서 톱날을 가는 사람이 훨씬 더 많은 나무를 벨 수 있음을 우리는 잘 알고 있습니다. 역시 행동이 문제입니다. 대다수의 사람들이 알면서도 행동하지 않습니다. 깨닫지 못하는 것입니다.

휴식은 그냥 쉬는 게 아닙니다. 중요한 다음 단계를 위해 힘을 비축하는 기간입니다. 휴식은 우리 삶의 내면적인 원천입니다. 자신이 하는 일에서 좋은 결과를 얻기 위해서는 자신만의 템포를 가져야 합니다. "빨리 가고 싶다면 돌아가라."는 격언이 있습니다. 우리의 삶은 빠름과 느림의 조화를 통해 완성되는 것입니다. 휴가는 꼭 필요합니다. 주저하지 말고 떠나십시오. 지금 주어진 시간이 바로 자신의 삶입니다. 자기 시간의 주인은 바로 자기 자신입니다.

나 자신을 격려하고 다른 사람을 배려하라!
우리는 다른 사람들과 많은 관계를 맺으며 살아가고 있습니다. "친밀한 관계와 관심 표현은 화학적이지 않은 것에서 생화학적 과정을 만들어 내는 치료 형태다."라고 어느 의사가 말했습니다. 이는 실제 '뇌과학'에서 증명되고 있습니다. 따스한 손길 한번이 스트레스를 날리고, 좌절을 이길 수 있는 힘을 준다는 것을 믿고 행동해야 합니다. 예수님께서는 "네 이웃을 네 몸과 같이 사랑하라."고 말씀하십니다. 나 자신만을 바라보는 것이 아니라 타인을 바라보는 것입니다. 분명 이웃을 내 몸처럼, 나 자신처럼 사랑하는 것은 쉽지 않습니다. 쉽지 않은 만큼 숭고한 일입니다. 좋은 인간관계란 타인을 동등한 가치를 지닌 생명체로 보면서 동등한 가치를 지닌 개성으로 받아들이는 것입니다.

많은 사람들이 타인, 일, 물질 등 자기 자신을 둘러싼 많은 것들로부터 두려움을 느낍니다. 독일의 정치학자가 측정한 '두려움 지수'에 따르면 1991년에는 25%에 불과했는데, 2005년에는 50%까지 올라갔다고 합니다. 그중에서 심각한 것은 '관계의 두려움'입니다. 이 관계의 두려움은 심각한 질병으로까지 이어지며, 영혼까지 잠식합니다. 웅크린 가슴을 펴고 처진 어깨를 끌어올리십시오. 자기 자신을 믿고 사랑하십시오. 두려움을 이겨 내는 방법은 단 한 가지, 자기 자신을 믿고 사랑하는 일입니다.

참다운 행복은 이기적이지 않습니다. 배타적이지 않습니다. 기쁨으로 충만한 사람은 그것을 남에게 전하려 하지, 결코 자기 혼자만 간직하려고 하지 않습니다. 행복은 다른 사람과의 관계 속에서 이루어지는 것입니다. 다른 사람과 유대감을 느낄 때 우리는 행복감을 느낍니다. 유대감을 통해 우리는 어떠한 절망에서도 혼자 일어설 수 있는 힘을 얻게 됩니다. 우리가 마음에 품고 있는 낡은 선입견들을 버리고 진정으로 마음을 열어야 합니다.

사실은 하나이지만 진실은 하나일 수 없습니다. 그러니 다른 사람의 생각과 판단을 나의 생각과 판단같이 존중하고 받아 주는 열린 자세가 꼭 필요합니다. 바로 나와 타인을 동일시하는 삶입니다. 오스트리아의 철학자 에브너는 "대개 인간은 타인에게서 자기 자아의 만리장성만을 체험한다."고 말했습니다. 자아의 만리장성을 허물어야 바깥세상을 볼 수 있습니다. 이해관계가 다른 공동체 안에서 우리를 결속하게 만드는 관계의 힘, 유대감은 진정 내 마음을 열 때 강해집니다.

삶은 즐기되 고통은 극복하라!

노력과 기쁨은 같이 옵니다. 한쌍입니다. 동기와 인정 역시 짝을 이루는 말입니다. 고통과 보람도 따로 떼어 내서 생각할 수 없습니다. 지금 이 순간이 어렵고 힘들지라도 이겨 낸다면 또 다른 삶의 기쁨을 얻을 수 있습니다. 승진하면 기쁘고, 승진하지 못하면 슬프다는 생각이 세상의 일반적인 생각일 수 있습니다. 그러나 절대 그렇지 않습니다. 삶의 기쁨은 고통과 슬픔도 겪어 내야 이루어지는 변증법적 과정입니다. 순간적인 어려움도 우리 삶의 한 부분입니다. 고통도 순순히 받아들이는 자세, 절박한 문제 앞에서 새로운 즐거움으로 맞설 줄 아는 자세가 필요한 이유입니다.

모든 삶에는 오르막길과 내리막길이 있습니다. 우리에게는 수시로 우리가 이겨 내고 헤쳐 나가야 할 위기와 좌절의 순간이 찾아옵니다. 하지만 분명한 것은 우리가 살아 있기 때문에 겪는 것입니다. 살아 있기에 느끼는 것입니다. 살아 있다는 것에 늘 감사하고, 삶으로부터 경탄과 에너지와 감사를 느낀다면 우리의 삶은 어떠한 순간에서도 즐거울 수 있습니다.

자기 삶을 마음껏 누리고, 의욕적으로 자신의 능력을 발휘하는 사람은 건강합니다. 건강은 우리의 몸과 마음이 얼마나 편하고 좋은지, 즉 우리 삶의 질과 깊이 관련되어 있습니다. 정신적으로 안정되니 긍정적인 생각을 하게 되고, 몸 상태도 좋아집니다. 자기 일에서 느끼는 만족감이나 가족과 친구, 동료에 대한 만족감 역시 중요한 건강의 조건입니다. 마찬가지로 음식, 운동, 예술도 중요합니다. 맛있는 음식을 먹는 것, 끊임없이 운동하는 것, 예술을 음미하고 감상하는 것은 우리가 세상을 잘 살아가기 위해 반드시 갖추어야 할 조건입니다.

지금 힘드십니까? 침체되어 있습니까? 어디가 아프십니까? 가난합니까? 의욕이 없고, 재미가 없으십니까? 그렇다면 지금이 좋은 기회입니다. 잠시 멈추어 서야 한다는 신호입니다. 멈추어 서서 여러분의 삶을 되돌아보십시오. 자기 자신의 내면을 들여다보고, 그 소리에 귀를 기울이십시오. 그리고 깨달으십시오. 이 세상에 우리를 쓰러뜨리거나 죽일 수 있는 것은 아무것도 존재하지 않습니다. 어떠한 경우에도 우리는 죽지 않습니다. 헬렌켈러는 장애를 딛고 위대한 삶을 살았습니다. 오직 열정과 끈기만 놓지 마십시오. 그것이 이 세상에 유일한 자신의 삶에 대한 최선입니다.

어린아이 같은 마음을 잃지 마라!

여러분의 삶을 되돌아보았을 때 최고의 시절은 언제였습니까? 기억이 잘 안 날 수도 있지만 아마도 어린 시절의 추억이 많이 떠오를 것입니다. 어렸을 때는 작은 일도 소중히 여겼고, 작은 기쁨도 큰 기쁨으로 받아들였습니다. 하나하나가 늘 새로운 경험이었고, 매순간이 바로 최고의 순간이었습니다. 지금 우리는 잃어버린 어린 시절의 마음을 다시 찾아야 합니다. 그리고 다시는 잃지 말아야 합니다.

성경의 마태복음 18장에서 예수님은 누구든지 어린아이와 같지 아니하면 결단코 천국에 들어갈 수 없다고 말씀하셨습니다. 어린아이와 같이 자기를 낮추는 자가 천국에서 큰 자(者)라고 하셨습니다. 우리의 몸은 어른이지만 마음만은 늘 어린아이와 같은 마음을 품어야 합니다. 폴란드의 의사 코르착은 "아이들은 기적을 이해하고, 또 봄처럼 기적을 일으킨다."고 말했습니다. 아이들은 늘 새롭고, 강하고, 긍정적인 마음을 가지고 있습니다. 우리는 그 마음을 다시 찾아야 합니다. 그 마음이 진정으로 소박하고, 자연스러운 인간의 본성입니다.

아이들은 희망을 상징합니다. 내 안의 이기주의를 넘어 또 다른 삶을 떠올리게 하는 희망입니다. 아이들에게는 순수함, 늘 새로운 꿈, 삶의 원천, 작지만 엄청난 힘이 있습니다. 그러한 아이들의 모습은 우리 자신을 되돌아보게 만드는 생생한 거울이 됩니다. 아이들의 삶 속에 우리 모두가 간절히 원하는 진정한 행복이 있습니다. 어른들이 잃어버린 채 살아가고 있는 삶의 재미와 웃음이 늘 있습니다.

아이들은 우리에게 "삶이란 무엇인가?"에 대한 답을 줍니다. 뿐만 아니라 우리의 책임을 상기시켜 줍니다. 우리는 자기 자신의 삶을 책임져야 하고, 동시에 어른으로서 우리의 아이들을 책임져야 합니다. 아이들이 우리에게 가르치는 교훈을 잊지 마십시오. 그것은 우리의 삶에 있어서 가장 기본적이면서 중요한 '살아 있음에 대한 기쁨'입니다. 인도의 현자 크리슈나무르티는 "네가 새의 이름을 네 자식에게 가르치는 날, 아이들은 더 이상 새를 보지 않을 것이다."라고 말했습니다. 섣불리 가르치지도, 재촉하지도 마십시오. 아이들은 자연 속에서 저절로 배우고 터득하게 되어 있습니다. 자연이 하는 스승 역할을 어른이 나서서 뺏지 마십시오. 현명하지 못한 일입니다.

나이듦을 두려워하지 마라!

바야흐로 우리나라는 초고령사회에 접어들었습니다. 노인 인구가 급격히 증가하면서 여러 가지 살펴야 할 사회적인 문제가 있습니다. 갈등도 심해지고, 비용도 많이 늘어납니다. 그러나 사회가, 국가가 나서기 전에 먼저 개인 스스로 '나이듦'에 대한 성찰이 필요합니다. 인간은 시간의 흐름 속에서 나이를 먹습니다. 자연스러운 일입니다. 그러나 이 나이는 단지 신체적인 나이를 뜻할 뿐입니다. 젊음은 생각의 문제입니다. 슈바이처 박사는 "젊음은 인생의 한 단면이 아니라 정신상태다."라고 말했습니다. 그러니 나이는 중요하지 않습니다. 여러분의 세월에 생명력을 불어넣으십시오. 우리에게 주어진 시간은 생각보다 길지 않습니다.

수천 년이 넘도록 노인들은 존경과 배려의 대상이었습니다. 그들의 경륜, 지식, 현명함, 여유 등은 젊은 세대들에게 모범과 귀감으로 남았습니다. 그러나 요즘의 세태를 보고 있자면 그다지 호의적이지 않습니다. 심지어는 방치, 학대까지 이어집니다. 참으로 안타깝고, 우려할 만한 일입니다. 과거의 '고려장'이 옛날이야기가 아닙니다. 심리학자 힐맨은 자신의 책, '오래 산다는 것의 의미'에서 사람들이 일반적으로 늙어가는 것을 부정적으로 생각하고, 노인을 늙었다는 이유만으로 미워한다고 말하고 있습니다. 불편한 진실이지만 엄연한 현실입니다. 참으로 안타까운 일입니다.

나이가 든다는 것은 자연스러운 일입니다. 그러니 나이 들어가는 것을 기쁘게 생각할 정도까지는 아니더라도 기꺼이 받아들이고 긍정적인 방향으로 생각할 필요가 있습니다. 젊음에 대한 집착은 심각한 자기부정이요, 인간의 삶에 대한 무지로 인한 것임을 깨달아야 합니다. 행복은 나이에 좌우되지 않습니다. 늙는 것도 삶의 일부이기에 삶에 대한 우리의 안목 자체가 변화한다면 우리 사회가 '아름다운 나이듦'에 대한 인식 공유를 통해 더욱 아름다운 사회로 변할 것이라 믿습니다.

한 인간이 걸어온 삶은 그 자체로 가치 있는 경험이며, 무엇과도 바꿀 수 없는 값진 보물입니다. 또한 노인들의 경험, 교육, 지식 등은 우리 문화를 풍부하게 해 줍니다. 노인은 미래 우리의 자화상이며, 과거와 현재를 이어 주는 살아 있는 역사입니다. 인간으로서의 올바른 가치관과 지식의 전달자입니다. 우리가 귀하게 받들고, 존경하고, 모셔야 할 분들임을 잊어서는 안 됩니다. 이제 우리 사회가, 국가가 나서야 할 때입니다. 많은 노력과 비용을 투자해서라도 노인들을 존중하고 예우하는 사회적 합의가 있어야 하고, 사회적, 국가적 시스템이 갖춰져야 합니다. 더 늦기 전에 해야 합니다.

나이들어 가는 사람들도 스스로 준비해야 합니다. 일본 오키나와에는 1,300만 명의 주민 중에 무려 600명 이상이 100세 이상이라고 합니다. 그 비결 중의 하나가 즐겁게 일하는 것이라고 하였습니다. 스스로 준비하는 사람에게는 나이듦이 두렵지 않습니다. 90세가 넘어서까지 왕성하게 일하는 사람은 결코 나이든 사람이 아닙니다. 그러한 삶을 위해서 평상시 좋은 음식을 섭취해야 하고, 꾸준한 운동 등 건강관리도 게을리하지 말아야 합니다. 그리고 늘 낙관적으로 자신의 인생을 바라보아야 합니다. 풍요로운 인생은 결국 자기 자신이 펼쳐 나가는 것이고, 이러한 삶이 공동체에 이바지하는 삶인 것입니다.

생애 마지막 순간까지 열정적으로 살아라!
파울로 코엘료는 '악마와 미스 프랭'에서 "어떻게 사느냐에 따라 삶은 짧을 수도 있고, 길 수도 있다."고 했습니다. 삶의 질(質)은 삶의 길이로만 결정되는 것이 아님을 우리는 잘 알고 있습니다. 삶과 죽음은 늘 같이 있으며, 삶의 기술과 죽음의 기술도 밀접한 연관성을 지니고 있습니다. 일반적으로 사람들은 죽음을 두려워합니다. 심각하게 걱정하는 사람들도 있습니다. 그런 사람들은 죽음을 두려워하다가 미처 삶의 즐거움을 누리지 못하고 맙니다. 죽음은 두려움의 대상이 아니라 깊이 받아들이며 살아야 할 대상입니다. 참다운 삶이란 죽음까지도 중요하게 생각하는 삶입니다.

인간은 유한한 존재입니다. 누구나 죽습니다. 그 시기가 언제인지 알 수도 없습니다. 그러니 순간순간을 마치 생의 마지막 순간인 것처럼 살아야 합니다. 생의 마지막 순간까지 그렇게 살아야 합니다. 우리는 지금 최후를 향해 나아가고 있음을 인식해야 합니다. 우리에게 주어진 삶을 감사하고, 사랑하고, 순간을 영원처럼 여기며 살아가는 자세를 가져야 합니다. 그리하여 삶의 마지막 순간에 "삶은 마지막까지 멋지다."는 말을 할 수 있어야 합니다. 죽음은 두려운 것이 아니라, 우리가 더 나은 삶을 살도록 해 주는 선물이라는 것을 꼭 말씀드리고 싶습니다.

공동체에 이바지하는 삶을 살아라!

인간은 사회적 동물입니다. 혼자 왔다가, 혼자서 살고, 혼자 가는 게 아닙니다. 자기 주위에 있는 사람들을 서로서로 도와주는 마음으로 살아야 합니다. 서로의 가치를 인정해 주는 사회 분위기와 서로에게 용기를 불어넣으며 남을 존중해 주는 문화가 필요합니다. 특히 요즘 같은 시대에는 더욱 절실합니다. 건전한 비판 등은 얼마든지 할 수 있으나, 인터넷이나 SNS 상에서 익명성을 빙자로 무분별하게 쏟아 내는 악성 댓글 등은 정말 빨리 없어져야 할 것입니다.

순간순간을 잘 살아가려면 객체가 아닌 주체로 살아야 합니다. 수동적이 아니라 능동적인, 소극적이 아니라 적극적인 삶의 자세가 필요합니다. 자기 삶을 그렇게 만들어 갈 열정이 있어야 합니다. 갈수록 형식이 지배하는 사회, 제도와 시스템에 길들여진 사회에 살고 있는 우리는 더욱더 우리의 마음을 바로잡아야 합니다. 그래야 어떠한 순간에서든지 흔들리지 않고, 자기다운 삶을 살아갈 수 있는 것입니다. 그것이 참다운 삶입니다.

　그러면서 우리가 살고 있는 공동체에 대해 보다 많은 관심을 기울여야 합니다. 공동체가 안고 있는 모든 문제들에 대해 방관자적 자세가 아닌 주인의 자세를 가지고 관심을 기울여야 합니다. 참여해야 합니다. 바른 정치를 원한다면 투표를 해야 하고, 깨끗한 환경을 원한다면 쓰레기를 함부로 버리지 말아야 합니다. 질서 있는 사회를 만들고 싶으면 나부터 모든 질서를 잘 지켜야 하는 것입니다. 자기 자신에게는 한없이 관대하면서 남에게는 칼날 같은 잣대를 들이대는 사람들이 많을수록 우리 사회는 더욱더 힘들고, 어둡고, 피폐해져 갈 수밖에 없습니다.

　강자와 약자, 가진 자와 못가진 자, 배운 자와 못 배운 자, 힘있는 자와 힘없는 자의 구분이 확실하고, 갈수록 커져 가는 이 사회가 참으로 걱정됩니다. 우리는 어떠한 수단을 써서라도 이 차이를 줄여 가야 합니다. 인간의 존귀함은 그러한 세속적인 차이로 구분할 수 없는 것입니다. 스스로를 존중하고, 남을 존중하고, 우리가 살고 있는 이 세상을 존중하는 삶이 아름다운 삶입니다.

　그러려면 무엇보다도 여러분 자신의 삶을 즐겨야 합니다. 생각만큼 시간이 많지 않습니다. 지금 바로 시작하십시오. 그리고 언제, 어떠한 순간에서든지 결코 중단하지 마십시오. 당신의 삶은 소중합니다.

PART 2

행복이란 무엇인가?

세상의
미래를 바꿀
책읽기

소크라테스의 변명 (플라톤)
—인산, 인류 최고의 스승을 만나다

우리는 흔히 "변명하지 말라."는 말을 합니다. 변명은 어떤 잘못이나 실수에 대하여 구실을 대며 그 까닭을 말하는 것입니다. 그러나 옳고 그름을 가려 사리를 밝힌다는 뜻도 있습니다. 변명을 한다고 하면 핑계, 구실, 발뺌 등과 같이 안 좋은 뜻으로 받아들이나 달리 생각해야 합니다.

'변명' 하면 떠오르는 두 개의 유명한 변명이 있습니다. 하나는 '루시퍼의 변명'이고 또 다른 하나는 '소크라테스의 변명'입니다. 루시퍼는 단테의 '신곡'에 세 개의 얼굴과 여섯 개의 날개를 가진 괴물로 그려진 사탄입니다. 하늘의 천사 중에서도 가장 아름답고, 위대하며, 신(神)에게 사랑받았던 존재였으나, 오만과 자만이 넘쳐 신의 자리를 넘보다가 추방당해 지옥으로 던져졌습니다. 루시퍼의 변명은 가장 뛰어난 천사에서 가장 타락한 악마로 전락한 것에 대한 가장 위험하고 부끄러운 변명입니다.

'소크라테스의 변명'이 있습니다. 인류 역사상 가장 위대한 철학자인 소크라테스는 이성과 양심이 없던 시대, 자유와 자각을 두려워하는 시대를 앞장서서 헤쳐 나간 인물입니다. 이유 같지 않은 이유로 주어졌던 독배를 주저 없이 마셨습니다. 그로 인해 그 고통의 독배는 인류 모두의 이성과 양심과 자유와 자각을 위한 축배가 되었습니다. 그가 독배를 마시기 전, 재판을 받게 된 법정에서 그를 고발한 멜레토스를 상대로, 5백 명이나 되는 재판관들 앞에서 위대한 변명을 합니다.

이 '소크라테스의 변명'이 '행복이란 무엇인가?'와 어떤 관계가 있을까 궁금하시죠? 행복의 가장 밑바탕은 자기 자신을 소중히 여기는 일입니다. '자존감'을 높이는 일, 잃지 않는 일입니다. 그런 면에서 죽는 순간까지 부끄럽거나 치졸하지 않았으며, 세상을 향해 인간으로서 가질 수 있는 가장 위대한 가치인 양심과 자유와 자각을 외쳤던 '소크라테스의 변명'이야말로 정말 행복한 변명이었습니다. 이제 소크라테스의 위대한 정신세계로 안내합니다. 내용에 따라 알기 쉽게 제가 제목을 정하였으며, 인용부호 안의 내용은 책의 원문 내용임을 말씀드립니다.

오직 진실만을 말하리라!

"재판관 여러분! 나는 70이 넘어 이 법정에 섰습니다. 내가 여러분에게 어떠한 방식으로 말하든, 그것이 좋든 좋지 않든 괘념하지 말아 주십시오. 오직 내 말이 진실한가 하는 점만을 고려하고, 주의를 기울여 주십시오. 말하는 자는 진실을 말하고 재판관은 정당하게 결정하도록 합시다."

소크라테스는 고령의 나이에 법정에 섰습니다. 그러나 그를 향한 고발은 모두 거짓이었습니다. 그는 고발자들의 거짓에 맞서 진실을 밝히고자 했습니다. 미사여구로 수식된 상투적인 연설이 아니라 순간순간 마음에 떠오르는 어구와 논법을 통해 오직 진실만을 말할 것이라고 했습니다. 그리곤 재판관들에게 방해하지 말고 잘 들어줄 것을 부탁합니다.

고발장의 허구

"소크라테스는 악행을 하는 자이며 괴상한 사람이다. 그는 지하의 일이나 천상의 일을 탐구하고 나쁜 일을 좋은 일처럼 보이게 하는 것이다. 그리고 그는 위와 같은 일들을 다른 사람들에게도 가르친다."

소크라테스는 자신에 대한 고소장을 아리스토파네스의 희극과도 같다고 말합니다. 아리스토파네스는 소크라테스라는 인물을 등장시켜서 그가 공중을 비행할 수 있다고 말하게 하고, 알고 있다고 자처한 적이 없는 사물에 대해 많은 허튼소리를 하게 합니다. 그러나 실제로 소크라테스는 자연에 대한 사색이나, 사물에 대한 언급은 전혀 하지 않았습니다. 왜냐하면 그는 자연이 아니라 인간을 탐구하는 것이 더 중요하다고 했기 때문입니다. 탈레스나 엠페도클레스 같은 자연철학자들과 달리 소크라테스는 철저하게 인간중심의 철학자였습니다.

지혜로운 자를 찾아서

"소크라테스, 당신 말이 옳다고 하자. 그러나 당신에 대해 제기된 고발은 어디에서 생겼는가? 당신이 해 온 일에는 분명히 이상한 점이 있을 것이 아닌가? 당신에 관한 온갖 평판이나 소문은 당신이 다른 사람과 다른 점이 없다면 생기지 않았을 것이 아닌가?"

소크라테스는 그가 받고 있는 평판이 어떤 종류의 지혜를 갖고 있기 때문이라고 말합니다. 그 지혜는 인간에 의해 획득될 수 있는 지혜이며, 인간에 의해 획득될 수 있다는 한도 내에서만 현명하다고 믿었습니다. 그는 증인으로 '델포이의 신'을 듭니다. 소크라테스의 친구 카이레폰이 소크라테스보다 더 현명한 사람이 있는가 하는 신탁을 구했는데, 델포이의 무녀는 더 현명한 사람은 없다고 대답했습니다. 소크라테스는 스스로 자신이 지혜가 없다고 알고 있었기에 신의 말에 의문을 품었습니다. 만일 자기 자신보다 더 현명한 사람을 찾아내기만 한다면 반증을 갖고 신에게 갈 수 있다고 믿었습니다. 그래서 많은 부류의 사람들을 만나 시험했습니다.

첫 번째는 정치가였습니다. 정치가는 다른 사람들이나, 그 자신이 현명하다고 생각하고 있었지만 소크라테스는 현명하지 않다고 생각했습니다. 그래서 그에게 이런 사실을 설명하다가 미움을 샀습니다. 소크라테스는 정치가와 자신 모두 아름다움이나 선(善)을 사실상 모르고 있지만 그가 정치가보다 현명하다고 생각했습니다. 왜냐하면 정치가는 아무것도 알지 못하면서 알고 있다고 생각하지만, 자신은 알지도 못하고 또 안다고 생각하지도 않기 때문이었습니다.

정치가 다음에는 시인들을 찾았습니다. 동석했던 사람들은 그들의 시(詩)에 대해 시인들 자신보다 소크라테스가 더 훌륭한 설명을 했다고 말해 주었습니다. 시인은 지혜가 있어서 시를 쓰는 것이 아니라, 일종의 소질과 영감에 의해 시를 쓴다는 것을 느꼈습니다. 그리고 그들은 훌륭한 말을 많이 하지만 그 말의 의미를 이해하지 못하는 예언자나

점쟁이와 같다고 생각했습니다.

마지막으로 장인들을 찾아갔습니다. 그러나 훌륭한 장인까지도 시인과 마찬가지의 잘못에 빠져 있다는 것을 알았습니다. 그들은 훌륭한 기술자이므로 자신들이 모든 종류의 중대한 문제에 대해 알고 있다고 생각했으며, 이러한 결점이 그들의 지혜를 가리고 있었습니다. 그러면서 소크라테스는 결론지었습니다. 정치가, 시인, 장인들과 같이 지식도 갖고, 무지(無知)도 갖고 있는 것보다 그들과 같은 지식도 갖지 않고, 그들과 같은 무지도 갖지 않고 있는 상태가 더 좋다고 말입니다.

최초 고발자들에 대한 변명
"오, 아테네인 여러분! 사실은 오직 신만이 현명합니다. 신은 신탁을 통해서 인간의 지혜는 보잘것없거나 전혀 가치 없음을 보여 주려고 했던 것입니다. 말하자면 신은 인간들에게 소크라테스처럼 그의 지혜가 사실은 아무 가치도 없음을 알고 있는 자가 가장 현명하다고 말하려고 했던 것입니다."

여러 부류의 사람들을 만났으나 그들의 지혜를 인정하지 않은 소크라테스는 수많은 적을 만들고 비방을 받게 되었습니다. 또 반면에 또 한 사람들로부터 현인(賢人)이라고 불리게 되었습니다. 그러면서 별로 할 일이 없는 부유층의 청년들이 자진해서 따르게 되었습니다. 사람들은 소크라테스가 청년들을 꾀어 부패시키는 극악한 자라고 비방했습니다. 그러나 딱히 잘못한 것을 집어내지 못했습니다. 그들이 지식이 없음에도 불구하고 지식이 있는 체하는데 지나지 않았다는 것이 탄로

났기 때문이라는 것을 스스로 고백할 수 없었기 때문이었습니다.

두 번째 고발장에 대한 변명

"소크라테스는 청년을 타락시키고 국가가 신앙하는 신들을 믿지 않고 다른 새로운 신을 믿음으로써 죄를 범했다고 소장(訴狀)에서 주장하고 있습니다."

소크라테스는 그를 고발한 멜레토스에게 묻습니다. 청년의 선도(善導)가 중요하다고 생각하느냐고. 그는 당연히 그렇다고 대답합니다. 그러자 다시 묻습니다. 청년을 타락시키는 사람으로 소크라테스를 지목해서 고발했으니 그렇다면 청년을 선도하는 사람이 누군지 말해 달라고 합니다. 멜레토스는 대답을 못합니다. 재차 재촉하자 국법을 다스리는 재판관들, 방청인들, 평의원들, 국민의회 의원들을 포함하여 모든 아테네인들이 청년을 선도한다고 대답합니다. 소크라테스는 결국 그만이 청년을 타락시키는 자라는 말이냐고 하면서 온 세상이 말을 잘 길들이는데 오직 한 사람만이 말을 나쁘게 만들 수 있는 것이냐고, 오히려 반대로, 한 사람이나 소수만이 말을 잘 길들일 수 있는 것이 아니냐고 반문합니다.

이어 "나쁜 시민들 사이에서 사는 것과 착한 시민들 사이에서 사는 것 중 어느 쪽이 더 좋은가?"라는 질문을 합니다. 멜레토스는 착한 시민들은 이웃에게 착한 일을 하고, 나쁜 시민들은 이웃에게 악한 일을 한다고 했습니다. 소크라테스는 말합니다. "내가 다른 사람들을 타락시키면 그들은 나쁜 사람들이 될 텐데, 내가 내 주위의 사람들을 나쁜 사람으로 만들어 결국 나쁜 사람들 사이에서 살려고 하겠습니까? 나 자신이 그 사람들로부터 손해를 입게 되기 쉽다는 것을 알지 못할 만큼 무지몽매하다는 말입니까? 그것도 고의로?" 이 말은 결국 소크라테스는 청년들을 타락시키려고 하지 않았고, 설령 그렇다 하더라도 그것이 고의는 아니었음을 뒷받침하는 셈입니다.

또한 멜레토스는 소장(訴狀)에서 소크라테스가 청년들에게 국가가 인정하는 신들을 믿지 말고 그 대신 다른 새로운 신, 또는 정령을 믿으라고 가르쳤다고 주장했습니다. 그러면서 소크라테스가 태양은 돌이며, 달은 흙이라고 말했기 때문에 무신론자라고 주장했습니다. 이에 대해 소크라테스는 아낙사고라스(기원전 5세기의 자연철학자, 그는 신으로 신앙되고 있던 해나 달이 단지 돌덩어리에 지나지 않으며, 태양빛이 지구, 달, 기타 천체를 밝게 만든다고 주장, 무신론자라는 규탄을 받고 아테네에서 추방됨)하고 자신을 착각하는 게 아니냐고 말합니다. 이러한 사람들의 이론이 엄연히 있고, 그러한 내용들이 극장에서 상연되고 있는데도 청년들이 소크라테스로부터 무신론을 배웠다는 것은 억지요, 강변일 수밖에 없는 것입니다.

이어 소크라테스는 멜레토스가 무모하고 경솔해서 장난식으로, 객기에 의해 소장을 썼다며, 멜레토스의 마음을 꿰뚫는 말을 보탭니다. "멜레토스는 내가 자신의 익살스러운 자가당착을 알아내는지, 또는 자신이 그와 다른 사람들을 속일 수 있는지 알아보기로 하자고 생각했던 것입니다."라고. 가히 촌철살인(寸鐵殺人)입니다.

행위의 기준—올바른 일이냐 나쁜 일이냐?

"멜레토스, 인간이 존재한다는 것은 믿으면서 인간은 믿지 않는 사람이 있을까? 아테네인 여러분, 마술(馬術)은 믿으면서 말의 존재는 믿지 않는 사람이 있을까요? 피리 부는 법은 믿으면서 피리 부는 사람의 존재는 믿지 못하는 사람이 있을까요? 정령이나 신의 힘은 믿으면서 정령이나 신의 존재는 믿지 않을 수 있을까요?"

소크라테스는 멜레토스와 재판관들에게 묻습니다. 그러면서 이러한 것들은 그를 고소한 자들이 만들어 낸 익살스러운 수수께끼에 지나지 않는다고 말합니다. 동일한 사람이 신과 초인간적인 일을 믿으면서 동시에 신과 정령을 믿지 않는다는 주장은 앞뒤가 맞지 않는 주장이기 때문입니다.

이어지는 소크라테스의 말입니다. "세상 사람들의 시기와 비방은 이미 많은 선량한 사람들을 죽음으로 몰아넣었고, 아마도 더 많은 사람들을 죽게 할 것입니다." 그러면서 멜레토스에게 충고합니다. "조금이라도 훌륭한 사람은 죽느냐 사느냐 하는 위험을 헤아려서는 안 된다. 어떤 일을 하면서 오직 올바른 행위를 하느냐 나쁜 행위를 하느냐, 곧 선량한 사람이 할 일을 하느냐 악한 사람이 할 일을 하느냐 하는 것만 고려해야 한다."고 말입니다.

친구의 원수를 갚기 위해 헥토르(트로이 왕의 장남)를 친 아킬레우스는 신으로부터 운명은 헥토르 다음에 아킬레우스 자신을 기다리고 있다는 말을 듣습니다. 헥토르를 죽이면 다음에는 그가 죽는다는 말이었습니다. 그러나 아킬레우스는 이러한 경고를 받고도 위험이나 죽음을 두려워하지 않았습니다. 오히려 친구의 원수를 갚지 못하고 불명예스럽게 사는 것을 두려워했습니다. "여기 뱃머리가 구부러진 배에서 웃음거리로 대지의 짐이 되어 사는 것보다는 차라리 내 적에게 원수를 갚고 곧 죽을 수 있도록 해 주십시오." 아킬레우스가 신에게 한 말입니다. 소크라테스는 영웅 아킬레우스를 언급하며, 아킬레우스처럼 위험이 임박했을 때에도 자기 자리에 있어야 하는 것이며, 죽음을 두려워해서도 안 되고, 치욕 이외의 다른 것을 고려해서는 안 되는 것이라고 말합니다. 저는 군인으로서 이 말을 마음 깊이 새깁니다.

인간 영혼의 향상을 위해

"어떤 자리에서 사명을 수행하라는 명령을 받았을 때 죽음의 공포로 인해 그 자리를 포기한다면 그 행위는 참으로 이상한 것입니다. 죽음을 두려워한다는 것은 지혜로움을 가장한 것이지 진정한 지혜로움은 아닙니다. 그것은 알지 못하는 것을 아는 체하는데 지나지 않습니다. 그리고 죽음이 최대의 선인지 아닌지를 아는 사람은 한 명도 없습니다. 그런데도 사람들은 두려운 나머지 죽음을 최대의 악이라고 생각하는 것입니다."

소크라테스는 부정이, 그리고 더 훌륭한 자에 대한 불복종이 악이며 불명예임을 알고 있었습니다. 또한 확실한 악보다는 오히려 가능한 선을 두려워하거나 피하는 일도 결코 없었습니다. 그는 아테네인들에게 말합니다. "나는 여러분을 존경하고 사랑합니다. 그러나 나는 여러분보다 신에게 복종할 것이며, 나에게 생명과 힘이 있는 동안에는 지혜를 구애하고 지혜를 가르치며, 내가 만나는 사람들에게 충고를 하고 평소의 태도대로 말할 것입니다. 그대들은 최대한의 돈과 명예와 명성을 쌓아올리면서 지혜와 진리와 영혼의 최대의 향상은 거의 돌보지 않고 이러한 일을 전혀 고려하지도 않는 것을 부끄러워하지 않는가?"라고 말입니다. 소크라테스는 다른 철학자들과 달랐습니다. 그는 가치 있는 것을 과소평가하고, 가치가 적은 것을 과대평가하는 세상을 그냥 보아 넘기지 않았습니다. 그의 시민들과 동포들에게 의심을 받고, 고발당하면서까지도 멈추지 않았습니다. 신의 명령으로 받아들였습니다. "나는 이 나라에서는 신에 대한 나의 봉사 이상으로 위대한 선이 생긴 일이 없다고 믿고 있습니다. 사람들의 육신이나 재산을 생각하기에 앞서서 우선적으로 영혼의 향상을 고려하고 있기 때문입니다." 그래서 소크라테스는 진정 탁월한 인물입니다.

나의 변명, 곧 여러분을 위한 변명

"아테네인 여러분, 여러분이 나 같은 사람을 죽인다면 여러분은 나보다도 여러분 자신들을 해치게 된다는 것을 알아주시기 바랍니다. 나는 나 자신을 위해 변명하는 것이 아닙니다. 오히려 신이 여러분에게 보내준 선물인 나를 처벌함으로써 여러분이 신에게 죄를 짓지 않도록 여러분을 위해서 변명하려는 것입니다."

위대한 '소크라테스의 변명'은 소크라테스 자신을 위한 변명이 아니었습니다. 아테네인 모두를 위한 변명이었습니다. 그래서 그 누구의 변명보다도 위대한 변명인 것입니다. 소크라테스는 자기 자신을 군마에 붙어 있는 등에에 비유하였습니다. 하루 종일 어디서나 등에와 같이 시민들에게 붙어서 그들을 각성시키고 설득하는 일이 자신에게 주어진 임무라고 생각했습니다. 그는 그 어떤 소득을 얻었거나 보수를 바라지도 않았습니다.

국가에 대해 충고하지 않은 이유

"국가에서 행해지고 있는 많은 불법행위와 부정행위에 정직하게 대결함으로써 여러분이나 다른 대중과 싸움을 일으키는 사람은 생명을 보존하지 못하리라는 것은 명백한 사실입니다. 잠시 동안이라도 생명을 보존하면서 정의를 위해 싸우려는 사람은 공인(公人)이 아니라 사인(私人)으로 활동하지 않으면 안 됩니다."

소크라테스는 공개적으로 나서서 국가에 대해 충고하지 않았습니다. 그는 이상적이었으며, 동시에 지극히 현실적이었습니다. 그의 뜻을 펼치기 위해서는 어떻게 해야 하는가를 명확하게 알고 있는 사람이었습니다. 정치에 관여하였더라면 오래전에 죽었을 것이기에, 끝까지 사인(私人)으로 남아 자기 자신과 아테네 시민들을 위해 좋은 일을 하기를 원했던 것입니다. 그의 신념이 위대하게 다가옵니다.

오직 진리와 정의를 위해

"나는 공적인 면에서나 사적인 면에서나 나의 모든 행동에 있어서 언제나 동일한 태도를 견지해 왔습니다. 그리고 비열한 타협을 한 적은 결코 없습니다."

소크라테스는 누구를 가르치거나 가르쳐 주겠다고 한 적이 없었습니다. 다만, 부자든 빈민이든 간에 구분하지 않고 함께 대화하였습니다. 사람들은 그와 대화하는 것을 좋아했습니다. 그들은 지혜가 있는 체하는 사람들을 논박하는 것을 즐겨 들었기 때문이었습니다. 그러나 소크라테스는 늘 진리와 정의를 위해서만 그 일을 감당했습니다. 그것은 진실이었습니다.

변명하지 않은 변명

"나의 친구여, 나도 살과 피로 만들어진 인간입니다. 세 아들도 있습니다. 나는 여러분에게 무죄 방면을 애원하기 위해 그들을 이곳으로 데려오지 않을 것입니다."

소크라테스는 지혜가 있고, 명성이 있는 사람은 자기 자신의 품위를 훼손시켜서는 안 된다고 말합니다. 이는 부끄러운 일입니다. 살기 위해 부끄러운 행동을 하면 안 된다는 것이 소크라테스의 신념이었습니다. 그러니 "악법도 법이다."라는 유명한 말을 남기고 독배를 마신 소크라테스를 우리는 이해할 수 있습니다.

인간의 행동에 있어 지켜야 할 순서

"나는 여러분에게 사람은 자기 자신을 돌보아야 하며, 개인적 이익을 구하기에 앞서 덕과 지혜를 추구해야 하고, 국가의 이익을 고려하기에 앞서 국가 자체를 돌보아야 하며, 이것이 인간의 행동에 있어서 지켜야 할 순서라고 설득하였습니다."

소크라테스는 그에 대한 재판의 자리에서 자신이 지금까지 한 행동으로 보면 벌이 아니라 오히려 국가에서 정당한 상을 내려야 한다고 말합니다. 그는 읍소나 탄원을 하지 않았고, 거드름도 피우지도 않았습니다. 오직 진실에만 기초하여 확신을 가지고 말했습니다. 소크라테스의 이 확신이 위대한 변명을 할 수 있도록 한 원동력이었습니다. 소크라테스의 변명은 단순한 변명이 아니었습니다. 철저한 자기 성찰에 바탕을 둔 변명이었습니다. 무지한 인간들을 깨우치기 위한, 그리고 누구보다도 자기를 존중하고 사랑했기에 나올 수 있었던 인간 존중의 변명이었습니다.

죽음을 피하기 위해서가 아닌, 죽음을 향한 변명

"나는 부족한 점이 있어서 유죄 판결을 받았지만 그것은 말의 부족은 아닙니다. 오히려 후안무치(厚顔無恥)하지 못했고, 여러분이 듣고 싶어 하는 말을 하지 못했기 때문입니다."

소크라테스가 살기 위해 살 수 있는 말을 하는 것은 아주 쉬웠을 것입니다. 그러나 그는 재판관들이 듣고 싶어하는 말을 하지 않았습니다. 그건 진실이 아니었기 때문입니다. 그는 위험에 처해서 비굴하거나 비열한 행동을 하지 않았습니다. 자신의 방식대로 말하고 죽는 것이 훨씬 훌륭하다고 생각했습니다. 그의 변명은 죽음을 피하기 위한 변명이 아니라 죽음을 향한 변명이었습니다. 그의 변명이 위대한 이유입니다. 그의 변명을 존경합니다.

소크라테스의 마지막 예언

"자신을 죽임으로써 다가올 책망을 피하는 가장 쉽고 고상한 방법은 다른 사람들에게 해를 끼치지 말고 여러분 자신을 향상시키는 것입니다. 착한 사람에게는 생전에도 사후에도 나쁜 일은 생길 수 없습니다."

소크라테스는 재판관들을 향해 마지막 예언을 합니다. 그리고 그의 죽음이 선이라는 이유를 밝힙니다. 죽음이 잠과 같은 것이라면 영원이 단 하룻밤에 집약될 테니 이 또한 소득이며, 다른 곳으로의 여행이라면 그곳에서 누구로부터 핍박을 받지 않고 자유롭게 참된 지식과 거짓 지식에 대한 탐구를 계속할 수 있기 때문이라는 것입니다. 죽음을 두려워하지 않았던, 죽으면서까지 굽히지 않았던 진정이었습니다.

소크라테스의 마지막 말
최후 변론에서 소크라테스는 재판관들에게 그의 아들들에 대해 당부합니다. 그의 아들들이 덕 이상으로 재산이나 기타의 일에 관심을 가지면 처벌해 달라고, 아들들이 반드시 돌보아야 할 일을 돌보지 않고, 보잘것없으면서도 훌륭한 체하면 꾸짖어 달라고 요청합니다. 그리곤 그 유명한 마지막 말을 합니다.

"이제 떠나야 할 시간이 되었습니다. 각기 자기의 길을 갑시다. 나는 죽기 위해서, 여러분은 살기 위해서. 어느 쪽이 더 좋은가 하는 것은 오직 신만이 알 뿐입니다."

소크라테스의 삶과 철학은 대부분 그의 제자 플라톤에 의해 기록되었습니다. 오늘날 서양철학은 플라톤에 의해 그 체계가 구축되었다고 많은 철학자들은 평가합니다. 플라톤은 자기 자신에게 맞는 자신의 일을 하는 것이 올바름이라고 했습니다. 그의 말에 따르면 정치가는 정치를 잘해야 하고, 군인은 적으로부터 나라를 잘 지켜야 하며, 학자들은 학문에 몰두하는 것이 올바름입니다. 그러면서 이상적인 국가의 모델로 스파르타를 들었습니다. 민주시민국가 아테네의 철학자가 전제국가인 스파르타를 이상적인 국가로 지목한 것은 아마도 그는 진리와 자유를 위해 일평생 가르침을 전파했던 스승 소크라테스가 독배를 마시는 과정을 지켜보면서 아테네라는 국가에 회의와 환멸을 느꼈을 수도 있다고 역사가들은 평가하고 있습니다.

플라톤은 통치자는 늘 지혜를 추구해야 하고, 수호자는 용기 있게 나서야 하며, 국민들은 절제해야 한다고 그 덕목을 제시했습니다. 각자가 자기가 추구해야 할 덕목을 지키면서 맡은 역할을 충실히 감당해 나가는 것이 플라톤이 말한 올바름이고, 그러한 국가가 이상적인 국가입니다. 우리 모두 깊이 성찰하며, 되새겨 보아야 합니다. 어떠한 일이 있더라도 우리가 해야 할 각자의 몫, 역할을 충실하게 감당하는 올바른 삶을 살아가야 하겠습니다. 지금처럼 어려움을 겪을 때일수록 더욱 절실하게 필요한 덕목입니다.

소크라테스의 변명을 마치며 우리의 모습을 돌아봅니다. 우리는 채 변명할 시간, 여유도 없이 살아갑니다. 변명을 듣지도 않습니다. 그러나 변명하십시오. '여러분의 변명'은 위대합니다. 다른 사람의 변명도 들으십시오. 변명하는 사람은 자기 자신을 사랑하는 사람입니다. 이 세상에서 가장 행복한 사람입니다.

일리야스의 행복 (톨스토이)
—인산, 행복으로 들어가는 마음을 찾다

우리는 모두 우리 사회가 안고 있는 모든 문제들을 지혜롭고 현명하게 헤쳐 나가야 합니다. 오직 지성과 이성으로 바로 서야 합니다. 먼저, 기성세대들이 정말 스스로를 돌아봐야 합니다. 자기 자신에게는 한없이 관대하고, 남에게는 칼날보다 날카롭고 엄격한 사람들이 많습니다. 자신과 남을 재는 잣대도 다릅니다. 이해보다는 비판부터 합니다. 자기와 생각이 다른 사람은 틀린 사람으로 간주합니다. 남이 잘못하면 온갖 비난을 하면서, 자신은 아주 거리낌 없이 그런 잘못을 저지릅니다. 이것이 지금 우리 사회에 만연되어 있는 병리적인 현상입니다. 의식 개혁, 의식 혁명을 해야 합니다. 대오각성의 물결이 이 사회에 넘쳐나야 합니다. 나부터, 우리부터, 지금 당장 실천해야 한다고 강조하고 싶습니다.

저는 코로나19 등으로 인한 어려움을 지켜보면서 두 가지를 생각해보았습니다. 첫째는, 질병으로 인한 혼란도 이럴진대 만약에 전쟁의 위협이 피부로 와닿는다면 어떠할까? 라는 것입니다. 이는 상상하기조차 두렵습니다. 엄청난 혼란과 마비가 이 나라를 쓰나미처럼 덮칠 것입니다. 그래서 무슨 일이 있어도 이 땅에서 전쟁이 일어나지 않도록 막아야 하는 '전쟁 억제'가 절대절명의 사명입니다. 군에 맡겨진, 제가 해야 할 그 사명에 대해 마음을 가다듬게 됩니다.

둘째는, 인간이 행복을 추구하려고 끊임없이 노력하는 중에도 인간의 행복을 방해하는 여러 요인들도 역시 끊임없이 생기고 있다는 것입니다. 인생은 행복을 추구하는 의지와, 행복을 방해하는 요인들 간의 끝없는 싸움입니다. 지금 '바이러스'가 우리의 행복을 방해하고 있습니다. 그래서 행복해지려면 행복을 증진시키려는 노력을 하는 것도 중요하지만, 행복을 방해하는 것들을 없애거나, 줄여 나가는 것이 그 못지않게 중요하다는 것을 깨닫습니다. 모쪼록 우리 사회, 세상이 이 상황에서 벗어나 하루 속히 안정을 찾기를, 그래서 아무 일 없이 건강하게 살아가고 있는 것 자체가 세상의 그 무엇보다도 귀한 행복임을 우리 모두가 깨닫게 되기를 저는 간절히 소망합니다.

어느 대학 심리학 교수가 로또에 당첨된 사람들을 연구했다고 합니다. 로또에 당첨된 행복의 효과가 평균 3개월이 지나면 사그라진다는 것이었습니다. 출세나 최고급 승용차도 평균 3개월이 지나면 예전과 똑같아진다는 것입니다. 행복이 부, 명예, 권력 등과 정비례하지 않습니다. 불행의 경우도 마찬가지입니다. 세상이 무너지는 고통을 겪은 사람들도 평균 3개월이 지나면 다시 웃고 살아갑니다. 그래서 살아가는 데 있어 부정적인 요소들을(스트레스 같은 것들) 피해야 합니다. 또한 집, 보너스, 로또 당첨 등 물질이 주는 효과도 단기적임을 기억하십시오. 반면에, 더 많은 자유 시간을 갖는 일, 자기가 하고 싶고 자신의 열정에 가장 잘 맞는 일을 해 나갈 때 행복이 더 오래 지속된다고 합니다.

'행복이란 무엇인가?'의 두 번째 책을 펼칩니다. 제가 좋아하는 톨스토이의 세계입니다. 톨스토이는 철학자이자 문학가입니다. 수많은 명작을 세상에 내놓았는데, 그러한 톨스토이의 작품들 중 제가 가장 좋아하는 책이 바로 이 책, '신은 진실을 알지만 끝까지 기다리신다'입니다. 톨스토이 단편선입니다. 이 책에는 그리 길지 않은 여러 이야기들이 실려 있습니다. 그중에서 행복에 대해 다룬 내용이 있습니다. 바로 '일리야스의 행복'입니다.

일리야스는 파시키르인입니다. 그는 돌아가신 아버지로부터 아주 적은 유산을 물려받았습니다. 암말 일곱 마리와 수말 두 마리, 그리고 스무 마리의 양이 있었을 뿐입니다. 그는 부지런히 일해 재산을 늘렸고, 35년의 세월이 흘렀을 때는 제법 부자 소리를 들을 수 있었습니다. 200마리의 말과 150마리의 소, 1,200마리의 양이 있었고, 수많은 남녀 고용인들이 있었습니다. 그는 무엇이든 넉넉하여 근처 사람들로부터 부러움의 대상이었습니다. "일리야스는 행복한 사람이다. 그에겐 무엇이든 잔뜩 있으니, 죽는다는 것조차 있을 수 없을 정도이다."라는 소리를 듣고 살았습니다.

신분이 높은 사람들이 일리야스를 찾았습니다. 그는 모든 사람들을 충분히 대접했습니다. 일리야스에게는 아들 둘과 딸 하나가 있었습니다. 혼인까지 다 시켰습니다. 그러나 그가 가난했을 때 부지런히 일하던 자식들은 점차 게을러졌고, 장남은 술로 세월을 보내다가 싸움 중에 맞아 죽었습니다. 둘째는 가정교육이 엉망인 여자와 결혼해 분가했습니다. 재산을 나누어 준 데다가 흉년, 병까지 겹쳐 많은 가축을 잃었습니다. 집안은 기울어졌고, 기력도 점점 쇠약해져 그가 70이 되었을 때는 털가죽 외투와 양탄자, 말안장까지 모두 다 팔아넘기고 무일푼 신세가 되고 말았습니다. 그는 알지 못했습니다. 큰 부자였던 자신이 어쩌다가 무일푼 신세가 되었는지를. 그에게 남은 것이라곤 몸에 걸친 허름한 의복과, 늙고 볼품없는 아내뿐이었습니다. 그들을 도울 사람은 주위에 아무도 없었습니다.

　이웃에 사는 무하메드 샤프는 가난하지도 않고, 부자도 아닌 그럭저럭 살아갈 만한 정도의 생활을 하는 사람이었습니다. 그는 일리야스 부부를 불쌍히 여겨 집으로 초대했습니다. 전에 일리야스 부부의 환대를 받았던 일이 있었기 때문이었습니다. 이후 일리야스 부부는 샤프네 집에서 고용살이를 시작했습니다. 일리야스는 괴로움을 이겨 내고 차차 적응해 나갔습니다. 샤프 역시 한때 부자였고, 신분이 높았던 일리야스를 고용하는 것이 부담스러웠지만 그래도 다른 사람을 고용하는 것보다 유리했습니다. 일가의 주인이었던 사람이라 질서를 잘 알고 있었고, 힘이 닿는 대로 일을 해 주었기 때문이었습니다.

　어느 날 샤프가 손님을 초대하였습니다. 일리야스는 주인의 분부대로 양을 잡아 손님의 식탁 위에 올렸습니다. 샤프가 한 손님에게 말했습니다. "당신이 본 노인은 한때 이 고장에서 가장 부자인 사람이었습니다." 손님은 일리야스에 대해 들은 적이 있다고 대답하면서 그런 일리야스가 하인이 되어 살고 있다는 걸 알고 깜짝 놀랐습니다. "거 정말, 행복이란 것은 차 바퀴처럼 빙글빙글 도는 모양이죠? 위로 올라가는 자가 있는가 하면, 아래로 내려가는 자도 있으니…." 손님은 일리야스에 대해 매우 궁금했습니다. 일리야스가 꽤나 답답할 것이라 여겨 샤프에게 물어보자 일리야스가 아무런 어려움 없이 지내고 있다는 답을 들었습니다.

손님은 일리야스를 불렀습니다. 그리곤 예전에 화려하게 살던 생각이 나서 지금의 생활이 많이 괴롭지 않냐고 물었습니다. 다음은 그 질문에 대한 일리야스의 답입니다. "제가 당신에게 행복이나 불행에 대해 말한다 해도 당신은 믿지 않을 것입니다. 그러니 저보다도 차라리 제 아내에게 물어 보십시오. 제 아내는 여자입니다. 그래서 마음에 있는 대로 이런 생활에 대해 솔직한 심정을 이야기할 것입니다." 손님은 일리야스의 부인에게 옛날의 행복과 지금의 슬픔을 어떻게 생각하고 있는지 알려 달라고 물었습니다. "저는 남편과 함께 50년 동안을 살아왔습니다. 그동안은 행복을 찾아서 애썼는데도 결국 찾지 못하고 말았어요. 그런데 무일푼이 된 오늘날 고용인으로서 남의 집살이를 하게 되니 도리어 정말 행복이라는 것이 무엇인지 발견해 냈습니다. 그래서 지금으로선 아무것도 부러운 것이 없습니다." 그 대답을 듣고 샤프도, 손님도 놀랐습니다.

일리야스의 아내는 계속 말합니다. "나는 사실을 말하고 있습니다. 농담이 아닙니다. 지난날 줄곧 행복을 찾아 헤맸지만 찾지 못했습니다. 부자로 있을 때는 단 한 번도 느껴 보지 못했습니다. 그런데 이제 아무것도 지니지 않은 지금에서야 행복을 느낍니다." 이해가 되지 않았고, 궁금해진 손님이 일리야스를 향해 당신들의 행복이 도대체 무엇인지 다시 물었습니다.

그 질문이 끝나자마자 다시 아내가 말했습니다. "그건 바로 이런 것입니다. 재산이 많아 부자란 소리를 들을 때는 우리 두 사람에겐 정신을 쉬게 할 짬이 없었습니다. 얘기할 틈도, 영혼에 대한 것을 생각할 겨를도, 하나님에게 기도드릴 시간조차 없었습니다. 그만큼 우리에겐 걱정거리가 많았던 것입니다. 손님이 오면 무얼 대접할까, 선물을 뭘 보내야 할까, 혹시 우리 집의 진귀한 것을 탐내지는 않을까, 가축들은 늑대에게 먹히거나 도적에게 끌려가지 않을까, 가축 새끼들은 밟혀 죽지나 않을까… 한밤중에도 일어나 살피고 또 살펴야 했습니다. 그러는 중에 남편과도 많이 다투었습니다. 나는 이렇게 해야 한다고 하고, 남편을 저렇게 해야 한다고 했습니다. 그래서 늘 걱정이었고, 늘 죄를 지었습니다. 남을 의심하는 죄, 다른 사람을 믿지 못하는 죄, 남편과 늘 다투는 죄가 그것이었습니다. 우리는 걱정에서 걱정, 죄에서 죄를 넘나들며 괴로움에 시달릴 뿐, 행복한 삶이라는 것은 생각할 수조차 없었습니다."

"그럼 지금은 어떻습니까?" 손님이 다시 묻자, 아내는 "지금은 이루 말할 수 없이 좋습니다. 남편과 함께 일어나면 이야기하는 것이 언제나 의좋은, 정이 넘치는 말뿐이고, 이젠 아무것도 다툴 일이 없으니 걱정할 일도 없습니다. 우리가 오직 신경을 쓰는 일이라곤 주인에게 일을 해 드리는 것뿐입니다. 우리가 할 수 있는 일만 하고, 주인에게 폐를 끼치지 않고, 도움이 될 만한 것만 생각하면서 하루하루 즐겁게 일하고 있습니다. 일을 마치고 돌아오면 먹을 수 있는 음식이 있고, 따뜻한 불이 있습니다. 우리끼리 이야기할 틈도, 영혼에 대한 것을 생각할 시간이 있습니다. 또 하나님께 기도드릴 시간도 있습니다. 지난 50년 동안 찾아서 애쓰던 행복을 우리는 이제야 발견한 것입니다."라고 대답했습니다.

물어본 손님을 포함하여 일리야스 부부의 말에 귀를 기울이던 다른 손님들이 웃기 시작했습니다. 그러자 일리야스는 손님들을 향해 말합니다. "여러분, 아무쪼록 웃지 마십시오. 이것은 농담이 아닙니다. 인간의 생활을 말한 것입니다. 저도, 아내도 다 바보였던 것입니다. 그래서 전까지는 재산을 잃고 몰락했다고 울기까지 했습니다. 그러나 하나님께서 진리의 길을 열어 보여 주었기 때문에 우리는 우리 자신의 위로를 위해서가 아니라, 당신들의 행복을 위해서 이런 말씀을 드리는 것입니다." 그러자 손님 중에 한 승려가 말했습니다. "이분의 말씀은 참으로 옳은 말씀입니다. 모두 참된 진리의 말씀입니다." 손님들은 웃기를 그치고 깊은 생각에 잠겼습니다.

이상이 이 짧은 글이 전하는 행복 메시지입니다. 부자가 천국에 가는 것은 낙타가 바늘구멍에 들어가는 것보다 어렵다고 성경은 말합니다. 인간 세상에서 말하는 행복을 쫓다가는 천국에 들어갈 수 없다는 말입니다. 오늘 우리는 일리야스라는 이름 없는 노인을 통해, 그 아내를 통해 '행복'에 대해 깨닫습니다. 일리야스의 아내는 '남편과 둘이 대화하는 것', '영혼에 대해 생각하는 것', '하나님께 기도드리는 것'을 하게 된

연후에야 이것이 행복이라는 것을 깨달았습니다.

톨스토이는 대문호입니다. 위대한 사상가입니다. 그는 우리 대중들에게 행복에 대한 그의 생각, 단순하지만 심오한 뜻을 이 작품에 담았고, 분명한 메시지를 전하고 있습니다. 이 글은 많이 가졌을 때는 행복을 느끼지 못하다가 다 잃어버리고 나서야 행복을 느꼈다는 일차원적이고, 단편적인 이야기가 아닙니다. 그렇게 쉽게 받아들이시면 안 됩니다. 가지지 못한 것에 대해 잠시나마 위안을 삼을 수는 있지만 편견에 빠질 수 있습니다.

그래도 그렇게 받아들인다면 이런 반론을 제기할 수 있습니다. "일리야스의 부부처럼 가진 것이 많았을 때는 행복하지 않았는데, 가진 것이 없어졌을 때 행복을 느꼈다. 그러면 어떤 사람이 처음부터 가진 것이 없다면 과연 그가 행복을 느낄 수 있겠느냐?"는 것입니다. 물론 가진 것이 없어도 행복하게 살아가는 사람도 많겠지만, 아마 남보다 가진 것이 없어서 매우 불행하다고 느끼며 살아가는 사람도 꽤 있을 것입니다. 그러니 톨스토이가 말하고자 했던 행복의 진짜 문제는, 이 글에서 말하고자 하는 '일리야스의 행복'은 무엇을 가졌느냐, 가지지 않았느냐의 문제가 아니라, 자기 자신이 순간순간 살아가면서 어떻게 느끼고, 받아들이고, 실천하며 살아가느냐의 문제인 것임에 틀림없습니다.

행복이란 무엇인가? (샤하르)

—인산, 세상의 행복론을 들여다보다

행복! Happiness! 인간이 살아가면서 가장 원하는 것은 행복한 것입니다. 행복하게 살아가는 것이 인생의 가장 큰 목표와 의미이기에 행복만큼 인간의 관심을 끄는 것도 없습니다. 그래서 아리스토텔레스, 러셀, 톨스토이, 알랭, 힐티, 템플턴, 쇼펜하우어, 카네기, 달라이 라마 등 수많은 사람들이 행복을 이야기하고, '행복론'을 세상에 내놓았습니다.

아리스토텔레스는 인간의 행위가 수단과 목적의 연쇄체계로 이루어져 있다고 하면서, 그 수단과 목적의 연쇄체계가 지향하는 궁극 목적이 최고선(最高善)이고, 각자가 삶의 궁극적인 목적으로서 최고선을 이루는 것이 진정한 행복이라고 말했습니다. 이를 위해 공동체 안에서 남과 조화를 이루고, 분별 있게 모두에게 선이 되는 일을 도모해야 합니다. 도둑이 자기가 원하는 목적인 도둑질을 성공했다고 해서 행복을 느낄 수는 없는 이유입니다. "행복이란 인간이 가지는 여러 기능 가운데서도 고유한 이성적 기능을 잘 발휘하고 발달시켜서 얻는 즐거움이다." 아리스토텔레스 행복론의 요체입니다.

쇼펜하우어는 행복의 조건을 세 가지로 나누어 제시합니다. 첫째, 인간을 이루는 것, 즉 가장 넓은 의미에서의 인격을 말하는 것으로 건강, 힘, 아름다움, 기질, 도덕성, 예지가 포함됩니다. 둘째, 인간이 지니고 있는 것, 즉 재산과 소유물을 말합니다. 셋째, 인간이 남에게 드러내 보이는 것, 즉 타인의 견해를 말하는 것으로, 그것은 명예, 지위, 명성 등입니다.

스위스의 철학자이자 법학자인 칼 힐티는 참된 행복에 이르는 길은 인류를 구제하려는 신(神)의 '참된 마음'에 순종해 신의 '품'에 안기는 것이라고 했습니다. 만일 우리가 고민과 탐욕, 허영심, 명예욕, 향락욕, 남에 대한 경계심, 증오 또는 부적절한 애정, 그밖에 기타 다양한 형태의 맹목적 사욕을 제거하고자 마음을 먹는다면 혼자서라도 신앙의 길에 들어갈 수 있으며, 그것이야말로 가장 확실하고 간단하게 참된 행복에 이르는 길이라고 말합니다. "인생 최대의 행복은 신의 곁으로 가까이 다가가는 일이다." 칼 힐티의 행복론입니다.

데일 카네기는 걱정을 극복하고 인생을 긍정적으로 활기차게 살아가는 것이 행복하게 사는 것이라고 합니다. 인간관계의 원리, 처세철학이라 합니다. 그는 인간관계에도 분명한 원리가 있다고 주장하며, 이를 전파하기 위해 '데일 카네기 연구소'를 설립하여 전 세계에 인간관계의 원리를 전파하고 있습니다.

하워드 커틀러는 달라이 라마를 처음 만난 자리에서 "당신은 행복한가?" 물었습니다. 달라이 라마는 "그렇다."고 대답했습니다. 이어 외롭지 않느냐는 질문에는 매 순간 모든 인간 존재와 하나로 연결되어 있음을 느끼기 때문에 외롭지 않다고 대답했습니다. 달라이 라마가 전하는 행복은 "다른 이들을 볼 때 긍정적으로 보며, 늘 나와 공통된 점, 서로 연결되어 있는 것을 발견하기 때문에 늘 행복하고 기쁨을 느낄 수 있는 것"이라 할 수 있습니다.

이 모든 '행복론' 중의 백미요, 압권은 바로 예수님의 행복론입니다. "1. 마음이 가난한 자는 행복하다. 하나님의 나라가 그들의 것이다. 2. 애통하는 자는 행복하다. 저희가 위로를 받을 것이다. 3. 온유한 자는 행복하다. 그들이 땅을 기업으로 받을 것이다. 4. 의에 주리고 목마른 자는 행복하다. 저희가 배부를 것이다. 5. 긍휼히 여기는 자는 행복하다. 저희가 긍휼히 여김을 받을 것이다. 6. 마음이 청결한 자는 행복하다. 저희가 하나님을 볼 것이다. 7. 평화를 만드는 자는 행복하다. 그들이 하나님의 자녀라 불리게 될 것이다. 8. 의를 위해 박해를 받는 사람은 행복하다. 하나님의 나라가 그들의 것이다." 세상을 살아가면서 인간이 추구해야 할 8가지 행복을 알려 주신 예수님의 귀한 가르침입니다. 이것이 너무나도 유명한 성경 마태복음의 '산상수훈'입니다.

행복은 인생이 추구하는 목적입니다. 앞에서 말씀드린 여러 위대한 선인들의 말씀이 아니더라도 행복은 누구나가 정의할 수 있습니다. 그래서 저는 여러분 스스로 자신이 원하는 행복에 대해 생각하고, 자신이 느끼는 행복을 정의할 수 있도록 하는데 조금이나마 도움이 되고 싶습니다.

이번에는 하버드대학교 샤하르 교수의 '행복' 강의입니다. 흔히 세계 3대 명강의로 하버드대 마이클 샌델 교수의 '정의란 무엇인가', 예일대 셀리 케이건 교수의 '죽음이란 무엇인가', 하버드대 샤하르 교수의 '행복이란 무엇인가'를 든다고 합니다.

샤하르 교수는 행복은 생각보다 가까운 곳에 존재하며, 행복해지는 방법은 아주 간단하다고 말합니다. 인간은 의식주의 기본적인 욕구를 충족하고 나면, 그 이상의 재산은 행복감을 높이는 데 큰 도움이 되지 않는다고 주장합니다. 그는 어떻게 행복을 얻을 것인가보다 행복 자체에 관심을 가지고, 스스로 "나는 어떻게 더 행복해질 수 있는가?"라는 질문을 던져야 한다고 말합니다. 자! 이제 샤하르 교수의 '긍정심리학'의 세계로 여러분을 모십니다. 이 여행을 통해 더 행복해질 수 있는 방법을 찾으시길 빕니다.

삶에 특별함을 선물하라.

행복은 삶을 긍정하는데 있습니다. 심리학에 있어서 지금까지 부정적인 심리와 긍정적인 심리에 관한 연구 비율이 21:1이라고 합니다. 주로 부정적인 면(우울, 초조, 신경쇠약 등)에 초점을 맞추어 연구를 했음에도 불구하고 부정적인 면은 오히려 증가하고 있다고 합니다. 샤하르 교수의 긍정심리학은 주관적인 행복감을 중심으로 한 긍정적인 정서 체험입니다. 긍정적인 인격과 긍정적인 심리상태를 형성합니다. 개인적인 경험과 긍정적인 사고, 사회 환경을 하나로 연결합니다. 우리는 늘 밝은 면과 긍정적인 정서, 미덕을 발전시키고, 더 큰 행복과 만족을 얻을 수 있도록 함으로써 누구보다도 소중한 자기 자신만의 삶에 특별함을 선물해야 합니다.

긍정의 에너지를 확산하라.

1940년대 말, 미국의 심리학자들이 위기 아동에 대한 연구를 했습니다. 성공한 아이들과 성공하지 않은 아이들의 차이는 아이큐가 아니라 심리상태에 있었음을 밝혀냈습니다. 성공한 아이들은 대부분 낙관주의자이며, 삶에 의미를 부여하였고, 사회에 도움을 주는 삶을 살았습니다. 적극적으로 목표를 세우고 미래를 설계했으며, 롤 모델을 가지고 있었고, 혼자가 아니라 효과적인 사회 지원을 모색했으며, 단점이 아니라 장점에 집중했습니다. 이 일곱 가지를 종합해 보면 '긍정'으로 귀결됩니다. 성공은 그 어떤 조건이 아닌 우리 스스로의 마음에 달려 있습니다. 긍정적인 사람은 어두운 면을 보지 않습니다. 어려움을 겪거나 실패를 당해도 이겨 냅니다. 인간은 본질적으로 아픔을 가진 존재이며, 현재의 실패와 고통은 모두 지나가기 마련이라는 생각을 해야 합니다. "This, too, shall pass away!" 긍정적인 시각으로 세상을 바라보고, 그 에너지를 자신의 삶에 확산시키십시오.

작은 변화로 큰 행복을 시작하라.

행복이란 외부의 힘에 의해 실현될 수 있는 목표가 아닙니다. 사람들은 누구나 '행복 기준선'을 가지고 있으며, 행복감은 언제나 이 기준선 근처를 왔다 갔다 한다고 합니다. 운동선수가 경기에서 우승을 하거나, 직장인이 직장에서 승진을 하면 기쁨과 행복이 올 것이라고 생각하지만, 그 기쁨과 행복감은 그리 오래가지 않습니다. 우승, 승진 자체가 행복을 가져다 주지 않는다는 것을 깨닫기 때문입니다. 우리는 '행복의 기준선'을 높여야 합니다. 이 말은 행복에 대한 기대치를 높이라는 말이 아니라, 인생을 더 깊이 느끼라는 말입니다. 삶에 정면으로 맞서는 일, 성공을 상상하는 일, 생각을 바꾸는 일 등 작은 변화로부터 행복은 시작됩니다. 작은 변화가 세상을 바꾸는 나비효과입니다. 인간의 마음을 구성하는 가장 중요한 체계는 인지(Cognition), 감정(Affect), 행동(Behavior)입니다. 인지는 우리가 사건을 받아들이는 방식을 결정하며, 목표와 일치하는 사건을 하도록 부추깁니다. 감정은 마음으로 하는 체험입니다. 그다음에는 행동해야 합니다. 행동하는 사람은 그렇지 않은 사람보다 더 큰 행복감을 느낄 수 있습니다. 이 세 가지 체계는 상호 유기적인 작용을 하면서 서로에게 영향을 미칩니다. 정확한 목표를 세우고 정신을 집중하며, 계획을 구체화시키고 끝까지 마무리하는 습관을 들이면 조금씩 변화하게 됨을 명심해야 합니다. 샤하르 교수는 변화에 대한 다섯 가지 주의사항을 말합니다. "1. 변하지 않는 것이 있다는 사실을 받아들여라. 2. 자신을 부정하지 마라. 3. 자신에게 스트레스를 주지 마라. 4. 편안해지려면 안전지대에 머물지 말고 우선 불편해져라. 5. 지나친 변화를 피해라."가 그것입니다.

견고한 신념이 자아실현을 이끈다.

신념에 대해서는 다 아실 것입니다. 신념은 자아실현의 예언이자, 우리의 행동과 인간관계를 결정합니다. 진심으로 믿으면 인생은 자신이 믿는 방향으로 발전합니다. 타인의 신뢰는 나의 신념을 키웁니다. 선생님의 관심과 믿음이 학생들의 잠재력을 일깨우는 이치입니다. 샤하르 교수는 우리의 신념과 결심이 확고할수록 행복을 얻는 속도가 더욱 빨라질 것이라고 강조합니다. 신념을 강화하기 위해서는 자신감을 키우고 낙관적인 태도를 가져야 합니다. 그러기 위해서는 행동하고, 성공을 상상하며, 생각을 바꿔서 감정을 변화시키는 인지 치료를 하라고 합니다. 즉, 정확하고 긍정적으로 인지하면 발전적인 방향으로 나갈 것이고, 부정적으로 인지하면 나쁜 결과를 초래한다는 뜻입니다.

사물을 중시하는 시선을 가져라.

행복은 개인의 신분, 사회적인 지위, 통장 잔고 등 외부적인 것이 아니라, 우리가 사물을 바라보는 관점에 달려 있습니다. 우리가 고통에 관심을 가지면 무의식은 고통스러운 감각과 행동을 생성하고, 사물의 긍정적인 면에 관심을 가지면 긍정적인 감정과 행동을 만듭니다. 역사적으로 위대한 업적을 성취한 리더들은 모두 사물의 긍정적인 면에 집중했습니다. 우리는 살아가면서 역경, 좌절, 실패로 인해 고통스러워합니다. 그러나 고통도 인생의 일부입니다. 고통 속에서 성숙해집니다. 이는 누구도 피할 수 없습니다. 다만 부정적인 시선을 긍정적으로 바꿀 수 있다면 고통을 줄일 수 있을 것입니다. 샤하르 교수가 강의 중에 자주 하는 말이 "실패를 공부하고, 실패 속에서 배워라."입니다. 우리는 우리의 장점, 열정, 미덕에 집중해야 합니다. 우리가 세계를 인지하는 방식, 자신을 바라보는 감정이 객관적인 환경보다 훨씬 더 중요하기 때문입니다. 여러분께 묻습니다. "행복이 어디에 있습니까?" 행복은 지금 여기에 있습니다. 오늘, 바로 지금 존재합니다. 내일의 행복은 없습니다. 존재하는 유일한 것은 현재이며, 지금이기 때문입니다. 현재를 소중하게 생각하고 현재에 살 때, 우리는 비로소 진정한 행복을 느낄 수 있습니다. 가족·친구·동료를 사랑하고, 숨 쉴 수 있는 공기, 거리에 활짝 핀 꽃들을 소중히 여길 때 행복은 찾아옵니다.

감사한 마음은 인생을 풍요롭게 만든다.

감사는 행복의 또 다른 이름입니다. 모든 일에 감사해야 우리 삶의 가치가 올라갑니다. 감사는 우리를 행복하게 하는 가장 간단한 방법입니다. 스티븐 호킹 박사는 죽음의 문턱에서도 늘 감사하며 살아왔기에 위대한 업적을 이룰 수 있었습니다. 감사하는 습관을 키우기 위해서는 다른 시각으로 문제를 바라봐야 하고, 감사를 끊임없이 반복하여 습관으로 만들어야 합니다. 진실한 감사는 하는 사람과 받는 사람 모두에게 이득이 됩니다. 진실한 감사는 우리의 자존감을 높여 주며, 탐욕을 억제합니다. 자신이 가진 모든 것에 감사하는 마음으로 진실되게 표현할 때 행복을 누릴 수 있습니다. 매 순간순간 늘 감사하십시오. 감사가 행복입니다.

유머는 세상에 적응하게 하는 강력한 무기이다.

유머는 하나의 시선이자 선택입니다. 유머러스한 사람은 강한 적응력을 가지고 세계를 바라보기 때문에 더 많은 행복을 느낄 수 있습니다. 세계적인 심리학자 프로이트는 인간의 마음에는 이드(성욕, 충동 등 기본적인 욕구), 에고(자아, 이드와 초자아 사이), 수퍼에고(초자아, 도덕규범과 사회규범)가 있다고 말합니다. 인간이 좌절을 느끼는 것은 이드의 충동 때문인데, 유머가 이드의 충동을 해소시켜 주는 심리적 안전장치입니다. 유머는 세계를 바라보는 새로운 시선입니다. 유머는 우리를 잠시 현실에서 벗어나게 하며, 현실과는 다른 무언가를 보게 해 줍니다. 스트레스를 줄여 주고, 면역체계를 강화하며, 고통을 참는 능력을 높여 줍니다. 사람들은 다른 시각으로 세상을 바라볼 줄 아는 유머러스한 사람을 좋아합니다. 적절한 유머는 충돌을 완화하고 상대방에 대한 감정을 부드럽게 해 주는 최고의 윤활제입니다.

행복도 목표 설정이 필요하다.

우리가 살아가면서 가장 관심 있는 일은 바로 가장 하고 싶은 일입니다. 일을 하면서 자주 목표를 설정하는 사람은 목표에 집중하기 때문에 어떤 일을 하든 성공할 확률이 높습니다. 달성해야 할 목표에 집중하면 갈등과 고민에서 서서히 멀어지게 되기 때문입니다. 좋은 목표는 외부의 강압에 의해서가 아니라 스스로 선택한 것이어야 합니다. 자신의 일을 좋아해야만 그로 인한 스트레스까지 기꺼이 감수할 수 있는 것입니다. 또한 목표도 양성 순환하여 목표를 달성하면서 성공한 경험이 많아질수록 즐거운 마음으로 다음 목표를 설정하게 됩니다. 행복은 자기 일관성 목표(자신이 흥미, 가치를 느끼고 열정적으로 완수하고 싶은 목표)와 행동 가치관(어떤 행동을 할 때 나타나는 성격, 도덕관, 가치관)의 결합입니다. 자아 일관성 목표와 행동 가치관을 동시에 드러낼 때 완전한 쾌락과 성취감을 즐길 수 있습니다. 목표를 달성하기 위해서는 굳은 의지가 필요합니다. 그래서 때때로 물러날 수 있는 퇴로를 차단하는 것도 필요합니다. 삶의 배수진을 치는 것입니다. 또한 언어의 힘을 이용하는 것도 필요합니다. 샤하르 교수는 입 밖으로 무언가를 이야기하면 이루어질 가능성이 높아진다고 말합니다. 물론 글도 마찬가지입니다. 말과 글은 큰 힘을 가집니다. 우리 주위를 보면 모든 것을 다 가지고도 행복하지 않은 사람이 있습니다. 이들은 성공 자체를 행복으로 착각하고 살아가기 때문입니다. 행복은 정상을 정복하는 것도, 맹목적으로 오르는 것도 아니고, 바로 정상을 향해 올라가는 과정입니다. 지금 이 순간 자신이 설정한 목표를 향해 뚜벅뚜벅 한 걸음 내딛는 순간이 바로 행복한 순간임을 우리는 잊지 말아야 합니다.

자존감을 키우면 자아도 실현된다.

자존감은 어떠한 순간에서도 자신을 믿고 존중하는 마음입니다. 브랜든은 자존감을 삶에서 기본적인 역경에 맞서 대응하고, 그 안에서 쾌락을 느끼는 감정이라고 정의했습니다. 자존감이 높은 사람은 행복감도 높습니다. 그들은 심리상태가 건강하며, 인간관계가 좋습니다. 거만하지 않고, 오히려 겸손하고 온화합니다. 자존감은 성과, 사회적인 지위, 돈과는 무관합니다. 자존감은 실질적인 칭찬, 실질적인 연습, 실질적인 성공 속에 존재하며 열심히 공부하고 노력한 대가로 주어지는 결과입니다. 이는 의존적 자존감, 독립적 자존감, 무조건적 자존감으로 나뉩니다. 의존적 자존감은 타인의 칭찬과 인정으로 생성되는 자존감입니다. 의존성이 강하고 비교를 좋아합니다. 독립적 자존감은 타인의 평가에 좌우되지 않으며 내부의 자아에서 생성됩니다. 자신을 객관적으로 평가할 줄 알며, 경쟁자와도 기꺼이 친구가 되고 싶어 합니다. 무조건적 자존감은 자연 상태를 뜻합니다. 자연스러운 상태 그 자체를 중시합니다. 무조건적인 자존감이 강한 사람은 글을 쓰는 목적이 아주 단순합니다. 단지 좋은 생각을 글로 표현하고자 함입니다. 일상생활에서도 타인과 감정을 공유합니다. 이러한 자존감을 키우는 과정이 자아실현의 과정입니다. 무조건적 자존감 단계로 진입하려면 독립적이고 자주적인 이드를 형성해야 합니다. 그러니 행복감을 높이고 싶다면 자신의 내면의 목소리에 귀를 기울이고, 독립적이고 자주적인 이드로 돌아가 자신을 일깨우십시오. 이를 위해 투명인간 되기(다른 것에 영향받지 않고, 자신이 원하는 것을 선택), 미래 상상하기(자신이 중요하게 생각하는 일이 무엇인지 알게 됨), 무아지경의 경험(몰입, 몰아의 경지에 이르러 진정 원하는 일, 앞으로 가야 할 길을 정해 줌), 진실만 말하기(자신이 내뱉은 말이 중요하게 느껴지며, 오직 자신과 대화할 수 있음)를 훈련하라고 강조합니다.

스트레스 해소로 여유를 회복한 삶을 살아라.

적당한 일에 적당한 휴식이 더해질 때 행복지수가 높아집니다. 스트레스를 받지 않으려면 '인생의 뺄셈법'을 배워야 합니다. 삶을 단순화하는 것입니다. 놀 때는 제대로 놀아야 하고, 휴식을 취할 때는 일 생각, 전화 통화, 문자메시지도 줄여야 합니다. 일을 줄이면 효율이 높아지고, 창의력과 생산력이 증가하며, 삶에 대한 만족도도 올라갑니다. 당연히 일과 시간에 집중하고 야근을 줄여야 합니다. 우리는 두 마리의 토끼를 모두 잡고 싶겠지만 그럴 수 없습니다. 동시에 두 곡의 노래를 들을 수 없는 것과 같은 이치입니다. 한 번에 하나씩 처리하되, 여러 가지 일이 주어진다면 더 중요하고, 시급하다고 판단되는 일부터 처리하면 되는 것입니다. 만약에 스트레스가 있다면 휴식 시간을 가져야 합니다. 휴가가 반드시 필요한 이유입니다. 운동과 숙면도 스트레스 해소에 큰 도움이 됩니다. 샤하르 교수는 하루에 8시간을 잘 것과, 매일 15분이나 20분의 낮잠을 권하고 있습니다.

완벽주의자 대신 최적주의자로 변신하라.

완벽주의자는 자신을 통제하지 못하며, 실패에 대한 공포로 가득 차 있는 사람입니다. 완벽을 추구하는 것은 제한적 천성에 속하기 때문에 모든 일에서 완벽해지려는 것은 천성에 위배되는 행위입니다. 많은 사람들에게 있어 불행한 원인은 바로 완벽주의에 있습니다. 반면, 최적주의는 목표를 달성하는 과정에서 지나친 완벽을 요구하지 않으며, 실패를 기꺼이 받아들일 수 있는 태도입니다. 그는 미국의 16대 대통령 링컨의 삶을 예로 듭니다. 실패야말로 성공의 지름길입니다. 휴식의 중요성을 이해하는 것, 과정을 중시하는 것, 과감하게 행동하는 것, 모험을 즐기는 것, 타인의 의견과 충고를 받아들이는 것, 자신감이 넘치는 것, 인간관계를 잘 다스리는 것, 이것이 최적주의자의 특징입니다.

친밀하지만 거리가 있는 인간관계를 유지하라.

행복한 사람들은 불안과 좌절에 대한 극복, 회복 능력이 빠릅니다. 이는 선천적인 원인보다는 친밀한 인간관계에서 오는 힘입니다. 친밀한 인간관계는 행복과 깊은 관련이 있습니다. 내가 행복하면 친한 친구들과 행복을 나누기 때문에 행복이 배(倍)로 증가하며, 친구들도 행복해지는 원원의 과정을 겪습니다. 그러나 불행하게도 우리는 이런 친밀한 관계를 계속 유지할 수 없습니다. 새로운 것에 대한 욕망, 완벽한 것에 대한 집착으로 인함입니다. 레오 버스카글리아 교수는 완벽한 사랑은 없다고 말합니다. 아이의 천진함, 영재의 총명함, 예술가의 예민함, 철학자의 이해력, 성자의 관용, 학자의 끈기를 모두 갖춰야 하는데, 이 세상에 이 모든 것을 가진 사람은 없기 때문이라는 겁니다. 깊이 생각해 볼 말입니다. 샤하르 교수는 사람과 사람 간의 교류에는 일정한 거리를 유지하는 게 중요하다고 밝힙니다. 건강한 인간관계를 유지하기 위해서는 적절한 '물리적 거리'와 '심리적 거리'를 지키는 것이 좋습니다. 그러면서 상대방의 장점을 발견하려는 노력이 필요합니다. 행복해지기 위해서는 개인이나 사물의 장점과 긍정적인 면에 초점을 맞추는 게 중요하기 때문입니다. 이것이 바로 긍정적인 사물에 대한 통찰력입니다. 오늘날 많은 사람들이 부부, 친구, 동료들 사이에서 갈등을 겪습니다. 긍정적인 면만 보십시오. 칭찬하십시오. 진심으로 상대방을 위로하십시오. 친밀함이란 자신이 싫어하는 부분까지 남들에게 이해를 받는 것입니다. 인정받길 원하는 게 아닙니다. 그리고 희생하십시오. 희생은 관계 형성에서 가장 중요합니다. 희생은 곧 사랑입니다. 여러분모두 날마다, 숨 쉬는 순간마다 행복하시길 소망합니다.

평화와 행복을 획득하는 10가지 방법 (데일 카네기)
—인산과 카네기, 행복에 이르는 길을 걷다

몇 년 지난 얘기입니다만, 어느 조사 결과를 보니 우리를 슬프게 하는 것이 10대는 공부, 2030세대는 취업, 4050세대는 돈, 6070세대는 건강이 었다고 합니다. 아마 지금도 변함이 없을 거라 생각합니다. 세대가 달라도 하루하루가 힘들고 슬프다고 한 표현이 많은 사람들의 가슴을 울렸습니다.

10대 학생은 학업 스트레스로 인해 친구들과의 사이도 멀어지고, 하루 18시간을 책상에 앉아 있어야 하는 삶이 서글프다고 했고, 20대 청년은 남들에게 뒤처지고 싶지 않아 하는 일을 부풀려 거짓말을 하고 있으며, 불투명한 미래에 사랑은 꿈도 못 꾼다고 했습니다. 50대 주부는 수십 년째 생활비도 빠듯한데 노후 대책은 캄캄하고, 곧 결혼할 두 딸 생각을 하면 눈물이 난다고 했으며, 70대 어르신은 죽마고우들은 하나둘 세상을 떠나고 건강은 나빠지며, 나이를 드니 작은 일에도 서운하고 슬프다고 하였습니다. 참으로 안타까운 일입니다.

‘행복이란 무엇인가?’를 살펴보면서 지금까지는 주로 관념적인 내용을 다루었습니다. 그래서 지루하기도 하고, 건조할 수도 있었을 것입니다. 혹은, “그래서 대체 행복이란 게 뭔데?”라는 물음을 던지고 싶기도 했을 것입니다. 철학을 공부하다 보면 늘 느끼는 것이 결코 답을 주지 않는다는 것입니다. 질문을 던지고, 답을 찾아가기 위한 방향을 제시해 줍니다. 저는 철학을 전공하지는 않았지만 그 과정이 정말 흥미롭습니다.

　로마의 사상가이자 철학자, ‘명상록’으로 유명한 마르쿠스 아우렐리우스는 “내 인생은 사고(思考)로써 만들어진다.”는 한마디로 인생을 요약했습니다. 즐거운 생각을 하면 즐거운 인생이 될 것이고, 슬픈 생각을 하면 슬픈 인생이 될 거라는 얘기입니다. 실패를 생각하면 성공에 이르기 어렵고, 자기 자신을 존중하지 않으면 존중받지 못하는 삶을 산다고 주장하였습니다. 그동안 말씀드린 행복도 마찬가지입니다. 행복해지기 위해서 노력하면 행복해집니다. 그러기 위해서는 행복이란 게 무엇인지 알아야 합니다.

　저도 행복에 관한 졸저, ‘지금 당신이 행복해야 할 이유’를 펴냈지만, 우리 주위를 살펴보면 ‘행복’에 관한 좋은 글들, 책들이 넘쳐납니다. 너도나도 행복에 관해 한마디합니다. 그런 말을 듣고, 그런 책을 읽다 보면 다 맞습니다. 많은 분들이 궁금해합니다. 도대체 ‘행복’을 한마디로 정의하면 무엇이냐고, ‘행복’에 관해 쓴 책 중에 어떤 책이 가장 좋으냐고… 여러분 마음에 집중하십시오. 행복은 마음에 있습니다. 자신의 행복은 자기 자신의 마음입니다. 그러니 앞으로는 행복해지기 위해 여러분의 마음을 가꾸십시오. 그리고 남이 쓴 책을 읽는 것도 좋지만, 직접 쓰십시오. 행복은 오직 자기 자신만이 써 가는 것입니다.

이번에는 우리가 잘 알고 있는 인간관계론의 대가 데일 카네기를 통해 행복을 살펴보겠습니다. 많은 사람들이 각자 나름대로 행복을 정의하고, 행복해지는 법, 행복에 이르는 길을 전하고 있듯이 데일 카네기도 열 가지 방법을 통해 행복하게 살 수 있다고 강조하고 있습니다.

생각 그 자체가 당신이다.

노먼 빈센트 필은 "당신은 당신 자신이 생각하는 그런 당신이 아니다. 당신의 생각 그 자체가 바로 당신인 것이다."라는 말을 했습니다. 인간의 정신적 태도가 그 인간의 모든 것이라는 말입니다. 사람의 힘은 육체에 있지 않습니다. 육체에서 나오는 힘도 따지고 보면 정신에서 비롯됩니다. 신념이 있는 사람은 자기가 상상한 것 이상의 육체적인 힘도 발휘할 수 있는 것입니다. 우리가 세상을 살아가면서 힘들 때가 있습니다. 힘에 부친다는 생각이 들 때가 있습니다. 그러나 엄밀히 말하면 그 힘들다는 생각, 느낌은 온전히 자기 자신으로부터 오는 주관적인 생각입니다. 우리가 직면하고 있는 상황이 우리를 힘들게 하는 게 아니라 쓸데없는 고민과 걱정들이 우리를 힘들게 하는 것입니다.

어느 날 카네기가 상담을 했던 어느 신경쇠약증 환자의 이야기입니다. 그 사람이 어느 날 길을 가다가 우연히 예배가 진행되고 있는 교회 예배당에 들어가게 되었습니다. 마침 목사님께서 "자기 자신의 마음을 극복하는 사람은 한 도시를 지배하는 사람보다 강하다."는 설교 말씀을 하고 계셨습니다. 카네기는 깊은 감명을 받았습니다. 비로소 자기 자신을 힘들게 했던 그 실체를 바라보게 되었습니다. 그것은 자기 자신의 마음이었습니다. 그는 그때까지 자기를 둘러싼 다른 모든 사람들의 마음이 바뀌어야 한다고 생각하고 있었습니다. 그러나 정작 바뀌어야 할 것은 다른 사람이 아닌 자기 자신의 마음이라는 것을 깨달았습니다. "마음을 카메라의 초점에 맞추라." 그리하면 모든 문제들이 해결된다. 이것이 카네기가 강조하는 행복에 이르는 첫 번째 길입니다.

오늘만은….

 저는 여러 종류의 책을 읽습니다만, 마음이 무거울 때는 가벼운 산문집을 펼쳐 듭니다. 제가 자주 펼쳐 드는 책 중에 '오늘만은'이라는 책이 있습니다. 카네기가 말하는 행복에의 길, 두 번째가 바로 '오늘만은….' 입니다. 응용심리학의 권위자인 윌리엄 제임스는 행동과 감정의 관계에 대해 다음과 같이 설명합니다. "행동이 감정을 따르는 것으로 생각하지만, 실제로 행동과 감정은 동시에 움직이는 것이다. 그러므로 우리는 의지에 의해 직접 지배당하는 행동을 규제함으로써 의지에게 직접 지배당하지 않는 감정을 간접적으로 규제할 수 있다." 어려울 수 있는 말이지만, 어렵지 않습니다. 행동은 우리의 의지에 의해 규제당하지만 감정은 그렇지 않고, 행동을 규제함으로써 감정을 규제할 수는 있다는 뜻입니다. 이는 우리 일상생활에서 쉽게 적용을 할 수 있습니다. 일부러라도 웃음을 짓고 행복한 체하면서 속으로 고민하기는 쉽지 않습니다. 최소한 그 순간만은 고민이 멀어지게 됩니다. 억지로 웃는 웃음도 효과가 있다는 말이 그 뜻입니다. 그래서 매 순간순간 늘 기분 좋은 상태를 유지하려고 애쓰는 것이 중요합니다. 행복하기 때문에 웃는 것이 아니라 웃기 때문에 행복한 것임을 꼭 명심하셔야 합니다.

오늘만은 행복하게 지내자. 오늘만은 장소와 상황에 순응해 보자. 오늘만은 몸조심을 하자. 오늘만은 마음을 굳게 다지자. 오늘만은 사람들에게 친절하게 대하자. 오늘만은 정말 유쾌하게 지내자. 오늘만은 오늘 하루에 일을 끝내 보자. 오늘만은 하루의 계획을 작성하고 실천해 보자. 오늘만은 잠시 휴식 시간을 가져 보자. 오늘만은 아무것도 두려워하지 말자… 오늘만은, 정말 오늘만은 행복해지자는 다짐이 여러분을 행복으로 이끌 것이라 확신합니다.

원수를 사랑하라!
성경 말씀에 나오는 말을 언급하지 않더라도 우리는 "원수를 사랑하라."는 말을 많이 듣습니다. 남을 용서하고, 원수를 사랑하라는 말은 우리 인간이 베풀 수 있는 가장 큰 일입니다. 그러나 막상 실천하기는 쉽지 않습니다. 작은 것, 사소한 것 하나에 마음이 틀어지고, 돌아섭니다. 머리로는 잘 알고 있으나, 가슴으로는 받아들이기 쉽지 않습니다. 우리가 누구를 증오하기 시작하면 우리의 수면, 식욕, 혈압, 건강 등이 조금씩 파괴되기 시작한다고 합니다. 원수를 사랑하는 게 자기 자신을 지키는 일입니다.

미국 밀워키 경찰청에서 발간하는 경찰 홍보지에는 다음과 같은 내용이 실려 있다고 합니다. "만약 어떤 사람이 당신을 이용하려 든다면, 그 사람과 상대하지 않으면 그만이다. 그러나 보복하려고 들면 안 된다. 보복하려고 들었을 때, 상대방보다도 오히려 자신이 손해를 입는 경우가 대부분이기 때문이다." 다른 사람을 미워하지 않는 것은 자기 자신을 위한 일입니다. 원수를 사랑하는 것은 결국은 자기 자신을 사랑하는 것입니다. 위대한 문호 셰익스피어도 읊었습니다. "네 원수로 인해서 난로의 불을 뜨겁게 지피지 마라. 오히려 그 불이 네 자신을 불태울 것이니…."

부드러운 대답이 노여움을 푼다.

다른 사람을 용서해야 할 때 과연 어느 정도까지 해야 하는가 궁금하신 적이 있을 것입니다. 성경에는 '일곱 번씩 일흔 번이라도 용서하라'고 씌여 있습니다.

회사에 취업을 원하는 한 사람이 있었습니다. 편지를 써서 회사에 보냈습니다. 돌아온 회신은 불합격이었습니다. 해당 언어에 능숙하지 못하며, 편지에 오자(誤字)도 많다는 것이 그 이유였습니다. 화가 난 그 사람은 바로 반박하는 답장을 썼습니다. 보내려는 순간 마음이 달라졌습니다. 인정을 하고, 정중하게 다시 보내야겠다는 생각이 들었습니다. 편지를 수정했습니다. 그리고 나서 얼마 후 회사에 들러 달라는 회신을 받았습니다.

우리가 어떤 일을 행할 때 아무리 마음에 들지 않거나 불쾌하더라도, 또 때로는 화가 나더라도 한 번 더 생각하고, 한 번 더 참아야 합니다. 쉽지 않은 일이나 그렇게 하는 것이 현명함이고, 지혜입니다.

미워하면 그 미워함 때문에 다친다.

염세주의 철학자의 대표격인 쇼펜하우어는 인생을 끝없는 괴로움의 연속이라고 하였습니다. 그런 지독한 염세주의자마저 되도록이면 누구한테든 원한을 품을 필요가 없다고 했습니다. 언론에 보도되는 사건을 보면 보복운전, 보복폭행, 보복살인 등 복수의 감정에 의한 일들이 많이 일어나고 있습니다. 여기서 한 번 냉정하게 생각해야 합니다. 보복의 끝은 무엇입니까? 결국 자기 자신에게 고스란히 돌아가게 되어 있는 것입니다.

사실 넓은 아량과 관용을 지니는 것이 말처럼 쉽지는 않은 일입니다. 그러나 미움과 원한을 품으면 아무런 일도 이룰 수가 없습니다. 미움이 이해가 되고, 원한이 용서로 변할 때 우리의 삶이 온전해질 수 있습니다. 그것이 결국은 자기 자신에게 돌아갑니다. 여러분은 혹시 지금 누구를 미워하고 있습니까? 그 순간 그 미움이 당신의 영혼을 해치고 있음을 깨달으십시오. 미워하면 그 미워함 때문에 다칩니다. 바로 당신이.

받을 것을 기대한다면 베풀지 마라!

어떤 사업가가 있었습니다. 크리스마스 보너스로 직원들에게 3백 달러씩을 주었습니다. 그러나 그 보너스를 받고도 누구 하나 고맙다는 인사가 없었습니다. "그럴 줄 알았으면 한푼도 주지 않았을 것이오." 그 사람은 그 이후에도 늘 그런 불평을 쏟아 내었습니다. 직원들에게 보너스를 주고 나서도 그는 행복해지기는커녕 더 불행해졌습니다.

직원들은 왜 고맙다는 말을 한 마디도, 한 사람도 하지 않았을까요? 보너스가 적어서… 그동안 혹사를 당해서… 보너스를 당연하게 생각해서… 고맙다는 말을 할 기회를 놓쳤거나 잊어 버려서… 등등 나름대로의 이유가 있었을 것입니다. 그런데 여기서 중요한 것은 보너스를 받은 사람들의 반응이 아닙니다. 그들이 감사를 하든, 그렇지 않든 자기 자신을 돌아보아야 합니다. 다른 사람에게 큰 도움을 주고 그 사람에게 고맙다는 표현을 듣지 못했다고 해서 자신의 마음을 괴롭힌다면 참으로 어리석은 일이 아닐 수 없습니다. 우리가 무엇인가를 베풀려 한다면 그 사람에게 무엇인가를 기대하지 마십시오. 그냥 온전히 베푸십시오. 다음 일은 여러분의 몫이 아니고, 그 사람들의 몫입니다.

셰익스피어는 '리어왕'에서 "은혜를 모르는 자식은 부모가 독사에 물린 것보다도 마음을 아프게 한다."고 절규했습니다. 다른 사람으로부터 은혜를 입으면 마음에 새기고 잊지 말아야 합니다. 가장 소중한 부모님의 은혜로부터 세상 모든 사람들로부터 입은 크고 작은 은혜를 기억하고 감사하고 잊지 않을 때, 우리 역시 다른 사람에게 은혜를 베풀 수 있는 것입니다. 저는 크리스천으로서 늘 잊지 않는 은혜가 있습니다. 바로 하나님의 은혜, 예수 그리스도의 은혜, 바로 그 십자가 보혈의 은혜입니다. 여러분은 어떤 은혜를 늘 새기고 있습니까?

고민을 세지 말고 축복을 손꼽아라.
헤일리 아보트라는 사람이 있었습니다. 그는 장사를 하는 사람이었으나 빚만 늘어 가자 가게를 처분하였습니다. 수중에 돈 한푼 없었습니다. 대처로 나가 돈을 벌 요량으로 여비를 마련하기 위해 돈을 빌리러 은행에 가고 있었습니다. 초라한 몰골을 한 그에게 은행이 과연 돈을 빌려줄지 걸어가는 내내 고민했습니다. 그때 길 건너편에서 두 다리가 없는 사람이 롤러스케이트 바퀴를 단 나무판자 위에 앉아 작은 지팡이로 땅을 짚으며 횡단보도를 건너오고 있었습니다. 길을 건너다가 우연히 그와 눈이 마주쳤는데, 그가 미소를 지으면서 인사를 하는 것이었습니다. 그는 길모퉁이로 그 사람이 사라질 때까지 멍하니 쳐다보았습니다. 두 다리가 멀쩡한데도 불구하고 세상을 비관하고, 불평하고, 고민에 절어 있는 자신과, 비록 두 다리는 없지만 밝고 맑은 모습으로 자신 있게 인사하는 그 사람의 모습이 너무도 비교가 되어 부끄러웠습니다.

용기를 얻은 그는 은행에 가서 자신 있고, 씩씩하게 여비를 빌리러 왔다고 말하고 2백 달러를 요청했고, 그의 자신감 넘치는 태도에 은행원은 선뜻 빌려주었습니다. 이후 취직을 할 수 있었으며, 7년 간에 걸쳐 그동안 쌓였던 모든 빚을 청산할 수 있었습니다. 횡단보도에서 길을 건너다 그 사람과 마주쳤던 겨우 4~5초의 짧은 순간에 그가 지금까지 살아오면서 배웠던 모든 배움 이상으로 가치 있는 깨달음을 얻게 되었고, 그 결과 그의 인생이 새롭게 열리는 귀한 복(福)을 받았습니다.

쇼펜하우어는 "인간은 이미 자신이 가진 것에 대해서는 만족하지 못하고, 언제나 없는 것만 추구한다."고 말했습니다. 여러분은 어떻습니까? 동의하십니까? 이 질문에 대한 여러분의 생각과 대답이 여러분의 인생을 말해 주고 있습니다. 세상을 살아가는 모든 사람은 자신이 원하는 것을 소유하기 위해 애씁니다. 거기에는 물질적인 가치뿐만 아니라 정신적인 가치들도 포함됩니다. 그러나 대부분의 경우 소유, 그 이후의 삶에 대해서는 깊이 생각하지 않습니다. 그러니 만족하지 못하고, 즐기지 못합니다. 진정 현명한 사람은 자기가 원하는 것을 소유하는 것이 아니라, 자기가 원하는 것을 즐기는 사람입니다. 우리가 받은 복이 얼마나 많은지 깨닫고 순간순간 감사하는 마음으로, 자기가 가진 것을 즐기는 마음으로 살아갈 때 우리는 행복할 수 있습니다.

자기 자신이 되자.

늘 열등감에 빠져 있던 한 여인이 있었습니다. 외모, 성격, 실력 등등 어느 것 하나 남보다 내세울 것이 없었습니다. 결혼하고 나서도 달라지거나 나아지지 않았고, 오히려 악화되었습니다. 그러다 보니 결국 사람을 만나는 일이 두려워졌고, 신경은 예민하고 날카로워져 늘 짜증만 내는 사람으로 변하고 말았습니다. 그러다 결국 자살까지 생각하게 된 어느 날, 한마디의 말이 그녀의 인생을 바꾸어 놓았습니다. 바로 그녀의 시어머니께서 "사람은 어떤 경우에라도 자기 자신이 되어야 해."라고 하신 것이었습니다.

이후 그녀는 남을 의식하지 않고, 오직 자신에게 집중했습니다. 자신의 좋은 점만을 보려고 했고, 친구들과 만나도 주눅들지 않고 자신 있게 대했습니다. 그러다 보니 그동안 몰랐던 자신의 장점이 하나 둘 눈에 띄기 시작했습니다. 이전에는 남 앞에 서는 것 자체가 두려웠었는데, 스스럼없이 발표도 하게 되었습니다. 그녀의 삶을 바꾼 그 한마디, 어떤 경우에라도 자기 자신이 되어야 한다! 남을 흉내내고, 따라하고, 부러워하지 마십시오. 자기 자신이 된다는 것은 자기 자신을 사랑하라는 말입니다. 부귀영화, 명예, 지위, 권세의 잣대가 아닌 사랑의 잣대로만 자기 자신을 대해야 한다는 말입니다. 그럴 때라야 온전히 자기 자신을 사랑할 수 있습니다. 자기 자신은 이 세상에 단 하나밖에 없는 가장 귀한 존재입니다. 여러분도 언제, 어떠한 순간이든지 자기 자신이 되십시오. 자기 자신을 사랑하십시오. 그것이 가장 큰 행복입니다.

레몬과 레몬주스의 차이

심리학자 알프레드 아들러는 "인간이 지닌 가장 놀랄 만한 특성 중 하나는 손실을 이익으로 바꾸는 힘이다."라고 말했습니다. 어떤 두 사람이 똑같이 사업을 하다가 망했습니다. 그 두 사람 손에는 각각 하나의 레몬이 남아 있었습니다. 한 사람은 그 레몬을 손에 쥐고, 어떻게 하면 레몬주스를 만들어 이익을 남길까 궁리를 하였고, 다른 사람은 레몬을 땅에 팽개치며 이제 다 망했다고 울부짖었습니다. 똑같은 레몬이 레몬주스와 땅에 짓이겨진 레몬으로 변했습니다.

우리가 잘 아는 이야기가 있습니다. 감옥에 갇힌 두 사람에게 물었습니다. 창문 밖으로 무엇이 보이느냐고. 한 사람은 시커먼 철조망이 보인다고 했고, 다른 사람은 하늘의 별이 보인다고 했습니다. 두 사람은 비록 눈을 통해 동일한 장소에서 내다보았지만 사실은 마음이 무엇을 보고 있는가, 마음이 무엇을 보고 싶은가에 그 차이가 있었던 것입니다. 윌리엄 보리스라는 작가는 "인생에 있어서 진실로 중요한 것은 손실에서 이익을 올리는 일이다. 그러자면 지혜를 필요로 하는데, 이것이 분별력을 지닌 사람과 지니지 못한 사람의 차이를 만든다."고 했습니다. 우리에게 아무리 절망적인 상황이 닥친다 하더라도 레몬을 레몬주스로 만드는 일을 절대 포기해서는 안 됩니다. 진정 불행한 인생은 실패한 인생이 아니라 아무것도 시도하지 않은 인생입니다.

14일 만에 고민을 해소하는 방법

어렸을 때 고아가 되어 다른 집에서 머슴처럼 살게 된 소년이 있었습니다. 늘 놀림을 받았고, 수모를 당했습니다. 참고 참다가 도저히 참을 수 없었을 때 싸움을 한 적이 있었는데, 앞으로는 절대 싸우지 않겠다고 맹세를 한 뒤에 용서를 받을 수 있었습니다.

홀로 숨어서 눈물을 흘리다가 그를 발견한 주인집 부인에게 고민을 털어놓게 되고, 그 부인은 다음과 같이 조언합니다. "만약 네가 네 일에 최선을 다하고 그 아이들의 일을 네 일처럼 도와준다면 그 아이들은 너를 욕하거나 괴롭히지 않고 친구가 되어 줄 거다." 그 이후의 삶이 어떻게 되었는지는 굳이 말씀드리지 않겠습니다.

여러분은 혹시 어떤 고민을 하고 계십니까? 극복하지 못할 고민이 있다고 생각하십니까? 그렇지 않습니다. 아들러는 어떠한 고민이라도 14일, 즉 2주를 넘기지 못할 것이라고 말합니다. 그가 제시하는 고민 해결법은 이렇습니다. "쓸데없이 이런저런 걱정과 고민에 빠져 있지 마십시오. 매일매일 어떻게 하면 다른 사람을 기쁘게 해 줄 수 있는가 궁리하십시오. 그렇게만 하면 14일 뒤에는 반드시 해결됩니다." 해법은 간단합니다. 어떻게 하면 다른 사람을 기쁘게 해 줄 수 있는가 궁리하는 것! 우리의 삶은 영원하지 않습니다. 길지도 않습니다. 근심, 걱정, 고민, 번뇌에 쌓여 있을 시간이 없습니다. 순간순간 즐겁고 기쁘게 살아가십시오. 그 속에 여러분이 추구하는 행복이 있습니다.

버리고 얻는 즐거움 (오리슨 마든)
—인산, 잘 버리는 것이 행복임을 깨닫다

'행복이란 무엇인가?'를 계속 살펴보고 있습니다. 지금까지 정독하신 분들은 '행복'이란 것이 무엇인지 어느 정도 정리가 되셨을 거라 생각합니다. 인생의 궁극적인 목적이 '행복'이기에 많은 사람들이 나름대로 저마다 '행복론'을 설파하고 있습니다. 그들이 일러주는 공통점이 무엇인지 잘 생각하면서 그 사유와 성찰의 과정을 따라가다 보면 어느샌가 자신만의 '행복론'이 완성될 수 있습니다.

이번에는 오리슨 마든이 쓴 '버리고 얻는 즐거움'입니다. 마든은 '행복론'을 이야기할 때 빼 놓아서는 안 될 유명한 사람입니다. 스티븐 코비, 나폴레온 힐, 노먼 빈센트 필 등 성공학의 거장들이 한 목소리로 꼽는 정신적인 스승입니다. 그는 1850년 미국 뉴햄프셔의 가난한 시골에서 태어났습니다. 어릴 때 부모님을 여의고 온갖 고초를 겪고, 노동을 하며 성장했습니다. 모진 역경을 딛고 주경야독(晝耕夜讀)을 하면서 보스턴대 로스쿨과 하버드 의대를 졸업하였고, 기업가로 활동했습니다. 이후 성공한 사람들의 삶을 연구하였고, 그들의 성공 사례를 통해 사람들에게 용기와 교훈을 주고자 '석세스'라는 유명한 잡지를 창간하였습니다.

그는 진정한 성공과 부(富)는 존재와 인생 경험을 풍요롭게 하는 행위이며, 진정한 성공은 영혼의 부유함, 완전성, 전체성에 대한 내적인 인식이라는 점을 강조하고 있습니다. 그러면서 진정한 행복은 밖에서 찾을 수 있는 것이 아니라 우리가 가지고 있는 것에서만 찾을 수 있고, 우리 내면의 말에 귀를 기울임으로써 얻을 수 있다고 말합니다.

자! 지금부터 마든이 설파하는 행복의 세계로 여러분을 모십니다.

절망을 버리면 희망을 얻는다.

이것은 무엇일까요? 우리의 능력을 마비시키고, 에너지를 파괴하며, 기회를 꺾어 버리는 살인자와 같습니다. 모든 고통과 괴로움, 실패, 비극, 불행의 원인입니다. 많은 사람들을 범죄와 자살로 몰아넣습니다. 뇌에 화학적 변화를 일으켜 그 기능과 과정을 마비시킵니다. 우리에게 초라한 옷을 강요하고, 실의에 빠진 채 인생의 패배자처럼 살아가도록 만듭니다.

바로 '절망, 좌절감'입니다. 토마스 칼라일은 "재능이 많은데도 비참하게 인생을 끝내는 사람들이 있다."고 안타까워했습니다. 그 사람들이 하나같이 가지고 있던 공통점이 절망, 좌절감이었습니다. "그때 좌절하지 않았더라면…", "그때 조금만 더 용기를 냈더라면…" 인생을 살아가면서 겪는 수많은 고난과 역경 속에서도 우리는 결코 희망을 버리지 않아야 합니다. 실망과 실패에 굴하지 말아야 합니다. 자신의 힘에 대한 확신만 잃지 않으면 그 무엇도 우리를 쓰러뜨릴 수 없습니다. 우리는 자신이 옳다고 확신하는 일을 실행할 만한 힘을 가지고 있습니다. 주저하지 말고 앞으로 나아가십시오.

그러려면 먼저 마음에서 부정적인 생각을 몰아내야 합니다. 언제나 기쁘고 즐거운 일만 생각하고, 말하고, 행동해야 합니다. 이 세상에는 불필요하고 무의미한 것들로 삶에 짐을 지우고 힘들게 살아가는 사람들이 많습니다. 그러한 부정적인 쓰레기, 삶에 아무런 도움도 주지 않고 방해만 되는 기억들을 지우고 영원히 잊어버려야 합니다. 슬픔, 우울, 낙담, 걱정에 빠져 있던 순간 어떤 희망적인 말 한마디나, 격려의 말 한마디를 듣고 다시 힘을 낸 적이 있을 것입니다. 그 순간 세상이 달라 보였던 기억도 있을 것입니다. 세상이 달라진 것이 아니라 세상에 대한 자기 자신의 생각이 바뀐 것이었다는 것을 깨달아야 합니다.

부정적인 것을 몰아낸 다음에는 그 빈자리를 꿈과 상상력으로 채우십시오. 그러면 기쁨이 몰려옵니다. 지금 당장 과거에 여행을 했던 환상적인 곳의 모습이나 아름다운 사람, 감동적인 장면들을 머릿속에 떠올려 보십시오. 헨리 비처는 "상상력이 없는 영혼은 망원경 없는 천문대와 같다."고 했습니다. 만일 사람들이 상상력을 통한 행복을 알기만 한다면 인류 모두가 행복해질 거라고 마든은 강조합니다. 상상력은 지친 정신을 새롭게 하고, 괴롭고 힘든 현실에서 자유자재로 날아가 버릴 수 있게 합니다. 상상력을 가진 사람들에게 지루한 순간은 없습니다. 상상력은 우리의 삶을 숭고하게 만들 수 있는 끊임없는 자기 암시입니다. 날마다 상상의 나래를 펴십시오.

그럼에도 불구하고 고난과 역경은 수시로 우리에게 다가옵니다. 문제는 그 고난과 역경을 어떻게 대하느냐에 있습니다. 어느 저명한 과학자가 말하기를, 그는 이겨 내기 어려운 환경에 처했을 때 어떤 발견에 이른 경우가 많았다고 했습니다. 고난과 역경은 우리 삶에 있어 훌륭한 스승입니다. 제가 존경하는 고대 그리스의 대웅변가 데모스테네스는 여린 목소리와 언어장애를 딛고 세계적인 웅변가로 거듭날 수 있었습니다. 아이작 뉴턴은 황립협회에 내는 주당 2실링의 회비를 거의 내지 못했다고 합니다. 가난했던 에디슨은 책을 빌릴 수 있는 5센트의 여유가 없었던 적이 있었고, 대문호 에밀졸라는 밥 사 먹고, 불을 피울 수 있는 돈이 없어 초 한 자루에 불을 밝히고 글을 썼다고 합니다. 수많은 연마를 이겨 낸 보석이 자기만의 색(色)을 뽐낼 수 있음을 잊어서는 안 됩니다.

포기하지 않으면 성공을 얻는다.

요즘 기업에서 요구하는 창의적인 인재는 상상력이 풍부한 인재라고 합니다. 상상하면 꿈이 현실이 됩니다. 과거에는 공상과학영화에만 나올 만한 것들이 요즘에는 실제 우리 곁에 와 있는 것들이 많습니다. 세계적인 금융회사인 J.P. 모건사의 존 모건은 그의 부(富)가 역동적이고 합리적인 생각, 정신적인 시각화, 젊은 시절의 꿈에 의해서 대부분 이루어진 것이라고 했습니다.

꿈을 실현하려면 세 가지를 꼭 실천해야 합니다. 시각화, 집중, 노력입니다. 꿈을 머릿속으로 그리고, 꿈에 온 정신을 쏟으며, 꿈을 실현하기 위해 온 힘을 쏟는 것입니다. 성공한 사람들을 연구한 결과에 의하면 그들은 성취하고자 하는 것을 마음속으로 생생하게 그려 보는데 뛰어난 재능을 지니고 있다고 했습니다. 그리고 집중하며 노력해야 합니다. 세상의 모든 위대한 발명과 발견, 업적은 단순한 갈망에서 비롯되었음을 잊어서는 안 됩니다.

우리가 잘 아는 위대한 예술가 미켈란젤로는 평생 독신으로 살았습니다. 어느 날 한 친구가 왜 독신 생활을 고집하느냐고 물었습니다. 미켈란젤로의 대답이 참으로 대단합니다. "예술은 질투심 많은 애인이라네. 그녀는 한 사내의 모든 것을 요구하지." 미켈란젤로는 그의 예술에 그의 모든 것을 다 바쳤습니다. 애덤 스미스는 '국부론'을 10년에 걸쳐서 썼으며, 에드워드 기번은 '로마제국 흥망사'를 쓰는데 20년 세월을 바쳤습니다. 신대륙을 발견한 콜럼버스는 "그 당시 우리는 서쪽을 향해 나아갔다. 서쪽이 우리의 항로였다."라고 항해일지에 기록했습니다. 세상은 항상 하나의 목표를 가지고 살아가는 사람들에게 길을 열어 줍니다.

오늘날 명작이라고 일컫는 작품들도 작가가 단어 하나, 문장 한 줄, 문단 한 마디에 그의 모든 것을 쏟아부었기에 탄생할 수 있었습니다. 헤밍웨이는 한 문장을 200번이나 고쳐 썼고, 존 포스터는 한 문장 때문에 일주일을 고민했다고 합니다. 루소, 베토벤도 마찬가지였습니다. 그 고뇌에 찬 노력이 오늘날 그들의 작품을 명작으로 올려놓은 것입니다.

내셔널시티 은행의 회장이었던 프랭크 반더리프가 '시카고 트리뷴'지의 기자로 있을 때, 편집장에게 성공하기 위한 가장 중요한 요인이 무엇인지 물었습니다. 편집장은 "이미 성공한 사람처럼 행동하라."는 말을 했습니다. 그 이후 그는 성공한 사람처럼 용모, 옷차림까지 세심하게 신경쓰며 행동했다고 합니다. 성공하기 위해서 무엇보다 중요한 것은 여러분이 성공한 사람이고, 무언가 특별한 사람이고, 중요한 일을 하는 사람이라는 인상을 사람들에게 심어 주는 일입니다. 그래서 세상 사람들이 여러분에 대해 이렇게 말하도록 해야 합니다. "그 사람을 지켜보라고, 꼭 성공할 테니!"

결핍감을 버리면 풍족함을 얻는다.

세상을 살아가는 사람들은 누구나 다 풍요롭게 살기를 원하고, 다 풍요롭게 살 권리가 있습니다. 풍요로움은 우리의 마음에서부터 시작한다는 것을 믿어야 합니다. 우리의 마음에 쌓은 것은 무엇이든 우리의 환경이나 삶으로 실현될 수 있습니다. 그러므로 여러분은 늘 풍요로움이 여러분에게 온다고 믿으십시오. 결핍감, 궁핍함, 가난은 정신적인 병입니다.

삶에 기쁨을 주고 행복을 가져오는 물질의 힘은 사실 너무 과장되어 있습니다. 부자들이 항상 행복한 것이 아니고, 가난한 사람들이 항상 불행하지도 않기 때문입니다. 벤저민 프랭클린은 이렇게 말했습니다. "돈은 인간을 한 번도 행복하게 만든 적이 없다. 그리고 본질적으로 돈은 행복을 생산할 수 없다."고. 시인 워즈워스는 또 이렇게 노래했습니다. "우리는 너무 세속에 묻혀 있다. 꼭두새벽부터 밤늦도록 벌고 쓰는 일에 우리 힘을 헛되이 소모한다. 우리에게 주어진 자연도 보지 못하고, 우리의 마음마저 저버렸으니 이 비열한 흥정이여!"

성경 말씀에 부자가 천국에 가는 것은 낙타가 바늘구멍을 통과하는 것보다 어렵다고 합니다. 영국의 소설가 루이스 스티븐슨도 사람의 영혼이 천국을 향하는 비행에 가장 큰 방해가 되는 것이 물질이라고 했습니다. 진정한 행복은 물질을 통해 얻을 수 없으며, 최고의 부유함은 돈으로 얻을 수 없습니다. 사랑이나 존경을 돈으로 살 수 없는 것처럼 행복도 돈으로 살 수 없습니다. 유쾌하고 즐겁고 아름다운 삶은 돈이 부족해도, 돈이 없어도 누릴 수 있습니다.

우리가 살면서 범하는 가장 어리석은 실수 중 하나는 지나간 과거를 후회하거나, 다가올 미래를 걱정하면서 정작 중요한 현재를 살아가지 못하는 것입니다. 지금 우리와 함께하는 사람이 얼마나 소중한지 모릅니다. 미소를 보내는 것이, 기분 좋은 말을 하는 것이 얼마나 소중한 일인지 깨닫지 못합니다. 행복은 온화하고, 관대하고, 배려하는 작은 마음들과 이해하고, 감싸 주고, 베푸는 작은 친절들이 하나 둘씩 쌓이고 모여서 이루어지는 일종의 모자이크입니다. 내 주위에 있는 사람들, 내가 알지 못하는 사람들을 위해 나의 가장 소중한 것을 줄 수 있을 때 행복은 그 순간 여러분 곁에 있습니다.

배려 깊은 사랑이 기적을 만듭니다. 남에게 주어야 할 선물을 혼자서 간직하고만 있지 마시고 오늘, 지금, 당장 주십시오. 인색한 습관은 행복의 목을 조르지만, 남에게 주는 습관은 행복을 배로 만듭니다. 더 많은 것을 주면 줄수록 여러분은 더 많은 것을 얻고, 더 행복해질 것입니다. 휘트먼은 말했습니다. "내가 다른 사람에게 무엇인가를 줄 때 그것은 내 자신에게 주는 것이다."

허영을 버리십시오. 허영은 행복을 멀리 떠나게 합니다. 우리를 불행하게 만드는 요인 중의 하나가 남과 비교하는 것, 나보다 더 잘 사는 사람들과 수준을 맞추려고 하는 것이라고 합니다. 타인을 의식하느라 정작 우리를 돌아보지 못하게 됩니다. 다른 사람들이 가지고 있는 것에 신경을 쓰느라 자신이 가진 것에서 얻을 수 있는 기쁨을 놓칩니다. 그리고 물질의 부자가 아니라 영혼의 부자가 되십시오. 스위스 출신의 박물학자인 루이스 아가시는 "유능한 사람은 얼마만큼의 돈이 있어야 만족하고 살아갈 수 있는가?"라는 질문에 "나는 가질 만큼 가졌다. 그러므로 나는 돈을 버는데 낭비할 시간이 없다. 한 사람이 부자가 되고 인류에 대한 의무를 동시에 수행할 만큼 인생은 그리 긴 것이 아니다."라고 대답했습니다. 우리가 진정 추구해야 할 가치는 세상에 도움이 되고, 인류를 위해 봉사를 하며, 고상하고 선하고 능률적인 야망임을 늘 명심해야 합니다.

철학자 칸트는 "행복의 원칙은 첫째, 어떤 일을 하는 것, 둘째, 어떤 사람을 사랑하는 것, 셋째, 어떤 일에 희망을 가지는 것."이라고 말했습니다. 진정한 행복과 성공은 존재와 인생 경험을 풍요롭게 하는 행위입니다. 영혼의 부유함, 완전성, 전체성에 대한 내적 인식입니다. 그 의미를 잘 깨닫고 여러분의 일상생활 속에서 실천하며 살아가야 합니다. 궁핍함, 가난 역시 마음의 병입니다. 마음을 바꾸고 고개를 돌려 풍요와 자유와 행복을 바라보십시오. 그러면 여러분의 인생이 바뀔 것입니다.

두려움과 불안을 버리면 자신감을 얻는다.
내 자신은 내가 바라는 것의 생생한 실체입니다. 그래서 매사에 두려움 없이 담대하게, 자신에게 알맞은 위엄과 힘을 스스로 불어넣는 일은 매우 중요합니다. 끊임없이 "나는 건강하다, 나는 강하다. 나는 정의롭다. 나는 진실하다. 나는 아름답다."고 자기 자신에게 주문하십시오. 로버트슨은 "훌륭한 성격은 의지력과 자제심, 이 두 가지로 구성된다. 그러므로 그것은 자신의 존재를 위하여 두 가지 것, 강한 감정과 그것을 지배하는 강한 명령을 요구한다."고 했습니다.

살아가면서 혹시 두려움과 불안이 엄습하게 된다면 자기 마음과 대화를 나누십시오. 자신의 이름을 부르고, 머릿속에 더 멋지고 훌륭한 자신을 떠올리십시오. 그리고 끊임없이 자신이 바라는 모습을 각인시키고 그렇게 될 수 있는 능력을 확신시키십시오. 자기와의 대화는 나쁜 습관, 이유 없는 두려움을 없애고, 자신의 의지력을 아주 강하게 만들어 줄 것입니다.

두려움 때문에 평정심을 잃으면 안 됩니다. 조심하는 것과 두려워하는 것은 다릅니다. 두려움은 마음의 자유와 능력을 빼앗아가는 도둑입니다. 두려움은 확신을 죽이고 우유부단을 야기합니다. 쓸데없는 걱정과 근심으로 소중한 기운을 날려 버리지 마십시오. 두려움과 걱정 만큼 행복의 큰 적(敵)은 없습니다. 스펄전 목사는 "참을성 없는 사람들은 불행에 물을 주고 위로를 괭이로 파낸다."고 말했습니다. 미국의 저명한 신경학자 조지 자코비 박사는 "걱정은 총알이 몸속 깊이 박히거나 칼에 깊숙이 찔린 것처럼 치명적인 상처를 입힙니다. 지난 백 년 동안 전쟁보다 걱정 때문에 죽은 사람이 더 많습니다."라고 했습니다. 그래도 걱정하시겠습니까?

'카르페 디엠!' 지금 이 순간을 살라는 말입니다. 행복해지기 위해서는 과거의 불쾌했거나 힘들었던 기억을 지우고 묻어야 합니다. 용서해야 할 일, 용서해야 할 사람을 과감하게 용서해야 합니다. 자기 자신을 위한 일입니다. 드라이든은 오늘을 내 것이라고 말할 수 있는 사람만이 행복하다고 말했습니다. 어제는 죽었고, 내일은 아직 태어나지 않았습니다. 우리에게 속한 유일한 시간은 바로 지금 이 순간입니다.

부정의 나를 버리면 긍정의 나를 얻는다.

세계 전쟁사에 기록된 가장 치열했던 전투 중의 하나가 1916년, 제1차 세계대전 중에 있었던 '베르뎅 전투'입니다. 당시 프랑스군은 베르뎅 요새 전면에 집중한 독일군 7개 사단을 상대로 전선을 사수했습니다. 엄청난 인명 피해에도 불구하고 프랑스 군이 지켜 낼 수 있었던 요인 중의 하나가 바로 프랑스 병사들의 마음이었습니다. 그들은 한결같이 "독일군은 전선을 뚫을 수 없다."는 신념으로 가득차 있었습니다. 우리의 마음에 행복을 방해하는 적들을 들어오지 못하게 하려면, 어떠한 경우에도 절대로 들어오지 못하게 하겠다는 신념이 있어야 합니다.

헬렌 켈러의 삶은 위대한 인간의 힘을 잘 보여 준 삶입니다. 모든 장애를 극복해 낸 굳센 영혼의 힘, 희망의 힘이었습니다. 여러분의 삶은 여러분의 작품입니다. 그 작품에 여러분의 영혼을 쏟아부으십시오. 심리학자 윌리엄 제임스는 보통 사람들이 뇌의 10%, 육체의 30% 정도밖에 사용하지 않는다고 말했습니다. 우리에게는 엄청난 능력이 있으나 우리가 그 능력을 알지 못하고, 사용할 줄 모르는 것뿐입니다. 우리는 끊임없이 우리 안에 잠든 거인을 깨워야 합니다. 그 힘은 오로지 우리 자신에게 달려 있습니다.

맛있는 도넛이 있으면 낙관론자는 도넛을 보지만 회의론자는 구멍을 본다고 합니다. 낙관주의는 위대한 신념이며 최고의 철학입니다. 쇼펜하우어는 어떤 사람에게 세상은 재미없고, 지루하고, 피상적이나 또 다른 사람에게는 소중하고, 흥미롭고, 의미 있다고 말했습니다. 참으로 흥미로운 사실이, 근심거리가 인간을 찾아오는 게 아니라 인간이 근심거리를 찾고 있다고 합니다. 근심을 멀리하십시오. 프랑스 속담에 "자신의 마음속에서 휴식을 찾지 못하는 사람은 다른 어느 곳에서도 그것을 찾을 수 없다."는 말이 있습니다. 행복해지려면 다른 누구보다도 먼저 자기 자신 스스로를 인정해야 합니다. 그러려면 정직해야 합니다. 양심의 비난을 받지 않아야 합니다. 명심하십시오. 세상은 자기 자신의 삶을 인정하고 사랑하는 자를 사랑합니다.

화를 잘 내는 성격은 큰 약점입니다. "둘 다 화를 잘 내는 부부가 백년해로를 할 수 있는 유일한 방법이 있다면 그것은 절대 동시에 화를 내지 않는 것이다."라고 매튜 헨리는 말했습니다. 갑작스러운 분노는 해롭습니다. 욕하지 않는 것은 자제심의 증표입니다. 요즘 자라나는 아이들이 심한 욕을 한다는 기사가 심심치 않게 신문 지면을 장식합니다. 패륜적인 욕도 등장하는 것을 보면서 경악합니다. 욕설은 행복을 방해하는 큰 요인입니다. 우리가 추구해야 할 것은 열정 못지않게 자제심입니다. 자제심을 가지고 있다면 그 한 가지 만으로도 성공할 수 있습니다.

나쁜 습관을 버리면 건강을 얻는다.

세상 모든 일이 자신의 뜻과 반대로 가는 듯 느껴질 때도 웃을 수 있는 사람은 성공할 가능성이 많은 사람입니다. 그런 사람은 다른 사람도 행복하게 만듭니다. 에머슨은 밝고 총명한 얼굴은 사람이 교양을 쌓아 도달하려는 목적지라고 말했습니다. 사람들은 햇살처럼 밝은 사람, 따뜻함과 웃음을 주는, 자기에게 도움을 주는 사람을 좋아합니다. 우울함을 몰아내고 즐거운 마음, 고마움, 자신감, 친절한 마음으로 가득 채우십시오.

우리의 육체는 정신의 하인입니다. 정신이 밝고 강하면 육체는 따라서 건강해집니다. 위대한 정신만 있으면 약자도 강자가 될 수 있으며, 겁쟁이도 용기를 발휘할 수 있습니다. 강한 의지력을 지닌 사람은 전염병에 걸릴 확률도 적습니다. 코로나19에 대항하여 노력하는 의료진들도 그러한 의지력이 있기 때문에 주저하지 않는 것입니다. 정신이 신체에 막강한 영향력을 발휘한다는 것에는 의문의 여지가 없습니다. 사람이 늙는 것도 마음에서부터 시작됩니다. 나이에 관계없이 젊게 느끼는 것이 젊음을 유지하는 가장 중요한 비결입니다.

집착을 버리면 자유를 얻는다.

행복은 지금, 이 순간에 찾아야 합니다. 행복을 미루는 것은 비극입니다. 지금 행복하지 않으면 앞으로도 행복할 수 없습니다. 행복을 추구하는 것은 부를 추구하는 것이 아닙니다. 그러니 돈을 벌기 위해 현재의 행복을 미루어서는 안 됩니다. 삶의 가장 큰 비극 중의 하나는 행복을 뒤로 미루는 것입니다. 세속적인 성공, 즉 부와 지위 등을 얻기 위해서 훨씬 더 소중한 것들을 잃고 있음을 깨달아야 합니다. 행복의 가장 큰 비밀은 살아가면서 즐기는 방법을 배우는 것입니다.

마음속에 고상한 동기를 품으십시오. 오직 고상하고 변하지 않는 가치들을 추구하는 일만이 영원한 행복을 줄 수 있습니다. 영혼의 부유함, 관대한 이타심, 다른 사람에 대한 사랑, 도움의 손길, 동정하는 마음들이 진정한 부유함입니다. 또한 그것을 소유한 사람들이 자신의 삶에서 기쁨과 행복을 찾을 수 있습니다.

작은 선행을 베푸는데 소홀하지 마십시오. 함께하는 기쁨, 이보다 좋은 것은 없습니다. 모두와 기쁨을 나누는 일은 아름답습니다. 우리가 빌게이츠 부부나 션·정혜영 부부를 존경하는 이유는 그들의 삶이 아름답기 때문입니다. 선행은 어렵지 않습니다. 당장 여러분 주위에 있는 어려운 사람들을 돌아보십시오. 월드비전, 유니세프, 세이브더칠드런, 굿네이버스, 월드투게더 같은 구호단체에 소액 기부를 하는 것도 좋은 실천입니다. 삶에서 최대 행복을 얻는 사람들은 다른 사람들을 높이기 위해 최대로 투자한 사람들입니다. 삶에서 위대한 일은 우리가 만나는 모든 사람들에게 작은 선행을 베푸는 것임을 잊지 마십시오. 그리고 그렇게 하기 위해 우리에게 주어진 일을 축복으로 여기고, 충실히 감당해 나가십시오. "행복은 열심히 일하고, 자신의 능력을 한계지점까지 개발하는 데 있다."고 한 알마 타데마의 '행복의 정의'로 끝을 맺습니다.

PART 3

혼돈의 시대 어떻게 살 것인가?

세상의
미래를 바꿀
책읽기

난중일기 (이순신)

─인산이 새로 쓴 난중일기

　지금 우리가 살아가고 있는 시대는 고민의 시대입니다. 인류 문명의 역사를 볼 때 지금처럼 격동의 시대가 없고, 고민의 시대가 없습니다. 기술의 발전은 최고의 수준으로 발전해 왔지만 인류의 삶은 그렇지 않습니다. 핵전쟁의 위협은 여전하고, 지구온난화로 인한 기후변화는 인류의 생존마저 위협할 정도로 심각한 수준입니다 백신과 치료제가 없는 신종 바이러스의 출현으로 인해 곳곳에서 수많은 생명이 사라지고 있습니다. 4차 산업혁명의 신기술이 인간의 삶을 획기적으로 바꾸어 놓은 만큼 고민도 깊어졌습니다. 인간 존재에 대한 고민, 인간과 기술의 공존에 대한 고민입니다. 그래서 지금의 시대는 혼돈의 시대입니다.

　우리 민족의 역사를 놓고 볼 때 혼돈의 시대는 많이 있었습니다. 주로 전쟁과 질병, 재난과 재해 등이었지만, 그로 인해 이름 없는 백성들이 겪은 고초는 이루 말할 수조차 없었습니다. 우리는 그 시대를 기억하고 있습니다. 그 혼돈의 시대를 건너온 것이 역사이고, 그 질곡을 헤쳐 온 것이 역사입니다. 그래서 이러한 시대에 어떻게 살아갈 것인가에 대해 고민을 할 때 답을 줄 수 있는 것은 역사를 돌아보는 일입니다. 역사를 살피는 일입니다.

특별히 이 장에서는 우리 역사에서 가장 혼돈의 시대라고 할 수 있었던 임진왜란과 병자호란, 그리고 일제 식민지 시대를 건너온 위인들의 삶과 기록을 통해 지금 이 시대를 살아가고 있는 우리가 사유하고 성찰해야 할 의미를 찾고자 합니다. "역사를 잊은 민족에게는 미래가 없다."고 말씀하신 단재 신채호 선생님의 말씀을 떠올립니다. '법고창신 (法古創新)'의 깊은 뜻을 새깁니다. 난중일기와 징비록, 산성일기, 백범일지라는 위대한 유산을 통해 성찰합니다. 목민심서는 시대를 넘어서 우리가 늘 새겨야 하는 가르침입니다.

이 책들을 살펴보는 것은 가슴 설레는 일입니다. 늘 알고 있지만 쉽게 접해 볼 수 없었던 독서 여행을 통해 혼돈의 시대를 함께 건너가 보시지 않겠습니까? "혼자 가면 빨리 가지만, 함께 가면 멀리 갈 수 있다."고 했습니다. 저는 지금, 이 시대를 살아가고 있는 지구촌 인류가 민족과 국가, 이념과 이익을 뛰어넘어 진정 하나가 되는 세상을 꿈꾸고 있습니다. 이 꿈은 저 하나만의 꿈이 되어서는 안 됩니다. 우리 모두의 꿈이어야 합니다. 한 마리 나비의 날갯짓을 생각합니다. 그 날갯짓이 퍼져 갈 나비효과를 떠올립니다. 이 혼돈의 시대를 잘 건너가야 합니다. 우리가 살아가는 이 세상의 미래를 바꾸기 위해, 이 세상을 아름답게 만들기 위해 잠시도 멈출 수 없는 이유입니다.

이 혼돈의 시대에 '어떻게 살 것인가?' 고민할 때 제 머릿속을 가장 먼저 지배한 분은 바로 '이순신 장군'이었습니다. 우리가 가장 잘 알면서도, 또 한편으로는 잘 모르는 그분의 삶, 그분의 생각, 그분의 사상을 접하는 일은 늘 조심스러우면서도 늘 설레는 일입니다.

"나라를 생각하는 마음이 조금도 놓이지 않아 홀로 봉창 아래에 앉아 있으니 온갖 생각이 일어난다."고 하셨던 이순신 장군의 말씀이 떠오릅니다. 우리 국민 모두가 마음을 모아야 합니다. 다시 손을 맞잡아야 합니다. 그리고 이순신 장군처럼 오직 조국의 안위와 백성들의 평안만을 생각하는 지도자들이 각계각층에서 나와야 합니다.

'난중일기'는 이순신 장군이 7년간에 걸친 임진왜란의 와중에 진중에서 친필로 기록한 일기입니다. 임진왜란이 일어난 다음 달인 1592년 5월 1일부터 장군께서 전사하시기 한 달 전인 1598년 10월 7일까지 기록된 글입니다. 친필 초고는 국보 제76호로 지정되었고, 2013년에는 유네스코 세계기록유산으로 등재되었습니다.

'난중일기'에는 격동의 시기, 누란의 위기를 살아간 한 남자의 진솔한 고백이 담겨 있고, 한 남자의 고뇌가 새겨져 있습니다. 그 안에는 수많은 사람들, 수많은 생각들이 점철되어 있습니다. 그리고 그 안에는 '어떠한 삶이 위대한 삶인가?'라는 질문에 대한 명확한 해답이 들어 있습니다. 우리는 '난중일기'를 통해 오늘날의 문제도 해결할 수 있습니다. 각자 각자가 '어떻게 살아갈 것인가?'라는 삶의 위대한 명제를 앞에 두고 성찰할 때 그 답을 찾을 수 있을 거라 믿습니다.

더 이상 말씀드리지 않아도 워낙 유명하고, 위대한 책이라 아마 여러분들도 다 읽어 보셨을 것입니다. 다시 이 책을 잡고, 다른 시각으로 대했습니다. 지금까지는 제3자의 입장에서 난중일기를 보았습니다. 알고 있는 역사적 사실과 결부시켜 살펴보는 정도였습니다. 김훈 작가의 '칼의 노래'를 읽고, 또다시 난중일기를 접할 때도 마찬가지였습니다. 마음으로 다가오는 감동이야 늘 새로웠지만 그래도 부족함이 많았습니다. 그러면서 이제는 저의 시각이 아니라 그 시대의, 그 순간의 이순신 장군의 마음으로 돌아가려고 부단히 애를 썼습니다. 아래의 글은 제 자신이 난중일기에 몰입하면서 이순신 장군의 마음이 되어 쓴 글입니다.

新난중일기, 위대한 영웅의 기록

육지의 끝, 바다의 시작, 남해의 날씨는 하루도 예측할 수 없을 만큼 변화무쌍하였다. 맑은 날이 며칠 계속되다가, 갑자기 흐려졌다. 아침에는 흐리다가 비가 오기도 하고, 어느 날은 궂은비가 하루 종일 개이지 않았다. 가랑비가 종일 내리는 날도, 잠시 동안 흩뿌리다가 오후 늦게야 개이는 날도 많았다. 나는 날마다 날씨를 살폈다. 전쟁을 준비하는 장수에게 있어 날씨를 알고, 예측하고, 대비하는 일만큼 중요한 일도 없었기 때문이다. 특히나 바다를 무대로 싸워야 하는 나로서는 가장 중요한 일이라 할 수 있었다. 일기장을 펼치면 나는 제일 먼저 날씨를 적었다. 매일 적다 보니 바람의 흐름도, 파도의 높낮음도, 비구름의 모습도 훤히 들여다보였고, 그 모습만 살펴도 날씨가 어떨 것이라는 걸 알 수 있었다.

내가 있는 통제영에는 사람들이 많이 찾아왔다. 하루도 빠짐없이 오고 또 갔다. 어떤 사람은 부임 인사차 왔고, 어떤 사람은 그냥 왔다. 누구는 내가 부르기도 했고, 누구는 부르지 않아도 그냥 찾아왔다. 나는 찾아오는 사람들을 한 사람도 빼놓지 않고 일기에 적었다. 그 사람이 어떠한 일로 왔는지는 마음에 담아둘 뿐 굳이 기록에 남기지 않아도 최소한 내게 왔었다는 사실만을 남기고 싶었다. 사람이 찾아오면 나는 술도 마시기도 했고, 같이 활도 쏘기도 했다. 수많은 사람들을 보면서 내가 느낀 것은 사람의 됨됨이였다. 누구는 얼굴만 보아도, 대화를 나누기만 해도 알 수 있었고, 또 누구는 몇 번을 만나도 그 속내를 알 수 없는 사람도 있었다. 사람을 안다는 것은 참으로 어려운 일이었다. 그러나 그 속에서 나는 나와 뜻을 같이할 사람들을 골라내었고, 내가 원하는 길을 같이 걸어갈 사람들을 찾아내었다.

나는 공무를 어줍잖게 여기고 제 몸만 살찌려 드는 사람을 경멸했다. 지위고하를 막론하고 그런 사람이 눈에 띄면 곤장을 치는 등 호되게 다스렸다. 때로는 고을 원님인 현감까지도 곤장을 때렸다. 도망병이나 군량을 훔친 자들은 가차없이 처형도 했다. 사람의 정으로야 말하자면 그렇게까지 할 필요가 없다는 것쯤은 나도 안다. 인간적으로야 나도 그렇게 하고 싶었다. 그러나 좋은 게 좋은 거라는 식으로 넘어가기엔 시대가 그리 호락호락하지 않았다. 나라의 운명이 내게 달려 있다고 생각하니 어떤 희생을 치르더라도 군율을 세우는 일을 가벼이 할 수 없었다. 누구보다도 엄한 지휘관이었지만 나는 사람을 가장 중요하게 생각했다. 내겐 사람이 전부였다. 이름 없는 백성 한 명, 천한 종 한 명도 나는 소홀히 대하거나 업수이 여기지 않았다. 나는 사람을 가장 중요하게 생각했고, 나와 함께하는 동료, 부하들을 가슴으로 지휘했다. 사람이 전부임을 알기에 사람을 알고자 부단히도 노력하였다. 이 일은 전쟁이 시작되기 전부터, 그리고 전쟁이 시작된 이후에도 하루도 빠짐없이 지속되었다.

부하 장수들과 고을의 수령들은 번갈아 가며 나를 찾았다. 잠시도 쉴 틈이 없을 정도였다. 누구는 술도 가져오고, 또 누구는 음식을 싸들고 왔다. 그들이 오면 주로 군사기밀을 논하고, 활을 쏘는 시간을 가졌다. 때로는 바둑이나 장기를 두기도 하고, 한담도 나누었다. 모두가 어려운 때에 통제사인 내 생각을 이해하고, 몸을 바쳐 헌신하는 그들이 믿음직스러웠다. 그들과 함께할 때면 시름을 잊을 수 있었다. 그런데 채워지지 않는 게 있었다. 마음의 공허함은 시도 때도 없이 나를 찾아왔다. 나라의 존망이 위태로운 이때, 그 절체절명의 기로가 어쩌면 내 손에 달려 있음을 나는 알고 있었지만 흉금을 터놓고 속시원히 얘기할 만한 사람이 별로 없었다. 심지어 원균과 같은 이는 내 동지가 되어야 하고, 생사고락을 나눌 존재가 되어야 했으나 늘 경계하지 않으면 안 되는 괴이한 인물이니 참으로 통탄할 노릇이었다.

마음이 답답할 때면 나는 늘 정자에 올라 바다를 바라보거나, 다락에 올라 홀로 기대어 앉았다. 나라와 백성을 생각하는 맘이 가슴을 치받고 올라왔다. 내 심정은 이랬다. "나라의 돌아가는 꼴을 생각하니 위태롭기가 마치 아침 이슬과 같다. 안으로는 정책을 결정할 만한 기둥 같은 동량이 없고, 밖으로는 나라를 바로잡을 주춧돌 같은 인물이 없으니 모르겠다. 나라의 운명이 어떻게 되어 갈지. 마음이 괴롭고 어지러워서 종일 엎치락뒤치락 하기도 했다." 육지의 끝, 어느 한구석에서 이 나라의 명운을 짊어지고, 바다를 지키는 한 남자의 절절한 고독이었다.

전쟁을 준비하는 일은 쉽지 않았다. 외따로 떨어진 곳에서 나 혼자서 있는 느낌을 받으면서 준비해야 했기에 더 힘들었다. 나라는 이미 힘을 잃었다. 그래서 내가 원하는 것들을 뒷받침해 줄 수 없었다. 모든 것은 내가 판단하고, 내가 준비해야 했다. 임금께서는 내게 '적의 퇴로를 끊고, 도망치는 적을 몰살하라.'는 교지만 내려 보냈다. 누구를 데리고, 무엇으로 퇴로를 끊는단 말인가? 어떻게, 어떠한 방법으로 도망치는 적을 몰살하라는 말인가? 검은 밤바다를 교교히 밝히는 달빛 아래서 수많은 날들을 나는 고민하고, 또 고민했다. 지독한 외로움이 엄습했다. 내 옆에 있는 수많은 장수들… 조방장, 우후, 첨사, 만호, 현령, 현감, 권관, 각 고을의 벼슬아치들과 색리들도 내 맘을 온전히 꿰뚫지는 못했다. 적에게 이기라는, 적을 무찌르라는 임금의 뜻을 받드는 일은 온전히 내 자신의 몫이었다.

거북선을 만들었다. 병선을 수리했다. 나무를 준비하고 새로운 배를 만들었다. 총통과 화살을 준비했다. 격군들을 모집했다. 군사들을 훈련시켰다. 가끔씩 도망치는 군사를 적발하면 엄벌에 처했다. 마음이 많이 아팠지만 어쩔 도리가 없었다. 내가 독해지지 않으면 이 나라가 무너질 것이기에 인간적인 아픔은 오로지 내가 감내해야 할 몫이라고 다짐하고 또 다짐했다.

잠시의 짬이라도 있으면 나는 늘 왜적을 맞아 어떻게 싸울 것인가를 구상했다. 그 생각은 하루 종일 내 머릿속을 떠나지 않았다. 어디에 있든, 누구를 만나든 나는 바다를 보고, 해안선을 그리고, 전법을 생각했다.

난 지금 상황이 참으로 야속했다. 생각하면 할수록 더 그랬다. 이 나라는 적을 막는 방책에 있어서 수군이 작전을 하지 않고, 육전에서 성을 지키는 방비에만 전력하였기 때문에 하루 아침에 적의 소굴이 되었다. 부산포도, 동래성도 그리 허망하게 넘겨주지 말았어야 했다. 바다에서… 바다에서… 바다에서 왜적을 막지 못했다. 그래서 이렇게 처참한 지경까지 오게 되었다. 생각만 해도 목이 메어 말도 나오지 않고, 치밀어 오르는 그 분함을 다스릴 길이 없었다. 그러나 어쩌란 말인가? 지금의 나라도, 이 바다도 내가 지켜 내야만 했다. 간간히 들려오는 명나라의 원군도 내심 기대를 저버리지는 못하지만 또 믿기만 할 것도 아니었다.

왜적들은 참으로 약삭빠르게 움직였다. 쉽사리 덤벼들지도, 호락호락하게 물러나지도 않았다. 왜선은 생각보다 속도가 빨랐다. 내가 다가서면 곧바로 물러났다. 좀처럼 바다로 나오지 않았다. 형세가 불리하다 싶으면 배를 버리고 육지로 달아났다. 배를 불태우면 뭐하랴, 그 간악한 놈들을 무찔러야 하는데… 참으로 통탄할 노릇이었다. 마음으로는 많은 조바심이 났지만 나는 인내했다. 끝까지 참고 또 참았다. 우리의 유인에도 불구하고 적들은 별안간 나왔다가는 재빨리 으슥한 곳으로 들어갔다. 적들의 배는 그만큼 빨랐다. 하루에도 몇 번씩 이런 일들이 계속되었다. 그래도 포구 안까지는 깊이 들어가지 못했고, 뭍으로 올라가 추격하여 죽이지도 못했다. 늘 분개한 마음이었지만 어쩔 수 없었다. 적들의 간계, 포구 안의 험한 설비가 나는 의심스러웠다. 그러나 어떠한 순간에도 바다 위, 바다가 내가 싸울 전쟁터임을 확실히 알고 있었기에 나는 흔들리지 않았다.

가끔씩 내려오는 조정의 소식은 나를 슬프게 했다. 왜적들을 두려워하여 움직이지 않는다는 소문도 있었다. 통탄할 노릇이었다. 때론 부하 장수들도 오해를 했다. 그럼에도 나는 요동하지 않았다. 내가 최후의 보루였다. 조정의 비위를 맞추다 일을 그르칠 수는 없는 노릇이었다. 오해를 받아도 내가 다 받을 것이다. 왜적놈들만 무찌를 수 있다면 그 오해가 백 번이라도 다 받을 것이다. 나는 그런데 신경쓰지 않았다. 오히려 적선만 분멸하다가는 궁지에 몰린 도적들이 화풀이를 우리 백성들에게 할 것이기에 늘 마음이 쓰였다. 죄없는 우리 백성들, 힘없는 우리 백성들이 흉포한 도적들의 손에 죽어 가는 것이 가슴 아프고 견디기 힘들었다. 그놈들을 이 땅에서 하루속히 몰아내는 일이 우리 백성들을 살리는 일이고, 그것이 내게 주어진 가장 큰 사명임을 나는 한날한시도 잊지 않았다.

어느 날인가 통선 한 척이 전복되어 많은 사상자가 발생하였다. 대형사고였다. 그렇게 방심하지 말라고 일렀거늘 방심한 결과였다. 한두 명도 아니고, 백 명이 넘는 귀중한 생명을 잃었다. 안타깝고 가슴 아픈 사고에 나는 식음을 제대로 할 수 없었다.

나는 평상시부터 교만함을 늘 경계했다. 부하들에게도 늘 교만하지 말라고 가르쳤다. 적을 업신여기는 것은 패배의 지름길임을 알고 있었기에 우리 군사들이 교만해지는 것을 두려워했다. 전장터에 임하기 전에는 "적을 가벼이 여기면 반드시 패하는 것이 원칙이다."라고 부하 장수들에게 늘 강조했다. 그럼에도 불구하고 경계하지 않아서 이런 사고가 벌어진 것이다. 왜적과 싸우다가 목숨을 잃는 것이야 우리 군사들에게는 더없이 값진 죽음이지만 예기치 않은 사고로 죽는 것은 두 번 다시 있어서는 안 될 일이었다. 어떠한 군대라도 이것을 중하게 여겨야 한다. 그런 면에서 이번 사고의 책임은 다 내게 있다. 더 강조하고, 더 확인하고, 더 가르쳤어야 했다. 그렇게 하지 못했으니 이것은 최고 지휘관인 내 책임이다. 나는 내 스스로에게 책임을 물었다. 내가 군사를 다스리는 방법이 좋지 못하고, 잘못 지휘한 것이므로 지극히 황송하여 거적자리에 엎드려 죄를 기다렸다. 누구에게 보여 주기 위함이 아니었다. 최고 지휘관으로서, 장졸들의 아비로서 마땅히 내 스스로에게 죄를 물어야만 조금이나마 마음이 편할 수 있었다.

임금과 동궁의 분부, 조정에서 내려오는 여러 소식들, 영의정과 지사, 도승지 등 관리들의 편지, 척후로부터 받는 보고, 사로잡은 왜적들로부터의 자백, 명나라 관리들과의 만남 등을 통해 나는 이 나라를 둘러싼 정세를 늘 살폈다. 그래야 이 나라를 온전히 지켜 낼 수 있었기 때문이다. 특별히 영의정 류성룡 대감은 큰 산이었다. 그런 분이 조정에 있는 것이 이 나라로서는 참으로 다행한 일이었다. 그러나 그렇지 못한 자들도 많았다. 장수된 자로서 일일이 평할 수는 없지만 참으로 말도 안 되는 자들이, 말도 안 되는 방책을 논하는 것을 보고 있자면 가슴에서 분노가 치밀어 올랐다.

나는 비굴하지 않으려 늘 노력했다. 이 나라도 비록 전란에 휩싸여 있는 약한 존재이나 비굴해서는 안 되기에 더 많은 노력을 기울였다. 내가 전략 전술을 끊임없이 연구하면서 임금과 조정에 보고한 이유도 다 이 나라가, 이 백성들이 비굴하지 않기 위해서였다.

그러면서도 나는 현장을 중시했다. 현장에 가 보면 답을 얻을 수 있었다. 전쟁이 일어나기 전에는 점검 차 숱한 곳을 순시했다. 이 땅은 참 아름다웠다. 백성들은 순수했다. 이 땅이, 이 백성이 내가 지켜야 할 소중한 땅이요, 사람이다. 현장 순시를 다니면서 나는 늘 군인으로서의 자세를 강조했다. 전투에 임하는 자세와 대비를 놓치지 않았다. 잘하는 부하들을 보면 따뜻하게 감싸 주고, 마음껏 칭찬도 했지만, 불의를 보면 참지 않았다. 책도 많이 읽었다. 전략과 병법을 끊임없이 연구했다. '증손전수방략'과 같은 책은 만고의 훌륭한 책이었다.

일기는 가급적 거르지 않으려고 노력했다. 그리고 솔직하게 썼다. 내 생각을 그대로 담았다. 짧으면 짧은 대로, 길면 긴 대로, 어떤 때는 날씨만 적어 놓기도 했다. 내 일기이니 내가 쓰고 싶은 대로 쓰면 될 일이었다. 술도 즐겼다. 술은 끊임없는 압박과 가끔씩 엄습해 오는 외로움에서 나를 풀어 주었다. 나는 두렵지는 않았으나 외로웠다. 어머니도, 처자식들도, 부하들도 내 외로움을 달래 줄 수는 없었다. 그럴 때면 가끔씩 술도 마셨다. 부하 장수들과 고을 수령들이 술을 가져오는 경우도 많았다. 그러나 언제 어느 때고 술 취하는 것을 경계했다. 전쟁에 임하는 장수가 술에 취한다는 것은 있을 수 없는 일이었다. 가끔씩 술에 취해 경거망동하는 원균과 일부 장수들이 참으로 한심해 보였다.

배를 만드는 일도, 새로운 무기를 개발하는 일도 소홀하지 않았다. 특히, 정철 총통을 만들었을 때는 매우 기뻤다. 왜의 조총보다 나았다. 순찰사와 병사에게 견본을 보내고, 공문을 돌려서 알리기도 했다. 정세를 살피고 전략 전술을 구상하는 일, 부하를 훈련시키는 일, 배와 무기를 만드는 일은 참혹한 이 시대에, 최고 지휘관인 내가 무엇보다도 관심을 가져야 할 일임을 나는 분명히 깨닫고 실천했다.

무엇보다 사람을 중시하고, 큰 정세와 전략을 그리고 끊임없이 전법을 생각하고, 무기를 개발하고, 현장을 다니며 군사들을 독려해 나갔다. 승리는 우리 편이었다. 남해를 휘젓고 다니던 간사한 왜적들도 조금씩 사라져 갔다. 이제 육지에서의 방비만 잘 하면 될 터였다. 그러던 중에 나는 치욕을 당했다. 임금은 내게 죄를 물었다. 시대가 그렇게 나를 몰아갔다.

"이순신은 조정을 속였으니 임금을 업신여긴 죄요, 적을 놓아 주고 잡지 않았으니 나라를 저버린 죄요, 또 남의 공로를 빼앗고 또 남을 죄에 빠뜨렸으니 방자하고 거리낌이 없는 죄이다. 이러한 여러 가지 죄상이 있으므로 법으로는 구할 수 없고, 마땅히 법률대로 사형을 하려니와, 이같이 남의 신하로서 임금을 속인 자는 반드시 사형에 처하고 용서할 수 없으므로, 이제 고문하여 그 사실을 알고자 하니 어떻게 처리해야 함이 좋을지 대신들에게 물어보라."

전하는 이렇게 조정에 명하셨습니다. 신은 전하를 원망하지 않습니다. 전하 또한 전란 중에 온갖 고초를 겪으셨음을 알고 있기 때문입니다. 분도를 하면서 세자 저하에게 전쟁을 맡겼기 때문이기도 합니다. 그러나 가장 중요한 이유는 어떠한 경우에도 전하는 신의 임금이요, 만백성들의 임금이기 때문입니다. 신은 전하의 뜻을 흔쾌히 따를 것입니다. 이제 조금만 더 버티면, 조금만 더 지나면 강토를 유린하고, 무고한 백성들을 살육하던 왜적들도 물러날 터인데 이런 시점에서 통제사직을 그만두는 것이 참으로 통탄할 노릇이기는 합니다. 그러나 신의 직위와 역할은 전하의 명으로부터 나오는 것이니 그저 분부대로 따를 뿐입니다. 부디 신의 뒤를 이을 원균 수사가 잘 해내기만을 바라나, 신이 누구보다도 원균을 잘 알기에 솔직한 심정으로는 심대한 걱정부터 앞서는 것이 사실입니다. 전하와 종묘사직을 위해 신은 오직 마음으로 빌기만 할 뿐입니다. 통촉하여 주시옵소서.

어머니! 어머니는 저를 지탱하게 해 준 정신적인 지주셨습니다. 어느 날인가 어머니를 뵈려고 배를 타고 간 적이 있었습니다. 남의길, 윤사행, 조카 분과 같이 갔었습니다. 적을 토벌하는 일이 급하여 오래 머물지 못했습니다. 기력이 약해지신 어머니를 뵙게 되어 마음이 아팠지만 말씀하시는 데는 착오가 없으셔서 그래도 적이 안심을 하였습니다. 아침 식사를 마치고 어머니께 하직을 고할 때 어머니는 이 아들에게 말씀하셨습니다. "잘 가거라. 부디 나라의 치욕을 크게 씻어야 한다."고 두 번 세 번 타이르셨습니다. 조금이라도 제가 떠나는 것에 대해 탄식하지 않으셨습니다. 어머니야말로 조선의 통제사 어머니로서 조금도 부끄럽지 않으신 분이었습니다. 저는 힘들고 어려울 때면 바다를 바라보며 어머니를 생각했습니다. 그러면서 어머니께서 해 주신 그 말씀. 나라의 치욕을 크게 씻고야 말겠다는 다짐을 굳게 굳게 하였습니다.

그런 아들이 옥에 갇히니 어머니는 많이 상심하셨을 것입니다. 저 역시 전쟁터에서도 마음 졸이며 늘 접하던 어머니의 안부를 알지 못해 많이 가슴 아팠습니다. 그런 어머께서는 제가 옥살이를 마치고 나온 지 며칠 지나지 않아 돌아가셨습니다. 종 순화가 배에 와서 전하는 어머니의 부고를 듣고, 저는 뛰쳐나가 가슴을 치며 발을 동동 굴렀습니다. 하늘이 캄캄했습니다. 지금도 그 애통함을 다 적을 수 없습니다. 어머니를 따라 어서 죽었으면 하는 마음도 간절했지만, 어머께서 제게 당부한 이 나라를 두고, 이 백성들을 두고 그럴 수는 없었습니다. 하루 속히 이 나라를 어머니 뜻대로 만들어 놓고 저도 어머니 곁으로 가겠습니다.

나 이순신은 나라가 내게 준 임무를 완수했다. 시대가 부여한 소명을 감당했다. 나는 결국 이 나라에서 왜적을 완전히 몰아내었다. 내가 누빈 바다에서, 내 군사들과 한뜻으로 이를 행하였다. 내 삶이, 내 존재가 그 무참한 혼돈의 상황, 시대적 요구와 절묘하게 맞아떨어졌다. 그것은 참으로 다 말할 수 없이 참혹했던 시대에 내게도, 백성에게도, 그리고 이 나라에도 절묘하고 기막힌 행운이었다.

징비록 (류성룡)

—인산이 새로 쓴 新징비록

"책을 읽는 일은 얼핏 지루하기도 하고, 목표 지점이 없는 달리기 같기도 합니다. 책을 읽으라는 이야기는 귀에 못이 박이도록 듣고 있지만, 왜 읽어야 하는지 질문을 받는다면 누구도 자신 있게 답하질 못합니다. 저는 징비록을 수십 번 읽고 있습니다. 그러나 어떤 대목에 이르면 눈시울을 적시는 것이나, 안타까운 마음에 활시위를 당기곤 하는 것은 늘 마찬가지입니다. 그만큼 류성룡 선생의 글이 뛰어나다는 것이겠죠. 글이 살아 숨 쉰다는 표현, 바로 이런 글을 두고 하는 말임을 느낍니다." 서애 류성룡 선생의 징비록을 옮겨 책으로 낸 고전 번역자 김흥식 선생의 말씀입니다.

혼돈의 시대에 갈피를 잡는 가장 좋은 방법은 역사를 돌이켜 보고, 사람을 살펴보는 일입니다. 혼돈의 시대를 그분들은 어떻게 인식하고, 어떠한 생각을 했고, 어떻게 헤쳐 나갔는가를 들여다보면 됩니다. "어떻게 살아갈 것인가?"는 인간이 죽을 때까지 고민해야 할 문제입니다. 그래서 '온고지신(溫故知新)!' 위대한 영웅들의 삶을 통해 그 해답을 찾고자 하는 것입니다. 충무공 이순신 장군에 이어 이번에는 '서애 류성룡' 선생입니다.

류성룡 선생은 1542년 경상도 의성에서 황해도 관찰사인 류중영 선생의 아들로 태어나셨습니다. 25세 때 문과에 급제했고, 임진왜란이 발발한 해에는 나이 50세로, 좌의정, 병조판서 겸 도체찰사로 전쟁을 총지휘하셨습니다. 오늘날로 따지면 부총리, 국방장관, 합참의장의 중책을 혼자 겸임하셨던 것입니다. 전란 중에 영의정에 임명되시고, 거의 혼자서 조정을 이끌면서 왜란을 이겨 내신 조선시대 최고의 영웅 중 한 분이십니다.

류성룡 선생의 가장 큰 공(功) 중의 하나는 뭐니 뭐니 해도 삼도수군통제사 이순신 장군과, 도원수 권율 장군을 조정에 천거하여 국가적 변란에 대비한 일이었습니다. 선생께서는 1607년 66세를 일기로 서거하실 때까지 오로지 국가와 백성, 임금만을 생각하신 진정한 충신이었습니다. '서애집, 영모록' 등 수많은 글을 남겼으며, 그중에서도 '징비록'은 역사적으로나 문학적으로 가장 뛰어난 문장으로 꼽히고 있습니다. 지옥 같은 전쟁에 대한 반성의 기록입니다. 그래서 더 가치 있고 소중한 기록인 것입니다.

징비록은 국보 제13호입니다. '징비(懲毖)'란 시경의 소비편에 나오는 문장, '자기징이비후환(子其懲而毖後患)' "내가 징계해서 후환을 경계한다."에서 유래한 말로써, 즉 자신이 겪은 환란을 교훈으로 삼아 후일 닥쳐올지도 모를 우환을 경계토록 하기 위해 쓴 글입니다. 구성은 '상,

하 2권'과 '녹후잡기', '근포집 2권', '진사록 9권', '군문등록 2권'으로 이루어져 있으나, 임진왜란의 원인과 전황이 담긴 '상, 하 2권'과 임진왜란이 지속된 7년 동안 보고 들은 내용을 자유로운 형식으로 기록한 '녹후잡기'로 이루어진 판본이 주로 번역되어 오늘에 이르고 있습니다.

징비록에는 수많은 관직명과 인물들이 등장합니다. 조선시대의 관직은 기본적으로 문반직과 무반직으로 나뉘며, 정1품으로부터 종9품까지 18등급의 품계로 이루어집니다. 기본적으로 3정승(영의정, 좌의정, 우의정)은 오늘날 국무총리, 부총리이며, 판서는 장관, 참판은 차관입니다. 기타 직책은 품계와 임무에 따라 오늘날 어느 정도의 직급이 되는지, 무슨 일을 맡아서 한 직책인지 가늠할 수 있습니다. 지방직의 경우는 오늘날 도지사격인 관찰사가 무관직인 병마사나 절도사를 겸임하는 경우가 많았습니다. 또한, 임진왜란과 같은 변란 중에는 특별히 설치한 임시직이 많았습니다.

인물들에 대해서 류성룡 선생께서는 상세히 명시하고 있습니다. 한 사람, 한 사람의 공과를 상세히 기록하셨습니다. 그 기록이 아니었다면 오늘날 우리가 어찌 그 중대한 역사적 사실을 알 수 있었겠습니까?

제가 류성룡 선생의 마음이 되어 여러분을 우리 민족의 위대한 기록 '징비록'의 세계로 모십니다.

新징비록, 그 처절한 교훈

　성종 임금 이후로 나라에서 일본에 사신을 보낸 적이 없었다. 신숙주가 세상을 떠나며 일본과 친하게 지내라고 당부했건만 우리 조정은 그러지 못했다. 그러는 사이에 도요토미 히데요시가 일본을 통일하고 사신을 보내왔다. 반 협박에 못 이겨 우리도 사신을 보냈다. 다녀온 정사 황윤길과 부사 김성일은 서로 의견이 달랐다. 일본이 쳐들어올 것인가? 쳐들어오지 않을 것인가? 나는 쳐들어오지 않을 것이라 주장한 김성일을 따로 만났다. 전쟁이 나면 어쩌려고 그렇게 말하느냐고 따졌더니 자기도 일본이 쳐들어오지 않으리라고 생각하지는 않으나 자칫 민심이 동요될까 봐 일부러 그렇게 말한 것이라 했다. 참으로 큰일이었다. 나는 그때부터 준비에 돌입했다. 국경 사정에 밝은 인물을 뽑아 남부지방 삼도의 방어를 맡기도록 했다.

　김수, 이광, 윤선각… 성을 쌓고 병영을 신축하였다. 조정은 물론 백성들이 불만을 늘어놓았다. 평화로운 때에 성을 쌓아서 백성들을 괴롭힌다고. 답답한 시대였다. 관리들과 백성들의 생각, 국가 시스템, 장수 선발과 군사훈련, 전쟁 준비 등 모든 면에서 제대로 갖추어져 있지 못했던 까닭에 전쟁이 나면 패배할 것은 당연한 이치였다. 그중 내가 가장 잘한 것이 하나 있었다. 정읍현감 이순신을 전라좌도 수군절도사로 천거한 것이었다. 종6품에서 정3품으로 7단계나 뛰어넘는 파격적인 승진에 반대도 있었다. 그러나 나는 이순신을 알아보았다. 그리고 그것이 조선에 있어서는 엄청난 행운이었음을 당시에는 그 어느 누구도 몰랐다.

나는 주장했다. 매사에 만반의 준비를 갖추는 것이 가장 중요한 일이라고. 변란을 당한 다음에 하는 것보다는 일찌감치 준비하는 것이 나을 것이라 여겨 장수들을 배치했다. 지방의 지리, 군사들의 실력을 파악한 뒤에 적을 맞아야 물리칠 수 있기 때문이었다. 나는 무인은 아니나 이런 기본은 알고 있었다. 그러나 이 기본적인 병법의 원칙도 모르는 사람들이 조정에는 가득했다. 당시의 군제인 진관제도나 제승방략제도를 두고 말들이 많았다. 나는 진관제도를 잘 정비해 평시에는 훈련에 전념하고, 전시에는 한 곳에 집결할 수 있도록 하며, 서로 협조가 잘 이루어져 한꺼번에 무너지는 폐단을 없애라고 당부하였으나 폐기되고 말았다. 그렇게 가장 다급하고 중요했던 1592년, 임진년의 봄이 가고 말았다.

1592년 4월 13일, 왜적이 국경을 침범했다. 부산 앞바다가 왜적의 배와 깃발들로 뒤덮였다. 부산포가 함락되고 첨사 정발이 죽었다. 성(城)은 순식간에 함락되었다. 좌수사 박홍, 좌병사 이각, 밀양부사 박진, 김해부사 서예원, 순찰사 김수 등은 도망갔고, 다대포 첨사 윤흥신, 동래부사 송상현은 목숨을 바쳤다. 왜적은 거칠 것 없이 여러 고을을 함락시키는 데 비해 우리 편에서는 누구 하나 그들의 길을 막는 자가 없었다. 정발과 송산현, 윤흥신을 제외하고는 모두 도망갔다. 나라가 변란을 당했을 때 '노블리스 오블리주'를 실천해야 할 지도자들, 고을의 수령과 장수들이 힘 한 번 쓰지 않고 허무할 정도로 쉽게 백성을 버린 나라가 바로 우리나라, 조선이었다.

선조 임금을 비롯한 조정 중신들은 변란이 일어난 지 나흘만인 4월

17일에 왜놈들의 침략 소식을 처음 접했다. 모두가 다 다급했다. 순변사 이일, 좌방어사 성응길, 우방어사 조경, 조방장 유극량, 조방장 변기, 경주부윤 변응성, 도순변사 신립 등으로 하여금 동부 지역과 서부 지역, 죽령과 조령 일대를 방어하도록 명령했다. 나는 체찰사가 되어 전란을 진두지휘하는 임무를 부여받았다. 경상우병사 김성일에 대해서는 내가 한마디 해야겠다. 김성일은 충신이었다. 비록 왜놈들이 쳐들어오지 않을 것이라는 보고를 하여 조정에 혼선을 불러왔지만 누란의 위기에서 오직 나라만을 걱정하는 충신이었기에 죄를 용서받고, 경상우도 초유사에 임명될 수 있었다.

부산에 상륙한 왜놈들은 파죽지세로 공격해 왔다. 상주가 적의 수중에 들어가고, 순변사 이일은 충주로 도망쳤다. 당시에는 신립과 더불어 가장 유명한 장수였던 이일이 패했다는 소식을 접하자 조정이 술렁거렸다. 천도하자는 이야기도 나오고 있었다. 관리들이건 백성들이건 도망갈 마음밖에는 없었다. 적이 충주에 진입하자, 신립이 맞아 싸우다 전사하고 말았다. 이렇게 되자 우리 군은 걷잡을 수 없이 무너져 버렸다. 오늘날의 문경새재, 즉 조령이라는 천혜의 요새를 버리고 탄금대를 싸움터로 택했던 우매하고 안타까운 결정의 대가였다. 불행히도 경상도 지방의 바다와 육지를 담당한 장수들은 하나같이 겁쟁이였다. 바다를 지키던 좌수사 박홍은 단 한 사람의 병사도 동원하지 않았고, 우수사 원균은 적이 보이면 피할 뿐 싸우지 않았다. 좌병사 이각과 우병사 조대곤은 도망쳤다. 제대로 싸운 장수가 하나도 없었다. 그러했기에 적은 상륙한 지 열흘 만에 상주까지 도달한 것이다. 군이 오늘날로 말하면 해군의 작전사령관, 함대사령관, 육군의 사단장들이 제대로 싸우지도 않고 먼저 도망친 격이었다. 지금 우리는 상상이나 할 수 있겠는가? 도대체 이런 나라가 존재할 수 있겠는가?

임금의 피란이 논의되었다. 대신들은 백성들을 놔두고 도성을 버리는 것에 크게 개의치 않는 분위기였다. 반대도 없었다. 나 역시 마찬가지였다. 그때는 그랬다. 굳이 변명하자면 그럴 수밖에 없었다. 임금이 사로잡히는 등 변고가 생긴다는 것은 곧 나라가 망하는 것이었으니까… 그럴 수는 없었다. 장령 권협, 내의 조영선, 정원리, 신덕린 등 소수의 관리들만이 한양을 사수하자고 목소리를 높였으나, 무시되었다. 그들은 나와 생각이 달랐으나 진정한 충신이었다. 임금은 4월 30일 한양을 떠났다. 나는 처음에는 수행원 명단에 빠졌었으나 나중에 포함되었다. 비를 맞으며 피란을 가는 임금. 백성들의 안위를 팽개치고 살길을 찾아 떠나는 국가지도부. 참으로 참담하고 부끄러운 일이었다. 나도 그 책임에서 조금도 자유로울 수 없었다. 개성에 도착하여 영의정이 파직되고, 내가 영의정에 임명되었다. 그러더니 곧 다시 나를 파직하고 최흥원을 영의정에 임명하였다. 적이 한양에 입성하지 않았는데 임금을 피란길에 오르도록 한 것이 죄라고 하였다. 파직되었으나 피란길은 계속 수행하였다. 결국 이틀 뒤인 5월 3일 적은 한양에 들이닥쳤다. 왜놈들이 부산에 상륙한 지 불과 20일 만에 한양에 입성했으니 얼마나 속수무책으로 길을 열어 주었는지 짐작할 수 있을 것이다. 유도대장 이양원과 도원수 김명원도 달아났다. 도대체 이 나라에는 달아나지 않는 장수가 없었다.

적은 세 갈래 길로 나누어 올라왔다.

하나는 양산-밀양-청도-대구-선산-상주로,

둘은 장기-울산-경주-문경-충주-양근-한양 동부로

충주-죽산-용인-한강 남부로,

셋은 김해-성주-금산-영동-청주-죽산-용인-한양으로…

적의 깃발과 창검은 온 나라를 뒤덮었고, 조총 소리 또한 요란했다. 도원수(지금의 합참의장) 김명원은 무기와 화포를 한강 물속에 버린 후 도망쳤다. 종사관 심우정이 만류했으나 듣지 않았다. 군의 최고 지휘관이 도망을 쳤다. 참으로 어이없는 일이었다. 그는 그렇게 비겁하게 살아남았어도 나중에는 좌의정까지 올랐다.

당시 각 도를 지키던 순찰사들은 모두 문인 출신이었다.(그럴 수밖에 없었다. 대부분 관찰사들이 겸직을 했기 때문에…) 병무에 익숙지 못해 군사의 숫자는 많았으나 명령도 제대로 전달되지 않았고, 요지를 지키지도 못했다. 훈련 또한 일관되게 이루어지지도 못했다. 옛말에 이르기를 "군대 다루기를 봄날 놀이하듯 하니 어찌 패하지 않겠느냐?" 했는데 바로 그와 같았다. 우리 병사들은 숫자가 많아도 소용없었다. 적만 나타나면 도망치기 바빴고, 무기와 물자도 마구마구 버렸다. 병사들이 버리고 간 무기와 물자가 산더미처럼 쌓여 길을 다닐 수 없을 정도였고, 적들은 이것들을 가져다 불을 질렀다.

참으로 어처구니없는 일도 발생하였다. 도원수 김명원의 부장이었던 부원수 신각은 용맹한 장수였다. 김명원이 도망치자 따라가지 않고 양주로 들어가 민가를 약탈하던 적을 격퇴시켰다. 왜적이 침략한 후 육지에서 처음으로 승리한 전투였다. 백성들도 환호했다. 그러나 김명원이 임금에게 신각이 제멋대로 가는 등 복종하지 않았다고 장계를 올렸다. 조정에서는 신각 장군을 처형하기 위해 선전관을 보냈다. 뒤늦게 승리 소식을 접한 조정에서 부랴부랴 사람을 보냈으나 이미 신각 장군은 죽은 후였다. 적과 싸우는 중에, 그것도 일방적으로 패하여 한 명의 장수도 아쉬운 판에 유능한 장수를 죽이는 무능한 임금과 조정으로 인한 안타까운 결과였다.

왜적이 함경도로 들어오면서 두 왕자 또한 적에게 사로잡혔다. 뿐만 아니라 이들을 수행하던 김귀영, 황정욱, 황혁과 함경감사 유영립, 북병사 한극함 등이 모두 적에게 사로잡혔다. 남병사 이혼은 갑산으로 도망쳤다가 백성들 손에 죽었다. 더 통탄할 노릇인 것이 한극함은 두 왕자를 남겨 놓고 오랑캐 마을로 도주한 것이었다. 이제는 군신 간의 의리도 남아 있지 않았다. 사람들은 지위고하를 막론하고 모두 다 자기 살 길을 찾기에 바빴고, 모든 국토는 적의 수중에 들어가게 되었다. 아! 조선이 이백 년 만에 이렇게 망하고 마는가?

임금은 평양을 떠나려고 하였다. 좌상 윤두수에게 명령하여 도원수 김명원과 순찰사 이원익 등을 거느리고 평양을 지키도록 하였다. 성안의 아전들과 백성들이 막아서며 외쳤다. "너희들이 평소에는 편히 앉아 국록만 축내더니 이제 와서는 나라를 망치고 백성마저 속이는구나? 성을 버리고 갈 거면 왜 우리는 성안으로 들어오게 했소? 이야말로 우리를 속여 적에게 넘겨주려는 속셈이 아니고 무엇이란 말이오?" 백성들의 말이 틀리지 않았다. 신하들이나 궁인들은 그저 망연히 서 있었다.

내가 나서서 타일러 간신히 돌려보냈다. 가슴이 아팠다. 그저 아무것도 모르는 무지하고 불쌍하고 힘없는 백성들인 줄만 알았는데 그들도 다 알고 있었다. 손바닥으로 하늘을 가릴 수는 없었다.

　나는 피란을 만류했다. 목숨걸고 말했다. "평양은 한양과 다르다. 앞에는 강이 가로막고 있고, 백성들도 굳게 지키려고 다짐하고 있다. 조금만 더 있으면 명나라의 구원병도 올 것이다. 평양을 떠나 의주로 간다면 의지할 터전도 없고, 나라의 멸망으로 이어질 것이다." 송강 정철이 반대하고 나섰다. 나는 다시 말했다. "임금께서 이곳으로 피란 오신 것은 명의 구원병을 기다렸다가 나라를 수복하고자 함이었습니다. 명의 구원병을 요청해 놓고 골짜기로 들어간다면 명과의 통신도 어려워질 것이고 한양을 회복하기도 어려울 것입니다. 신의 늙은 어머니도 강원도나 함경도 지방에 머물고 있을 것입니다. 저 또한 사사로운 정을 생각하면 그곳으로 가고 싶습니다. 그러나 어찌 나라의 앞날보다 우선하겠습니까?" 나는 눈물을 흘리며 울었다. "경의 어머니는 안녕하신지 모르겠구나. 다 내 탓이로다." 임금께서는 그렇게 말했다. 그러나 결국 함경도를 향해 떠나셨다. 목숨을 걸고 직언하고, 눈물을 흘리며 간언해도 소용이 없었다.

　6월 11일, 마침내 임금께서 영변을 향해 길을 떠나셨다. 길을 떠나면서 평양 서쪽 고을들에 있는 백성들을 달래기 위해 병조정랑 이유징을 보내고자 하였다. 그런데 그는 적의 소굴에 어떻게 들어가느냐고 반문하였다. 난 화를 냈다. "나라의 녹을 먹는 자는 어떠한 어려움도 피하지 않는 것이 도리요. 지금 나라가 바람 앞의 등불과 같은데 끓는 물속이라도 들어가야 할 때에 이 정도 일을 피하려 한단 말인가?" 원망하는 기색이 역력한 그를 보면서 마음이 무거웠다. 지금 그런 생각을 가진 자가 어찌 이유징 혼자뿐이겠는가? 임금마저도 그러니….

마침내 평양성이 함락되었다. 임금께서는 가산으로 가시고, 동궁은 박천을 거쳐 산중으로 피하셨다. 평양성에는 식량 10만 석이 있었는데 고스란히 왜적에게 넘겨주었다. 통탄할 노릇이었다. 그래도 종사관 홍종록같이 충성스럽고 성실한 인물도 있었다. 다행이었다. 임금께서는 의주에 도착하셨다. 7월에 명나라의 요동 부총병 조승훈이 5천의 지원병을 거느리고 우리나라로 온다는 기별이 전해졌다. 식량을 준비하고, 땔감을 준비하는 일이 중요했다. 도망치는 백성들을 설득하여 불러모았다. 나는 공책을 꺼내어 이름을 썼다. 공책에 이름이 적힌 사람들을 후에 상주겠다고 하니 너도 나도 나섰다. 백성들은 다그치기보다는 타이르는 편이 낫다고 판단하여 널리 전파하고, 이후에는 매를 사용하지 않도록 했다. 정말이지 백성이 나라의 근본임을 나는 뼈저리게 느꼈다.

드디어 기다리던 소식이 왔다. 전라 수군절도사 이순신 장군이 경상우수사 원균, 전라우수사 이억기 등과 함께 거제도 앞바다에서 적을 크게 물리쳤다는 소식이었다. 이순신 장군은 원균을 타이르면서 신중하게 전투를 치렀다. 왜적들은 이순신 장군을 한 번도 이기지 못하였고, 부산과 거제로 들어가 나오지 않았다. 승전보가 조정에 전해지자 임금께서는 대단히 기뻐하시면서 품계를 올려 주려고 했으나, 주위에서는 너무 지나치다고 반대했다. 아무리 아무리 올려 주어도 지나치지 않을 사람이 바로 이순신 장군이었거늘, 아무것도 한 일도 없는 이들이 그것을 제지하다니 기가 막힌 노릇이었다. 이순신 장군의 공은 전라도와 충청도를 온전히 보전하고, 황해도와 평안도 연안지방까지 지키게 됨으로써 군량의 조달과 통신체계를 확립할 수 있도록 한 것이었다. 이는 곧 나라를 회복할 수 있는 기반이 되었다. 뿐만 아니라 요동과 천진 지방에 왜적의 손길이 닿지 않게 되어 명나라 군사들이 육로를 통해 우리나라를 구원할 수 있었다. 이 모든 것이 이순신 장군이 한 번 이긴 결과였다. 실로 하늘의 도움이었다.

전투는 계속되었다. 김제군수 정담과 해남현감 변응정이 왜적과 맞서 싸우다가 전사하고 말았다. 왜적들은 우리 군사들의 시신을 모아 묻고는 큰 무덤을 만들었다. 나무 비에는 '조선의 충성스런 정신과 의로운 기운을 기린다.'고 써 놓았다. 정담과 변응정을 위시한 우리 군사들의 행동이 적마저 감동시켰다. 8월 1일, 순찰사 이원익과 순변사 이빈 등이 평양성을 공격했으나 실패하고 물러났다. 9월에는 명나라 유격장군 심유경이 왔다. 경기감사 심대가 왜적의 습격을 받아 삭녕에서 전사하고 말았다. 내가 그토록 조심하라고 일렀음에도 불구하고 그는 조심하지 않았다. 참으로 안타까웠다. 강원도 조방장 원호도 구미포에서 왜적을 크게 물리쳤으나, 춘천전투에서 목숨을 잃고 말았다. 원호가 죽음으로써 강원도에는 적에 대항할 만한 인물이 하나도 남지 않게 되었다.

훈련부 봉사 권응과 정대임 등은 의병을 거느린 채 영천을 되찾았다. 경상 좌병사 박진은 경주를 수복하였다. 경주성전투에서는 '비격진천뢰'를 쏘았다. 적들을 많이 죽였다. 그런 까닭에 적들은 이 무기를 가장 두려워했다. 그 무렵, 각 도에서는 수많은 의병들이 일어나 왜적을 물리치기 시작했다. 김천일, 고경명, 최경회, 곽재우, 김면, 정인홍, 김해, 유종개, 이대조, 장사진, 영규대사, 조헌, 김홍민, 이산겸, 박춘무, 조덕공, 조웅, 이봉, 우성전, 정숙하, 최흘, 이노, 이산휘, 남언경, 김탁, 유대진, 이질, 홍계남, 왕옥, 사명대사 유정, 정문부, 고경민 등등… 이분들의 이름을 나는 일일이 다 적었다. 내가 알리지 않으면 후손들이 기억조차 못할 터이니까….

 12월, 명나라에서는 대부대를 우리나라에 파견하였다. 제독 이여송을 대장으로 4만 군사가 압록강을 넘었다. 이여송은 부총병 사대수를 순안에 보내 왜적을 만나게 하였다. 왜적들도 명나라 대군이 파견되었음을 알게 되었다. 고니시 유기나가 등 후퇴하는 왜적들을 섬멸할 절호의 기회가 있어 황해도 방어사 이시언과 김경로에게 왜적들이 후퇴할 길목을 막고 지나갈 때 뒤를 치라고 지시했으나 제대로 따르지 않았다. 나는 통탄했다. 유기나가, 요시토시, 겐소 등을 사로잡거나 죽였으면 한양의 왜군까지 저절로 무너졌을 것이고, 그렇게 되었다면 한강 이남의 왜적까지 연이어 무너져 수년 동안 어렵게 싸울 필요도 없었을 것이다. 한 사람의 잘못으로 인해 천하의 큰일을 그르쳤으니 참으로 애석한 일이었다.

 1월 24일, 한양으로 도망쳐 온 왜적들은 평양에서 패한 것에 대한 분풀이로 우리 백성들을 무참하게 죽이고 온 건물들을 다 불태워 버렸다. 나는 하루라도 빨리 진군할 것을 건의했으나 이여송은 계속 머뭇거렸다. 여석령 고개에서 이여송은 크게 패하고 말았다. 나는 제독에게 힘

주어 말했다. "이기고 지는 것은 장수에게 다반사이다. 새롭게 나서면 될 것을 한 번 패했다고 물러서려 하십니까?" 이여송은 변명하였다. 명나라 장수들은 군량이 바닥났다는 핑계를 대고 철군을 주장하였다. 군량이 없다고 호조판서 이성중, 경기 좌감사 이정형이 제독 앞에 무릎 꿇고 혼나는 상황이 벌어졌다. 일국의 장관이 무릎을 꿇고 사죄하는 이 나라의 모습이 어쩌다 이 지경에 이르렀는지 나는 눈물이 저절로 흘러내렸다.

나는 제독에게 명나라가 물러나서는 안 되는 다섯 가지 이유를 조목조목 댔다. 역대 선왕의 분묘가 모두 경기 지역에 있어 적의 수중에 들어가 있고, 경기 남부의 백성들이 오직 구원병만을 기다리고 있다는 점, 우리 땅은 한 걸음, 한 뼘도 쉽사리 포기할 수 없고, 우리 병사들이 명나라 구원병들과 힘을 합해 싸우고자 하는데 물러난다면 한을 품고 쓰러지고 말 것이며, 구원병이 물러난 다음 적이 공격해 온다면 그 강한 기세에 눌려 임진강 이북도 지킬 수 없을 것이라고 설명했다. 그러나 이여송은 아무 말도 하지 않고 그냥 돌아갔다.

전라도 순찰사 권율이 행주에서 적을 크게 무찌르고 파주로 들어갔다. 행주산성에 진을 친 권율은 왜적들의 끈질긴 공격에도 불구하고 성을 지켜 냈다. 통쾌한 승리였다. 나는 여러 장수들에게 명하여 곳곳의 요충지를 지키게 하였다. 권율과 이빈에게는 파주산성을, 고언백과 이시언, 정희현, 박명현은 해유령을, 박유인, 윤선정, 이산휘 등은 창릉과 경릉 사이를 지키게 했고, 김천일과 정걸 등에게는 배를 이용해 용산과 서강을 쳐서 적의 세력을 분산하도록 하였다. 또 충청도 순찰사 허욱에게는 충청도를 지키도록 하여 남부로 향하려는 적을 막도록 하였다.

전쟁은 나의 의지대로 전개되었다. 적이 나를 사로잡으려 한다기에 사대수 총병은 피란을 권했으나, 나는 물러나지 않겠다고 했다. 총병도 나와 함께 죽겠다고 흔쾌히 대답하였다. 조선인의 기개가 살아 있음을 보여 준 것 같아 내 스스로도 흐뭇했다.

남은 군량을 풀어 굶주린 백성들을 구제할 것을 임금께 말씀드렸더니 임금께서 허락하셨다. 왜적이 한양을 점령한 지도 벌써 2년, 온 국토가 쑥대밭이 되어 농사지을 땅도 남아 있지 않은 까닭에 백성들은 굶어 죽는 것이 다반사였다. 죽은 어미의 젖을 빨고 있는 아기를 보면서 나는 눈물을 흘렸다. 백성이 나라의 근본이거늘 백성들이 불쌍했고, 백성을 잃은 나라가 한없이 안타까웠다. 주위에는 굶어 죽은 시체가 즐비했다. 먹을 것이 없어 죽고, 죽어 가는 백성들을 보면서 나는 내가 이 나라의 관리인 것이 한없이 부끄러웠다. 더 이상 이러한 일이 일어나지 않기 위해서라도 내가 나서야 했다. 군량을 풀어 백성들에게 나누어 주었고, 남원 등지의 곡식 1만 석을 영남으로 보내 백성들을 구제할 것을 지시했다. 만일 이 상태가 몇 달 동안 지속되었다면 아마도 우리 백성들은 하나도 남김없이 굶어 죽었을 것이다. 나는 백성들을 살리기 위해 고군분투했다. 그 정성과 노력을 하늘이 들어주셨다. 결국 하늘이 백성들을 살렸다.

유격대장 심유경이 한양에 들어가 적에게 후퇴를 권유했다. 나는 제독에게 글을 보내 강화를 맺는 것만이 최선이 아니니 어서 공격하라고 권했다. 그러나 제독은 그럴 뜻이 없어 보였다. 오히려 왜적에게 보내는 기패(임금의 명령을 적은 깃발)에 참배를 하지 않았다고 트집을 잡았다. 한음 이덕형이 사과를 권유하여 내키지 않지만 갔다. 나는 사과를 하면서도 할 말은 했다. 기패에 왜적을 치는 것을 금지하라는 내용이 있어서 분함을 금하지 못했다고 했다. 이여송 제독은 그런 글이 있었는지 몰랐다고 오히려 미안해했다. 비록 명나라의 도움을 받는 처지지만 나는 조선의 정승으로서 늘 당당하고 싶었다.

4월 20일, 한양이 수복되었다. 성안에 들어가 보니 백성들은 백에 하나도 남아 있질 않았는데, 살아 있는 사람들조차 모두 굶주리고 병들어 있어 얼굴빛이 귀신같았다. 날씨마저 더워서 성안이 죽은 사람과 죽은 말의 썩은 냄새로 가득했다. 모든 집들은 사라져 버렸고, 종묘와 대궐, 종루, 관아들도 남김없이 재로 변했다. 조선의 심장부가 재로 변한 것이었다. 기가 막혀서 말이 나오지 않았다. 이 나라가 다시 일어설 수 있을지 암담하고, 참담했다.

상심이 너무 컸던 탓일까? 한양에 들어온 지 3일 만에 나는 병을 얻어 자리에 눕고 말았다. 한양에서 물러난 적들은 느긋하게 후퇴했다. 그들의 길목에 있던 우리 군사들은 적이 나타나면 이리저리 피하고, 길을 터주기만 할 뿐 아무도 공격하지 않았다. 오직 목숨만을 보존하고자 하는 군사들이 벌이는 이상한 전쟁이었다. 부끄러웠다. 훗날 우리의 후손들이 이 상황을 본다면 뭐라고 할 것인지 가늠이 되지 않았다. 적들은 해안가에 진을 쳤다. 그 사이에 진주성이 함락되고, 충청병사 황진, 진주목사 서예원, 판관 성수경, 창의사 김천일, 의병장 고중후, 최경회

등이 목숨을 잃었다. 6만 명이나 되는 병사들과 백성들도 죽었다. 왜적의 침입이 시작된 이래 이처럼 많은 사람이 죽은 적은 없었다.

권율이 도원수에 임명되었다. 10월이 되어 임금께서 한양으로 돌아오셨다. 조선 전역은 이미 폐허가 되었다. 모두가 굶주려 죽어 갔다. 전염병도 창궐했다. 심지어 아버지와 아들이 서로 잡아 먹고, 남편과 아내가 서로 죽이는 지경에 이르러 길가에는 죽은 사람들의 뼈가 잡초처럼 흩어져 있었다. 나는 차마 눈뜨고 볼 수가 없었다. 하늘이시여! 도대체 이 나라를 어떻게 하시려고 하십니까? 그저 눈물만 흘릴 수밖에 없는 내 자신이 죽도록 원망스러웠다.

명나라는 왜적을 조선에서 몰아내고자 했다. 왜나라 사신을 서둘러 불러들여 세 가지를 요구했다.

첫째, 봉작만 받고 조공은 요구하지 말 것.
둘째, 한 사람의 병사도 부산에 머물지 말 것.
셋째, 향후 영구적으로 조선을 침략하지 말 것.

사신 고니시 도부는 하늘을 향해 맹세하며 약속을 지키겠다고 말했다. 명나라 황제는 도요토미 히데요시를 일본 국왕에 봉했다. 그러나 일본은 차일피일 핑계를 대면서 완전히 철수하지 않고 있었다. 나중에는 조선의 왕자가 사의를 표해야만 철군하겠다는 억지도 부렸다.

삼도수군통제사 이순신 장군이 하옥되었다. 음흉하고 간사한 원균이 모함했다. 이순신 장군을 추천한 것이 나였기 때문에 나와 사이가 좋지 않은 사람들이 원균을 지지하고 나섰다. 우의정 이원익만이 이순신 장군을 변호했다. 한심한 조정, 한심한 관리들이었다. 나라가 풍전등화의 위기에 빠져 있는데 아직도 정신을 차리지 못하고 파벌 싸움에 전쟁 영웅까지 모함하다니… 심지어 현풍에 사는 박성이라는 자는 이순신 장군의 목을 베어야 한다는 상소문까지 올렸다. 이런 천하의 역적 같은 자가 나중에 안양현감까지 했다. 임금께서 사실을 확인하고자 보낸 성균관 사성 남이신도 사실대로 보고하지 않았다. 남이신은 나중에 경기도 관찰사까지 하였다.

이순신 장군을 사형시켜야 한다는 말이 나왔다. 그래도 다행스러운 것은 판중추부사 정탁이 홀로 목숨을 내놓고 이순신 같은 명장을 죽여서는 안 된다고 하였다. 겨우 감형되어 삭탈관직만 되었다. 이순신 장군의 노모는 아들이 옥에 갇혔다는 말을 듣고 괴로워하다가 목숨을 잃고 말았다. 옥에서 나온 이순신 장군이 아산을 지나는 길에 상복을 입고 백의종군을 했는데 모든 이들이 안타깝게 생각했다.

1597년 8월 7일, 한산도의 수군이 패하였다. 이 싸움에서 통제사 원균과 전라우수사 이억기가 전사했고, 경상우수사 배설은 도망쳐 죽음은 모면했다. 원균은 패할 수밖에 없었다. 이순신 장군이 시행한 모든 제도를 바꾸고, 장수와 병사들도 쫓아냈다. 이순신 장군은 운주당이라는 곳에서 밤낮을 가리지 않고 전투를 연구하고, 상대가 졸병이어도 언제든지 자유롭게 말할 수 있도록 했기에 싸움에서 패하는 일이 없었다. 그러나 원균은 인물이 아니었다. 또한 술주정이 다반사였다. 장졸들의 마음이 원균을 떠났다. 그와 더불어 승리의 여신도 멀어져 갔다. 원균은 가덕도, 칠천도 전투에서 패하여 죽었다. 뛰어난 장수 이억기도 바다에 뛰어들어 죽었다.

왜적들은 싸움을 시작한 이래 오직 수군에게만 패하였기에 간교한 술책을 써서 이순신 장군을 하옥시켰고, 원균을 유인해 습격한 것이다. 왜적의 간교한 계략에 빠져 큰 피해를 입었으니 얼마나 슬픈 일인가! 이는 비단 원균의 탓만이 아니었다. 당리당략에 빠져 영웅을 인정하지 못하고, 알아주지 않은 임금과 조정의 문제였다. 왜적들은 황석산성도 함락시켰으며, 안음현감 곽준과 전 함안군수 조종도도 전사하였다. 조종도는 "밖에서는 사는 것이 기쁨이고, 안에서는 죽음이 영광이로다." 는 말을 남기고 적을 맞아 싸우다 장렬히 전사하였다.

다시 삼도수군통제사에 이순신 장군이 기용되었다. 왜적은 남원을 쳐서 함락시켰고, 이 싸움에서 전라병사 이복남, 남원부사 임현, 조방장 김경로, 광양현감 이춘원, 접반사 정기원 등이 모두 전사했다. 최고 지휘관이었던 명나라 장수 양원은 요동에서 활동하던 장수라 왜적과의 싸움에서는 미숙하였다. 평지에 있는 성을 지킨다는 것이 얼마나 어려운지도 잘 몰랐던 탓도 있었다. 양원은 살아남았지만 결국 패전의 책임을 물어 참형에 처해졌다. 전쟁이 계속되면서 이제는 도망치기보다는 목숨을 걸고 싸우는 관리들이 많았다. 그들의 죽음은 안타깝지만 이 나라와 후손들을 위해서는 마땅히 죽어야 했다. 그래서 더욱 장한 죽음이라고 나는 생각한다. 그들을 기억해야 하겠기에 나는 기록에 일일이 적어 남기는 것이다.

삼도수군통제사 이순신 장군이 진도 벽파정에서 왜적을 물리치고 왜장 마다시를 잡아죽였다. 이순신 부대는 12척의 배로 마다시의 2백여 척의 배를 물리쳤다. 이순신 장군의 명성은 날로 높아져 갔다. 성격이 포악하고 까다롭기로 이름난 명나라 진린 제독도 이순신 장군만큼은 인정했다. 참으로 뛰어난 장수라고 칭찬을 아끼지 않았다. 마음으로 얼마나 감복했는지 심지어는 임금께 이순신 장군은 천하를 다스릴 만한 인재요, 하늘의 어려움을 능히 극복해 낼 공이 있다고 글을 올렸다. 그러나 편협하고, 의심 많은 임금이 심히 걱정도 되었다. 명나라의 실세 장수가 이순신 장군을 천하를 다스릴 만한 인재라 하였으니 경계하고, 시기하는 마음이 더 커졌을 것이라 생각했다.

적이 완전히 물러갔다. 적들은 물러가면서도 민가를 불태우고, 백성들을 죽였다. 참으로 백성들만 불쌍했다. 10월, 유정이 순천의 적 진영을 공격하고, 통제사 이순신 장군은 적의 구원병을 노량바다 가운데에서 크게 물리쳤으나 이 싸움에서 그만 전사하고 말았다. 하늘이 무너지는 기분이었다. 사천에 머물고 있던 시마쓰 요시히로를 공격, 적선 2백여 척을 불태우고 수많은 왜적을 죽였으며, 도망치는 왜적을 노량까지 뒤쫓다가 그만 총알에 맞고 말았다. 그는 "지금 싸움이 급한 상태다. 내가 죽었다는 사실을 알리지 말라." 하고는 숨을 거두었다. 진린 제독은 땅바닥에 주저앉으며 통곡했다. 고니시 유기나가는 성을 버리고 도망쳤으며, 부산과 울산, 하동의 바닷가에 주둔하고 있던 적들도 모두 물러갔다.

이순신 장군의 영구 행렬이 지나는 곳에서는 모든 백성들이 길가에 나와 제사를 지내면서 울부짖었다. 이순신 장군은 강직한 인물이었다. 병조판서 김귀영이 서출인 자신의 딸을 첩으로 주려 하였으나, 권세 있는 집안에 의지하기 싫다고 거절하였다. 훈련원에 근무할 때는 인사를 좌지우지하는 힘 있는 병조정랑과도 맞서 뜻을 굽히지 않았다. 그는 말과 웃음이 적었고, 용모는 단정하였으며 항상 마음과 몸을 닦아 선비와 같았다. 그러나 속으로는 담력과 용기가 뛰어났으며 자신의 몸을 돌보지 않고 오직 나라를 위해 목숨을 바친 위대한 인물이었다. 군중에서는 갑옷을 벗는 일이 결코 없었다. 한시도 경계를 게을리하지 않고 적의 움직임을 꿰뚫고 있어서 휘하 장수들은 그를 귀신 장군이라 생각했다. 그는 뛰어난 재주에도 불구하고 운이 부족해 백 가지 경륜을 제대로 펴 보지 못한 채 죽고 말았으니 참으로 애석한 일이다. 나 류성룡은 징비록을 이순신 장군의 죽음으로 끝을 맺는다. 이순신 장군이 죽으면서 전란도 끝이 났다. 이순신 장군이 죽으면서 왜적을 다 물리쳤다. 이순신 장군이 이 나라를 살린 것이다.

녹후잡기…(징비록을 다 작성한 후 이런저런 이야기를 남김)

1578년 무인년 가을, 혜성이 하늘에 뻗쳤는데, 그 모양이 흰 비단을 편 것과 같았으며, 서쪽에서 동쪽을 향해 펼쳐져 있더니 몇 달이 지나 사라졌다. 1588년 무자년에는 한강의 물이 3일 동안이나 붉은 모습을 보였다. 1591년 신묘년에는 죽산 태평원 뒤에 쓰러져 있던 돌이 저절로 일어났으며, 통진현에서는 쓰러져 있던 버드나무가 다시 일어섰다. 백성들 사이에서는 곧 도읍을 옮길 것이라는 말이 돌았다. 큰일이 일어날 때에는 비록 사전에 알지 못하더라도 이상한 조짐들이 나타난다는 사실을 깨닫게 되었다. 더구나 흰 무지개가 해를 꿰뚫고 금성이 하늘에 뻗치는 일이 매년 일어났음에도 불구하고 누구 하나 이상히 여기질 않았다. 근 10여 년 동안 여러 이상한 일이 일어나는 등 하늘이 간절히 알려 주었으나 사람이 깨닫지 못했으니 우리의 우매함을 한탄할 수밖에 없었다. 모두가 하늘의 뜻이었다.

왜적은 대단히 간교한 자들로 용병 또한 단 하나도 속이지 않는 법이 없었다. 그러나 우리는 100여 년에 걸친 태평성대로 인해 전쟁을 잊고 지내다가 갑자기 왜적의 침입을 맞게 되자 우왕좌왕하다가 혼비백산하고 말았다. 군대는 무너졌고, 임금과 장수들은 도망쳤으며, 민심은 흩어졌다. 우리에게 참으로 천우신조격으로 다행이었던 것은 적이 자만하고, 교만했다는 것이었다. 적은 항상 이긴다고만 생각하여 뒤를 돌아보지 않았다. 그러다 보니 여러 갈래로 흩어져 마음대로 날뛰었다. 군사는 나누면 약해지는 법이다. 천 리에 걸쳐 전선을 형성하고 시간이 지나니, 아무리 강한 화살이라 해도 멀리 가다 보면 낡은 헝겊 한 장 뚫지 못하는 이치와 같았던 것이다. 이는 군사력 운용의 기본적인 이치였다.

우리에게는 의병들이 있었다. 곳곳에서 의병들이 활약을 하자 적들은 서로 통신이 두절되고 구원할 수 없게 되어 결국 후퇴할 수밖에 없었다. 다만, 정말 아쉬운 것은 육지에 이순신 장군 같은 장수가 한 명도 없었다는 것이었다. 우리에게 뛰어난 장수 한 명만 있었어도 길게 이어져 있던 적의 전선을 끊어 단절시킬 수 있었을 테고, 그렇게 되었다면 평양성에서 그들의 대군을 무찌를 수 있었을 것이다. 또한 그런 계책을 한양 남쪽에서 사용했더라면 한 놈도 살려 보내지 않았을 것이다. 그렇게 되었더라면 왜적들의 간담이 서늘해져서 수십 년, 아니 수백 년 이후에라도 우리 강토를 엿볼 생각은 하지 못했을 것이다.(그랬다면 그로부터 3백 년 이후에 왜적들이 다시 이 나라를 강제로 취했던 한일병탄도 없었을 것이다. 새삼 류성룡 선생의 혜안에 고개가 숙여진다.) 그러나 우리는 너무 약하고 힘든 상태였다. 그리고 그러한 계략을 쓸 만한 인물이 없었다.

옛날 조조가 병법에 대해 이렇게 논하였다. "군사를 거느리고 전투에 임할 때 중요한 세 가지가 있다. 첫째는 지형을 이용하는 것이요, 둘째는 군사들의 기강이 바로잡혀 있을 것이며, 셋째는 좋은 무기를 사용하는 것이다. 이 세 가지야말로 병법의 기본이요, 승패는 이로부터 결정된다." 적들은 조총이라는 신무기를 사용했다. 우리가 사용한 활은 겨우 백 보를 가는데 비해 조총은 수백 보를 나갔으니 사거리 면에서도 월등하고, 정확도에서도 비교할 수가 없었다.(계룡 엄사리에 있는 국궁장에 계신 분이 필자와 대화를 나누던 중 당시 조선시대의 활이 조총보다 더 멀리 나갔다고 하셨는데 이는 사실이 아니다. 징비록에는 우리 활이 백 보, 조총이 수백 보를 나갔다고 명시하고 있다.)

다만 험준한 산이나 우거진 숲을 적에 앞서 선점한 후에 매복하고 기습을 가했기 때문에 비록 조총을 가진 적이라 하더라도 무력화시킬 수 있었던 것이다. 전쟁을 통틀어 가장 아쉬웠던 부분은 신립과 이일 등이 좀 더 현명한 계책을 썼더라면 하는 부분이다. 적(敵)이 상주에 있을 때 토천과 조령 사이에 궁수 수천 명을 매복시켜 놓고 숲을 활용했다면 적은 우리 병사의 숫자도 파악하지 못한 채 꼼짝없이 당할 수밖에 없었을 것이다. 그러나 그들은 오합지졸을 데리고 험준한 숲을 떠나서 평탄한 들판에서 대적했으니 질 수밖에 없었던 것이다. 앞서 이 내용을 기록했지만 다시 한 번 특별히 기록하는 까닭은 후손들에게 경각심을 일깨워 주기 위해서이다.

성은 적을 막고 백성을 보호하는 곳이므로 우선 견고해야 한다. 성에는 곡성(성문을 밖으로 둘러 가려서 곱게 쌓은 성벽)과 옹성(큰 성문 밖의 작은 성, 성문을 보호하고 성을 든든히 지키기 위해 만든 것)이 있어야 한다. 곡성과 옹성이 없으면 살받이터에 방패를 세우고 피한다 해도 성 밑에 바짝 붙어 오는 놈은 보고도 막을 수가 없는 것이다. 나는 성을 쌓고 지키는 보다 효과적인 방법을 수차례 알리고 제안했다. 1596년 봄에는 한양 수구문 밖에 모형을 만들다가 그친 적도 있었다. 경상 우감사에 임명된 친구 김사순에게는 진주성에 포루(포를 쏠 수 있도록 지어진 포대)를 세워 대비해야만 성을 지킬 수 있을 것이라고 충고했다. 그러나 백성들이 모두 나서 백성을 괴롭히지 말라고 하면서 반대를 했기에 뜻을 이루지 못했으며, 이 결과 성이 함락되는 아픔을 겪었던 것이다. 참으로 가슴 아픈 일이었다. 앞으로 나라의 앞날을 깊이 생각하는 사람이 나온다면 나 같은 사람의 말이라고 해서 그냥 지나치지 말고 활용하기 바란다. 적을 막는 방법으로는 꽤나 효과적인 것이라고 생각한다.

전쟁 초기, 육지 여러 고을이 왜적의 공격에 함락되자 우리 군사들은 그 모습만 보고도 흩어지면서 맞서 싸울 엄두도 내지 않았다. 그때 조정에서는 병사들의 갑옷을 만들자는 얘기가 나와 공인들이 잠도 자지 않고 갑옷을 만들었는데 나는 아니다 싶어 말했다. "적과 싸울 때는 모였다 흩어졌다 하는 병법을 쓰므로 빨리 움직일 수 있어야 합니다. 그런데 두껍고 무거운 갑옷을 입는다면 그 무게를 어떻게 견뎌 내며, 또 움직이기도 힘든데 어떻게 적과 싸워 이길 수 있습니까?" 그래서 결국 갑옷 만드는 일은 중단되었다.

병법에는 정해진 형식이 없고 전투에는 특별한 법칙이 없다. 때에 따라서 그에 적절한 법을 시행하면서 나아갔다가는 물러나고 모였다가는 흩어지면서 특별한 묘책을 끝없이 활용해야 하는 것이다. 그런데 이는 결국 지휘관의 능력에 따라 달라진다. 그런 측면에서 본다면 천 마디 말이나 만 가지 계략이 다 필요 없고, 오직 뛰어난 장수 한 사람이 중요하다. 거기에 조조가 말한 세 가지 요소가 있으면 다른 어떤 것도 필요 없다. 무릇 나라에서는 평소에 훌륭한 장수를 선발해 두었다가 유사시에 활용해야 한다.

나는 군사훈련의 중요성을 잘 알고 있었다. 그래서 전쟁 중에 명나라 군사들의 훈련법을 자세히 익히도록 했다. 임금께 건의하여 비변사에 따로 훈련도감도 설치했다. 총 쏘는 기술을 가르치고, 성적에 따라 상과 벌을 내렸다. 임금께는 정예 군사를 육성하는 법과 군량 확보 방안을 건의했다. 조정에서 논의를 했으나 병조에서 실시하지 않아 효과를 거두지 못했음이 안타깝다.

이제 징비록을 마친다. 나는 조선의 정승으로 이 참혹한 전쟁을 총지휘하였다. 나라의 근본인 백성들을 지켜 내기 위해 내 모든 노력을 다했다. 무인은 아니었지만 병법을 통달하였고, 전황을 꿰뚫어 보았다. 사람들을 평가할 때는 냉정했다. 나는 임금과 백성에게 충성을 다했다. 무능한 임금이었지만 그래도 내 임금이었다. 모든 것은 역사가 평가할 것이다. 참으로 참혹했던, 그러면서도 비장했던 나와 이 시대를.

　앞에서 살펴본 '징비록'은 처절한 반성의 기록입니다. 그래서 다른 어느 기록보다 더 가치가 있습니다. 비록 임금인 선조는 반성도 없었고, 책임도 지지 않았지만, '일인지하 만인지상'의 정승인 류성룡 선생께서 직접 참혹한 전쟁에 대한 반성의 기록을 남겼다는 것이 의미 있는 일입니다. 이순신 장군을 비롯한 충성스런 군인들과 의병들이 목숨을 던졌고, 류성룡 선생과 같은 일부 충신들이 혼신을 다해 나라를 살려 냈습니다. 그래서 우리는 징비록을 통해 희망을 봅니다. 인간을 봅니다. 사랑을 봅니다. "백성이 나라의 근본이다."라고 끝없이 말씀하셨던 류성룡 선생께 한없는 존경을 보냅니다. 백성이, 국민이 나라의 근본이라는 그 말씀을 지금 이 시대를 살아가는 우리 모두가 깊게 새겨야 합니다.

산성일기 ^(작자 미상)

—인산, 치욕의 역사, 그 현장을 살피다

우리 민족의 역사를 돌이켜 보면 나라가 혼란스러웠고, 백성이 피폐
했던 혼돈의 시대가 많았습니다. 우리 민족이 백의(白衣)민족이요, 평
화를 사랑하는 민족이라 한 번도 적을 침략한 적이 없다고 배웠습니
다. 그러면서 수많은 외침을 다 이겨 낸 자랑스러운 민족이라 했습니
다. 그러나 평가는 분명해야 합니다. 수많은 외침을 이겨 낸 것은 높이
평가해야 하지만, 외침을 당하지 않도록 했어야 함에도 불구하고 그렇
게 하지 못한 무능은 반성해야 합니다. 결국 그 피해는 아무 죄가 없는
백성들에게 돌아갔기 때문입니다. 임진왜란, 병자호란, 조선 말기, 구
한말, 일제 식민지시대, 6.25전쟁 등등… 다 그랬습니다.

임진왜란과 정유재란 이후 조선은 급격히 쇠퇴하게 됩니다. 그 7년
전쟁이 남긴 상처는 그만큼 혹독했습니다. 당시 조선의 인구는 약 4백
5십만 명 정도로 추정합니다.(1543년, 중종 38년에 약 420여 만 명 정도
로 기록) 이 중 조선군 전사 7만 명, 민간인 사상자가 15만 명, 민간인
포로 6만여 명이 발생했고, 경작지와 곡물 생산량이 1/2로 감소했습니

다. 포로로 끌려간 민간인들은 전쟁 말기에 왜적에게 부역한 힘없는 백성들이었는데 전후에 포로 송환이 있었음에도 돌아온 인원은 6,323명으로 1/10에 불과했습니다. 일부러 돌아오지 않은 사람들도 상당하였다고 합니다. 임금도 백성을 버리고, 백성들도 나라를 버린 전쟁. 그래서 더 참혹했던 혼돈의 시대였습니다.

그러나 더 안타까운 일은 왜적의 침입을 겨우 막아 낸 지 불과 30년도 안 되는 1627년, 이제는 북쪽의 오랑캐라 불리는 후금(청나라)의 침입을 받게 됩니다. 이후 1636년의 침입까지 두 차례의 전쟁을 우리는 정묘호란, 병자호란이라 부릅니다. 임진왜란에 이어 조선 역사상 가장 참혹하고, 참담했던 혼란과 혼돈의 시대였습니다. 수많은 백성들이 살육당하고, 치욕을 겪었던 처절한 시대였습니다. 우리는 그 아픔을 잊어서는 안 됩니다. 그 역사를 절대 잊어서는 안 됩니다.

이 시대에 살펴볼 인물들은 조선 중기 인조 때 청음 김상헌 선생으로 대표되는 척화파와 지천 최명길 선생으로 대표되는 주화파입니다. 김상헌 선생이 어떤 분이신지 생소한 분이라면 이 시조를 들으시면 아실 것입니다.

가노라 삼각산아 다시 보자 한강수야
고국산천을 떠나고자 하랴마는
시절이 하 수상하니 올동말동하여라.

청암 김상헌 선생은 병자호란 때 예조판서로서 적에게 항복하기를 끝까지 반대했던 척화파의 대표자였습니다. 강화를 맺자는 주화파의 대표인 최명길이 항복문서를 가지고 적진에 가려 하자 국서를 찢고 통곡했습니다. 그러나 결국 임금인 인조가 항복문서를 가지고 산성을 나가려 하자 식음을 전폐하고 자살을 기도했으나 실패했습니다. 홍익한, 윤집, 오달제 등 청에게 항복을 반대했던 삼학사가 죽은 지 3년 후, 청나라가 그를 인질로 요구하는 바람에 심양으로 끌려가 4년 동안 옥고를 치렀습니다. 위 시조는 심양으로 떠나가시면서 선생께서 읊은 시조입니다. 삼각산은 지금의 백운대, 인수봉, 만경대를 말합니다. 일제가 그 산의 정기를 말살하고자 북한산이라 개명했는데 우리 민족의 정기를 다시 세우려면 당연히 삼각산으로 불러야 할 산입니다.

지천 최명길 선생은 이항복의 문인입니다. 실질을 중시하는 인물이었습니다. 두 차례의 호란 때 청나라와 강화하는데 중추적인 역할을 담당했습니다. 경기도관찰사, 호조참판, 병조참판, 대제학, 호조판서, 한성부윤 등의 직책을 두루 거친 학자로서 병자호란이 일어나던 해 이조판서를 지냈습니다. 병자호란이 일어나자 수많은 척화론에 맞서 홀로 주화론을 폈습니다. '숭명배청'의 명분보다는 현실적인 정세를 감안하자는 현실론자였습니다. 그가 작성한 항복문서를 김상헌 선생이 울면서 찢어 버리자 그는 "나라에는 문서를 찢는 신하도 필요하고, 나처럼 붙이는 신하도 있어야 한다."고 했습니다. 그러면서 그는 반대파인 김상헌 선생의 생각이 자신과 다르지만 그 또한 애국심의 표현임을 인정하였습니다.

병자호란을 다룬 역사책들은 많이 있습니다. 그중에서 저는 '산성일기'를 중심으로 이야기를 풀어 갈까 합니다. 산성일기는 잘 알려져 있지 않은 책입니다. 지은이도 정확하지 않습니다. 다만, 글의 내용과 문체, 호칭 등을 보고 척화파의 거두셨던 김상헌 선생의 아들 김광찬이나 조카 김광현으로 추정하고 있습니다. 그래서 척화파를 옹호하는 내용이 주를 이룹니다. 감안하실 필요가 있습니다.

'산성일기'는 책 제목 그대로 남한산성에서의 일을 다룬 일기 형식의 글입니다. 인조 임금이 남한산성에서 청에게 항거하던 48일간의 기록이 중심입니다. 그리고 시대적으로는 1589년 청 태조 누르하치가 명나라로부터 용호 장군의 이름을 얻는 데서부터 1639년 12월 삼전도비를 세우는 데까지 모두 50년간의 세월을 담은 일기입니다. 우리는 산성일기를 통해서 참담한 혼돈의 시대를 살펴보고, 우리가 어떻게 살아야 할 것인가? 이 나라가 어디로 가야 하는가?에 대한 해답을 찾을 수 있을 것입니다. 역시 제가 산성일기를 쓴 사람의 마음이 되어 기술하고자 합니다.

新산성일기, 그 참혹한 시대를 전하다

1589년 9월, 명나라는 누르하치라는 오랑캐를 용호 장군으로 삼았다. 세력이 강성해진 누르하치는 요동의 무순성을 함락시켰다. 조선은 강홍립을 도원수로 하여 대군을 파견했으나 김응하만 싸우다 죽고 모두 항복하고 말았다. 1619년, 누르하치는 나라 이름을 '금'이라 하였다. 1626년, 누르하치가 죽고 아들 홍타이지가 뒤를 이었다. 1627년, 홍타이지는 강홍립을 앞세워 조선을 쳐들어왔다. 의주부윤과 판관, 안주병사와 목사들이 다 죽었다. 이를 정묘호란이라 한다. 인조 임금은 놀라서 강화도로 피란하였다. 그 역시 백성을 버리고 도망가기는 선조 임금과 다를 바 없었다. 사신을 보내어 화친하기를 청하니 적이 허락하였다. 우리나라가 오랑캐와 더불어 형제가 되고, 봄과 가을에 사신을 보냈다.

1636년, 병자년이 왔다. 기이한 일들이 많이 일어났다. 부평 안산의 돌이 옮겨져 놓이고, 경상도와 평안도의 오리가 싸웠다. 대구에는 구름이 진을 치고, 한양 청파에서는 개구리가 싸웠다. 안동 지역의 강물이 끊어지고, 한양의 땅이 붉게 변하는 일도 있었다. 용골대, 마부대 두 장수가 인열왕후 국상에 조문 사절로 왔으나 박하게 대하고, 여기저기서 사신을 베라는 상소가 올라왔다. 용골대가 놀라 황망히 달아났다. 임금은 화친을 파한다는 하교를 전하셨고, 오랑캐를 치자는 분위기가 조정을 뒤덮었다. 싸울 힘도 없으면서 그냥 그랬다.

조정에서는 의견이 분분했다. 최명길은 화친을 해야 한다고 했고, 교리 오달제와 이조정랑 윤집은 최명길을 베라고 주장했다. 홍타이지가 편지를 보내 대신과 왕자를 보내지 않으면 크게 진격할 것이라고 협박했다. 우리는 백마산성과 정방산성, 장수산성에 군사를 배치하였다. 적은 말을 타고 대로를 따라 올 터인데 우리는 큰 길에서 30리나 떨어진 산성으로만 들어갔다. 그냥 길을 열어 주겠다는 것과 다를 바 없었다. 도원수가 된 김자점은 한술 더 떠 적이 침략하지 않을 것이라 호언장담하며 대비에 소홀했다. 그러니 당할 수밖에 없었다.

12월 9일, 홍타이지는 직접 10만 대군을 거느리고 얼어붙은 압록강을 건넜다. 조정은 그때서야 난리가 났다. 13일에 강화도로 들어갈 것을 의논했다. 영의정 김류는 제 아들 김경징을 강화도 검찰사로 삼아 보내면서 일가를 가장 먼저 피신시켰다. 일국의 정승이 나라보다는 제 일가를 먼저 챙겼다. 임금이 강화도로 가려고 숭례문을 나서다가 적이 홍제원에 도달했다 하여 다시 돌아왔다. 12월 14일, 최명길이 적장을 만나 시간을 버는 사이 임금이 남한산성으로 들어갔다. 적이 쳐들어온 지 5일 만에 임금이 궁궐을 버렸다. 백성들도 버렸다.

남한산성에는 군사가 1만 2천여 명, 관리들이 3백여 명, 노복이 3백여 명이었다. 훈련대장 신경진, 대장 구굉, 총융사 이서, 수어사 이시백이 동서남북을 지켰다. 성을 지키는 군사가 나약하고 모든 장수들이 겁을 내어 나아가서 싸울 의사가 없었다. 마부대가 왕자와 대신을 청해 능봉수와 형조판서 심집을 대신이라 하여 보냈으나, 심집이 스스로 평생 동안 거짓말을 하지 않았기에 오랑캐도 속이지 못하겠다며 마부대에게 자신은 대신이 아니라고 하였다. 반면 같이 간 능봉수는 자신이 왕자가 아니면서 끝까지 왕자라 우겼으나 결국 돌아왔다. 참으로 한심했다. 나라를 위해서는 자신의 사사로운 이익, 목숨까지 버려야 하거늘 일국의 장관이 거짓말을 하지 못하겠다고 큰 사명을 쉽게 저버리다니… 그런데도 아무도 그에게 죄를 묻지 않았다. 예조판서 김상헌은 영의정 등에게 동궁을 보내자고 의논하는 놈을 당당히 머리를 베고, 한 하늘 아래 서지 않을 것을 맹세한다고 호통을 쳤다.

성안에 갇혀 있으면서도 간간이 적을 쳐서 수명, 수십 명의 적을 죽이는 전과를 거두기도 했다. 피란 온 지 11일째가 되는 12월 24일에는 겨울임에도 큰 비가 내려 성을 지키던 군사가 모두 옷이 젖어 얼어죽은 사람이 많았다. 임금과 세자가 하늘에 빌었다. 임금 부자가 죄를 지었으니 만민을 살리고 임금 부자에게 죄를 내려 달라고 했다. 그래도 양심은 있는 군주였다. 성안을 구원하러 오는 군사가 없었다. 날마다 기다렸으나 오지 않았다. 그러는 사이에 체찰사 김류가 결정적인 과오를 저질렀다. 적의 유인에 빠져 함부로 성을 나가는 바람에 가장 날래고 용맹한 군사 3백여 명이 죽었다. 버틸 힘이 무너져 내리는 순간이었다. 유도대장 심기원, 충청감사 정세규 등이 구원하러 오려고 노력했으나 허사였다.

해가 바뀌었다 1637년 1월 2일, 적장이 편지를 보내왔다. 청나라 황제가 임금에게 보낸 편지였다. 청국을 배신하고, 백성을 도탄에 빠뜨렸으며, 궁궐을 버리고 혼자 산성에 들었으니 비록 천 년을 산들 무엇이 유익하겠느냐고 임금을 비꼬며 항복을 권했다. 곳곳에서 장계가 들어왔으나 도움이 되지 않았다. 그나마 9일 이후는 성안과 성밖이 더욱 통하지 못하여 장계도 그쳤다. 14일에는 군병과 백관에게 배급하는 양식을 줄였다. 점점 더 비참해져 갔다.

수차례 서신이 오고갔다. 18일에는 홍서봉, 최명길 등에게 국서를 주어 적진에 보냈다. 성에서 나오라고 하나 포위가 풀리지 않았고, 황제의 노함이 왕성하여 성안에 있어도 죽고, 성밖에 나와도 죽을 것이라 하며 황제의 은혜를 기다린다는 내용을 전했다. 참으로 구차한 일이었지만 살려면 어쩔 수 없었다. 김상헌은 조정에 들어가 최명길이 쓴 이 편지를 찢어 버렸다. 병조판서 이성구가 화를 내면서 김 대감이 척화하여 나랏일이 이에 이르렀으니 적진에 가라고 소리쳤다. 참으로 어이없는 일이었다. 김상헌은 "내가 죽고자 하였으나 자결하지 못했더니 만일 적진에 보내어져 죽을 곳을 얻으면 이는 병조판서 그대의 은혜로다."라고 소리치며 나갔다. 그때부터 김상헌은 밥을 먹지 않고 스스로 죽기를 기약하였다.

국서를 다시 보냈다. 최명길과 대제학 이시직이 지었다. 국서에 '신(臣)'이라 칭하였다. 이조참판 정온이 분통함을 못 이겨 상소했다. 마음과 쓸개가 다 터지고 목이 메어 온다고 했다. 정온의 글은 참으로 명문이었다. 가슴이 절절했다. "예로부터 천하의 국가 중 망하지 않은 나라가 어디 있겠습니까? 무릎을 꿇고 사느니, 바른 것을 지키고 죽는 것만 같지 못하니 하물며 군신부자가 성을 의지하여 한 번 싸우면 성을 지킬 도리가 없지도 않을 것입니다." 죽기를 각오하고 싸울 것을 건의하는 충신의 글이었다. 그러나 소용없었다. 조정은 이미 싸울 힘을 잃어버렸다. 오랑캐들은 척화신을 보내라고 요구하였고, 김류, 이성구, 최명길 등은 교리 윤집, 수찬 오달제와 김상헌을 포함하여 척화하는 사람들을 잡아 보낼 궁리를 하였다. 이조참판 정온이 스스로 배를 찔렀다.

1637년 1월 30일, 피란 48일째, 햇빛이 없었다. 임금이 세자와 함께 청나라 옷을 입으시고 성을 나섰다. 최명길이 구태여 청나라 옷을 입도록 권하였다. 청나라 황제는 삼전도, 즉 삼밭 남녘에 구층으로 단을 만든 후 단 위에 장막을 둘렀다. 단 위에는 용문석을 깔고 용문석 위에 수놓은 비단으로 만든 교룡요를 폈다. 황제는 황금 걸상 위에 걸터앉았다.

인조 임금이 삼공육경과 함께 백 보를 걸어 들어가 세 번 절하고 아홉 번 머리를 조아리는 예 '삼배구고두(三拜九叩頭)'를 행했다. 소현세자와 세자빈 강씨, 봉림대군과 대군 부인 등은 볼모가 되어 심양으로 들어가야 하므로 그날 같이 돌아오지 못했다.

오랑캐가 물러갔다. 김류의 첩과 딸이 포로가 된 일로, 김류가 용골대에게 빼내 준다면 천금을 주겠다고 했다. 이로부터 포로가 된 사람의 값이 정해졌으니 다 김류의 말 때문이었다. 참으로 어이없는 자였다. 이런 사람이 일국의 정승을 지냈으니 그 나라가 온전할 리 있겠는가? 2월 8일에 세자 일행이 심양으로 떠났다. 백관 상하가 일시에 울부짖으니 임금 또한 눈물을 흘렸다. 이때 끌려간 이가 66만을 넘었다고 하니 그 끌려가는 형상은 참혹하기 이를 데 없었다. 백성을 지키지 못한 이 나라는 나라도 아니었다.

4월 19일에는 사신을 보내고, 방물을 바쳤다. 엄청난 물건들을 보냈다. 오랑캐들은 물건에 만족하지 않고 아름다운 시녀들을 보낼 것을 요구했다. 각 관의 기생과 의녀, 무당들도 들여보냈다. 병조정랑 변호길이 용골대에게 매맞아 죽는 일도 발생하였다. 적이 삼밭에서 승전하고 항복을 받은 까닭에 기념비를 세우라는 요구를 하였다. 강가에 채색한 누각을 짓고 여러 층석을 쌓은 후 높은 비를 세웠다. 임금이 대제학 이경석에게 명하여 비문을 짓게 했다. 명필인 참판 오준이 글을 썼다. 조선 국왕이 잘못을 뉘우치고 화친함으로써 모든 것이 평화를 되찾았다는 내용이었다. 청나라의 어질고 위엄스럽기가 이루 말할 수 없고, 천지의 큰 덕과 일월의 밝은 것을 그림으로 그려도 족히 방불치 못할 것이라는 내용의 어처구니없는 글을 큰 돌에다가 깊이깊이 새겼다. 글씨와 더불어 나라의 치욕도 깊이깊이 새겨졌다. 이에 나는 그 치욕의 글자 하나하나를 여기에 남긴다.

"하늘 같은 청나라 황제께서 서리와 이슬 같은 위엄과 자비를 베푸시니 조선의 백성들이 씩씩하게 자라는구나. 오직 황제가 위엄과 법을 베푸시니 은은하고 소리가 대단하여 범 같고 곰 같도다. 서쪽 변방과 북쪽 부락이 창을 잡고 앞에서 모ㅇ ㅇㅇ는 명령이 혁혁하도다. 황제가 심히 어질어 은혜의 말을 ㅇㅇ 밝아 도리어 엄하고 또한 온화하도다. 처음에는 미혹하ㅇ ㅇㅇ고 스스로 근심을 끼쳤더니 황제의 밝은 명이 있으니 잠을 ㅇ ㅇ리 임금이 공경하여 항복하니 서쪽으로 신하를 거느리고 ㅇ. 한갓 위엄을 두려워할 뿐 아니라 오직 덕을 의지하도다. ㅇ 도인과 선비와 부인들이 이에 노래 부르도다. 황제가 군사를 ㅇ 우리 농사를 권하는구나. 마른 뼈에 두 번 살이 나고 시든 풀 ㅇ ㅇ 되도다. 돌이 있어 무성하니 큰 강가로다. 삼한 말년에 황ㅇ ㅇㅇ이로다."

오호 통재라! 산성에 들어가 결사 항전 ㅇㅇ하여 황제의 밝은 뜻을 몰랐던 것이라니. 참으로 황망한 ㅇㅇ 삼학사가 심양으로 끌려가 순국한 것이 헛된 죽음이었고, 김 ㅇㅇ 항전의 정신이 미혹한 것이었다니. 수많은 충신들의 상소가 근심을 끼친 것이었다니 장차 우리의 후손들이 어떻게 평가하리요. 역사가 두렵지 않고, 미래가 겁나지 않으며, 하늘과 땅 보기가 부끄럽지 않은 자들의 끔찍한 소행이었다.

후손들이여 들을지어다. 나는 그대들이 그 참혹했던 일을 잊지 않고 기억했으면 하는 마음에서 기록을 남긴다. 내가 기록한 것들은 하나의 거짓도 없는 사실이다. 다만, 주화파와 척화파의 일들은 나중에 역사가 평가할 것이라 믿는다. 지금에 와서 주화파와 척화파 중 누가 더 잘했는지 따지는 게 중요하지는 않다. "그 절체절명의 시기에 과연 나라와 임금과 백성을 우선시하였는가? 아니면 자신과 붕당의 안위를 먼저 챙겼는가?"가 중요한 기준이 될 것이다. (이 말은 지금 이 시대의 위정자들이 깊이 새겨야 할 것이다.) 삼학사들과 김상헌이야말로 절개를 잃지 않고 목숨을 바친 충신 중의 충신임을 꼭 기억하라. 그리고 나의 기록을 통해 그분들이 어떠한 생각과 어떠한 행동을 했는지를 깊이 본받아 장차 그대들이 살아갈 세상에서 그와 같은 뜻을 펼쳐 가길 바란다.

또한 당부한다. 산성일기의 내용만 보면 척화파만 애국자이고, 주화파는 애국자가 아닌 듯이 볼 수도 있을 것이다. 그러나 주화파도 애국자가 있었고, 척화파도 애국자가 아닌 사람이 있었다. 그 대표적인 인물이 지천 최명길이다. 그는 비록 오랑캐에게 항복문서를 작성했지만 나라와 백성을 살리기 위한 불가피한 선택이었다고 털어놓았다. 전란 이후에 국정을 실질적으로 책임졌다. 우의정, 좌의정, 영의정을 거치면서 정치, 사회개혁을 추진했다. 임진왜란, 두 차례의 호란으로 피폐해진 농촌 경제와 국가 재정의 회복을 위해 양전, 부세 제도 및 군제 개혁을 추진했다. 붕당정치의 폐단을 없애고자 의정부의 기능을 강화하고, 낭관의 권한을 제한하며, 양사에서의 쟁단을 막아 왕권을 강화하고 정치의 효율성을 꾀하였다. 청나라로 끌려간 포로의 석방과 척화신의 귀환을 교섭하는 데도 큰 역할을 하였다. 환향녀들에 대한 용서도 주장했다. 최명길도, 김상헌도 모두 다 애국자였다.

이제 新산성일기를 마친다. 바라기는 다시는 이 땅에 '난중일기', '징비록', '산성일기' 같은 처절한 참회의 글이 기록으로 남지 않길 바란다. 전란을 극복하고, 나라를 구한 사람이 영웅으로 남기보다는 전란을 예방하여 전란이 없도록 한 사람이 영웅으로 남길 바란다. 전란이 벌어지면 애꿏은 백성들이 죽기 때문에 어떠한 일이 있어도 이를 막아야 한다. 우리는 한 사람의 영웅을 얻기 위해서 수많은 백성들의 피가 이 땅위에 뿌려졌음을 잊어서는 안 된다. 이젠 백성의 피로 바꾼 영웅은 더이상 필요 없다. 나라는 어떠한 일이 있어도 백성을 지켜야 한다. 그 백성이 단 한 명일지라도 지켜야만 한다. 그래야 제대로 된 나라이다. 예나 지금이나 백성이, 국민이 나라의 근본이다.

목민심서 ^(정약용)

—인산, 다산 선생과 함께 머물다

'혼돈의 시대! 어떻게 살 것인가?'에 대한 질문을 계속 던지고 있습니다. 이 과정은 제 스스로도 큰 의미와 감동이 있습니다. 저 역시 지나온 제 삶을 되돌아보고, 앞으로 살아갈 제 삶의 모습을 미리 그려 볼 수 있는 뜻깊은 시간입니다. 우리 인간은 불완전하고 부족하기에 모든 면에서 완벽한 삶을 살아가기는 어렵습니다. 그러하기에 매 순간순간마다 성찰하는 삶을 살아가야만 앞으로의 삶이 더 의미 있을 것입니다. 답을 찾아가는 방법은 많이 있으나, 저는 위대한 선열들과의 대화, 책을 통한 방법이 가장 빠르고 확실하다고 생각합니다.

이번에 살펴볼 인물은 다산 정약용 선생입니다. 정약용 선생 인생의 전반부인 영정조 시대는 조선 후기의 르네상스라 불릴 정도로 안정된 가운데 학문과 예술, 사상이 부흥한 시대였습니다. 그러나 후반부인 순조 시대는 그야말로 혼돈의 시대였습니다. 사회 혼란이 극심했던 시대입니다. 불꽃이 꺼져 갈 즈음에 화려하게 피어오르듯이 조선은 영정조 시대를 마지막으로 급격하게 쇠퇴의 길을 걷게 됩니다.

정약용 선생께서 38세가 되던 해인 1800년, 순조가 즉위하고 나서부터 정약용 선생은 18년간, 강진에서의 긴 유배 생활을 시작합니다. 나라는 정순왕후의 수렴청정, 안동김씨의 세도정치로 인해 극심한 혼란과 더불어 부정부패, 조세 문란, 민생 도탄의 혼돈의 시대로 접어듭니다. 이 시대는 지금까지 살펴본 바와 같이 외부의 전쟁이나 침략으로 인한 혼돈이 아니라 우리 스스로 자초한 혼돈의 시대였습니다. 귀하게 불을 피운 정조 시대의 르네상스를 이어 가지 못한 아쉬움이 컸던 시대였습니다. 안타깝게도 조선은 이 혼돈의 시대를 슬기롭게 극복하지 못했고 망국의 길로 접어들게 됩니다.

다산 정약용 선생은 1762년, 영조 38년 진주목사를 지낸 부친과 고산 윤선도의 후손인 모친 사이에서 넷째 아들로 태어났습니다. 1789년에 대과에 급제하여 벼슬길에 올랐으며, 비범한 학식과 재능, 정조의 총애로 조정의 요직을 맡았습니다. 1800년 정조 사후 신유사옥으로 전라남도 강진에 유배, 18년간이라는 긴 유배 생활을 하게 됩니다. 유배지에서 학문에 정진하여 다산학을 완성하였고, 57세가 되던 1818년에 해배되어 75세를 일기로 서거하실 때까지 18년 간 조선 후기 실학사상을 집대성하셨습니다. '목민심서', '경세유표', '흠흠심서', '여유당전서' 등 500여 권을 저술하셨습니다. 특히 '목민심서'는 48권 16책으로 이루어졌는데 1년 내에 저술한 책으로 유명합니다. 특별히 '심서(心書)'라 한 것은 목민할 마음은 있으나, 몸소 행할 수 없고 마음만 있기에 '심서'라 이름을 붙이셨다고 합니다. 참으로 가슴에 와닿는 제목이 아닐 수 없습니다.

다산 정약용 선생의 기본적인 정치관은 '민본(民本)'이었으며, 국가

개혁의 목표는 백성을 지키기 위한 '부국강병(富國強兵)'이었습니다. 참으로 존경하여 마땅한 분입니다. 정약용 선생께서 조정에서 뜻을 이루시고, 오래오래 나라를 경영하셨으면 조선은 분명히 달라졌을 것이고, 이후에 오는 혼돈의 시대를 피할 수 있었을 것입니다. '만약에…'를 떠올릴 수밖에 없는 아쉬운 역사입니다.

 지금 이 순간도 우리 사회는, 우리나라는 심각하고 안타까운 일들이 벌어지고 있습니다. 이념과 진영 논리로 갈등하고 대립합니다. 우리가 이렇게 살아서는 안 됩니다. 더 늦기 전에 우리 모두가 해답을 찾아야 합니다. 이제 제가 다산 정약용 선생의 마음이 되어 '목민심서'를 새롭게 조명함으로써 '혼돈의 시대! 어떻게 살 것인가?'에 대한 해답을 여러분들과 같이 조심스레 구해 보도록 하겠습니다.

 앞에서 언급했다시피 목민심서는 방대합니다. 1편인 '부임육조'로부터 12편인 '해관육조'까지 총 12편 72조로 구성되어 있습니다. 이 책은 목민관, 즉 지방 관헌의 윤리적 각성과 농민경제의 정상화 문제를 다룬 책입니다. 그래서 책 전체에 흐르는 기조는 지방 관리들의 올바른 사고와 행동, 잘못된 폐해 제거, 지방행정의 쇄신입니다. 그러나 이 책에 담겨 있는 다산 정약용 선생의 마음을 들여다보면 그 가르침이 비단 공직에 있는 사람들만이 귀담아들어야 할 가르침은 아닌 것임을 깨달으실 수 있을 것입니다. 저는 개인적으로 '어떻게 살 것인가?'에 대한 구체적인 해답을 고민할 수 있는 가장 좋은 책이 바로 이 '목민심서'라고 생각합니다. 거듭 말씀드리지만 단순히 책을 요약하여 정리한 것이 아니라, 뜻과 흐름을 거스르지 않는 가운데 제가 책을 통해 느낀 내용을 오늘날의 상황에 맞게 재구성하여 기록한 것임을 말씀드립니다.

新목민심서, 올바른 길을 구하다

공직에 있을 때는 이러한 마음으로 일하라!

공직자들이 국민을 사랑하는 근본은 절약과 검소함에 있다. 검소한 후에 청렴할 수 있고 청렴한 후에 자애로울 수 있다. 많은 사람들이 절약하지 않고, 검소하지 않으며, 청렴하지 못해 문제가 되고 있다. 고위 공직에 오르고자 하여도 청렴이 문제가 되어 뜻을 이루지 못하는 사람들이 많다. 청렴은 이렇듯 국민을 위해 일하고자 하는 사람들이 가져야 할 가장 근본적인 도리이다. 청렴은 공직자의 본분이고, 모든 선의 원천이며, 덕의 근본이다. 크게 세상을 탐하는 사람, 큰일을 하고 싶은 꿈을 꾸는 사람은 반드시 청렴해야 한다. 지혜가 깊은 사람은 청렴을 교훈으로 삼아 탐욕을 경계해야 한다.

국민을 위해 봉사하고자 하는 자리를 함부로 맡아서는 안 된다. 재능이 없으면 스스로 물러나야 한다. 진정 충성된 마음이 있는지, 아니면 일신의 영달을 추구하는 사람인지 인사권자와 국민이 냉정하게 평가해야 한다. 공직자가 새로 자리를 맡게 되면 재물을 함부로 써서는 안 되고, 각종 비용을 아껴야 한다. 취임식도 간소하게 해야 한다. 이 비용이 다 나라의 재물이기 때문이다. 자신의 능력과 재주를 자랑하지 말며, 봉급의 많고 적음을 따져서도 안 된다. 인사를 담당한 관료들에게 고맙다고 말해서도 안 된다. 국가를 위해 사람을 쓰는 일에 개인적으로 은혜를 베푼다는 것은 있을 수 없기 때문이다. 오직 국민들의 여망에 부응하고 나라에 충성할 것을 마음속에 다짐해야 한다.

오직 엄하고 온화하며 과묵해야 한다. 정정당당하게 다스리는 이치만을 생각해야 한다. 너그럽게 할 것과 엄하게 할 것, 간결하게 할 것과 세밀하게 할 것은 미리 정하고 지켜 나가야 한다. 국민들의 어려움을 알고 의견을 구해야 한다. 큰 줄거리를 바로잡아 국민들의 억울한 일이 없도록 해야 한다. 일의 기약과 기한을 잘 준수해야 한다. 그리해야 국민들에게 신뢰를 준다.

스스로를 먼저 다스려라!
한 가지 일을 대할 때마다 반드시 법, 규정 안에서 행하되, 국민들을 편안하게 하고, 국민들에게 이롭게 되도록 해야 한다.

공직자는 자신의 몸가짐부터 바르게 해야 한다. 행동은 절도가 있고, 복장은 단정해야 하며, 경거망동하지 말며 무게가 있어야 한다. 의를 두려워하고, 법을 두려워하고, 상관을 두려워하고, 국민을 두려워해야 허물을 줄일 수 있다. 시간적 여유가 있을 때마다 오직 국민들을 위해 어떻게 하는 것이 좋은 길인가를 생각해야 한다. 아랫사람과 국민에게는 너그럽게 대해야 한다. 너그러우면 많은 사람을 얻는다.

놀고 즐김으로써 거칠고 방탕해서는 안 된다. 늘 바르게 처신하고 움직여야 한다. 항상 현장을 돌아보면서 민생현장을 살피면 국민들이 기뻐할 것이다. 그릇된 관례로 내려오는 것은 고치도록 결심하고, 혹 고치기 어려운 것은 자기 자신만이라도 범하지 않도록 노력해야 한다. 일을 함에 있어서는 베푼 것은 소리 내어 말하지 말고, 덕을 생색내지도, 다른 사람에게 말하지도 말라. 특히, 전임자의 과실을 말하지 말라.

가정을 잘 다스려야 일터와 나라를 잘 다스릴 수 있다. 공과 사의 구별을 잘하고, 처자를 잘 다스려야 한다. 공직자의 부인은 마땅히 검소해야 한다. 의복의 사치, 음식의 사치는 재앙을 부르는 길이다. 청탁이 행해지지 않고, 뇌물이 들어오지 않아야 바른 집이라 할 수 있다.

공직자의 처소 역시 마땅히 깨끗하고 맑아야 한다. 가난한 친구나 궁한 친척이 멀리서 찾아온 경우에는 마땅히 즉시 영접하고, 후하게 대접하여 보낸다. 다만, "내 직책은 국민을 위하여 일하는 것이지 손님을 접대하는 것이 아니다."고 한 말을 명심해야 한다.

나라의 재물은 절약해서 써야 한다. 절약한다는 것은 한계를 두어 절제하는 것이다. 의복과 음식은 검소해야 하고, 씀씀이가 무절제해지면 안 된다. 공적인 손님에 대한 대접도 마찬가지이다. 공적인 재물을 사적인 재물처럼 보아서 절약해야 현명한 사람이다. 그러나 절약만 하고 베풀지 않으면 안 된다. 즐거이 베푸는 것은 덕을 심는 근본이다. 가난한 친구와 궁한 친척은 힘 자라는 대로 도와준다. 자기 것을 아껴 남을 도와주는 일에 힘써야 한다. 권세 있는 사람을 후하게 섬겨서는 안 된다.

나라를 위해 힘써 일하라!

공직에 있는 사람은 오직 나라와 국민들을 위해서만 힘써 일해야 한다. 국가의 소중함을 늘 잊지 말고, 국익을 위해 봉사해야 한다. 법을 잘 지켜야 한다. 법과 규정에 금하는 것을 두려워하고, 함부로 어기지 말아야 한다. 불의하고 부당한 것에 유혹되어서는 안 된다. 관례가 이치에 합당하면 따르되, 이치에 맞지 않는 것은 고쳐서 지키도록 한다.

늘 예의를 갖추고 공손해야 한다. 본분을 지켜 상관을 섬겨야 한다. 감사를 할 때는 친분이 있더라도 조심스럽게 대해야 한다. 상사의 명령에는 순종하되, 나라의 법에 어긋나고 국민들의 삶을 해치는 것이면 마땅히 굽히지 말아야 한다. 예는 공손하지 않으면 안 되고, 의는 깨끗하지 않으면 안 된다. 동료들과는 서로 의리를 지키고 비록 실수를 하더라도 감싸 주어야 한다. 내가 내 후임자에게 당하기 싫어하는 일은 나의 전임자에게 하지 말아야 한다. 전임자가 흠이 있으면 덮어 주어 드러내지 말고, 죄가 있으면 도와서 죄가 되지 않도록 한다.

공적으로 보내는 문서는 정성을 들여야 한다. 폐단을 보고하는 공문, 청구하는 공문, 거절하는 공문, 재판의 승패를 가리는 공문 등은 문장이 조리가 있어야 하고, 성의가 간절하여야 사람의 마음을 움직일 수 있다. 사람에 관계된 공문은 조심해야 하며, 민생에 관계된 공문은 때를 놓치지 말아야 한다. 형식적인 보고서는 상사와 의논해서 없애도록 해야 한다. 기타 문서들은 관례에 따르되, 문장을 잘 만들어 오해를 사지 않도록 해야 한다. 보고가 지체되면 반드시 상사의 독촉과 꾸지람을 받게 되므로 이는 공무를 수행하는 도리가 아니다.

재물은 국민으로부터 나오는 것이다. 세금은 공정해야 원망이 없다.

세금을 매길 때는 억울함이 없도록 해야 한다. 상사가 파견을 명령하면 마땅히 따르고 개인의 편의를 따져서는 안 된다. 어떠한 임무를 부여받게 되면 마땅히 기쁜 마음으로 임하되, 그 임무의 특성에 맞게 정성을 다해 행해야 한다.

국민을 사랑하라!

부모님께 효도하고, 노인을 공경하는 풍토를 만들어야 한다. 어른들부터 행동으로 실천해야 젊은이들, 아이들이 배우게 된다. 노인을 우대하는 정책을 펴게 되면 모든 국민이 노인을 공경하게 된다. 고령화시대로 접어든 우리 사회에 있어서는 더더욱 필요한 마음이다. 국민들이 빈곤하면 자식을 낳아 키울 수 있는 여건이 되지 못한다. 그러므로 나라에서는 아이들을 가르치고, 보살피는 일에 더욱 힘써야 한다.

가난한 사람들, 불쌍한 사람들을 잘 도와주어야 한다. 혼인을 권장하는 정책을 펴 나가고, 혼인을 하기 원하는 사람들을 도와주어야 한다. 상을 당한 사람들은 애처롭게 여기고 보살펴야 한다. 병으로 고통받는 사람들도 잘 보살펴야 한다. 스스로의 힘으로 먹고살 수 없을 경우에는 의탁할 곳을 마련하고 돌봐 주어야 한다. 국민들이 전염병이나 질병에 걸리지 않도록 해야 한다.

재난으로부터 국민들을 구하고, 보호해야 한다. 환난을 생각해서 예방하는 것이 이미 재앙을 당하고 은혜를 베푸는 것보다 낫다. 둑을 쌓고 방죽을 만들면 수재를 막고, 물을 이용할 수 있으니 일거양득이다. 재해를 당하게 되면 재해를 제거하고, 국민들을 어루만지며 편안히 모여 살게 하는 것이 어진 정사이다.

나라를 다스리는 일은 사람 쓰기에 달렸다.

　나라를 다스리는 위정자들은 자신이 바르면 명령하지 않아도 행하여지고, 자신이 바르지 못하면 비록 명령을 하더라도 행하여지지 않음을 명심해야 한다. 공직자들을 다스리는 것은 예로써 하고, 은혜로운 정이 있어야 하나, 단속하는 것은 엄정한 법으로 해야 한다. 윗자리에 있으면서 너그럽지 못한 것은 성인이 경계하는 바다. 너그러우면서도 해이하지 않고, 어질면서도 나약하지 않아야 일을 그르치지 않는다.

　위엄을 행하기 전에 먼저 타이르고 감싸 주어야 한다. 타일러도 깨우치지 아니하고, 가르쳐도 고치지 않으며, 세력을 믿고 속이는 자들은 형벌로 다스려야 한다. 악독하고 간사하며 교활한 자는 영구히 공직에 있지 못하도록 해야 한다. 공직자가 재물을 좋아하는 것을 알게 되면 반드시 유혹을 당하게 되고, 유혹에 넘어가면 수렁에 빠진다. 성질이 한쪽으로 치우치거나, 알지 못하면서 아는 척 넘어가게 되면 술수에 빠지게 된다. 공직에 있는 자들은 부하들이 농단하는 것을 구별하여, 이에 굴하지 않아야 한다. 신상필벌을 명확히 해야 국민들의 신뢰를 받을 수 있다. 모임이나 행사도 간소하게 해야 한다.

　위엄과 믿음으로 부하들을 통솔해야 한다. 위엄은 청렴에서 생겨나고 믿음은 성실에서 나온다. 성실하고 능히 청렴해야 부하들을 복종시킬 수 있다. 사람을 잘 써야 한다. 나라를 다스리는 일은 사람 쓰기에 달려 있다. 이는 중앙정부나 지방정부 다 마찬가지이다. 조직의 장을 보좌하는 사람은 반드시 가장 선한 사람을 택해야 한다. 어떤 자리든지 간에 진실로 쓸 만한 사람을 얻어 정사를 의논해야 한다. 진실로 사람을 얻지 못하면 차라리 자리만 채워 놓고 일하지 못하게 하라. 아첨을 잘하는 자는 충성스럽지 않고, 간쟁하기를 좋아하는 자는 배반하지 않는다. 군인들은 모두 굳세고 씩씩하여 적을 막아 낼 만한 기색이 있어야 한다. 보좌관을 채용할 때는 충성과 신의를 우선으로 하고, 재주와 슬기를 그다음으로 한다.

현명하고 유능한 인재를 천거한다. 인재의 천거는 모든 공직자들의 임무이다. 전문성을 갖추고 있고, 행실이 바르며, 행정능력이 있는 인재를 발굴하고 천거하는 일을 게을리하면 안 된다. 백성들의 사정을 늘 소상히 살펴야 한다. 눈을 사방에 밝히고 귀를 사방에 통하게 해야 한다.

토지제도는 바로잡고, 조세는 공평히 거두라!

목민관의 역할 중에서 토지행정이 가장 어려우므로 제대로 해야 한다. 땅을 측량하고, 토지에 따른 세금을 부과하는 일은 공정하고, 공평하게 해야 한다. 나라를 다스리는 사람들은 땅을 경작하는 사람들을 도와주고, 땅을 경작하는 일을 권장해야 한다. 조세는 공평히 거둔다. 나라의 세법이 문란해서는 안 된다. 세금을 부과하고 조세행정을 담당하는 관료들은 사실대로 조사하고, 보고해야 한다. 조세를 담당하는 이들이 몰래 부당한 이득을 취하는 것을 엄금해야 한다. 장부는 어떠한 경우라도 조작해서는 안 된다. 또한 그들은 누구보다도 청렴해야 하며, 과소비와 술과 여색에 빠져서는 안 된다. 일반 국민들이 사정이 어려워 세금을 연체할 경우에는 무리하게 독촉해서는 안 된다. 지역별로 세금을 거두는 법이 다르니 지역의 여건을 고려하되 국민들의 원망이 없도록 해야 한다. 흉년이 들고, 재난을 당했을 때에는 감면해 줄 수 있다.

조세를 담당하는 사람들의 횡포가 심하면 모든 고통은 국민들에게 돌아간다. 단속을 할 때는 공정하고, 투명하게 해야 한다. 무엇보다도 중요한 것은 공평한 것이다. 누구에게는 이롭고, 누구에게는 불리해서는 안 된다. 특별히 어렵고 힘든 이들에게는 더욱 배려해 주어야 한다. 사채, 사금융 등이 무분별하게 되면 국민의 뼈를 깎는 병폐가 되어 국민이 죽고, 나라가 망하는 길이다. 그런 것들이 병폐가 되는 것은 법의 근본이 문란하기 때문이다. 공직자는 부동산이나 증권 등 투기를 해서는 안 된다. 특히, 고위공직자는 더 그러하다. 윗물이 이미 흐린데 아랫물이 맑기는 어렵다.

관청은 경비를 아끼고 절제하여 세금을 절약해야 한다. 모든 경비는 국민의 세금으로 나온 것이다. 무절제하게 쓰는 것은 국민을 괴롭히는 일이다. 규정에 맞게 예산을 집행하는 것은 나라의 법도를 세우는 일이다. 사사로운 금융이 난립하지 않도록 다스려야 한다. 고의로 세금을 납부하지 않는 개인과 조직을 찾아내어 엄히 다스려야 한다. 세금을 부과할 때에는 조세 항목별로 세밀하게 살펴서 차별이 없도록 하고, 공정하게 해야 한다. 세금을 관리하는 관리들이 중간에 착복하는 일이 있어서는 절대 안 된다. 지위가 높은 사람, 권력이 있는 사람이라고 특혜를 베풀어서는 절대 안 된다. 지방정부는 재정자립도를 높이기 위해 무분별한 사업을 벌이는 것을 경계해야 한다. 조세행정은 부단히 살펴보아서 폐단이 있는 경우에는 반드시 개선해야 한다. 무릇 세금을 부과하는 것이 공정하고, 공평해야 국민들의 삶이 안정된다.

힘써 일하는 것을 권장해야 한다. 나라를 이끌어 가는 사람들은 국민들이 부지런히 일을 할 수 있도록 일자리를 만드는데 모든 힘을 쏟아야 한다. 이것이 중앙과 지방정부의 관료들이 가장 힘을 써야 할 일이다. 농사짓는 것을 예를 들면 다음과 같다. 농사를 권하는 일은 단순히 곡식을 심고, 거두는 일만이 아니라 원예, 목축, 양잠, 길쌈 등도 포함해야 한다. 농사는 먹는 것의 근본이고, 양잠은 입는 것의 근본이 됨을 알아야 한다. 또한 농기구 등을 개발하여 국민들이 쓰는데 이롭게 하고, 삶을 넉넉하게 하는 일에 힘을 쏟아야 한다. 직종도 정해 주어야 한다. 나라에서 직종을 나누지 않고, 지도하지 않으면 혼란을 초래하게 된다.

예를 행하고 권장하라!

제례를 행할 때는 역시 경건하고, 깨끗하게 해야 한다. 다만, 터무니없는 미신에 빠지지 않도록 경계해야 한다. 손님 대접은 예에 맞게 한다. 너무 후하면 재물을 낭비하고, 너무 박하면 환대하는 뜻을 잃는다. 고위직에 있는 자가 무분별하게 순시나 순방을 하는 것도 자제해야 한다. 세금을 낭비하고, 국민들을 힘들게 하는 폐단이 많기 때문이다. 공적인 일로 상사나 손님을 맞을 경우에는 진수성찬을 차려서는 안 된다. 접대를 하는 기준은 법과 규정에 맞게 해야 한다. 법에 없는 경우에는 마땅히 예로써 행하되, 절제해야 한다. 과도한 것은 예에 어긋난다. 원래 음식에 좋고 나쁜 것은 없다. 배고플 때에는 맛있고, 배부를 때에는 맛을 알기 어렵다. 음식이 맛을 정하는 것이 아니라 시간이 그렇게 할 뿐이다. 상관도 아랫사람에게 예를 다해야 한다. 옛날에는 임금도 행차를 할 때 백성을 불편하게 하고, 괴롭히는 일이 없는가 잘 살피면서 했다.

정치를 하는 위정자들은 국민들을 위해 봉사해야 한다. 일반행정, 조세행정, 병무행정, 형무행정 등 모든 행정에 있어서 국민들을 위하는 마음이 우선해야 한다. 그리고 국민들에게 잘 알려 주어 행할 수 있도록 해야 한다. 이것이 좋은 정치이다. 국민들이 옛 사람들의 올바른 말과 행실을 잘 배우고, 행할 수 있도록 신경을 써야 한다. 국민들을 잘 가르치지 않는 것은 국민을 기만하는 일이다. 충성, 효도, 우애, 절개, 의리 등의 가치를 가르치고 장려해야 한다.

학문과 교육을 부흥시켜야 한다. 아이들과 학생들이 마음놓고 배울 수 있도록 어린이집으로부터 대학교에 이르기까지 잘 관리해야 한다. 좋은 선생님을 뽑아서 가르치도록 해야 한다. 사회와 나라가 배우는 일에 힘써야 한다. 국민들은 스스로 분수를 지킬 수 있어야 한다. 또한 화려하고, 호화롭고, 사치한 것을 경계해야 한다. 빈부와 귀천의 갈등이 있어서도 안 된다. 못 가진 자가 많이 가진 자를 무고하고 비방해서도 안 된다. 이것이 국민들이 지켜야 할 최소한의 예의이고, 곧 나라의 기강이다.

징병은 공평하게 하고, 훈련은 엄하게 하라!
병역의 의무는 공평해야 한다. 부유한 사람이나 가난한 사람이나 똑같아야 한다. 부당한 방법으로 병역의 의무를 면하려고 하는 자는 엄히 다스려야 한다. 군대를 훈련시키는 일은 매우 중요한 일이다. 무릇 나라를 다스리는 법은 경제를 살려 국민들의 생활을 윤택하게 하며, 군대를 길러 안보를 튼튼하게 하는 것이다. 군사훈련은 병사로부터 간부에 이르기까지 일사불란하게 이루어져야 한다. 군 부대 안에서는 군율이 엄격하게 지켜져야 한다. 부당한 행위와 부조리한 일이 벌어져서는 안 된다. 군대는 오직 훈련에 전념해야 한다.

군대의 무기와 장비는 백 년 동안 쓰지 않더라도 하루도 갖추어져 있지 않으면 안 된다. 병기의 준비와 점검은 신중하고 정확하게 이루어져야 한다. 병기의 보수와 정비는 한시라도 그만둘 수 없다. 무예도 권장해야 한다. 무기의 성능만 믿고 이를 다루는 법을 익히기를 게을리하면 안 된다. 적보다 강한 무기와 장비를 준비하고 만드는 일에 힘써야 한다. 새로운 무기의 개발과 더불어 싸우는 법을 부단히 연구하고, 연마하는 일이 중요하므로 이를 게을리하면 안 된다.

적의 도발에 미리 대비해야 한다. 하찮은 유언비어나 작은 움직임도 철저히 살펴야 한다. 그것이 근거가 없기도 하지만 낌새가 있어서 발생할 수 있기 때문이다. 만약에 적의 도발이 있으면 마땅히 놀라 동요하지 말고 조용히 그 귀추를 생각하며, 그 변화에 따라 대응해야 한다. 정부와 군대는 국민들이 불안에 떨지 않도록 안정시켜야 한다. 적이 침입해 오면 나라를 다스리는 위정자와 군의 지휘관들은 반드시 영토를 지켜야 한다. 병법과 전술을 잘 구사해야 한다. 유사시에는 땅을 지키면서도 적을 공격하여 궤멸시켜야 한다. 충성과 절개로 장병들을 격려해서 공을 세우는 일에 힘써야 한다. 전투가 벌어지지 않는 곳에서는 민심을 안정시키고, 물자와 장비를 준비하며, 정부와 민간이 일치단결하여 동원이 잘 이루어지도록 해야 한다.

형벌은 공정하고 신중하게 하라!

소송을 재판하는 근본은 성의에 있고, 성의의 근본은 홀로 있어도 잘못이 없도록 조심하는 데 있다. 자신을 규율하여 훈계하고, 가르치며 억울한 것이 풀어지면 소송 또한 없어질 수 있을 것이다. 재판은 오로지 올바르게 이루어져야 한다. 국민들의 억울한 사정들이 막히고, 가려지고, 통하지 못하면 답답하게 되니 이를 잘 통하도록 해야 한다. 무고한 소송으로 피해를 입는 이가 없도록 정확한 실상을 살펴야 한다. 인륜에 관계된 소송은 천륜에 관계되므로 그 판결이 명확해야 한다. 부모형제 등 골육 간에 소송으로 다투어 재물에 목숨 거는 자는 마땅히 엄히 다스려야 한다. 토지의 소송, 채무나 대여에 관한 소송 등 재물에 관계된 것은 한결같이 공정해야 국민들이 승복한다. 법 조문은 명확해야 소송으로 다투는 일이 줄어든다. 소송을 판결하는 근본은 모두 증서에 있으므로 잘 살펴야 한다.

죄 지은 자를 처리할 때에는 밝고 신중해야 한다. 사람이 죽고 사는 문제이기 때문이다. 교도소에는 억울한 자가 없도록 해야 한다. 덕을 심고 복을 맞이하는 것이 이보다 더 큰 것이 없다. 의심만 가지고 죄를 물어서는 안 된다. 가급적이면 죄를 가볍게 처리하도록 힘쓰는 것은 천하에서 가장 선한 일이고 덕의 기본이다. 오래 끌지 않고, 지체되는 것이 없도록 힘써야 한다. 착각하여 잘못 판결하였더라도 그 잘못을 깨닫고 과실을 넘기지 않는 것이 옳은 길이다. 법으로 용서할 수 없는 것은 마땅히 의로써 결단해야 한다. 잘못된 것을 보고도 그냥 넘기거나 신고하지 않는 일이 있어서는 안 된다. 판결은 시간을 끌지 말고 가급적 신속해야 한다.

형벌은 신중하게 내려야 한다. 형벌을 행하는 자는 엄격해야 한다. 형벌은 국민을 바르게 하는 데 있어 가장 말단의 방법이다. 국민 개개인이 자신을 규율하고, 법을 받들어 엄정하게 임하면 죄를 범하지 않으므로 형벌을 비록 폐하더라도 좋다. 나라를 어질게 다스리는 자는 형벌을 너그럽게 하였다. 사사로운 감정이나 분한 마음으로 형벌을 남용하는 것은 큰 죄이다. 부녀자는 큰 죄가 있지 않으면 형벌을 결행하는 것이 바람직하지 않다. 노인과 어린이를 고문하지 않는다는 것은 법조문에 실려 있다. 악형은 도적을 다스리는 것이므로 보통 국민에게 가볍게 시행해서는 안 된다.

죄인을 불쌍히 여기고 돌봐야 한다. 교도소에 갇힌 사람의 고통은 어진 사람들이 마땅히 살펴야 할 바이다. 교도소는 이웃 없는 집이고, 수인은 돌아다니지 못하는 사람이다. 수인이 석방되기를 기다리는 것은 긴 밤에 새벽을 기다리는 것과 같다. 설날과 명절에 수인이 자기 집으로 돌아가는 것을 허락하면 은혜가 신의가 생겨 도망하는 자가 없을 것이다. 노약자와 부녀자를 가둔 경우에는 잘 살피고 불쌍히 여겨야 한다.

난폭하거나, 사회를 어지럽히는 행동을 금하여 하지 못하게 하는 것은 국민을 편하게 하기 위함이다. 권문세가가 날뛰지 못하게 하고, 국민들에게 피해를 주는 경우에는 이를 금한다. 권력 주변에 있는 이들이 함부로 방자하게 굴고, 각종 청탁에 개입하는 것을 금해야 한다. 지방 관리나 유지들이 국민 위에 군림하지 않도록 해야 한다. 청소년들이 악한 일을 행하거든 이를 빨리 제재해야 장차 혼란을 예방할 수 있다. 음란행위, 술주정, 약탈, 연장자에게 욕하는 행위, 도박, 사기행위, 밀도살, 공문서 위조행위 등은 엄히 금해야 한다.

국민에게 해가 되거나 독이 되는 것은 제거한다. 국민들이 불안에 떨지 않도록 나라를 안전하게 만들 책임이 공직자에겐 있다. 치안을 확립하고, 정의가 세워지는 나라가 되도록 해야 한다. 권세 있는 자들이 모범을 보여야 국민이 평안하다. 포상과 신고제도를 활성화해야 범죄가 없어진다. 지혜와 계략으로 끊임없이 범죄를 예방하고, 적발해야 한다. 힘없는 사람이 억울하게 잡혀가는 일이 없도록 해야 한다. 부유한 사람들을 위협하여 재물을 뺏는 일도 없어야 한다.

백년 안목으로 짓고 만들어라!
산림정책을 중요하게 다루어야 한다. 함부로 숲을 훼손하거나, 나무를 잘라 내서는 안 된다. 이는 개인 소유의 산이라도 마찬가지이다. 소나무는 솔씨가 떨어져 자연히 숲을 이루므로 베어 내지만 않으면 된다. 산을 개간하는 것도 규정대로 허가해야 한다. 산에서 함부로 광물이나 돌을 채취해서도 안 된다. 물을 잘 다스려야 한다. 물을 다스리는 것은 농사의 근본이니 농부들이 어려움을 겪지 않도록 살펴야 한다. 국민이 홍수 피해를 겪지 않도록 제방도 견고히 해야 한다. 무분별한 어업은 생태계를 파괴하므로 금해야 한다.

나라의 건물이나 시설이 무너지지 않도록 잘 살펴야 한다. 특별히 나라를 지키고 국민을 보호하는 국방 시설은 더욱더 튼튼하게 해야 한다. 다만 나라와 군의 공사로 인해 국민이 불편하지 않도록 해야 한다. 도로도 잘 닦아서 여행을 다니는 사람들이 다니고 싶도록 해야 한다. 각종 교통수단과 이정표도 잘 만들어야 국민이 불편하지 않다. 사람들이 사용하는 물품은 제대로 만들어야 한다. 제조업에 종사하는 사람들은 탐욕을 부려서는 안 된다. 나라는 사람들의 생활에 필요한 생필품과, 농기구 등 산업용구, 군수품에 이르기까지 올바르게 만들도록 관리할 책임이 있다. 도량형도 통일이 되도록 해서 사람들을 속이는 일이 없도록 해야 한다.

가난하고 어려운 이들을 구제하라!

나라는 물자를 비축해서 어려운 사람들을 도와주고, 구제하는 정책을 펴 나가야 할 책임이 있다. 헐벗고 굶주려 죽는 사람들이 없도록 해야 한다. 특정 지방이 재해를 당해 어려움을 겪으면 나라가 나서서 세금을 경감하는 등 해결해 주어야 한다. 이는 지방정부의 관리들이 특히 신경을 써야 한다. 나라 전체가 어려움을 겪으면 서로 마음을 모으고, 도와야 한다. 이웃이 어려움을 겪으면 십시일반으로 서로 도와주어야 한다. 어려운 사람들을 위해 기부를 권장하고, 활성화해야 한다. 이는 강제로 권하는 것이 아니라 사람들이 자발적으로 행할 수 있도록 해야 한다.

어려운 사람들을 도와주어야 그 사람들이 올바르게 생활할 수 있고,

나쁜 마음을 먹지 않을 수 있게 된다. 어려운 사람을 도와줄 때에는 시기와 규모를 잘 고려해야 한다. 어려운 사람을 돕는 일은 특정한 지역, 특정한 계층의 문제가 아니라 나라 전체의 일이다. 또한 그들이 스스로 생계를 이어 갈 수 있도록 기술을 가르쳐 주고, 자립심을 길러 주어야 한다. 무상으로 도울 때는 등급을 가려서 지원해야 한다. 사회복지 분야에 종사하는 이들은 적임자를 잘 가려서 쓰고, 다양한 지원 대책을 준비해야 한다. 복지 지원은 치밀하고, 체계적으로 이루어져야 하며, 끊이지 않고 연중 지속되어야 한다.

모든 공직자들은 마음을 다하여 국민의 복지 증진에 힘써야 한다. 어려운 이들을 위한 생계유지, 보건의료, 자녀교육 등에 소홀함이 없어야 한다. 공직자들은 국민들의 마음을 헤아리고 힘을 보태는 정책을 펴 나가야 한다. 산업 장려, 기술 개발, 나라의 질서 유지, 부정부패 척결, 세금 정책 등 경제와 민생치안 분야에서는 특히 국민이 안심하고 살아갈 수 있도록 해야 한다. 공직자들에 대한 포상도 적절히 행해져야 한다. 수고나 큰일을 했으면 위로하되, 검소하게 행해야 한다.

한 점 부끄럼없이 관직에서 물러나다.

관직에는 반드시 교체가 있다. 교체가 되어도 놀라지 않고, 직책에 연연하지 않으면 국민이 존경한다. 공직자는 때론 자리를 헌신짝처럼 버릴 줄도 알아야 한다. 언제라도 떠날 수 있도록 늘 정리를 해 놓아야 지혜 있는 자이다. 노고를 위로하는 가운데 전별이 이루어지는 것은 영광스런 일이나, 꾸짖음과 욕설을 당하면 지극한 치욕이다. 교체되어 물러날 때에는 맑고 깨끗해야 한다. 청렴해야 하며, 사사로이 욕심을 부려서는 안 된다. 그렇다고 물건을 함부로 버려서도 안 된다. 공직을 마친 다음에는 소박하고 검소해야 한다.

교체되어 돌아갈 때에는 부하, 동료, 국민들이 유임시켜 주기를 원하도록 해야 한다. 이는 후세에까지 영광스런 일이나 인위적으로는 할 수 없는 일이다. 오직 국민이 원하면 다시 그 직책을 수행할 수 있다. 명성이 퍼져서 서로 모시려고 다툰다면 이는 공직자로서 빛나는 값어치라 말할 수 있다. 국민이 사랑하고 사모하며, 명성과 업적이 있어 공직을 수행할 기회를 얻게 되면 영광스런 일이다. 그러나 간사한 방법으로 자리를 탐하거나 직책을 애걸하는 자는 인사권자를 속이는 일이므로 죄가 매우 크다.

떠난 지 오래되어 다시 찾아갔을 때 반갑게 환영을 받으면 이는 큰 영광이다. 몸이 병들고 쇠약하게 되면 자리에서 물러나 나라와 국민에 폐를 끼치지 말아야 한다. 관직에 있다가 죽어 국민들이 애도하며, 세월이 오래되어도 잊지 않는 것은 어진 자이기 때문이다. 죽은 뒤에도 그 업적이 기려지고, 사랑을 받으면 훌륭한 공직자이다. 여러 사람의 칭송이 오래도록 그치지 않으면 그가 정치한 것을 알 수 있다. 그러니 스스로 자랑하거나 칭송하지 않도록 해야 한다. 어진 사람이 가는 곳은 따르는 사람이 많다. 이는 덕이 있다는 증거이다. 이것이 나라와 백성을 위한 나의 충언이다.

다산 정약용 선생은 '노블리스 오블리주'를 가장 모범적으로 실천한 위대한 선각자이시며, 우리 민족이 낳은 가장 위대한 스승 중의 한 분이십니다. 물론 우리 모두는 다산 선생을 훌륭한 학자요 위인으로 기억하고 있지만, 사실 우리가 알고 있는 것 이상으로 훨씬 더 위대한 인물입니다. 한 사람의 깊이가 도대체 어디까지 갈 수 있는지에 대한 경이와 감탄도 자아내게 됩니다.

오늘날 우리 사회는 해결해야 할 많은 문제와 갈등 요인을 안고 있습니다. 국가의 정책들에 대한 국민의 신뢰도 중요합니다. 정약용 선생은 마치 지금의 시대를 내다보기라도 하셨듯이 냉철하고 예리하게 가르쳐 주십니다. 그 위대한 혜안과 탁견, 실천정신의 가르침이 오늘날에도 여전히 유효하게 이어지는 점에 대해 놀라지 않을 수 없습니다. 우리 모두가 늘 목민심서를 가까이하면서 새겨야 할 이유입니다.

백범일지 ^(김 구)

—인산, 백범 선생님께 편지를 쓰다

'혼돈의 시대, 어떻게 살 것인가?'를 고민하면 **빼놓을** 수 없는 분이 있습니다. 바로 백범 김구 선생입니다. 우리 민족의 역사상 임진왜란 못지않은 혼돈의 시대가 바로 일제 식민지 시대였습니다. 혼돈의 시대를 넘어 참담한 시대였습니다. 가난하고, 힘없고, 불쌍한 백성들은 부패하고, 무능한 왕과 위정자들로 인해 하루아침에 나라를 잃고 식민지 지배를 받는 고통을 겪게 되었습니다. 임금을 잘못 만난 탓에, 관리들을 잘못 만난 탓에 무고한 백성들이 당한 고통은 말로 표현할 길이 없을 정도였습니다. 그 가슴 아픈 역사를 돌이켜 생각할 때면 그 한스러움을 이루 말할 수 없습니다. '대체역사'라는 역사의 한 연구 분야가 있습니다만, 정말이지 일제의 간악한 식민지 지배는 우리 민족의 역사에서 대체하고 싶을 만한 역사임이 분명합니다.

백범일지는 '상편', '하편', '나의 소원'으로 이루어져 있습니다. 이 중 '상편'은 김구 선생께서 태어나신 이후부터 상해로 건너오신 지 10년이 되는 1929년까지의 일을 기록하신 자서전입니다. 이 글을 쓰신 이유는 상해에서 언제 죽음이 닥칠지 모르는 위험한 상황이기 때문에 어린 두 아들에게 선생께서 지낸 일을 알리자는 동기에서였다고 합니다. 유서 대신으로 이 글을 썼다고 말씀하십니다. 그러니만큼 다른 그 어느 글 보다도 진솔하고, 감동적입니다. 백범 선생께서 살아온 그 위대한 생 애를 깊이 들여다보면서, '어떻게 살 것인가?'에 대한 해답을 구할 수 있는 귀중한 기록입니다.

 백범일지를 읽는 내내 저는 그 시대에 백범 선생께서 계셨다는 것이 참으로 다행이라 생각했고, 자랑스러웠습니다. 시대는 영웅을 낳고, 영웅은 시대를 이끌어 간다는 사실을 다시금 깨달으며 느꼈던 그 깊은 감동을 전하고자 합니다. 이번에는 제가 백범 선생께 편지를 올리는 형식으로 나아갑니다.

백범일지 '상편'

 우리 민족의 위대한 스승이신 존경하옵는 백범 선생님!
 존경한다는 말이 너무 판치는 세상에 살다 보니 존경한다는 말씀을 드리는 게 오히려 큰 결례가 아닌가 싶어 조심스럽습니다. 우리 민족이 임진왜란 이후에 겪은 가장 큰 혼돈의 시대에 선생님과 같은 분이 계셨 다는 것이 참으로 자랑스럽고 다행스러운 일이었습니다. 아마 저뿐만 아니라 뜻있는 모든 후손들이 그렇게 생각할 거라 믿고 있습니다. 더욱 이 다행스런 일은 선생님의 그 혼과, 그 정신과, 그 사상이 선생님께서 직접 쓰신 '백범일지(白凡日誌)'를 통해 저희 후손들에게 남겨졌다는 것 입니다. 그 글이 없었으면 저희가 선생님께서 이루신 공적은 알지언정 어찌 선생님의 그 깊은 내면까지 알 수 있었겠습니까? 참으로 감사하고 또 감사한 일입니다.

선생님은 단기 4280년(서기 1947년) 11월 15일에 '백범일지'를 세상에 내셨습니다. 선생님께서 상해와 중경에 있을 때 틈틈이 써 놓으셨던 '백범일지'를 귀국하신 이후에 일을 더해 세상에 내신 거였습니다. 선생님께서 상해 대한민국 임시정부의 주석이 되셔서 언제 죽음이 닥칠지 모르는 위험한 일을 시작할 때 본국에 있는 어린 두 아들에게 선생님께서 지낸 일을 알리자는 동기에서 이 글을 쓰셨음을 잘 알고 있습니다.

또한 유서 대신 쓴 글이라고 하셨습니다. 특별히 "무릇 한 나라가, 한 민족이 올바로 서려면 철학이 있어야 한다. 로크의 철학도 아니고, 맑스-레닌-스탈린의 철학도 아닌 오로지 우리 동포만의 철학을 찾고, 세우고, 주장해야 한다."고 하신 선생님의 말씀을 깊이 새깁니다.

선생님은 황해도 해주에서 태어나셨습니다. 열일곱 어머님은 푸른 밤 송이 속에 붉은 밤 한 개를 얻어서 감추어 둔 태몽을 꾸셨다고 하셨습니다. 가난하였지만 강직하셨던 아버님 밑에서 여느 아이들과 다름없는 개구쟁이 시절을 보냈지만 배포만큼은 남달랐음을 알 수 있었습니다. 창암, 창수라는 이름으로 불렸습니다. 어릴 적부터 특별히 배움에 뜻이 있어 글 공부에 전념하셨고, 1892년에 있었던 마지막 과거인 '임진경과'까지 응시하셨으나 부정한 과거에 실망하여 독학을 하셨습니다. 이 기간 중에 병서인 손무자, 오기자, 육도, 삼략 등을 통달하신 것은 장차 큰 일을 하기 위해 예비한 것이었음을 깨달을 수 있었습니다.

"태산이 무너지더라도 마음이 동요치 말고, 병사들과 더불어 고락을 같이하며, 나아가고 물러감을 호랑이같이 하며, 남을 알고 저를 알면 백 번 싸워도 지지 아니하리라."

강조하셨던 그 말씀은 지금도 후손들이 깊이 새겨서 실천해야 하는 '금과옥조'입니다. 그런 마음으로 선생님의 삶을 제가 감히 되돌아보고 자 합니다.

선생님은 동학에 입도하셨습니다. 동학 접주까지 하셨습니다. 잘 알려지지 않았지만 해주성 전투에 참여하시고, 군사들을 훈련시키셨습니다. 비록 젊은 나이셨지만 군기를 세우고, 민심을 얻으며, 현자를 초빙하는 일을 게을리하지 않으셨습니다. 그러나 뜻을 이루지 못하셨습니다. 안중근 의사의 아버지이신 청계동 안태훈 진사와 스승이 되신 고능선 선생을 만나 큰 배움을 얻으셨습니다. 특별히 고 선생님은 "자네가 마음 좋은 사람이 되려는 본 뜻을 가진 이상 몇 번 길을 잘못 들어서 실패니 곤란이니 하는 것들을 겪은 것이 무슨 대수겠느냐. 본 뜻만 변치 말고 쉼없이 고치고 전진하면 필연코 목적지에 다다를 날은 오게 마련이다."라고 힘과 용기를 불어넣어 주셨습니다. 그러면서 "가지 잡고 나무를 오르는 것이 그다지 대단할 것은 없다. 벼랑에 매달려 잡은 손을 놓을 수 있어야 장부라 할 수 있다."고 역설하셨습니다. 이 말은 두고 두고 선생님의 삶에 영향을 끼친 위대한 정신이 되었습니다.

젊은 나이에 결단력과 실행력이 남다르셨습니다. 결심하는데 오랜 시간을 끌지 않으셨습니다. 과감하고 단호하셨습니다. 그리고 결심을 하시면 반드시 행하셨습니다. 청국 시찰도 그러했고, 의병부대 참가 활동도 그러하셨습니다. 가장 감동을 받은 부분은 아무래도 명성황후 시해 복수인 '치하포 의거'였습니다. 선생님의 일지를 안 읽어 본 후손들도 이 역사적인 사실에 대해서는 잘 알고 있습니다. 1896년 2월 하순, 안악군 치하포에서 왜놈을 죽였습니다. 그 왜놈이 명성황후를 시해한 미우라든지, 아니든지 우리나라와 민족에 독버섯이니 직접 죽여서 그 치욕을 갚겠다고 하셨습니다. 직접 쓰신 글에 이렇게 묘사하셨죠? "왜놈을 거꾸러뜨리고 그 칼로 머리로부터 발까지 난도질한다. 나는 손으로 왜놈의 피를 움켜 마시고, 얼굴을 그 피로 칠했다." 상상을 하면 참으로 끔찍할 수 있는 그 장면이 얼마나 통쾌한 줄 몰랐습니다. 의거를 결행하신 이후에는 더 당당하셨습니다. 피신을 강권하는 사람들에게 절대 안 된다고 하시면서 사람의 일은 감춤 없이 다 드러내야 사나 죽으나 값이 있지 세상을 속이고 구차히 살기만 도모하는 것은 장부가 할 일이 아니라고 하셨습니다. 깊은 존경의 마음이 들지 않을 수 없었습니다.

결국 '치하포 의거'로 인해 체포되시고, 투옥되셨습니다. 어머니께는 이렇게 여쭈셨습니다. "제가 나라를 위하여 하늘에 사무친 정성으로 한 일이니 하늘이 도우실 것입니다. 분명히 안 죽습니다." 그리고 당당하게 가셨습니다. 인천 감옥에 갇히신 이후에 당하신 고문과 고초는 이루 말할 수 없습니다. 그러면서도 신문 간에는 당당하셨습니다. 감시하고 있는 '와타나베'라는 왜놈 순사에게는 죽을힘을 다해 호령하시기도 했습니다.

선생님! 저는 몇 년 전에 '언브로큰'이라는 영화를 보았습니다. 실화를 바탕으로 미국인이 만든 영화인데 거기에는 일본군들의 잔혹한 학살과 학대, 인권유린 장면들이 있었습니다. 그중 우두머리 격인 자의 이름이 동일하게 '와타나베'였습니다. 선생님의 글을 읽으면서 문득 그 자가 떠올랐습니다. 그 당시의 충격적이고 적나라한 실상을 담은 영화들을 우리도 제작하여 전 세계에 알려야 될 것이라는 생각도 했습니다.

선생님의 그 당당한 모습은 선생님을 옥중의 왕이 되게 하셨습니다. 옥중에서 선생님이 가장 열심을 낸 것 중 첫 번째가 독서였습니다. 아침에 도를 깨치면 저녁에 죽어도 좋다는 식으로 글이나 실컷 보겠다고 작정하고는 손에서 책을 놓지 않으셨습니다. 그러면서 많은 깨달음을 얻으셨습니다. 의리는 학자에게 배우고, 일체의 문화와 제도는 세계 각국에서 채택하여 적용하면 나라에 복이며 이익이 되겠다고 하신 말씀은 지금의 우리 후손들도 깊이 깨닫고 본받아야 할 위대한 선각이었습니다. 지금은 제가 세미책을 통해 젊은 장병들에게 마음껏 책을 전하고 있습니다.

두 번째는 교육이었습니다. 함께 복역하던 이들에게 글을 가르치셨습니다. 선생님이 감옥에 들어온 이후로 감옥이 아니라 학교라고 황성신문에 기사가 실리기까지 하셨습니다. 저는 군인으로 살아가고 있는데 우리 군대도 군대의 본질은 분명히 유지하면서 가장 중요한 학교의 역할을 해야 한다고 생각하고 노력해 왔습니다. 어려운 역경 속에서도 시대를 앞서 가신 선생님의 혜안이 놀라울 따름입니다.

세 번째는 대서(代書)일이었습니다. 말 그대로 소장을 지어 주고, 대신 써 주는 일이었습니다. 선생님이 대신 써 주면 승소한다고 와전까지 되었다니 어느 정도였는지는 미루어 짐작할 수 있습니다.

네 번째는 노래 부르기였습니다. 죄수들과 온갖 노래를 하면서 서로 격려를 하고, 위로도 하면서 시간을 보내셨습니다. 선생님께서 부르셨던 온갖 시조와 노래, 적벽가, 새타령, 개구리타령에 선생님의 울분과 기개를 담아 띄우셨을 것이라 생각합니다.

특히 감동을 받은 것은 사형집행 당일의 일이었습니다. 사형을 당한다는 일에도 마음 하나 흐트러지지 않고 의연하셨던 일은 지금 생각해도 상상이 되지 않습니다. 젊은 나이에 어찌 그리 바위 같은 마음을 가지고 계셨는지… 하늘의 도움으로 광무황제의 사형정지 칙령이 내려와 살아나셨습니다. 그리고 일제의 석방 방해 공작이 심해지자 탈옥을 감행하셨습니다.

"조롱을 박차고 나가야 진실로 좋은 새이며, 그물을 떨치고 나가야 예사로운 물고기가 아니겠는가. 충은 반드시 효에서 비롯되니 그대여 자식 기다리는 어머니를 생각하소서."

옥중에서 죽는다면 아무 의미가 없는 것이라는 생각을 하시고, 심사숙고하여 탈옥을 하셨습니다. 어쩌면 그 탈옥이 없었으면 오늘날의 선생님을 뵐 수 없었을지도 모를 일이었기에 참으로 위대한 탈옥이었다고 생각합니다.

옥(獄)에서 나오신 이후에는 유람을 통해 견문을 넓히셨습니다. 딱히 오라고 하는 데도 없는 현실에서 때로는 걸식까지 하시면서 삼남을 두루 다니셨습니다. 선생님의 그 유람이 세상을 품고자 하셨던 선생님의 마음을 다스리는 일이었음을 저는 압니다. 유람을 하시면서 인간 존중, 인간 평등의 마음을 더 다지셨습니다. 양반과 상놈을 따지지 않고 같은 마음으로 대하셨습니다. 충무공의 전적과 금산의 패적유지, 영규대사의 비(碑) 등을 보시면서 나라를 되찾으시겠다는 다짐도 하셨습니다. 그러다가 공주의 마곡사에 들어가셔서 잠시 승려가 되시기도 했습니다. '원종 스님' 아마 오늘날의 후손들은 선생님께서 잠시나마 스님이셨다는 사실은 잘 모를 것입니다.

짧은 승려 생활을 통해 '견월망지(見月忘指)' 달을 보되 가리키는 손가락은 잊으라는 이치와, '참을 인(忍)'의 칼날 같은 마음도 깊게 새기셨습니다. 환속하신 이후에는 동지들을 탐방하시면서 틈나는 대로 후학들을 가르치셨습니다. 그즈음 이름을 '김구'로 고치셨습니다. 스승이신 고능선 선생님을 다시 문안하면서 말씀드린 내용이 특별히 감동입니다.

"학문 도덕을 공부한 상류 인물이 인민에게 잔학하기로는 최고의 망나니이고, 진실무망하기로는 온 나라 인민이 거의 그렇지만 낫 놓고 기역자도 모르니 물이 아래로 흐르듯 제 이익만 취하려 합니다. 인민이 훈육되지 못해 우매하고 보니 자기의 권리와 의무는 모르고 탐관오리 토호로부터 능멸과 학대를 당하면서도 의당 받을 것을 받는 줄로 압니다. 이렇게 스스로 백성을 잔인하게 죽이는 망나니의 능력이 출중함을 자랑하니 나라는 망하고야 말겠지요. 세계의 여러 문명국에서 교육제도를 배워 학교를 세우고 전국 인민의 자녀를 교육하여 건전한 2세 국민을 양성해야 합니다. 그리고 애국지사를 규합하여 전 국민에게 망국의 고통이 어떤지, 나라 발흥의 복락이 어떤 것인지 알도록 하는 것이 망하는 길에서 구하는 도라고 생각합니다."

참으로 대단하신 식견이셨습니다. 탁월한 정세 판단을 기초로 우리 민족이, 나라가 나아갈 길을 분명하게 제시하고 계셨습니다. 그러시는 중에 인간적으로 많은 아픔을 겪으셨습니다. 아버님께서 별세하시고, 약혼녀와도 사별하셨습니다. 선생님은 배우자를 선택하는 기준도 명확하셨습니다. "첫째, 재산 따지지 말 것, 둘째, 낭자라지만 학식을 지닐 것, 셋째, 서로 만나서 마음이 맞는지 미리 알아보기" 이는 오늘날의 젊은이들에게도 지표가 될 거라 생각합니다.

선생님은 신교육 운동에 전념하셨습니다. 많은 학교를 세우셨습니다. 스스로 공립학교 교원이 되셨습니다. 종교에도 마음을 쏟으셨습니다. 그리고 최준례 여사와 자유결혼을 하셨습니다.

1905년 을사조약이 체결되자 반대투쟁을 전개하시면서 애국계몽운동과 신민회 활동에 적극 나서셨습니다. 국가 흥망에 대한 절실한 각오가 있더라도 얕은 민중의 힘으로는 실효성 있게 해낼 수 없음을 아시고 교육만이 살 길이라는 각오로 교육구국운동을 펼쳐 나가셨습니다. 선생님과 뜻이 같은 김홍량, 최재원 같은 분들과 함께 안신학교, 양산학교, 배영학교, 유신학교 등 많은 학교를 설립하신 업적은 후손들에게 길이 남을 것이라 생각합니다. 해서교육총회의 학무총감직을 맡아 교육의 전파에 힘을 쏟으시는 한편, 수많은 애국지사들과의 인연도 이어 갔습니다. 안중근 장군, 이재명 의사, 나석주 의사, 도산 안창호 선생을 만나 신민회 활동과 무관학교 설립운동에도 관여하셨습니다. 이후 안중근 장군의 동생 안명근과의 연루설로 세 번째 투옥도 겪으셨고, 모진 고문과 신문을 당하셨습니다. 17년 전에 만났던 와타나베도 다시 만나셨습니다. 일지에 기술해 놓으신 고문의 내용을 보니 참으로 끔찍합니다. 혹형, 굶기는 것, 유화적인 것을 구체적으로 접하니 다시금 일제의 간악함이 느껴집니다. 15년 형을 받고 수감 생활을 하시는 중에도 기개를 잃지 않으셨습니다. 선생님은 말씀하셨습니다. "표면상으로는 복역수이나 정신상으로는 결코 죄인이 아니다. 왜놈의 이른 바 새로운 백성이 아니고, 나의 정신으로는 죽으나 사나 당당한 대한의 애국자이다." 선생님의 그 곧은 절개와 충성에 절로 머리가 숙여질 따름입니다.

"훗날 우리나라가 독립한 후에는 감옥 간수부터 대학교수의 자격으로 쓰고 죄인을 죄인으로 보는 것보다는 국민의 일원으로 보아 선으로 이끄는 데 힘을 모아야 한다."는 말씀은 오늘날 교정정책을 담당하는 사람들은 물론 우리 온 국민이 귀담아들어야 할 말씀이라 생각합니다. 이후 인천 감옥으로 이감되고, 감형이 되었고, 선생님은 이름의 한자를 '金龜'에서 '金九'로 바꾸고, 호를 '백범(白凡)'으로 고칩니다. 우리나라의 하등사회, 곧 백정과 범부들이라도 애국심이 지금 나의 정도는 되어야 완전한 독립국이 되겠다는 그런 바람을 가지고 고치셨습니다. 복역 중에 뜰을 쓸 때나 유리창을 닦을 때는 어느 때 독립정부를 건설하거든 나는 그 집의 뜰도 쓸고 창문을 잘 닦는 일을 해 보고 죽게 하여 달라고 하느님께 기도하셨다는 대목에서는 가슴이 뭉클하였습니다. 선생님의 애국심, 그 나라 사랑의 정신이 글을 읽고 있는 저에게도 가감 없이 그대로 전해져 왔습니다.

출옥 후 귀향을 하니 딸 화경이가 서너 달 전에 죽었다는 소식을 들으셨습니다. 일곱 살도 안 된 어린것이 죽을 때 부탁하기를 나 죽었다고 옥에 계신 아버지께는 기별마십시오. 아버지가 들으시면 오죽이나 마음이 상하겠소 하더라는 말을 들으신 순간 선생님 마음이 얼마나 아프셨을지 짐작이 가고도 남음이 있습니다. 나이는 비록 어리나 역시 선생님의 따님이었습니다. 어머님께서는 선생님의 부인을 각별히 챙기셨습니다. 그러는 바람에 부부싸움을 해도 한 번도 이기지 못하시고 늘 실패만 하셨다는 선생님의 고백은 참으로 인간적인 모습입니다. 나라를 생각하시고, 나라를 위해 일하시느라 가정을 돌볼 겨를이 없으셨던 만큼 묵묵히 그 자리를 지키고 채워 가신 부인에 대한 뜨거운 사랑과 고마움의 표현이었음을 저는 압니다.

출옥 후 잠시 동산평의 농감 생활을 하셨을 때는 무엇보다도 청렴결백하셨던 모습이 가슴에 남습니다. 부탁할 때 물건을 가지고 오는 자들에게 "그대가 빈손으로 왔으면 생각해 볼 여지가 있으나 뇌물을 가지고 와서 청구하는 데는 그 말부터 듣지 않을 터이니 물건을 도로 가져가고 훗날 다시 빈손으로 와서 말하라." 그 말씀, 그 정신은 오늘날 공직에 있는 사람은 물론이고 모든 사람들이 새겨들어야 할 금과옥조라 생각합니다. 1918년 11월 장남 인이 태어났고, 다음해 2월에 독립만세운동이 일어납니다. 같이 참여하자는 안악의 청년들에게 "독립이 만세만 불러서 되는 것은 아니라 장차의 일을 계획, 진행해야 할 터인즉, 내가 참여하고 안 하고의 문제가 아니니 어서 만세를 부르라."고 청년들을 보내셨습니다. 독립만세운동을 적극 지지하면서도 보다 큰 뜻을 펼치시기 위해 때를 기다리셨던 그 높은 혜안에 감탄을 금치 못했습니다. 만약에 그때 만세운동에 앞장서시다가 다시 투옥되셨으면 우리 민족 역사상 가장 자랑스러웠던 상해 임시정부 시절이 없었을 것이기에 그렇습니다.

1919년, 선생님은 드디어 중국 상해로 망명을 떠나십니다. 이동녕, 이광수, 김홍서, 서병호, 안창호 등 옛 동지들을 만나시고 임시정부를 조직하셨습니다. 임시정부 초대 경무국장이 되시고, 부인과 아들 인이, 어머님도 상해로 모셨습니다. 둘째 아들 신이도 태어났고, 임시정부를 수립한 지 5년 뒤에는 내무총장이 되셨습니다. 그러나 그 뒤 사랑하는 부인께서 폐렴으로 별세하시고 맙니다. 1927년에는 드디어 임시정부의 최고직인 국무령에 오르십니다. 선생님은 당신께서 임시정부 국무령이 되시는 것, 일국의 원수가 되는 것이 국가의 위신을 떨어뜨리는 일이니 감히 맡을 수 없다고 겸양지덕을 보이셨으나 그 시대에 그 자리를 맡을 수 있는 분은 오직 선생님 한 분이셨습니다.

"자식들에게 대하여 아비 된 의무를 조금도 못하였으므로 나를 아비라 하여 자식 된 의무를 하여 주기를 바라지도 않는다. 너희들은 사회의 은택을 입어서 먹고 입고 배우는 터이니 사회의 아들인 심성으로 사회를 아비로 삼아 효도하듯 하면 나의 소망은 이제 더 만족이 없을 것이다. 기미년에 건너온 이후로 지금까지 10여 년에 그동안에 지내온 일에 대해서는 중요하고 진기한 사실들이 많으나 독립 완성 이전에는 절대 비밀로 할 것이므로 너희들에게 알려 주도록 기록하지 못하는 것이 극히 유감이다." 백범일지 상편을 마치시면서 선생님은 두 아들에게 이렇게 부탁하셨습니다. 나라를 지극히 사랑하시는 선생님의 마음을 다시금 느낍니다.

백범일지 '하편'

2015년 1월 27일은 '아우슈비츠 수용소' 해방 70주년을 맞는 날이었습니다. 폴란드에 위치한 아우슈비츠 수용소는 나치 독일이 2차대전 동안 유대인 약 100만 명을 살해한 곳입니다. 이곳에 수용됐던 유대인들은 1945년 1월 27일 소련군에 의해 해방되었습니다.

독일의 메르켈 총리는 베를린에서 열린 70주년 기념식에서 "아우슈비츠는 인간이 서로에게 얼마나 잔인한 짓을 할 수 있는지 보여 주는 경고이며, 이는 오늘 같은 기념일뿐 아니라 항상 우리가 고민해야 할 과제이다."라고 말하며, "수용소 생존자들의 증언 덕에 우리가 과거를 기억할 수 있다. 홀로코스트(나치의 유대인 대학살)를 기억하는 것은 독일인의 영원한 책임이다."라고 강조했습니다.

증언을 해 준 생존자들에게 감사의 마음을 전하는 독일의 총리와 생존자들의 피 끓는 증언을 외면하는 일본의 총리가 극명하게 비교되었습니다. 과거사 학습을 통해 통찰력을 얻을 수 있으며, 사회적 가치를 위협하는 세력을 분별해 낼 수 있다고 젊은이들을 가르친 독일의 모습이 진정한 반성의 모습임을 우리는 똑똑히 기억해야 합니다.

잠시 우리의 모습을 돌아봅니다. 우리는 지금 어떠한 역사 인식 아래 어떠한 생각을 가지고 살아가고 있습니까? 아니 오늘날 우리 후손들은 그 가슴 아픈 통한의 역사를 알고는 있는지? 기억하고는 있는지? 묻지 않을 수 없습니다. 일본뿐만 아니라 우리도 역시 정신차려야 합니다. 두 번 다시 그러한 역사를 되풀이하지 않기 위해서라도 분명히 알아야 합니다.

'백범일지 하편'은 선생님께서 중경 임시정부 청사에서 67세 때 집필 하셨습니다. 주로 미주와 하와이에 있는 동포를 염두에 두고 민족 독립운동에 대한 선생님의 경륜과 소회를 고하려고 쓰신 글이라 하셨습니다. 상편 집필을 마치신 지 13년의 세월이 흐른 뒤였습니다. 하편을 쓰는 목적은 나의 지난 50년간의 분투한 기록을 읽음으로써 그 많은 과오를 거울로 삼아 그와 같은 전철을 밟지 않도록 하라는 것이라고 말씀하셨습니다.

하편을 쓰시던 시절은 임시정부도 어느 정도 자리를 잡은 때였습니다. 내무, 외무, 군사, 재정의 4부 행정이 비약적으로 진전되었다고 술회하십니다. 내정으로는 한인의 각당 각파가 일치하여 임시정부를 옹호했고, 외교적으로도 미국과 중국이 대한민국의 독립과 일본 제국주의의 박멸을 부르짖는 우호적인 상황이었습니다. 군사적인 면에서는 이청천 장군을 총사령으로 하는 한국광복군이 정식으로 성립되었고, 재정적인 측면에서도 처음에는 많은 곤란을 겪었으나 윤봉길 의사의 의거 이후로 재정수입고가 대폭 증가하였다고 하셨습니다.

백범 선생님은 하편을 집필하시면서 누군가 내게 "종내 소원은 어떻게 죽는 것인가?"고 묻는다면, "나의 최대 바라는 것은 독립 성공 후에 본국에 들어가 입성식을 하고 죽는 것이다. 최소한으로는, 미국 하와이 동포들을 만나 보고 돌아오다가 비행기 위에서 죽으면 죽은 몸을 아래로 던져 산중에 떨어지면 짐승들 뱃속에, 바다에 떨어지면 물고기들의 뱃속에 장사 지내는 것이라고 대답했을 것이다."라고 말씀하셨습니다. 뜨거운 가슴속에 오직 나라 사랑의 정신만 가득하셨던 선생님의 그 숙연한 말씀을 접하면서 저는 가슴이 울컥하고, 눈시울이 뜨거워졌습니다. 결과적으로는 백범 선생님은 소원을 다 이루셨습니다.

이제 '백범일지 하편'을 통해 백범 선생을 다시 뵈려 합니다. 상해임시정부 시절부터 시작됩니다.

우리 민족의 위대한 스승이신 존경하옵는 백범 선생님!
선생님께 글을 올리면서 선생님의 지나온 삶에 대해 깊은 경의를 표하지 않을 수 없습니다. 백범이라는 호에 맞지 않는 비범한 삶을 살아오신 선생님을 대하면서 한없는 부끄러움도 느꼈습니다. "선생님을 비롯한 수많은 애국지사님들과 순국선열님들의 그 희생과 헌신으로 인해 풍요로운 삶을 누리고 있는 지금의 우리 후손들은 과연 선생님 같은 삶을 꿈이라도 꿀 수 있겠는가?"라고 자문해 볼 때 그 위대함이 더더욱 높고 크게 다가옴을 느낍니다. 이 말씀은 선생님 앞이라고 아부성으로 드리는 말씀이 아님을 꼭 알아주십시오.

제가 그동안 선생님께 올린 편지를 몇몇 친구들과 지인들께 공개했습니다. 많은 친구들이 선생님을 깊이 존경하고, 선생님의 위대한 정신을 잘 새기고 있다는 뜻을 전해 왔습니다. 제 친한 친구 중 한 명은 직접적으로 선생께서 우리 대한민국의 초대 대통령이 되셨어야 했는데 그러지 못해서 아쉽다고 했습니다. 저희들이 건국 대통령이신 초대 대통령 이승만 박사를 부인하는 것은 아니지만, 선생님을 사랑하는 뜻있는 많은 후손들이 그렇게 생각하고 있음을 꼭 전해드리고 싶습니다.

1919년 2월 어느 날, 선생님은 상해 포동 선창에 발을 내딛으셨습니다. 이동녕, 이광수, 서병호, 김홍서, 김보연 선생들이 같이 상해에 모이셨습니다. 당시 상해의 한인은 약 5백여 명을 헤아렸는데 대부분 독립운동을 목적으로 모인 지사들이었습니다. 여러 청년들 사이에서 대내외로 독립운동을 전개해 나가는 데는 정부 조직이 절대적으로 필요하다고 하여 임시의정원과 임시정부가 탄생했습니다. 이승만 박사를 총리로, 내무, 외무, 군사, 재무, 법무, 교통 등의 부서가 조직되었으며, 안창호 선생이 내무총장이 되셨습니다.

이후 이승만 박사를 대통령으로 임명하고, 4월 11일에 헌법을 반포함으로써 본격적인 대한민국 임시정부의 길을 걷게 됩니다. 저는 임시정부가 그렇게 빨리 조직되었으며, 더군다나 헌법까지 반포했다는 사실에 깜짝 놀랐습니다. 독립을 향한 열망이 모든 분들의 뜻을 하나로 묶을 수 있지 않았나 하는 생각입니다.

선생님은 정부의 문지기를 자처하셨으나, 경무국장으로 임명되셨습니다. 5년 동안 왜적의 정탐 활동을 방지하고, 독립운동자 가운데 투항자 유무를 정찰하며, 왜의 마수가 어느 방면으로 침투하는지 살피셨습니다. 대한민국 원년에는 모두가 일치하여 민족운동에만 매진하였으나, 민족주의와 공산주의로 갈라져 심한 갈등을 겪었습니다. 심지어는 이승만 대통령은 민주주의, 이동휘 국무총리는 공산주의를 부르짖는 등 국시가 제대로 서지 못했습니다.

선생님은 같이 공산혁명에 매진하자는 이동휘 총리의 제안을 다음과 같이 일거에 거절하셨습니다. "우리 독립운동이 우리 한민족의 독자성을 떠나서 어느 제3자의 지도와 명령의 지배를 받는 것은 자존을 상실하는 의존성 운동입니다. 선생이 우리 임시정부 헌장에 위배되는 말을 하시는 것은 전혀 옳지 않은 길이고, 저는 선생의 지도에 응하여 따를 수 없습니다. 선생이 자중하시길 권고합니다." 참으로 소신 있고, 당당한 말씀이셨습니다.

이후의 과정을 보니 정말 파란만장한 생활, 고뇌에 찬 시간을 보내셨습니다. 내무총장 취임, 한국독립당 조직, 김좌진 장군과 김규식 선생의 암살, 공산당과의 파벌싸움과 갈등 등을 보면서 당쟁으로 인해 5백년 왕조가 무너지는 경험을 했으면서도, 해외에 나가서까지 당파 싸움에 여념이 없었던 부끄러웠던 선조들의 모습에 가슴이 아팠습니다. 나라를 잃고도 정신 차리지 못하고, 자신들의 이익에 몰두하는 그 모습이 참으로 부끄럽기도 하였습니다. 이 부분은 오늘을 살아가는 우리도 반드시 뼈저리게 받아들여야 할 대목이라고 생각합니다.

선생님께서는 드디어 임시정부의 수장이신 국무령에 취임하셨습니다. 정부가 아무리 오그라든 시기이나 해주 서촌 김존위의 아들로서 한 나라의 원수가 되는 것은 국가와 민족의 위신에 큰 문제가 되니 고사하셨다는 선생님의 그 겸양지덕에 새삼 머리가 숙여집니다.

임시정부의 사정과 형편이 어려워지고, 시간이 지나다 보니 일제에 동조하거나 투항하는 인원이 늘어났다고 하셨습니다. 김희선, 이광수, 정인과 등 믿었던 동지들이 배신하였습니다. 경제난에 인재난까지 겹쳤습니다. 그 어려움이 어떠했을지 상상만 해도 암담한 지경이었으리라 생각합니다.

그때 선생님께서는 '편지정책'을 펼치셨습니다. 해외 교포들에게 편지를 써서 난국을 타개해 나가실 생각이었습니다. 결과적으로 미국, 하와이, 멕시코, 쿠바 등에 거주하는 애국심 넘치는 동포들의 성원으로 조금씩 나아졌습니다. 모두 선생님의 다 진실성 있는 신념 덕분이었습니다.

선생님의 글을 읽으면서 그 시절, 그 위기의 임시정부 수장이 선생님이었다는 것이 우리 민족에게 있어 대단한 행운이었음을 저는 느낍니다. 선생님께서 이루신 많은 업적들 중에서도 가장 빛나는 업적은 뭐니 뭐니 해도 대한민국이 살아 있음을 세계만방에 알린 빛나는 '항일의거'였습니다.

용산 출생이고, 철공장에서 일했던 31세의 이봉창 의사는 일왕을 저격하였으나 불행히도 명중하지 못했습니다. 이봉창 의사는 선생님께 이렇게 말씀하셨죠? "제 나이가 31세입니다. 앞으로 다시 31세를 산다 한들 과거 반생의 삶에서 방랑 생활을 맛본 것에 비한다면 늙은 생활이 무슨 재미가 있겠습니까. 인생의 목적이 쾌락이라면 31년 동안 육신으로는 인생 쾌락을 대강 맛보았으니 이제는 영원한 쾌락을 도모하렵니다. 그래서 우리 독립사업에 헌신하겠다는 목적으로 상해에 왔습니다." 참으로 위대한 고백이었습니다. 자기 목숨을 다 바쳐서 독립을 위해 헌신하겠다는 젊은 청년과 자식 같은 젊은이가 목숨을 버릴 것을 알면서도 구국투쟁의 전선에 보낼 수밖에 없었던 선생님의 심정이 어떠했겠습니까?

이봉창 의사의 동경사건이 세계에 알려지자 임시정부에 호응을 하고, 후원을 하는 동포들이 늘어났습니다. 선생님에 대한 애호와 신임을 천명하는 서신이 태평양 위로 눈꽃처럼 날아들었다고 선생님은 표현하셨습니다. 이후 나석주 의사, 이승춘 의사, 이덕주 의사, 유진식 의사, 유상근 의사, 최흥식 의사 등 수많은 열혈 청년들의 헌신을 이끌어 내셨습니다.

윤봉길 의사의 의거는 참으로 대단한 민족적 쾌거였습니다. 우리 후손들은 많은 독립투사들 중에 안중근 장군과 더불어 윤봉길 의사를 가장 존경합니다. 선생님께서는 홍구의 채소시장에서 장사를 하는 윤봉길 의사의 의거를 몸소 이끄셨습니다. "뜻이 있는 자는 언젠가 반드시 일을 이룬다."고 하시며, 1932년 4월 29일 홍구공원에서 열리는 일본 천황의 천장절 경축전례식에서 일생의 큰 목적을 달성하라고 권유하셨습니다. 거사를 위해 윤봉길 의사를 떠나보내면서 목멘 소리로 "훗날 지하에서 만나자."로 말씀하셨다는 글을 읽으면서 눈시울이 뜨거워졌습니다.

홍구공원의 의거는 통쾌하고도 대단한 성공을 거두었습니다. 민단장 가와바타, 시라카와 대장이 사망하고, 시게미츠 대사, 우에다 중장, 노무라 중장 등에게 중상을 입혔습니다. 선생님 표현대로 하늘도 놀라고 땅도 뒤흔드는 대사건이었습니다. 임시정부의 위상이 높아지고 독립운동이 더욱 활발하게 이루어지는 역사적인 계기가 되었습니다. 중국의 장개석 총통은 "중국의 백만대군도 못한 일을 일개 조선 청년이 해냈다."며 감격해했고, 그동안 무관심했던 임시정부에 대한 전폭적인 지원을 약속했습니다. 동경 사건과 홍구 사건을 주모하고 계획한 이는 선생님이라는 사실이 세상에 알려지면서 선생님에 대한 존경과 신망은 높아진 반면, 일제의 탄압은 더욱 심해졌습니다.

선생님은 임시정부를 이끌고 피신할 수밖에 없었습니다. 그야말로 임시정부 이동의 대장정이 시작된 것입니다. 광동 사람 장진구로 행세하셨습니다. 해염으로 피신하고, 엄가빈 등 농촌도 시찰하셨습니다. 그 절체절명의 피난 와중에도 백성들을 사랑하는 선생님의 마음은 커져만 갔습니다. 농촌을 시찰하고 선생님께서 하신 한마디 말씀은 오늘날 공직에 몸담고 있는 모든 사람들이 새겨야 할 말씀으로 사료됩니다.

"농촌을 시찰한 나는 한마디하지 않을 수 없다. 중국의 한, 당, 송, 원, 명, 청 등 각 시대마다 우리나라에서 관개사절이 중국을 오갔다. 북방 시대는 관두더라도 남방 명나라 시대에 우리의 선인들이 사절로 다닐 때, 그들은 모두 장님들이었던가? 필시 허깨비나 좇고, 국가의 계책은 무엇이며 민생은 무엇인지 생각도 못한 것이니 어찌 통탄스러운 일이 아닌가!" 전답에 물대는 시설을 보면서 통탄하셨던 모습이었습니다. 선생님의 정확한 역사 인식, 현실인식, 인간존중의 위대한 정신이 그래서 돋보입니다. 우리 선조들께서 위대한 일도 많이 하셨지만 힘없는 백성들, 힘없는 민초들의 삶에 너무 무관심했습니다. 인간은 누구나 동등하며, 인간의 존엄은 누구나 존중받아야 한다는 인간의 가장 기본적인 정신을 외면하였습니다. 그래서 온 세상천지가 다 변하고 있음에도 불구하고 우리 민족만 늦게 깨달았습니다. 그것이 우리 역사의 가장 큰 불행이었습니다.

중국의 장개석 총통을 만나서 지원을 약속받았습니다. 군관학교를 세우고 독립군 군관을 양성하였습니다. 임시정부를 개편하였고, 임시정부를 옹호할 한국국민당도 조직하였습니다. 중일전쟁이 발발하고, 남경이 위험해지자 중국 정부는 중경으로 전시수도를 정하였고, 임시정부도 장사로 이주하였습니다. 본국에 계시던 어머니도 다시 모셨습니다. 남경에서 맞은 어머니 생신 때 선생님과 동지들께서 생신 잔치를 벌이려 하자 어머니께서는 입맛대로 음식을 만들어 먹겠다고 하시면서 돈으로 달라고 하셨습니다. 돈을 모아 드리자 청년단에게 하사하시면서 "권총을 사서 일본놈들을 죽이라."고 말씀하셨습니다. 그 짧은 한마디는 선생님의 어머님께서 얼마나 위대한 어머니인지 알려 주는 말씀입니다. "권총을 사서 일본놈들을 죽이라." 이 말은 아직도 제 뇌리를 맴돌고 있습니다.

호남성 장사로 옮겨 임시정부 활동을 계속하셨습니다. 그러던 중 남목청에서 조선혁명당원 이운한에게 총을 맞아 구사일생으로 살아나신 적도 있었습니다. 이유야 어찌되었든 간에 해외에서 민족의 독립을 위해 모든 것을 바치시고 계신 애국지사에게 같은 동포가 총을 겨누었다는 사실에 절망합니다. 선생님의 어머니께서는 퇴원한 선생님께 이렇게 말씀하셨죠? "자네의 생명은 하느님께서 보호하시는 줄로 아네. 사악함이 올바름을 범할 수는 없지. 한갓 유감은 한인의 총을 맞고 살아난 것이 일인의 총에 죽은 것만 못하네."라고. 선생님은 선생님의 어머님으로 인해 더 위대하십니다.

갖은 고초를 다 이겨 내시고, 중경에 도착해 중경 임시정부 시대를 끌고 가십니다. 1939년에 어머니 곽낙원 여사님께서 별세하십니다. 돌아가시는 순간까지 독립에 성공하도록 노력하라는 유언을 남기셨습니다. 독립이 되면 유골을 가지고 돌아가 고향에 묻으라는 말씀도 하셨습니다. 선생님은 물론 수많은 독립투사들에게 정신적 지주가 되어 주셨던 선생님의 어머니를 존경합니다. 그리고 선생님의 어머니야말로 우리 민족의 위대한 독립투사요, 애국지사라고 생각합니다.

한국독립당이 탄생하고 선생님은 국무회의 주석으로 임명되십니다. 중국 정부의 전폭적인 지원으로 광복군이 창설됩니다. 중국과 서양 인사들까지 초청하여 성대한 광복군 성립 전례식을 거행하신 일은 대단히 의미 있는 사건이었습니다. 우리 민족의 자주성을 대내외에 천명하고, 정식 군대를 가졌음을 선포하는 일이었기 때문입니다. 그날은 1940년 9월 17일이었습니다. 한국광복군총사령부 성립 전례식이 있던 날입니다. 이날은 대한민국 국군사에도 매우 중요한 날임을 저는 알고 있습니다.

선생님은 중국이 대일전쟁을 5년간이나 계속하고 있는 중에 우리가 군대를 조직하지 못한 것을 늘 통탄해하시면서 드디어 광복군을 조직하셨습니다. 이청천 총사령, 최용덕 고급참모, 왕일서 참모장, 김원봉 1지대장, 이범석 2지대장, 김학규 3지대장이 주역이셨습니다. 미국 작전부장 도노반 장군과 협력하여 군사훈련도 하였습니다. 그러던 중 드디어 일제의 항복 소식을 접하셨습니다. 저는 자나깨나 학수고대 일제의 패망을 기다리셨을 선생님께서 누구보다도 기뻐하실 줄 알았습니다. 그러나 선생님은 희소식이라기보다는 하늘이 무너지고 땅이 갈라지는 느낌이었다고 말씀하셨습니다. 공복군을 조직하고, 몇 년을 애써서 참전을 준비하고, 각종 비밀훈련도 시켜서 드디어 우리의 힘으로 일제를 물리칠 계획을 하셨는데 그것이 한순간에 물거품이 되었다고 생각하셨던 것입니다. 정말 그러셨을 것입니다. 선생님은 다른 누구의 손이 아닌, 우리 민족의 손으로 일제를 물리치길 꿈꾸셨을 테니까요. 선생님의 글을 접하는 후손들도 아마도 같은 마음이 들었을 것이라 생각합니다.

선생님께서는 백범일지 말미에 한인 대가족과 조국에 바친 영혼들을 상세히 기록하셨습니다. 참으로 동지들을 아끼고, 인간을 사랑하는 선생님의 숭고한 정신이 보이는 귀한 기록입니다. 선생님의 기록이 없었다면 오늘날 우리 후손들이 어떻게 그분들을 기억할 수 있겠습니까? 이는 그분들이나 후손들 모두에게 있어 참으로 다행스런 일임에 틀림

없습니다. 석오 이동녕 선생의 서거를 애통해하셨고, 손일민 선생과 송신암 선생의 서거 등 동지들의 서거를 맞아 그분들의 뜻을 기리셨습니다. 대가족 명부를 별지로 작성하여 후세들에게 전하려 하셨던 선생님의 뜻을 되새겨 우리 후손들이 늘 기억하겠습니다.

중경 임시정부 생활을 마치시면서 선생님은 중국의 국민성이 위대하다고 말씀하셨습니다. 폭격의 참상을 겪으면서도 의연하게 대처하는 모습을 보면서 느끼셨다는 것입니다. 그러면서 "만일 우리 동포들이 저 지경을 당하였다면 화가 나느니, 성이 나느니, 홧김에 술을 마신다, 성난 김에 싸움질을 한다, 소란만 일으키고 태만하지나 않을까 생각된다."고 걱정하셨습니다. 정말 우리나라, 우리 민족을 걱정하신 뜻으로 새겨듣습니다. 우리 후손들이 귀담아들어야 합니다. 지금도 우리 국민들은 서로 편과 패를 나누어 헐뜯습니다. 자기 일에는 관대하면서도 다른 사람의 일에는 엄격한 잣대를 들이댑니다. 아껴 주는 마음도 사라져 갑니다. 조금만 잘못하고, 조금만 실수해도 완전히 매장시킬 정도로 무자비합니다. 아량과 관용과 용서의 마음도 사라져 가고 있습니다. 오로지 경쟁과 투쟁과 성공제일주의에 함몰되어만 가고 있는 지금의 현실이 참으로 걱정됩니다. 아마도 선생님께서 살아 계셨다면 그때와 마찬가지로 통탄하셨을 거라 생각합니다. 이제라도 우리 국민들이 달라져야 합니다. 의식개혁운동을 펼쳐서라도 이대로 가서는 절대 안 된다고 저는 생각합니다.

일제가 패망하고, 해방을 맞아 그리던 조국으로 환국하셨습니다. 안타까웠던 것은 임시정부의 자격이 아닌 개인 자격으로 고국에 돌아오셨던 것입니다. 그래도 선생님은 개의치 않으셨습니다. 중국 정부의 융숭한 환송을 받으며, 고국을 떠난 지 27년 만에 김포비행장에 도착하셨습니다. 의구한 산천을 바라보며 느끼셨을 선생님의 감회가 어떠셨을지 상상해 봅니다. 국내에서는 환영 선풍이 일었습니다. 서울에서도, 지방순회를 하실 때도 우리 온 국민들은 선생님과 임시정부 요원들을 뜨거운 마음으로 환영하였습니다. 윤봉길, 이봉창, 백정기 3열사의 유해를 봉환하였고, 삼남과 38선 이남 서부 일대를 순회하시며, 많은 사람들을 만나 환영을 받으셨습니다. 옛날의 인연을 만나셨고, 대중들에게 연설도 하셨습니다. 선생님의 백범일지 '하편'은 그렇게 끝납니다.

나의 소원

그리고 그 유명한 '나의 소원'을 붙이셨습니다.

네 소원이 무엇이냐 하고 하나님이 내게 물으시면 나는 서슴지 않고, "내 소원은 대한독립이오." 하고 대답할 것이다. 그다음 소원이 무엇이냐 하면 나는 또, "우리나라의 독립이오." 할 것이요, 또 그다음 소원이 무엇이냐 하는 세 번째 물음에도 나는 더욱 소리를 높여서 "나의 소원은 우리나라 대한의 완전한 자주독립이오." 하고 대답할 것이다.
동포 여러분! 나 김구의 소원은 이것 하나밖에는 없다. 더 이상 어떤 말이 필요하겠습니까?

암울했던 혼돈의 시대를 지내며 우리 민족의 위대한 스승이신 백범 김구 선생님을 다시 만났습니다. 그 시대에 선생님 같은 위대한 인물이 우리 민족의 독립투쟁을 이끄셨다는 것이 우리 모두에게 큰 자랑이자 행운이었다고 확신합니다. 나라를 지키는 군인으로 평생을 살아온 제가 선생님께 이런 장문의 편지를 올릴 수 있었음을 영광으로 생각합니다. 마치 선생님과 단둘이 앉아 깊이 마음을 나누며 대화하는 기분이었습니다. 다시 한 번 선생님께 깊이 감사드리며, 선생님의 후손으로 자랑스럽게 살아갈 것을 다짐합니다.

PART 4

삶의 중요한 질문들

세상의
미래를 바꿀
책읽기

당신은 정직한가? ^(낸 드마스)

— 인산, 윤리적 딜레마를 고민하다

인생은 BCD라고 합니다. Birth(출생)와 Death(죽음) 사이에 놓여진 Choice(선택)라는 말입니다. 우리가 살아가면서 옳은 것과 그른 것, 좋은 것과 나쁜 것을 놓고 선택하게 된다면 누구나 큰 망설임이나 고민 없이 옳은 것과 좋은 것을 선택할 것입니다. 그러나 삶은 그렇게 쉽지 않습니다. 옳은 것과 옳은 것, 그른 것과 그른 것 사이에서 선택을 해야 할 때도 많습니다. 그럴 때 여러분은 어떻게 하시겠습니까?

옳은 것과 옳은 것이 충돌할 때 무엇이 최선의 선택입니까? 그른 것과 그른 것 중에서 당신은 어떤 것을 택할 것입니다. 저는 두 권의 책을 통해 이 질문에 대한 해답을 얻고자 합니다. 하나는 '당신은 정직한가?'이고, 다른 하나는 '무엇이 최선인가'입니다. 먼저, '당신은 정직한가?'를 통해 '윤리적 딜레마'를 살펴보고, 이해하는 시간을 갖고자 합니다. 이 책을 지은 낸 드마스는 직장윤리 분야의 선구적 이론가이자 전문가입니다.

우리는 세상에 살면서 많은 '비리'에 대한 이야기들을 접합니다. "올라

갈 만큼 충분히 올라갔고, 가질 만큼 가져 부족할 게 없는 사람인 것 같은데 왜 그런 일을 저질렀지?"라며 분개합니다. 그 사람은 왜 그랬을까요? 그러면 한 번 질문을 바꾸어 보겠습니다. "당신에게 그런 일이 닥친다면 당신은 피해 갈 수 있겠습니까? 당신은 그렇게 행동하지 않을 자신이 있습니까?" 쉽지 않은 질문일 것입니다. 왜냐하면 그것이 바로 우리가 살아가면서 겪는 가장 크고, 위험한 딜레마이기 때문입니다. 부디 내게는 찾아오지 않기를 바라는 악성인 딜레마입니다. 그 사람이 아닌 내가 그런 위치였다면 나 역시도 그 사람과 같은 행동을 할 수밖에 없었을지도 모릅니다. 그래서 우리는 이것의 실체를 명확히 알아야 합니다.

이것을 전문적인 용어로 '윤리적 딜레마'라고 부릅니다. 윤리적 딜레마는 규모나, 금전적 크기 면에서 다양한 형태로, 예상하지 못할 때 찾아옵니다. 윤리적인 딜레마는 부정적인 두 가지 중 하나를 선택하지 않으면 안 될 때 발생합니다. 예를 들면 상사에게 복종하지 않거나, 양심을 거역하거나 둘 중의 하나입니다. 그리고 그 어느 것을 선택하더라도 대가는 큽니다. 따라서 이 문제는 우리가 세상을 살아가면서 반드시 짚고 넘어가야 할 아주 중요한 문제입니다.

정직은 최선의 방책이라는 말이 있습니다. 우리는 지금까지 살면서 정직하자. 정직하라는 말을 많이 듣고 살아왔습니다. 가훈에도, 급훈에도, 교훈에도 정직이라는 말은 빠지지 않습니다. 그러면 정직이 과연 무엇인지? 그리고 나는 과연 정직한지 물어야 합니다. 그 물음에 답을 낼 줄 알아야 합니다. 자! 지금부터 이 윤리적 딜레마를 어떻게 바라보고, 어떻게 헤쳐 나갈 것인지에 대한 해답을 찾는 여행을 떠나고자 합니다. "당신은 정직합니까?"

당신 자신을 보호하라.

도덕과 윤리의 차이가 무엇입니까? 이는 정신과 행동의 차이입니다. 도덕은 공동체의 기준에 따라 옳거나 좋다고 여겨지는 각 개인들의 성격에 관한 원칙이고, 윤리는 이러한 도덕이 적용되는 사회적 시스템입니다. 도덕이 윤리가 되면 신념이 행동이 됩니다. 도덕적 신념이 있는 사람은 윤리적 행동을 선택하는 데 어려움을 겪지 않습니다. 그 선택이 비록 직장을 잃거나, 때로는 목숨까지 위험한 상황이 된다 하더라도 그렇습니다. 그러나 대다수의 보통 사람들은 쉽게 결정하기 어렵습니다. 그래서 스스로 고민하면서 정립해야 할 문제입니다. 결론적으로 사람들은 각자의 가치를 바탕으로 도덕을 수용하고, 윤리를 선택하게 됩니다.

당신이 속한 조직이 어떤 사람으로부터 기부금을 받았습니다. 정당한 방법으로, 정당한 절차에 의한 기부금이었습니다. 그런데 기부금을 낸 사람이 부정에 연루되었고, 그 기부금도 부정한 방법으로 조성한 것이었음이 밝혀졌습니다. 당신은 그 돈을 돌려주어야 합니까? 실제로 이와 같은 많은 일들이 벌어지고 있습니다. 그러한 경우 어떻게 해야할까요? 여기에 대한 대답을 다음과 같은 질문으로 대신합니다. "그건 우리 돈이 아니잖아요?"

우리의 도덕은 우리의 행위에 대한 정황과 프레임을 제공합니다. 사람들이 도덕적 결정을 내릴 때, 자신들이 믿는 내재된 원칙과 가치를 바탕으로 결정하기 때문에 그리 많이 고민하지 않고 결정하게 되는 것입니다. 윤리적인 일터는 구성원들이 자신들이 옳다고 생각하는 믿음에 바탕을 둔 일을 하기 때문에 긍정적이고, 생산적인 일터가 됩니다. 이러한 인간의 행동, 상호관계의 모든 양상을 성문화할 수 없습니다. 비윤리적이거나 비도덕적이라고 생각되는 행동을 하더라도, 법 규정을 위반하지는 않습니다. 그렇기에 합법적인 것이 반드시 옳은 것은 아님을 깊이 생각해 보아야 합니다.

이 윤리적인 딜레마에 대한 가장 근본적인 해결책은 자신의 개인적 가치와 가장 가까운 해결책을 선택하는 것입니다. 개인적 가치는 자신이 누구인지를 정의하게 되며, 진정한 자신에 근접한 선택을 하면 할수록 조직 생활에서 행복감과 만족감을 느끼게 될 것입니다. 그런데 이 문제가 그리 쉽지 않습니다. 우리 모두는 잘못되었다는 것을 알았을 때 뭔가 행동해야 했음에도 불구하고 그렇지 못한 경험들이 많이 있을 것입니다.

이런 상황이 닥치면 삶이 좀 더 편해지도록 우리의 기준을 낮추어야 합니까? 그렇지 않습니다. 자신의 기준을 낮추는 것은 추락하는 첫 단계이기 때문에 위험합니다. 괴테는 "우리는 견딜 수 있는 만큼만 변하게 된다."고 말했습니다. 결국 옳은 일을 하기로 결정하는 건 어려울 수는 있지만 그다지 복잡하지는 않습니다. 실행할 것인가, 하지 않을 것인가의 문제이고 자기 자신에게 달려 있습니다. 비윤리적인 길을 선택하여 자신의 정직과 타협한다면 나중에 그 결정을 후회할 것은 분명할 것입니다.

자기 책임은 중요한 가치입니다. 삶은 온전히 자기의 것이기 때문에 더욱 그렇습니다. 그러니 상사가 그렇게 하라고 시켰다는 말로 자기 자신을 방어할 수는 없습니다. 특히 조직에 대한 충성과 상사에 대한 충성이 충돌할 때는 잘못된 선택을 하지 않도록 심사숙고해야 합니다. 일반적인 개념으로는 조직에 대한 충성이 개인인 상사에 대한 충성보다 우위에 있으나, 상황에 따라 다를 수 있습니다. 따라서 결정적인 순간에 올바른 선택을 하려면 늘 깨어 있어야 하고, 늘 고민해야 합니다.

대부분의 윤리적 딜레마는 상황이나 조건에 따라 그때그때 다릅니다. 명백한 해결책도 존재하지 않습니다. 신중하고 심각한 선택의 문제가 될 수 있습니다. 드마스는 '윤리 우선순위 나침반'을 통해 윤리적 결정을 할 수 있도록 도와줍니다. "첫째, 자기 자신을 보호하라.(직업과 도덕적 기준을 보호하라) 둘째, 회사를 보호하라(고객을 보호하라) 셋째, 상사를 보호하라."는 순서와 단계를 준수하면 절대로 길을 잃지 않을 것이라 말합니다.

자신의 행동에 책임을 지는 사람은 오직 자기 자신뿐입니다. 그래서 자기 자신을 보호하는 것이 중요하며, 아무리 강조해도 지나치지 않습니다. 자신의 이익 다음으로 중요한 것은 자신이 속한 단체의 이해관계입니다. 그다음에는 상사를 보호해야 합니다. 이 순서를 따르게 되면 모든 윤리적 딜레마로부터 자신을 지킬 수 있습니다.

충성은 소중한 가치입니다. 저 같은 군인들에게 있어서 충성은 절대적인 가치입니다. 그러나 빗나간 충성은 최악의 경우 배신으로 귀결됩니다. 옳든, 그르든 상사가 지시하면 그대로 따른다는 생각이 결국은 자신과 상사를 망치고 조직을 위태롭게 합니다. 충성은 맹목적인 복종이 아니라 옳고 그름을 판단하는 개인의 가치와 믿음으로 결정해야 하는 문제입니다. 그리고 상호 존중과 신뢰를 기반으로 합니다. 충성으로 향하는 가장 좋은 길은 바로 상사, 동료와의 대화입니다. 충성의 길에서 갈등하지 말고 진솔하게 당신의 생각을 나누는 길이 상호 호혜적인 헌신과 결단, 즉 새로운 개념의 충성을 실천하는 첫걸음입니다. 나라에 대한 충성, 국민에 대한 충성을 제외하고는 충성은 무조건적인 가치가 아니라 조건적인 가치임을 명심해야 합니다.

당신의 조직을 보호하라.

우리가 조직 생활을 함에 있어서 단순하게 이해하고 있는 것 중의 하나가 바로 '비밀 유지'입니다. 우리는 일을 처리하면서 크고 작은 많은 정보들을 알게 됩니다. 그러므로 어떤 정보가 누구에게 전달될 수 있고, 어떤 정보를 누구에게 숨겨야 하는지를 결정할 수 있어야 합니다. 자칫 잘못하면 한 번의 실수가 돌이킬 수 없는 길로 이어질 수도 있기 때문입니다.

비밀 유지를 하려면 먼저 꼭 숙지해야 할 불문율이 있습니다. "분별력이 있어야 한다. 무용담을 삼가해야 한다. 추정해서는 안 된다. 조직의 문제는 오직 상사나 이에 관계된 사람하고만 상의해야 한다. 업무와 관련된 단체의 이벤트를 조심해야 한다. 비밀을 유지하기가 어려울 것 같은 자리에는 나가지 말아야 한다."입니다. 오늘날 기업을 비롯해서 대부분의 조직에서 비밀 유지가 가장 중대한 직업적 난제로 인식하고 있음을 알고 행동으로 실천해야 합니다.

어떤 비서가 있습니다. 어느 날 상사로부터 그가 한 달 뒤에 사직을 할 계획인데 나갈 때까지 비밀에 부쳐 달라는 부탁을 받습니다. 여러분이 비서라면 어떻게 하시겠습니까? 개인마다 다를 수 있겠지만, 지금까지 살펴본 바를 바탕으로 정답을 드리자면, 상사에게 "저한테만 말씀하지 마시고, 회사에 그럴 계획임을 알리십시오. 그렇지 않으면 저도 비밀을 유지할 수가 없습니다."라고 정중하게 말씀드리는 것입니다. 왜냐하면 상사보다 자신, 조직을 먼저 보호해야 하기 때문입니다.

비밀 유지를 동반하는 대부분의 윤리적 딜레마는 비현실적이며 부적절하고, 제대로 이해하지 못하는 기대심리가 근본적인 원인이 됩니다. 사람들은 어느 누구와 관계를 가지고 있다는 이유만으로 어느 정도 정보를 얻을 권리가 있다고 생각합니다. 그러니 그 한계를 정확하게 긋는 것은 결국 자신의 몫입니다. 오늘날 청탁을 거절하지 못해 비리에 휩싸이는 사람들이 많습니다. 부적절한 요구에는 정중하게, 그러나 단호하게 거절해야 합니다. "죄송합니다. 비밀 정보라서 말씀드릴 수 없습니다.", "저는 전문직업인으로서 그 정보를 누설할 수 없습니다." 결국은 그 길이 모두를 살리는 길입니다.

보안은 기본적으로는 정신 문제입니다. 저와 같은 군인이 보안을 준수하지 않으면 나라가 위태롭게 되고, 회사원이 보안을 준수하지 않으면 회사가 망할 수도 있습니다. 또한 각종 시스템, 프로그램들을 갖추어야 합니다. 완벽한 것은 없을지라도 이는 대단히 중요합니다. "문을 잠근다고 해서 도둑을 물리칠 수는 없을지라도 정직한 사람은 계속 정직하게 한다."는 격언을 잘 생각해 보아야 합니다. 견물생심이라고 하지 않습니까? 물건을 보지 못하도록 하면 탐심이 생길 리 없는 이치와 동일합니다. 보안규정을 만들고 지속적으로 대화하고, 강조하고, 시행하는 것이 최상의 방책입니다. 여러분이 조직 생활을 한다면 여러분 한 사람 한 사람이 그 조직의 문지기임을 꼭 명심하십시오.

가십은 비밀에 기반을 두는데, 비밀을 공유하는 욕구는 유혹적입니다. 이 가십이 어떤 사람에게는 매우 치명적입니다. 한 폴란드 철학자가 말했습니다. "어떤 비밀을 간직하면, 그 비밀은 나의 죄수다. 그런데 만약 내 입에서 빠져나가면 내가 그 비밀의 죄수가 된다." 가십은 인간의 마음을 상하게 합니다. 관계를 단절시키고 신뢰를 무너뜨려 조직을 망치게 합니다. 그러므로 가십과 단절해야 합니다. 본의 아니게 여러분이 그러한 가십에 휩싸인다면 차분하게 대응하십시오. 냉정하게 대처해 나간다면 진실은 반드시 이깁니다. 중요한 것은 대처해 나갈 때 똑같은 형태의 가십이나 분노, 증오가 아니라 연민, 친절, 사랑으로 대처해야 하는 것임을 잊지 마십시오.

위대한 철학자 소크라테스에게 한 친구가 찾아왔습니다. 그 친구가 다른 친구의 얘기를 하려고 하자 소크라테스는 다음과 같이 말했습니다. "이 정보에 대한 세 가지 점만을 들려주게. 첫째, 사실인가? 둘째, 지금 이야기하려는 게 친구의 좋은 면에 관한 이야기인가? 셋째, 그리고 이야기하려는 게 그 친구에게 유익한가?" 그러고서는 결론을 짓습니다. "만약 이야기하려는 내용이 사실이 아니고 유익하지 않다면 도대체 왜 그런 이야기를 하려는가?" 뒷담화를 하기 전에 반드시 떠올려야 할 말입니다.

"인간에게는 두 가지 기본적인 욕구가 있는데 그것은 사랑과 노동이다." 프로이드의 말입니다. 오늘날 많은 사람들이 사내 연애를 현명하게 해 나가는데 있어 혼란을 겪는다고 합니다. 또한 회사에서도 여러 가지 수반되는 비용(생산성 저하, 불화, 폭력 등등)으로 사내 연애를 우려한다고 합니다. 심각한 문제는 상하급자 간의 연애입니다. 이는 군대에서도 중요한 문제가 되고 있는 사안입니다. 이를 영어로 표현하면 'Reporting Romantic Relationship', 드마스는 줄여서 3R이라고 부릅니다. 3R은 세 가지 위험성이 있습니다. 먼저 상사에게 위험합니다. 관계가 끝나고 나면 고소를 당할지도 모릅니다. 다음으로는 부하 직원의 위험입니다. 상사가 그의 인사고과, 승진, 급여 인상 등의 권한을 쥐고 있기 때문에 자유롭지 못합니다. 셋째, 조직의 위험입니다. 조직 내의 불화, 가십, 특혜 시비 등으로 인해 조직도 대가를 치러야 하기 때문입니다.

대부분의 사람들은 사내 연애는 하지 않는 것이 좋고, 특히 3R의 관계에서는 아예 아래위로는 쳐다보지도 말라면서 무조건 하지 않는 것이 최선이라고 말합니다.(물론 제 자신은 전적으로 동의하지는 않습니다.) 사랑은 소중하고, 위대하나 냉정해야 합니다. 현실적인 부분을 고려하지 않을 수 없습니다. 그러니 사랑의 문제도 나 자신을 보호하고, 내 조직을 보호할 수 있는지의 관점에서 심사숙고해야 합니다. 직업상의 삶과 사생활을 분리하는 것이 올바른 일입니다.

다음으로 내부 고발의 문제입니다. 이른바 '양심선언'입니다. 조지 오웰은 "허위가 만연하는 시대에는 진실을 말하는 것이 혁명적인 행동이다."라고 말했습니다. 소신을 가지고 말하는 행위는 바르고 영웅적인 행위이나 경력에 악영향을 미치는 경우가 대부분입니다. 그러므로 "옳은 일이라고 해서 반드시 실행하는 것이 옳은 걸까?"라는 질문을 늘 스스로에게 던져야 합니다. 드마스는 가능한 그 여파가 크지 않은 방법으로, 파괴력을 줄이는 방법을 선택할 것을 권하고 있습니다. 한 언론사에서 조사한 결과로는 양심선언을 한 사람들의 대부분은 그 행위에 대해 후회하지는 않으나, 다시 동일한 상황에 처하게 되면 다른 방법으로 처리할 것이라는 대답을 했다고 합니다. 보다 조심스럽게, 사전에 숙고하여 진행할 것이라는 경험자들의 말을 잘 새겨 볼 필요는 있습니다.

변호사인 로울리는 자신의 경험을 바탕으로 양심선언을 할지 말지 결정해야 할 때 필요한 세 단계의 고려사항을 제안합니다. "1단계, 무엇이 옳은 일인지 파악하라. 2단계, 옳은 행동을 실천하라. 3단계, 건설적인 방법으로 공개적으로 행동하라."입니다. 올바른 양심선언은 용기 있는 자만이 할 수 있습니다. 윤리직장의 심장이며 영혼입니다. 그러나 분명히 이유가 명확해야 하며, 자기 자신을 성찰해야 합니다. 위험을 무릅쓰고, 대가를 지불하더라도 행동할 것인지 다시 반문해 보아야 합니다. 개인적인 이익을 추구하기 위해 하는 것은 아닙니다. 고자질과는 구별되어야 합니다.

당신의 상사를 보호하라.
직장에서, 조직에서 가장 많은 윤리적 딜레마는 상사와의 관계에서 비롯됩니다. 성공적인 직장생활을 영위하기 위해서는 윤리적 딜레마에 관해 상사와 대화하는 방법을 배워야 합니다. 또한 여러분이 해결할 수 없다고 생각되는 어려운 문제들을 상사가 답변하고 도울 수 있는 기회를 제공해야 합니다. 가장 좋은 것은 새로운 상사를 만나게 되었을 때 서로를 알아 가는 기간에, 갈등이 생기기 전에 윤리적 대화를 하는 방법입니다. 서로 부담없이 솔직해질 수 있기 때문입니다. 사실 옳고 그름에 관한 문제는 토론하기가 쉽지 않습니다. 사람마다 정의하는 방법이 다르기 때문입니다. 그래서 어려우니까 회피하게 되고, 회피하니까 어렵게 되는 것입니다.

이상적인 세계에서는 점잖게 대화만 하면 모든 윤리적 문제가 해결되지만 현실에서는 그렇지 않습니다. 현실에서는 상사가 문제의 일부가 되는 경우도 있고, 대부분의 딜레마가 상사로부터 오는 것일 수도 있습니다. 따라서 직장을 보존하면서 상사와 관계를 유지하는 것은 대단히 중요한 문제입니다. 상사의 지시에 어떻게 대응하느냐에 따라 여러분의 생각을 전달할 수 있습니다. 이것을 인식하는 것이 좋은 시작점입니다. 분명한 것은 상사만큼은 아니지만 여러분에게도 힘이 있다는 것입니다. 문제는 선택입니다. 우리는 견딜 수 있을 만큼만 이룹니다.

하얀 거짓말이 있습니다. 심각한 피해를 막기 위해 하는 거짓말처럼, 도덕적으로 변호될 수도 있습니다. 그러나 분명한 것은 거짓말이 사소해야 합니다. 절대 누구에게도 피해를 입혀서는 안 된다는 뜻입니다. 특별히 감성적인 측면에서 타인을 보호할 수 있을 때에는 사소한 거짓말도 용인될 수 있습니다. 이러한 것까지 용인되지 않는 삶은 무미건조하고, 고달프고, 관계 유지는 더 힘들어질 것입니다.

거짓말의 함정에 빠지지 않으려면 거짓말을 하지도 말고, 듣지도 말고, 거짓말하는 사람이 있으면 멈추도록 해야 합니다. 어떤 이유로도 거짓말을 할 필요는 없습니다. 실제로 어떠한 잘못을 저지른 것 자체보다도 그 잘못으로 인해 거짓말을 하게 된 것을 더 문제삼는 예를 많이 볼 수 있습니다. "거짓말은 브레이크가 없는 습관이며, 윤리적인 측면에서는 내리막길에 폭탄을 굴리는 행위와 같다."고 드마스는 말합니다.

"능력 있는 사람은 행동하고, 무능력한 사람은 괴롭힌다."는 말이 있습니다. 가정에서의 학대 못지않게 직장에서의 학대 역시 중요한 문제입니다. 상처를 주면 학대가 되고, 학대가 반복되면 괴롭힘이 됩니다. 직장에서의 정신적인 학대는 비일비재합니다. 차별, 소외, 욕설, 성희롱 등의 문제는 심각합니다. 이러한 일을 당한 사람들은 스트레스 증가, 자존감 저하, 생산성과 효율성의 저하 등으로 본인은 물론 조직에도 큰 손해를 입게 됩니다. 이럴 때는 자신이 그러한 것을 원치 않는다는 것을 상대방에게 분명하게 밝혀야 합니다.

양심과 직장 모두 지킬 수 있다.
디지털 문명이 급속도로 발전하면서 직장인들은 새로운 의미의 역할을 요구받고 있습니다. 기계가 많은 부분을 감당하기에 사람의 역할도 각자의 것들이 더 세분화되고, 명확해져야 합니다. 그 속에서 개인은 명확한 자신만의 윤리적 경계선을 유지해야 합니다. 공적인 일과 개인적인 허드렛일 사이에서도 가이드라인이 필요합니다. 그러한 것들이 여러분에게 받아들일 수 없는 일로 작용한다면 과감하게 대처해야 합니다.

가장 중요한 것은 침묵하지 말아야 한다는 것입니다. 끊임없이 소통하고 또 소통하십시오. 자신이 걱정하는 딜레마를 해결하기 위해서는 상사와 소통해야 합니다. 그리고 모든 사람을 존중하십시오. 존중은 늘 이기게 마련입니다. 그다음으로 중요한 것은 대화입니다. 모든 사람들은 누구나 자신이 일하는 직장이나 조직의 윤리에 대해 선택할 수 있습니다. 단, 행동을 취하기 전에 대화해야 합니다. 우리가 겪는 윤리적 딜레마는 대화를 통해 예방하거나, 답을 찾을 수 있습니다. 때로는 다수가 모여서 윤리적인 토론도 할 필요가 있습니다. 개인의 가치와 조직 구성원의 가치를 일치시키는 노력이 중요합니다.

워렌 버핏은 "명성을 얻으려면 20년의 세월이 걸리지만, 5분 만에 망칠 수 있다. 이 점을 생각하면, 다르게 행동할 것이다."라고 말했습니다. 순간의 감정으로 인해 잘못을 저지를 수 있기에 끊임없이 성찰하지 않으면 안 된다는 것을 분명히 말하고 있습니다. 세상에 나쁜 사람은 없습니다. 나쁜 행동만이 있을 뿐입니다. 수없이 닥치는 일들, 수없이 만나는 사람들과의 관계 속에서 자신만의 윤리적 기준을 명확히 세워 놓지 않으면 언제든지 원치 않는 길로 빠질 수 있습니다. 이는 한 개인의 문제가 아닙니다. 한 사람이 바뀌고, 한 조직이 바뀌는 것으로부터 이 사회, 이 나라가 바뀝니다.

쉽게 이루어질 수는 없습니다. 그러나 분명히 할 수 있습니다. 그러려면 매일 거울을 보고 당신 자신에게 물어보십시오. "당신은 정직합니까?"

무엇이 최선인가? (조셉 L. 바다라코)
―인산, 선택의 기로에서 최선을 제시하다

이번에 생각해 볼 문제는 '옳은 것과 옳은 것 사이의 선택'입니다. 어느 조직을 막론하고 리더는, 관리자는 두 가지의 해결 방법 중 하나를 선택해야 하는 상황에 자주 처하게 됩니다. 두 가지의 방법이 다 옳은 즉, 옳은 것과 옳은 것 중 하나를 선택해야 하는 결정적인 순간에 부딪히게 됩니다. 이때의 선택은 어렵고, 막중한 책임이 따릅니다.

'무엇이 최선인가?'―이 책을 지은 조셉 L. 바다라코는 미국 하버드대학교 경영대학원 윤리교수로 재직 중입니다. 세인트루이스대학교와 옥스퍼드대학교, 하버드대 경영대학원을 졸업했습니다. "옳은 것과 옳은 것이 충돌할 때 무엇이 최선인가?" 이제 그 중요한 질문을 여러분께 던집니다.

리더의 선택―사려 깊은 관리자는 고민에 빠진다.

30년 넘게 군 생활을 해 오면서 저는 어려운 결정을 할 때나 힘든 상황에 닥쳤을 때는 제 스스로에게 질문을 하곤 합니다. "너는 왜 군복을 입고 있는가?"라고. 이와 같이 스스로에게 하는 질문은 삶의 근본적인 것에 대한 성찰인 경우가 대부분입니다. 그리고 옳음과 그름의 문제가 아니라 옳은 것과 옳은 것 간의 대결인 경우가 많습니다. 두 가지 방법 모두 옳지만 전부 택할 수는 없습니다. 권한이 주어지는 자리에 앉으면 무거운 책임이 따르고, 때로는 책임이 서로 충돌하기도 합니다. 혹은 책임과 개인의 가치관이 충돌하는 경우도 있습니다. 도덕적인 부분을 따진다면 한 개인의 삶이건 업무와 관련된 것이든 모든 책임을 다 해야 옳습니다만 모든 도덕적 요구를 충족할 수는 없습니다. 옳고 그름의 문제가 아니라 옳은 것과 옳은 것 간의 충돌이기 때문입니다.

옳은 것 간의 충돌은 복잡합니다. 중요하기 때문에 외면할 수도 없습니다. 이때 개인이 선택할 수 있는 행동 방안은 단순하지 않고 윤리적 책임, 개인적 약속, 도덕적 해이, 실질적인 압박, 제약 조건 등으로 구성된 복잡한 집합체와 같습니다. 따라서 옳은 것 중 하나를 선택하려면 먼저 문제를 직시해야 합니다. 그다음엔 여러 가지 옳은 방안 중 하나를 선택하는 것이 왜 어려운지 그 이유를 심층적으로 이해하는 것입니다. 그리고 개인의 가치관에 따라 '결정적 순간'으로 이해해야 합니다. 이 결정적 순간은 개개인마다 다 다를 수 있습니다. 그러므로 늘 자기 자신에게 "나는 결정적 순간을 어떻게 생각하는가?"라는 질문을 던져야 합니다.

옳은 것과 옳은 것의 충돌―가치관이 충돌할 때 딜레마에 직면한다.
가치관은 개인의 진실성과 도덕적 정체성에 관한 문제입니다. "나는 누구인가?", "나의 도덕적 중심은 무엇인가?"라는 것입니다. 사람들은 누구나 눈앞에 닥친 문제에 대처하는 과정에서 이를 통해 자신을 정의

하게 됩니다. 이에 대한 자신의 대답은 자기 자신이 결정을 내리고 살아가는 삶의 특별한 방식을 보여 주는 일입니다. 따라서 우리에게 중요한 것은 옳은 일을 하기 위한 용기를 내는 것이 아니라, 어떤 옳은 일을 할 것인지 결정하는 것입니다. 그리고 옳은 일간의 충돌 때문에 딜레마에 빠졌을 때는 자신이 내릴 결정이 업무, 인생에 대한 자신의 관점에 어떤 영향을 미칠지 자세히 살펴봐야 합니다.

 다음으로 망설이지 말고 결정하고, 책임감 있게 행동해야 합니다. 옳은 것과 옳은 것이 충돌하는 상황은 개인적, 조직적, 사회적 책임이 모두 관련되어 있는 복잡성의 문제입니다. 관리자는 결정하고, 선택하고, 의사를 밝히고 행동해야 하므로 한 가지의 옳은 일을 하면 다른 옳은 일이 희생되는 상황을 감수할 수밖에 없습니다. 그러므로 복잡성의 또 다른 측면에 있는 단순함을 찾기 위해 끊임없이 노력해야 합니다. 이를 위해 근본적인 윤리원칙이나 법, 강령 등을 만들 수도 있고, 자신의 도덕적 본능과 직관에 따를 수도 있음을 늘 염두에 두어야 합니다.

원칙의 무익함—원칙은 누구를 위해 존재하는가?
 18세기 독일의 철학자 칸트는 행위가 도덕률에 부합하고 행위를 하는 사람이 자신의 의무를 다할 의도를 갖고 있다면, 그 행위가 도덕적으로 옳은 것이라고 생각했습니다. 그러나 이러한 철학적 원칙들은 너무나 보편적이어서 때로는 문제를 해결하기보다는 더 복잡하게 만들 수 있습니다. 따라서 옳은 것과 옳은 것이 서로 충돌하는 상황에서는 그 어떤 철학적 원칙보다도 실질적이고 개인적인 요인이 가장 결정적인 영향을 미친다는 사실이 중요함을 깨달아야 합니다. 서로 상충되는 옳은 일 중 어떤 것을 택할지 결정하려면, 결정하는 당사자가 상황을 잘 이해해야 하고, 자신이 누구인지 잘 알고 있어야 합니다.

오늘날 자본주의의 대원칙을 단순하게 표현하면 '주주를 위한 이윤 극대화'라 할 수 있습니다. 한 가지 사례를 듭니다. 여기 기업의 이윤을 높이기 위해 사정이 딱한 직원을 해고해야 할 상황에 처한 관리자가 있습니다. '기업의 이윤 추구', '직원의 행복 보장' 둘 다 옳은 것입니다. 옳은 것과 옳은 것 사이에서의 선택입니다. 오늘날 기업에서는 "관리자에게 주주에 대한 책임이 있는가, 모든 이해관계자에 대한 책임이 있는가?"라는 질문을 던진다고 합니다. 이 문제는 주주의 관점이냐, 이해관계자의 관점이냐에 따라 선택이 달라질 수 있는 문제입니다.

물론 답은 각자의 가치관, 여러 가지 상황에 따라 달라질 수 있습니다. 다양한 의무 간의 균형을 유지하기 위한 공식은 없습니다. 옳은 것과 옳은 것들을 집어넣으면 기계가 척척 알아서 우선순위를 매겨 내보내는 '윤리기계'도 없습니다. 이 까다로운 문제를 해결하기 위해 보편적이고 객관적인 원칙을 찾겠다는 노력이 지속되어 왔습니다. 오늘날 미국의 경영자 중 절대 다수가 다양한 이해관계자에 대한 책임을 다하는 동시에 회사의 장기적인 건전성과 활력을 유지하는 것이 자신의 기본적인 책임이라고 말합니다.

잠시 도덕철학으로 방향을 돌려 보겠습니다. 20명의 인질이 잡혀 있습니다. 인질범은 당신이 인질 한 명을 해치지 않으면, 20명을 전부 해치겠다고 협박을 합니다. 칸트의 의무 윤리학(사람들에게 도덕적 의무를 다할 것을 요구하는 원칙)은 당신이 한 명의 인질도 해쳐서는 안 된다고 합니다. 반면, 벤덤이나 밀의 공리주의 윤리(최대 다수에게 최대의 행복을 주는 것)는 한 명의 인질을 해치더라도 남은 인질 모두를 살려야 한다고 합니다. 이 경우 도덕 철학의 대원칙은 무엇이 옳은가에 대한 강력하면서도 모순적인 정의를 내놓음으로써 문제를 더 어렵게 만듭니다. 옳은 것과 옳은 것(물론 여기서는 인간의 생명을 해치는 쪽이 아닌 살리는 방향으로 생각했을 때)이 충돌하는 수많은 딜레마적 상황에서 결과의 도덕성과 권리, 의무의 도덕성이 충돌하게 되는 것입니다. 이와 같이 철학자들의 논쟁은 꽤 복잡하지만 실질적으로 문제를 해결하는 데는 도움이 되지 않습니다.

그러므로 이론적으로 해결하지 못한 문제를 실전에서 해결해야 할 방법을 찾아야 합니다. 바다라코는 두 가지를 강조합니다. "첫째, 현실을 바탕으로 결정하라. 둘째, 사람들의 삶에 생기를 불어넣고 영향을 미치는 따뜻하고 생동감 있는 진실을 추구하라." 여러 개의 옳은 것 중 하나를 선택하는 것은 복잡하고 기술적인 분석을 필요로 하는 기회가 아니라 삶에 관한 선택인 경우가 많습니다. 그래서 어떨 때는 아주 단순하게 접근하는 것도 필요합니다. 예를 들면, 윤리적으로 까다로운 결정을 내린 후 숙면을 취한다면 그 사람은 옳은 결정을 내렸을 가능성이 크다는 식으로의 접근이 필요하다는 것입니다. 결국 '마음'입니다. 어떤 원칙이나 원리, 해법보다도 자기 자신, 도덕적 직관력, 자아를 향한 진실성, 본능에서 답을 찾아야 합니다. 어떤 경우에라도 자기 자신의 마음이 시키는 일을 하는 것이 중요합니다. 그러니 우리는 늘 옳은 선택, 더 나은 선택을 할 수 있도록 자기 자신의 마음을 잘 닦아야 합니다.

선택의 직관력—인간은 자신의 기준으로 세상을 바라본다.

'자기 자신을 믿는 것'은 까다로운 윤리 문제를 해결할 수 있는 훌륭한 방법이 됩니다. 사람들에게는 자신의 윤리적 본능에 따르는 것이 옳다는 확고한 믿음이 있기 때문입니다. 위대한 철학자 아리스토텔레스도 실질적인 윤리 문제를 해결하는데 직관력, 감정, 개인적 판단이 어떤 역할을 해야 하는지에 대해 오랫동안 고민했습니다. 핵심은 "옳다고 생각하는 것을 하면 된다."입니다. 다만, 중요한 문제가 하나 있습니다. 사람들은 저마다 마음속에 윤리적으로 무거운 짐을 지고 있습니다. 어떤 사람들은 잘못을 하고도 아무렇지 않게 지냅니다. 자기 합리화나 부인의 달인일 수도 있고, 반사회적인 인격 장애 탓에 양심이 없는 사람일 수도 있습니다. 반대로 책임감 있는 사람들은 옳은 일을 하고도 잠 못 들고 밤을 지새우기도 합니다. 그 일 이후의 일들이 또 다른 고민으로 이어지는 경우처럼 말입니다.

아리스토텔레스는 네 가지의 덕목, 즉 용기, 정의, 사리분별력, 절제가 인간의 행동을 좌우해야 한다고 믿었습니다. 중요한 것은 옳다고 생각하는 것을 행하되, '자기중심주의의 함정'에 빠지지 않도록 해야 합니다. 자신의 윤리적 본능에 따르다 보면 남성과 여성이 각기 다른 방향으로 치우칠 수도 있습니다. 직관이 어떤 것이 옳은지 강력한 신호를 보내는 것처럼 느껴진다 하더라도 곧바로 행동을 취해서는 안 됩니다. 우리의 내면은 순수하더라도 개인의 욕구와 주변의 문화, 조직의 압력으로 인해 그 신호가 쉽게 왜곡될 수 있기에 깊게 성찰해야 합니다. 또한 중요한 것은 자신이 결정을 내렸다 하더라도 자신의 결정에 따라야 하는 사람들에게 설득력 있는 설명을 할 수 있어야 합니다.

사람들은 어려운 결정을 내릴 때 직관에 의존합니다. 사람은 이 세상을 있는 그대로의 모습으로 보는 것이 아니라, 자신의 잣대에 맞추어 자신의 시선으로 바라봅니다. 그러므로 특히 옳은 것 간의 충돌 문제를 해결해야 하는 상황에 처했을 때, 직관이 가치 있는 역할을 하게 됩니다. 직관은 관련 있는 사실을 대체하는 것이 아니라, 오히려 관련 있는 사실에 관심을 가져야만 직관이 생깁니다. 그리고 건전하고 윤리적인 직관을 다른 사람에게 올바르게 표현하고 설명하려면 사회에서 통용되는 사회적, 윤리적 관행을 바탕으로 해야 합니다. 명심할 것은 자기 자신이 건전한 윤리적 본능을 갖기 위해서는 생각이 깊고 성숙한 사람이 되어야 한다는 것입니다. 날마다 사유하고 성찰하며, 성숙해지는 연습을 꼭 해야 하는 이유입니다.

찰나의 선택—인생을 바꾸는 전환점이 되다.

'결정적 순간'이 있습니다. 이 순간은 승패의, 성패의 전환점, 나아가서는 인생을 바꾸는 전환점이 되는 순간입니다. 전투를 하는 지휘관은 결정적인 순간에 결정적인 장소에서 승리해야 합니다. 그가 반드시 승리해야 하는 결정적 순간은 그 전투가 전쟁의 승패를 좌우하는, 나아가서 나라의 존망을 좌우하는 순간입니다. 김유신 장군과 계백 장군의 '황산벌 전투', 태조 이성계의 '위화도 회군', 이순신 장군의 '노량대첩', 6.25전쟁 시의 '인천상륙작전' 등이 결정적 순간이었습니다. 이러한 결정적 순간을 개인의 삶에 비춰 보면 수없이 많습니다. 개인에게 있어서 결정적 순간은 구체화를 통해 사람의 성격을 드러냅니다. 결정적 순간은 그 사람이 매일 사소한 방식으로 드러냈던 것들을 좀 더 예리하고, 강렬하고, 생생하게 드러내는 순간이 됩니다.

또한 결정적 순간은 개인이 내린 현재의 결정뿐만 아니라 과거까지도 드러내며, 개인적인 동시에 매우 사회적입니다. 그 순간이 되면 그 사람의 개인적인 선택뿐 아니라 사회적인 선택도 드러나게 됩니다. 따라서 우리는 결정적 순간에 늘 대비해야 합니다. 그 순간이 언제, 어떻게 우리 곁에 다가올지 모릅니다. 우리는 어떤 순간이 우리에게 결정적 순간이 될 것인지를 늘 알아차릴 수 있도록 깨어 있어야 하고, 그 순간이 다가왔을 때 준비된 상태에서 주저함 없이 현명하게 선택해야 합니다.

옳은 것과 옳은 것이 충돌할 때 선택하는 것은 힘든 시험입니다. 자신이 진정으로 전념하는 가치관 중 하나를 선택해야 하기 때문입니다. 그 순간이 결정적 순간이 되면 더합니다. 그런데 중요한 것은 결정적 순간에 선택을 하는 일이 그냥 이루어지지 않는다는 것입니다. 평소에 똑바로 하지 않는 사람이 결정적인 순간에 똑바로 할 확률은 거의 없습니다. 그러니 평상시부터 구체적으로 상상하고, 행동해야 합니다. 아리스토텔레스도 특정한 상태의 성격은 유사한 행동의 반복에서 비롯되는 것이라고 했습니다.

결정적 순간의 선택, 그 찰나의 선택은 인생을 바꾸는 전환점이 됩니다. 자신의 삶의 방식을 선택하는 것입니다. 이 선택이 자기 자신을 넘어 자신이 속한 조직, 집단, 사회, 국가로까지 확대될 경우에는 더 강력하고 이루 말할 수 없이 무겁습니다. 시간은 되돌릴 수 없습니다. 돌이킬 수 없는 순간이 되어 그제서야 그 순간이 결정적 순간이라는 사실을 알게 된다면 얼마나 안타깝고, 통탄할 노릇이겠습니까? 그러니 우리는 무슨 일이 있더라도 결정적 순간을 놓치는 우를 범해서는 안 됩니다.

결정력으로 승부하기―나의 선택이 곧 정답이다.

현대의 가장 뛰어난 사상가요 철학자 중의 한 명인 니체는 '신은 죽었다'는 주장으로 유명합니다. 그는 아리스토텔레스와 유사한 주장을 했습니다. 바로 '자기 자신'의 중요성을 일깨운 것입니다. 사람은 누구나 자기 자신입니다. 그 자기 자신을 스스로 인정하는 것이 무엇보다도 중요합니다. 니체는 결정적 순간에 선택을 해야 할 상황이 될 때 "너 자신이 되어라."라고 말합니다.

다음의 네 가지의 질문이 그에 대한 해답으로 이끕니다. 첫째, "어떻게 내 감정과 직관이 옳은 것 간의 충돌을 정의할 수 있는가?", 둘째, "옳은 것 간의 충돌을 야기하는 상충된 가치관의 도덕적 뿌리가 얼마나 깊은가?", 셋째, "너의 길은 무엇인가? 너의 길은 어디에 있는가?", 넷째, "상상력, 대담함, 편의주의, 예리한 판단력은 어떻게 내가 가장 중요시하는 목표를 향해 더 나아갈 수 있도록 도와주는가?"라는 것입니다. 이 네 가지 질문을 통해 우리는 우리의 마음이 끌려가는 이유를 명확히 인식해야 하며, 책임감 있게 행동하고, 늘 나의 길은 어디에 있는가 고민해야 하며, 세상을 있는 그대로 바라보아야 합니다.

그리고 노력은 배신하지 않는다는 사실을 늘 머릿속에 담아 두어야 합니다. 곤란한 상황에 닥쳤을 때 당장 쉽고 편하다고 해서 자신이 중요시하는 가치를 양보하는 습관에 빠져들기 시작하면 언젠가는 자신이 추구하는 가치를 배신할 수도 있습니다. 이는 대단히 중요한 문제입니다. 마키아벨리는 "인생에서 입지를 공고히 하지 못한 사람은 개가 자신을 향해 짖도록 만들 수도 없다."고 말했습니다.

실패하는 연습─진실은 하나의 과정이다.

타이레놀을 만드는 존슨앤존슨이라는 회사가 있습니다. 1982년 독이 든 타이레놀을 복용한 시민 6명이 사망하자, 회장인 제임스 버크는 미 전역의 매장에 진열된 타이레놀 제품을 모두 철수하라고 지시했습니다. 버크나 회사에 있어서 바로 '결정적 순간'이었습니다. 경제적 손실은 무려 1억 달러에 달했으나, 결국 버크는 윤리적 가치와 기업신조를 지키고, 자신의 결정을 조직을 위한 결정적 순간으로 높임으로써 회사를 살려 낼 수 있었습니다.

우리는 자신의 경험뿐 아니라 타인의 경험을 통해서도 배웁니다. 그러나 괴테가 말한 것처럼 경험이라는 것은 결국 절반의 경험에 불과합니다. 나머지 절반은 경험을 인식하고, 가중치를 부여하고, 간소화하고, 설명하는 부분입니다. 세상 어디에도 우연은 없습니다. 우연처럼 보이는 것은 경험 외의 절반에 속한 영역입니다. 타이레놀과 버크의 승리는 바로 경영자의 뛰어난 경영 능력, 가치관, 경험, 끈기, 예리한 판단력, 전술적 본능, 인간적 가치를 가장 중요시하고 지켜 가겠다는 신조 덕분이었습니다.

"Honesty is the best policy!" 진실이, 정직이 최선의 방책입니다. 진실은 단순한 사실을 넘어 자신과 타인을 완전히 이해하고, 이해시키는 일입니다. 가장 강렬하며 최종적으로 승리하는 방식입니다. 까다로운 문제에 직면했을 때, 이 문제가 다른 사람에게 어떤 의미를 갖는지 진실하게 통찰하는 능력이 필요합니다. 결정적 순간이 우리 삶의 길고 복잡한 과정에 있는 하나의 단계이듯이 진실도 일종의 과정입니다.

성공의 차이—단호하게 결정하다.

성공이냐 아니냐의 차이는 무엇입니까? 결정적 순간에 무엇을 선택하느냐에 달려 있습니다. 마키아벨리는 자신의 행동을 시대정신과 결부시키는 사람은 성공할 것이라고 했습니다. 자신과 조직이 처한 상황, 그리고 시대정신을 읽어야 합니다. 그리고 실패를 두려워하지 말아야 합니다. 실패는 성공의 다른 표현입니다. 니체도 "나를 죽게 만들지 않는 모든 것은 나를 강하게 만든다."고 했습니다.

아리스토텔레스는 말했습니다. "모든 것을 피하고 두려워해서 그 무엇에도 맞서지 않는 사람은 겁쟁이다. 반면, 그 어떤 것도 두려워하지 않고 모든 위험과 맞서는 사람은 무모하다." 바로 중용, 균형은 불가피한 충돌이 일어나는 세상 속에서 우리가 추구해야 할 심오한 이상입니다. 그러므로 우리가 날마다 "도덕적으로, 그리고 현실적으로 균형을 유지하기 위해 모든 노력을 기울였는가?" 질문해야 합니다.

성찰의 기술—자신에게 고요한 공간을 마련하다.

저는 그동안 누누이 '성찰'에 대해 강조했습니다. 대부분의 철학자들이 강조하는 것도 끊임없는 성찰입니다. 결정적 순간은 우리에게 많은 시간을 주지 않습니다. 찰나일 수도 있습니다. 결정적 순간을 놓치지 말고 잘 대처하기 위해서는 주의를 기울이고, 되돌아보고, 성찰해야 합니다.

자신을 성찰하려면 자신을 올바로 보아야 합니다. 그러기 위해서는 '멘토'가 있는 것이 좋습니다. 멘토는 꼭 사람만 있는 게 아닙니다. 어떠한 철학, 이념, 책도 좋은 멘토입니다. 자신의 생각, 판단, 가치관을 들여다볼 수 있는 멘토는 꼭 필요합니다. 로마의 황제이자 철학자인 마르쿠스 아우렐리우스는 자신의 인생을 인도해 줄 길라잡이로 '스토이시즘(스토아학파의 사상)'을 택하여 평생 자신의 행동 중심의 삶과 성찰의 정신을 결합시키며 살았고, 그 산물이 유명한 '명상록'입니다.

성찰하려면 평정의 순간을 만들어야 합니다. 인간이 찾아낼 수 있는 가장 고요한 순간을 만들어 영혼의 피난처가 되어야 합니다. 크리스천에게 있어 '묵상기도'와도 같은 순간입니다. 마르쿠스는 평정심이 세상의 모든 위험으로부터 자기 자신을 지킬 수 있다고 했습니다. 그리고 생각하고 또 생각하십시오. 어쩌면 우리 인간의 삶에 있어서 완벽한 선택이란 있을 수 없습니다. 그러니 순간순간 완벽한 선택이 아닌 최선의 선택을 해야 하고, 그 선택의 순간은 여러분 자신이 만들어 가는 것임을 꼭 명심하십시오.

어떻게 원하는 것을 얻는가? (스튜어드 다이아몬드)
—인산, 더불어 살아가는 길을 찾다

세계는 시시각각으로 변하고 있습니다. 어제의 적이 오늘의 동지가 되고, 어제의 동지가 오늘의 적이 된다는 말도 옛말입니다. 지금은 순간순간 누가 적이고 누가 동지인지 구분이 되지 않을 정도입니다. 이런 세상을 살아가면서 누구나 꿈꾸는 것이 하나 있습니다. 바로 '내가 원하는 순간에, 내가 원하는 것을 얻는 것'입니다. 우리 모두는 원하는 것을 얻기 위해 경쟁을 하고, 협상을 하고, 타협을 합니다. 그러면 어떻게 원하는 것을 얻을 수 있을까요? 참으로 중요한 문제가 아닐 수 없습니다.

원하는 것을 얻고자 하는 것은 인간의 기본적인 욕망입니다. 우리는 언제나 원하는 것을 이왕이면 더 많이 얻고 싶어 합니다. 그 대상은 반드시 돈과 같은 물질적인 것에만 국한되지도 않습니다. 시간, 음식, 여행, 운동경기, 음악, 예술 등 우리가 원하는 모든 것을 사실 더 많이 얻을수록 더 만족스러운 기분을 느낍니다.

'어떻게 원하는 것을 얻는가?'는 13년 연속 와튼스쿨 최고 인기 강의였습니다. 저자 스튜어트 다이아몬드 교수의 강의는 다이아몬드보다 비싼 것으로 통한다고 합니다. 다이아몬드 교수는 와튼스쿨 MBA와 하버드 로스쿨을 졸업하고, 뉴욕타임즈 기자를 거쳐 변호사와 컨설턴트로 활동하며 협상 전문가로 명성을 얻은 교수입니다.

이 책은 주로 협상에 관해 얘기하고 있습니다. 주로 기업에서의 비즈니스 협상을 주제로 합니다. 협상에 대한 전문적이고 구체적인 방법론까지 담겨 있습니다. 이 글에서는 특정한 조직에 해당하는 사항은 생략하고 일반적인 부분, 우리 인간이 세상을 살아가는데 있어 필요한 내용들만 다루고자 합니다. 결론적으로 말씀드리면, 협상은 사람 사이에서 이루어지는 상호작용입니다. 그러니 사람이 가장 중요합니다. 그 관계 속에서 어떻게 자신이 원하는 것을 얻을 수 있는지 함께 찾아가 보도록 하겠습니다.

사람이 가장 중요하다.

"비전문가는 들판에서 평지를 보지만, 전문가는 작은 골짜기와 봉우리까지 본다."는 말이 있습니다. 마치 군인이 군사지도를 보면 새소리와 물소리를 들을 줄 알아야 한다는 말처럼 말입니다. 이것이 정보의 차이입니다. 내가 원하는 것을 얻기 위해서는 많은 정보를 알고 있어야 합니다. 그러면 그것을 활용하여 더 많은 기회를 얻거나, 우리에게 닥칠 수 있는 위험을 최소화할 수 있습니다. 내가 원하는 것을 얻는 것, 이것이 바로 '협상'입니다.

협상은 상대방이 특별한 '행동', 특별한 '판단', 특별한 '인식'을 하도록 만드는 과정이고, 어떠한 '감정'을 가지도록 만드는 과정입니다. 협상을 잘 하기 위해서 가장 중요한 것은 역시 '사람'입니다. 사람의 심리가 가장 중요합니다. 신뢰를 넘어서 친밀감을 느끼게 되면 협상은 이미 끝난 것이고, 또 어쩌면 협상이 불필요할 수도 있기 때문입니다. 이는 부모와 자식 간, 부부 간의 관계를 협상이라고 부르지 않는 것과 같은 이치입니다. 그러니 원하는 것을 얻으려면 사람의 마음을 얻으십시오. 이것이 핵심이고, 이것이 결론입니다.

사람 간의 관계

사람이란 본래 자기 말에 귀기울여 주고, 가치를 인정해 주고, 의견을 물어주는 사람에게 보답하기 마련입니다. 그게 변하지 않는 사람의 본성입니다. 그러니 사람의 감정이 중요합니다. 회의실 맞은편에 앉은 사람의 성격과 감성이 협상의 성공 여부에 있어 반 이상을 좌우합니다. 그래서 협상을 할 때 가장 먼저 할 일은 상대방의 그날 기분과 상황을 파악하는 것입니다.

사람에게 집중하면 원하는 것을 얻을 수 있습니다. 거래 관계에서조차 자신을 인간적으로 대해 주는 사람을 우선시하겠다는 대답이 무려 90%에 달한다고 합니다. 설령 특정집단에 속한 사람이라 할지라도 그 집단에 대한 호불호와 관계없이 개별적으로 대해야 합니다. 상대방의 기분과 입장을 이해하고, 그 사람의 머릿속 그림을 그려 보는 것, 그것이 협상의 지름길입니다.

사람 간의 신뢰는 대단히 인간적인 문제고, 우리가 생각하는 것 이상으로 중요합니다. 신뢰의 혜택은 생각하는 것보다 엄청나게 크며, 신뢰가 사라지면 그에 대한 대가 또한 만만치 않음을 인식해야 합니다. 생활 속 작은 신뢰도 지키기만 하면 언제든지 원하는 것을 얻게 됩니다. 설령 까다로운 상대를 만나더라도 상대방의 위치와 역량, 인식을 존중하면 그 사람을 협조적으로 만들 수 있고, 큰 혜택을 받을 수 있습니다.

진정한 의사소통이란?

오늘날 너도 나도, 여기저기서 '의사소통'에 대해서 강조합니다. 소통의 불일치는 인식의 차이로 인한 것이며, 협상이 실패하는 가장 큰 원인이 이 의사소통의 문제입니다. 그렇다면 인식의 차이가 생기는 원인은 무엇일까요? 바로 사람마다 관심사와 가치관, 그리고 감성이 다르기 때문입니다. 따라서 우리는 자신의 인식뿐만 아니라 상대방의 인식과 감정을 소중히 여기는 '역지사지'의 마음을 가져야 합니다. '역할 전환'은 역지사지의 마음으로 상대의 입장에서 상황을 바라볼 수 있도록 해 줍니다. 상대방의 관점에서 상황을 바라보는 일! 그것은 우리에게 삶의 중요한 깨달음을 안겨 줍니다.

의사소통과 인식의 차이에서 생기는 문제를 해결하려면 먼저 상대방에게 초점을 맞추어야 합니다. 그리고 상대방의 얘기를 끝까지 들어야 합니다. 상대방의 얘기를 듣는 것은 그 사람의 인식과 감정을 파악하는 가장 좋은 수단입니다. 그다음 단계는 질문을 던지는 것입니다. 질문을 통해 자신이 알고자 하는 상대방의 인식을 보다 명확히 파악해야 합니다. 그래서 협상을 잘하는 사람들은 단정적인 말보다는 질문을 던집니다. 예를 들면, "이건 공정하지 않습니다."라고 말하는 대신 정중하게 "이것이 공정하다고 생각하십니까?"라는 식입니다.

또 한 가지 중요한 것은 생각을 구체적으로, 그리고 정확하게 전달할 수 있도록 오해를 최소화하는 것입니다. 틀린 부분이 있으면 지적해 달라고 상대에게 직접 요청해야 합니다. 만약에 상대가 틀린 부분을 지적했을 때는 솔직하게 인정하면 되는 것입니다. 협상에서 쓰는 모든 말은 민감하게 작용할 수 있다는 점을 분명히 기억해야 합니다. 협상에서는 당신이 전달한 의미보다 상대방이 받아들인 의미가 더 중요합니다. 그러므로 상대방의 말을 먼저 듣고 질문함으로써 상대를 존중한다는 인식을 주어야 합니다. 먼저 소통하고, 나중에 제안하는 것이 중요합니다.

소송은 과거를 놓고 대립하지만, 협상은 미래를 위해 협력하는 일입니다. 뛰어난 협상가는 누구를 비난하거나 불공정한 지적, 자기 자랑 등 거슬리는 발언을 자제하는 대신, 창의적인 선택과 정보 공유, 장기적 발전에 대한 얘기에 집중합니다. 긍정적인 요소가 많을수록 협상을 성공시킬 확률이 높아지게 됩니다. "상대방이 들을 준비가 되어 있지 않으면 누구에게 그 어떤 이야기도 할 수 없다."는 말을 늘 떠올려야 합니다.

가치의 교환

같은 대상이라도 사람마다 매기는 가치는 다릅니다. 이러한 가치가 다른 대상을 교환하는 일이 협상에서 결정적인 효과를 발휘합니다. 특히, 마음과 정성이 들어 있는 가치일수록 더욱 효과가 큽니다. 어쩌면 협상이란 것은 서로가 덜 가치 있게 생각하는 대상을 주고, 더 가치 있게 생각하는 것을 얻으려 하는 과정일 수 있습니다. 그러기 위해서는 먼저 내가 가지고 있는 대상의 가치를 발견해야 합니다.

가치의 교환 대상에는 상대를 존중하거나 작은 도움을 주는 것처럼 협상과 직접적인 관련이 없거나 혹은 별 도움이 되지 않는 사소한 것까지 다 포함됩니다. 또한 상대방이 원하는 것을 더 많이 찾아낼수록 거래 대상은 늘어나게 됩니다. 다만, 협상에 도움이 되는 정당한 무형의 가치를 찾아내야 합니다. 도덕적이지 않은 가치, 부도덕한 행동은 절대 용납되어서는 안 됩니다.

진정한 무형의 가치를 발견하기 위해서는 상대방의 감정적이고 비합리적인 니즈(needs)까지 파악해야 합니다. 오늘날과 같이 고도로 발달된 문명사회에서는 인간다움을 일깨워 줄 수 있는 가치들이 더 중요할 수 있습니다. 많은 비즈니스 협상에서 돈이 가장 중요한 사안이 아니라고 전문가들은 말하고 있습니다.

뛰어난 협상가가 되려면 태도를 바꾸어야 합니다. 부정적인 생각보다 긍정적인 생각을 더 많이 해야 합니다. 문제에 봉착한다면 그 문제를 장애물로 보지 말고 이제껏 발견하지 못한 기회로 생각해야 합니다. 문제를 기회로 바꾸려는 노력이 쌓이면 분명히 원하는 것을 얻을 수 있습니다. 원하는 것을 얻으려면 기본적으로 상대방을 행복하게 만들어야 하고, 그러기 위해서는 긍정적인 마인드를 가져야 합니다. 여러분들의 삶에 있어서 늘 가치가 다른 대상을 교환하는 일에 힘쓰십시오. 분명히 삶의 질이 월등히 높아질 것입니다.

감정의 새로운 정의

감정적 행동은 효율적인 협상의 걸림돌이자 뛰어난 협상이 적입니다. 감정적으로 변한 사람은 다른 사람의 말을 듣지 않습니다. 그러므로 상대방의 감정을 헤아리는 것이 무엇보다 중요합니다. 상대방의 감정을 헤아리는 일은 사과나 위로, 양보, 경청 등의 형태로 표현될 수 있습니다. 상대방의 감정을 받아들이는 태도는 흥분을 가라앉히고 이야기를 듣게 만들어 결국 상대의 합리적인 판단을 끌어냅니다.

반면, 공감은 상대방의 감정에 초점을 맞추어 인간적으로 이해하는 것이므로 협상에 도움이 됩니다. 결국 나에게 집중하는 감정은 협상에 방해가 되며, 상대에게 집중하는 공감은 협상에 도움이 됩니다. 그래서 감정을 절제함과 동시에 충분히 인간적일 필요가 있습니다. 또한 사람들은 실질적인 이득을 생각하기보다 상대방과 비교하면서 비합리적인 판단을 할 때가 많습니다. 따라서 이러한 상대의 비이성적인 측면을 충분히 고려하는 가운데 우선 감정적 지불을 하면서 서서히 이성적으로 이끄는 것이 좋습니다.

윤리의 문제는 감정적으로 아주 중요한 문제입니다. 사람들은 상대방의 행동이 공정하지 않다고 인식하는 순간 감정적으로 변하고 순식간에 정보를 처리하는 능력이 감소한다고 합니다. 그래서 상황이 원래 생각했던 것보다 훨씬 더 복잡하고 민감하다는 사실을 깨닫지 못합니다. 이 경우 아무리 좋은 조건의 협상이라도 실패하기 쉽습니다. 윤리의 문제를 잘 살펴야 합니다. 불리한 상황에서도 거짓말을 하지 않고도 얼마든지 상대방을 이해시키고 설득시킬 수 있음을 분명히 깨달아야 합니다.

문화적 차이

현대사회에서는 다른 문화권에서 온 사람 혹은 자신과 다른 사람을 상대하는 능력이 성공의 중요한 요소가 됩니다. 세상은 점점 작아지고 있으며, 서로 다른 환경에서 자란 사람들이 만나는 일은 더 이상 낯선 풍경이 아닙니다. 이 '차이'와 다양성, 문화의 진정한 의미를 깨닫는 것이 중요합니다.

문화는 여러 가지로 정의할 수 있지만, 자신의 정체성을 구현하는 토대가 되는 연대감입니다. 문화적 차이는 서로의 의식이 가지는 차이입니다. 인종이나 종교 혹은 성별보다 지금까지 살아오면서 형성되어 온 개인 고유의 가치관과 더 깊은 관계가 있습니다. 문화적 차이는 서로에 대한 인식과 서로를 대하는 방식에 커다란 영향을 미칩니다. 때문에 협상에서 상대방을 설득하려면 외적 요소의 동질성보다 심리적 연대감을 이루는 게 훨씬 더 중요합니다. 지연이나 학연 등은 피상적인 공통점일 뿐입니다. 진정한 공통점을 찾아내려는 부단한 노력이 더 중요함을 깨달아야 합니다.

우리는 문화적 고정관념을 깨뜨려야 합니다. 문화적 차이를 좁히기 위해 노력해야 합니다. 차이를 공개적으로 솔직하게 인정하고, 차이를 적극적으로 받아들여야 합니다. 차이를 받아들이면 다양성이 효과를 발휘하게 되고, 창의성이 더 발휘됩니다. 창의성은 서로 다른 인식과 경험의 충돌에서 빛이 나기 때문입니다. 그러면서 차이를 더 큰 가치로 키워야 합니다.

인간적 소통, 일상적 대화

요즘 서점에는 자기계발서나 처세에 관한 책들이 많습니다. 그런 책들 중 많은 책들이 '무슨무슨 비밀'이라는 식의 제목을 내겁니다. 마치 다른 사람들이 알면 안 되는 소중한 것을 알려 준다는 뉘앙스를 풍깁니다. 그런 책들의 내용을 살펴보면 한 가지 공통점을 느끼는 게 있습니다. 바로 '진정성'을 강조합니다. 늘 변함없는 마음으로 사람과 일을 대하다 보면 인정을 받을 수밖에 없습니다. 당연한 이치입니다.

원하는 것을 얻으려면 끈기 있게 기회를 찾아야 합니다. 내게는 비교적 가치가 낮지만 상대방이 중시하는 대상을 찾는 노력이 필요합니다. 조직 생활, 사회생활은 수많은 협상의 연속이기 때문에 일반적인 협상을 잘 하지 못하면 일하기가 어려워집니다. 물건을 사려고 할 때 가격을 흥정하는 것도 일상에서의 중요한 협상입니다. 주위를 보면 같은 물건이라도 다른 사람보다 싸게 사는 사람이 있습니다. 바로 끊임없이 뭔가를 시도하기 때문입니다. 한푼이라도 싸게 사려는 노력을 하기 때문입니다. 입장을 바꾸어서 무엇을 파는 사람들도 마찬가지입니다.

이러한 사람들은 가능한 많이 상대방과 인간적으로 소통한다는 공통점을 가지고 있습니다. 거래에 관계된 모든 사람과 인간적으로 소통하면 목표를 달성할 가능성이 높아집니다. 이러한 인간적인 소통에 있어

첫걸음은 일상적인 대화입니다. 일상적 대화는 수많은 거래나 협상에서 우리를 보다 인간적으로 만들어 주고, 원하는 것을 얻도록 도와줄 것입니다. 인간의 감정은 돈보다 소중합니다. 그러므로 인간적 소통은 공격적 태도가 만연한 세상에서 돈을 대신하는 아주 중요한 가치를 지니고 있음을 꼭 명심해야 합니다.

관계의 법칙

몇 년 전 모 방송사에서 '더 지니어스'라는 프로그램을 방송했습니다. 소위 천재라고 말하는 사회 각계각층의 젊은이들이 나와서 문제를 해결하면서 생존해 나가는 게임입니다. 제 아이들도 좋아했습니다. 그런데 바람직하지 못한 측면도 있었습니다. 자신의 이득, 자신의 승리만을 위해서 거리낌 없이 속이고, 배신하는 모습이 떠오릅니다. 배신하지 않으면 이길 수 없다고 공공연히 말하는 사람도 있었습니다. 잘못하면 청소년들에게 배신의 정당성을 허하는 모습이 될 듯하여 심히 우려했던 적이 있습니다. 물론 그 프로그램을 탓하는 건 아니고, 그런 부분에 대한 제 생각입니다.

대부분의 사람들은 비즈니스를 할 때 다른 사람들과 진정한 관계를 맺기보다는 관계를 맺고 싶어하는 척만 한다고 합니다. 다이아몬드 교수는 이를 '신뢰 사기'라고 표현합니다. 신뢰 사기는 마치 친한 친구인 것처럼 굴어서 신뢰를 얻은 다음, 상대로부터 가능한 많은 것을 취하려 하는 것을 뜻합니다. 진정한 관계를 맺기 위해서는 신뢰 사기를 하지도, 당하지도 않도록 해야 합니다.

관계에 있어 가장 강력한 기반은 감정에 따른 이끌림입니다. 호감, 신뢰, 서로의 니즈, 사회적 연대, 경험의 공유, 공공의 적 등이 포함됩니다. 이러한 요소들이 강하게 작용할수록 서로에 대한 약속이 확고해집니다. 상대방에 대한 '감정적 지불'은 대단히 유용합니다. 상대방과 연대감을 형성하는 가장 강력한 방법입니다. 감정적 지불은 상대방의 두려움을 해소시켜 줍니다. 상대방의 말을 그냥 들어만 주는 것, 상대방의 가치를 인정해 주는 것도 효과적인 감정적 지불입니다.

사람 사이를 한데 묶는 확실한 방법 중 하나는 공공의 적을 찾는 것입니다. 공공의 적은 사람들을 같은 편으로 만드는 힘이 있습니다. 개인이나 집단뿐 아니라 특정한 생각이나 정책도 공공의 적이 될 수 있습니다. 같은 편이 되면 갖게 되는 묘한 친밀감이 작용하는 것입니다. 오늘날 비즈니스 관계에서는 손실, 시간 낭비, 인재 유출, 기회 상실 등이 공공의 적이 될 수 있고, 사적인 관계에서는 재능의 낭비, 외로움, 질병 등이 공공의 적에 포함됩니다. 이러한 공공의 적을 올바르게, 잘 활용해야 합니다.

성공적인 관계는 어느 정도 호혜의 법칙에 의존합니다. 다시 말해서 'give and take'입니다. 서로 주고받는 것이 있어야 한다는 뜻입니다. 한쪽만 일방적인 이득을 취하면 그 관계를 유지할 수 없습니다. 이러한 측면에서 가치가 다른 대상을 교환하는 방법은 성공적인 관계를 유지하는 데 도움을 줍니다.

더불어 사는 세상을 위해

세상을 살면서 원하는 것을 솔직하게 말하는 것이 삶과 비즈니스에서 성공하는 열쇠입니다. 이러한 원칙을 견지하게 되면 일상생활에서도 많은 혜택을 얻을 수 있습니다. 집을 얻을 때, 물건을 사고팔 때, 병원에 갈 때, 돈을 빌릴 때 등등 우리가 해결해야 할 들 속에서 이러한 원칙은 빛을 발합니다. 중요한 것은 질문하고, 점진적으로 접근하고, 평정심을 유지하는 것임을 잊지 말아야 합니다.

그리고 도움을 요청해야 합니다. 세상은 혼자 살아가는 곳이 아닙니다. 따라서 무조건 혼자서 모든 협상에 임할 필요는 없습니다. 다른 사람들과 잘 연합하면 설득력을 더 높일 수 있습니다. 당신을 도울 사람을 찾아야 하고, 진솔하게 요청해야 합니다.

사회적 문제, 갈등을 해결하는 일은 개인적인 일보다 더 복잡하고, 어렵습니다. 전쟁, 환경, 지구온난화, 에너지, 보건, 낙태, 실업, 교육, 주택 등등 우리가 닥치고 있는 모든 문제들이 바로 우리가 해결해야 할 문제들입니다. 사회적인 문제는 개인적인 문제와도 연결됩니다. 갈등비용이 증가하면 세금도 늘어나게 되기 때문입니다. 따라서 지금까지 살펴보았던 사람과 절차와 방법의 문제를 이해하면 다양한 사회적 문제에도 더 효과적으로 대응할 수 있습니다.

앞으로 사회적 문제, 국가적 문제, 국제적 문제를 해결하려고 협상하는 일은 더욱 중요시됩니다. 그리고 이는 지구상에 살아가는 인간들이 추구하는 '진정한 평화'와 '공동선(共同善)'입니다. 헐벗은 나라와 민족을 먹여살릴 수 있고, 테러와 전쟁으로부터 구할 수 있습니다. 때로는 작은 성공이 어려운 위업보다 낫습니다. 역사는 큰 전쟁에서 나라를 살린 위인은 기억하지만, 큰 전쟁이 나지 않도록 기여하고 예방한 군인은 기억하지 못할 수 있습니다. 그러나 진정 무엇이 소중한 것인지 깊게 생각하고 늘 잊지 말아야 합니다.

'어떻게 원하는 것을 얻는가?' 이는 자기 자신과, 타인과, 우리가 속한 조직, 사회, 나라를 넘어 인류 공동체를 위해 우리가 살아가면서 끊임 없이 던져야 할 질문입니다.

나는 남들과 무엇이 다른가? (정철윤)
—인산, 온전히 나에게 집중하다

살아가면서 인간이 겪는 불행의 원인 중 많은 부분은 남과 나를 비교하는 데서 시작됩니다. 질투와 시기라는 감정도 나와 가까이에 있는 사람들로부터 생겨나지, 잘 모르거나 나와 무관한 사람들에게는 그런 감정도 없습니다. 그러다 보니 우리는 늘 남보다 나은 삶을 살기 위해 노력합니다. 중요한 것은 나와 남이 똑같이 소중한 존재라는 인식입니다. 이 세상은 가장 소중한 나와, 나처럼 똑같이 소중한 남이 함께 어울려 살아가는 곳이라는 생각을 늘 해야 합니다. 그렇게 생각하기 위해서는 나와 남을 바라볼 때 '우열이 아니라 다름'이라는 프레임을 가져야 합니다. 누가 더 낫고, 누가 더 뛰어나고가 아니라 누가 어떤 면에서 다르다는 것을 인식하고, 인정하는 것이 올바른 생각입니다. 그런 면에서 '나는 남들과 무엇이 다른가?'를 살펴보고자 합니다.

이 책의 저자 정철윤 선생은 마케팅 전문가이자 '가치혁명가'입니다. 사람들의 가치를 일깨우는 혁명을 일으키고자 책 쓰기와 강의를 꾸준히 이어 가는 분입니다. 이 책은 일반인과 유명인 100여 명을 심층 인터뷰하여 정리한 내용을 담은 책입니다. 인터뷰를 할 때마다 저자는 "당신은 남들과 무엇이 다른가요?"라고 물었다고 합니다. 그 100여 명 중에 자신이 남들과 다른 점을 자신 있게 대답한 사람은 일곱 명에 불과했고, 대부분의 사람들은 선뜻 대답하지 못했다고 합니다. 그리고 보면 이 질문은 아주 쉬운 질문이면서도 동시에 매우 까다롭고 어려운 질문입니다.

다름의 정의와 가치

남들과 다른 자신만의 가치를 찾는 것이 왜 중요할까요? 우리는 자신이 원하든 원하지 않든 여러 가지 모습의 경쟁 속에서 살아가고 있습니다. 경쟁을 통해 내가 원하는 것을 추구해 나갑니다. 그러기 위해서는 자기 자신의 가치를 높여야 하며, 무엇보다 자기가 남들과 무엇이 다른지 찾고 발전시켜야 합니다. 이 화두에 답하려고 노력할 때 내가 무엇을 원하는지, 원하는 것을 얻기 위해 찾아야 할 나만의 것은 무엇인지, 그것을 찾기 위해 나 자신을 어떻게 이해해야 할지 명확해집니다.

한 기업의 임원이 경쟁과 비교에 대해 의미 있는 얘기를 했습니다. "다양한 문화가 어우러진 싱가포르에서는 남들과 자신을 비교하지 않습니다. 서로가 다 다르다는 걸 알기 때문에, 남보다 자신에게 집중합니다. 중요한 것은 남보다 나은 내가 되는 것이 아니라, 어제보다 더 나은 오늘의 내가 되는 것입니다. 나는 이것을 깨달았기 때문에 더 이상 남과 나를 단순하게 비교하는 일은 하지 않게 되었습니다." 이 말은 대단히 의미 있는 말입니다. 내가 남들과 다른 부분을 찾는 일은 남과 비교하여 더 나은 내가 되기 위한 과정이 아니라, 온전히 자신에게 집중하여 과거보다, 어제보다 더 나은 자기 자신이 되기 위한 과정이라는 것입니다. 깊이 생각해 볼 만한 말입니다.

그런데 여기서 말하는 남은 누구입니까? 이 지구상에 존재하는 자기 자신 이외의 모든 사람입니까? 그렇지 않습니다. 나와 같은 목적을 가지고, 나와 같은 길을 걸어가는 사람으로 그 범주를 한정해야 합니다. 그래야만 자기 자신을 명확히 할 수 있습니다. 예를 들면, 아이돌 그룹에게 있어 남이라는 존재는 자신과 똑같은 길을 걸어가고 있는 다른 아이돌 그룹에 한정되어야 합니다. 남에 대한 정의를 할 때 그 범위가 작고 구체적일수록 자기 자신이 남과 다른 그 무엇을 명확히 알 수 있습니다.

'나만의 무엇'은 유일무이한 가치를 가지고 남들과 차별화되어 그 누구와도 대체될 수 없는 나만의 것들을 뜻합니다. 나만의 무엇이 한 개든 다수든 중요하지 않습니다. 중요한 것은 각자 나만의 무엇이 있다는 사실을 명확히 인식한 다음, 이를 찾고 여기에 집중해야 한다는 사실입니다. 남들과 다른 나만의 것을 찾아가다 보면 현재와 미래에 대한 불안감은 점차 사라지고 자신에 대한 확신은 강해집니다. 그리고 결국 남과 다른 무엇을 지닌 가치 있는 존재로 거듭나게 됩니다.

나만의 무엇을 찾기

나만의 무엇을 찾는 것은 단지 일터에서 인정받기 위한 것만은 아닙니다. 남과 다른 점의 가치를 알고 이를 발견한 사람들은 자연스럽게 남들보다 더 인정받고 돈도 많이 벌게 됩니다. 바로 남들과 다른 차별화된 경쟁력을 지니게 된 까닭입니다.

남들과 다른 것을 찾는 일은 어렵지 않습니다. 무슨 어마어마하고 색다른 경험에서 오는 것도 아닙니다. 바로 자신의 경험과 지식 안에서, 자신의 강점과 자질 속에서 찾아야 합니다. 또한 남들과 다른 시도를 하는 것을 주저하지 말아야 합니다. 나만의 것을 발견할 수 있는 차별화된 시도를 하는 것이 중요합니다. 과감하고 차별화된 시도는 여러분이 원하는 것에 대한 경쟁이 치열하면 치열할수록 더 큰 가치를 지닙니다.

무엇보다 나에게 집중하는 일이 중요하지만 그게 그리 쉽지는 않은 일입니다. 그래서 끊임없이 나에게 집중하려고 노력해야 합니다. 나에 대해서 보고 생각하는 시간이 짧으면 짧을수록 내 자신이 아닌 외부의 시선과 정보, 생각들이 자기 자신을 지배할 가능성은 높아집니다. 한 분야에 1만 시간을 투자한 사람은 그 분야의 권위자가 된다고 했습니다. 그 1만 시간을 투자하기까지 온갖 어려움을 이겨 내야만이 나만의 무엇을 찾을 수 있고, 세상에서 빛을 발할 수 있는 것입니다.

네 가지 중요한 자세

빈폴의 "그녀의 자전거가 내 가슴속으로 들어왔다.", "잘 자, 내 꿈 꿔."라는 카피로 유명한 크리에이티브 디렉터 박웅현 씨는 자기 자신을 존중하는 자존이 가장 중요하다고 했습니다. 자존감은 남들과 다른 것을 찾는 데 있어서 그 무엇보다 선행되어야 하는 자세입니다. 나 자신부터 나를 존중하지 않으면 내 안에 있는 나만의 가치를 찾아낼 수 없기 때문입니다. 자기 자신을 믿는 것, 자기 자신을 존중하는 방법은 그리 거창하거나 어렵지 않습니다. 작은 성취들을 통해 목표를 향해 한 걸음씩 나아가면서 자존감을 높이는 것이 중요합니다.

물론 남들과 다른 무엇을 찾는 과정은 쉽지 않습니다. 벽에 부딪칠 때가 많습니다. 그러나 조급해하지 말고 끈기를 가져야 합니다. 꾸준히 하는 사람이 이루지 못할 것은 없습니다. "열 번 찍어 안 넘어갈 나무가 없다."는 말을 많이 하면서도 실제 열 번 찍는 사람이 없습니다. 대부분 두 번, 세 번으로 끝납니다. 쉽게 포기합니다. 그러니 자기 자신의 무엇을 찾기가 쉽지 않은 것입니다. 목표를 생각하며 끈기를 가져야 합니다.

 야구 용어 중 '스트라이크'가 있습니다. 원래의 의미는 '세게 치다'입니다. 야구 방망이로 세게 쳐야 할 정도로 좋은 공이라는 뜻입니다. 스트라이크 존 안의 공을 망설이지 말고 방망이를 힘차게 휘둘러야 안타나 홈런을 때려 낼 수 있습니다. 나만의 무엇을 찾는데 있어서 중요한 자세는 바로 과감함입니다. 그러면서도 유연함을 갖추어야 합니다. 다양한 관점에서 나를 바라보는 유연함, 지금까지 해 보지 않았던 시도들을 과감하게 해 보는 자세 등이 꼭 필요합니다.

 나의 모든 것을 소중히 여기는 자존감, 나 자신을 꾸준히 관찰하는 끈기, 내 안의 다양성을 살펴보기 위한 유연함, 그리고 과감함까지 갖추면 인생을 어떠한 방향으로 이끌어 나갈지 점차 명확해집니다. 그러면서 그 과정은 무엇보다 즐거워야 합니다. 나 자신을 알아 간다는 그 일을 기쁨으로 받아들인다면 행복할 것입니다.

나만의 무엇을 찾는 열 가지 혁명
아프리카 속담에 "길을 잃는 것은 길을 찾는 한 방법이다."라는 말이 있습니다. 길을 찾기 위해서는 방황도 해야 합니다. 그 과정이 있어야만 비로소 길을 찾을 수 있는 것입니다. 나만의 무엇을 찾는 길이 쉽지 않지만 찾을 만한 가치가 있기에 찾아가야 합니다. 그 방법을 소개합니다.

첫째, 강점 혁명입니다. 장점은 혼자서도 만족할 수 있지만 강점은 반드시 상대가 있어야 합니다. 경쟁하는 남이 있어야 합니다. 나만의 무엇을 찾으려면 자신의 강점을 알고, 활용해야 합니다. 강점은 타고난 재능일 수도 있고, 노력과 시간을 들여서 성취한 것일 수도 있습니다. 자신의 강점을 찾으십시오. 그리고 최대한 활용하십시오.

둘째, 약점 혁명입니다. 자신의 약점까지도 긍정적으로 받아들이고, 약점의 양면성을 활용하여 남과 다른 것을 찾아내야 합니다. 역사상 위대한 장수들, 뛰어난 전략가들은 모두 다 약점을 최소화하고 강점으로 승부를 건 사람들이었습니다. 그들이 약점을 이해하고, 감싸지 않았으면 강점을 발휘하지 못했을 것입니다. 약점을 이해하고 받아들여야만이 비로소 제대로 강점을 발휘할 수 있음을 꼭 잊지 마십시오.

셋째, 취미 혁명입니다. 세계적인 초정밀아티스트 윌러드 위건은 어릴 적부터 아주 작은 것들을 만드는 취미가 있었습니다. 다행히 어머니가 그를 격려했기에 용기를 얻어 자신만의 예술 영역으로 만들 수 있었습니다. 취미는 좋아하는 데서 시작됩니다. 지속성이 있습니다. 돈벌이를 목적으로 하는 직업과도 구별됩니다. 내가 오래도록 즐길 수 있는 취미를 나만의 것으로 만드는 것이 중요합니다.

넷째, 잉여 혁명입니다. 말 그대로 나머지가 갖는 힘입니다. 자기 자신 안팎의 중요한 것 이외의 나머지들이 잉여입니다. 잉여 혁명을 이루기 위해서는 그동안 관심을 두지 않았던 내 안의 모든 것들을 모두 끄집어내야 합니다. 그 모습들 속에서 평상시 내가 몰랐었던 '내게 이런 면이?'라고 자신의 새로운 면모를 발견할 수 있을 것입니다. 일상의 익숙한 것들에 대한 재조명입니다. 나를 스쳐 지나가는 많은 생각들, 많은 사람들, 그 순간과 경험, 생각들을 소중하고 의미 있게 받아들이는 자세가 필요합니다.

다섯째, 가치관 혁명입니다. 전에 미국 국무성에서 외교관 공채 시험이 있었습니다. 한국계 미국인인 한 사람이 지원을 했습니다. 면접관은 한국과 미국의 이익이 충돌한다면 무엇을 선택하겠느냐는 질문을 던졌습니다. 그 사람은 "어느 편에도 서지 않고, 다만 정의의 편에 서겠다."고 답했습니다. 합격했음은 당연합니다. 가치관은 우리가 인생을 살아가는데 있어 선택을 해야 하는 순간에 중요한 기준이 됩니다. 위 사람에게 있어 '정의'와 같이 삶의 선택의 기로에서 기준이 된 가치관을 파악하여 그 속에서 나만의 무엇을 찾아내는 혁명이 바로 가치관 혁명입니다. 우리는 굵직한 인생의 선택에서 끊임없이 '왜?'라고 자문해야 합니다. 자신의 가치관에 대해 진지하게 고민하는 사람만이 진정 자신만의 선택을 할 수 있음을 잊어서는 안 됩니다.

여섯째, 역경 혁명입니다. 역경은 어려운 상황을 이겨 내는 과정에서 자신을 재발견하여 지금까지 몰랐던 자신의 새로운 면을 부각시키고 나아가 나만의 무엇을 발견하는 기회로 연결됩니다. 역경 혁명은 역경으로 인한 부정적인 감정을 없애고 그 속에서 새로운 기회를 찾아 이를 남들과 다른 나만의 것으로 만드는 혁명입니다. 그러려면 먼저 상황을 최대한 객관적으로 바라보는 것이 중요합니다. 그러고 나면 역경을 넘어 새로운 기회를 찾을 수 있습니다. 더 좋은 기회가 찾아옵니다. 내 삶에 역풍이 불어올 때 정면으로 맞서 이를 활용한다면 나만의 무엇을 더 빨리 찾을 수 있을 것입니다. "인간은 일어난 문제에 의해서가 아니라 그 문제에 대한 걱정 때문에 불안에 휩싸이는 것이다."라고 설파한 그리스 철학자 에픽테토스의 말을 잘 음미할 필요가 있습니다.

일곱째, 도전 혁명입니다. 도전 혁명은 크고 작은 새로운 시도를 하고 이를 통해 내 안의 다양한 것들을 일깨워서 남들과 다른 것을 찾는 혁명입니다. 도전은 비록 성공하지 못한다 하더라도 도전 자체로 의미가 있습니다. 우선 당장 할 수 있는 것부터, 작은 것부터 시작하는 것이 중요합니다. 오늘날 성공한 많은 사람들이 이구동성으로 도전의 중요성을 이야기합니다. "긍정적인 사람에게는 한계가 없지만, 부정적인 사람은 한 게 없다."는 말이 있습니다. 스스로에게 한계를 주지 말고, 늘 새로운 시도를 하는 것이 중요합니다. 도전은 행동하는 자에게만 의미가 있는 소중한 삶의 가치입니다.

여덟째, 박스 혁명입니다. 박스 혁명은 박스를 벗어나는 생각, 즉 기존의 틀을 깨는 혁신적이고 창의적인 생각을 뜻합니다. 다양한 방법으로 자기 자신을 교육시켜 생각의 박스를 넓히고 남들과 다른 나만의 무엇을 찾아내는 혁명입니다. 독서, 여행, 사람들과의 만남은 시간적, 공간적, 정신적 한계를 극복하고 자기 자신을 찾게 만드는 귀한 방법입니다. 특히 독서는 가장 쉬운 간접 경험입니다. 늘 세미책을 생각하면서 어떠한 일이 있더라도 책을 손에서 놓는 일은 없어야 합니다. 큰 꿈을 꾸는 사람은 생각의 사이즈 자체가 다르다는 것을 꼭 기억하십시오.

아홉째, 타인 혁명입니다. 타인 혁명이란 타인을 통한 모방, 검증을 통해 남들과 다른 나만의 무엇을 찾는 것입니다. 모방은 '짝퉁'이 아닙니다. 훌륭한 예술도 모방에서 나오는 것입니다. 우리가 흔히 말하는 벤치마킹이라는 방식이 바로 많은 조직, 기업들이 적용하는 타인 혁명이고, 영화나 음악에서 자주 볼 수 있는 리메이크도 타인 혁명입니다. 타인 혁명을 위한 가장 효과적인 방법은 멘토를 찾아가는 것입니다. 멘토의 경험과 지식, 아이디어, 조언과 충고 등은 자신만의 무엇을 찾는데 큰 힘이 될 것입니다. 제갈공명을 찾은 유비의 '삼고초려', TV프로그램 '히든싱어'가 타인 혁명의 대표적인 예라고 할 수 있습니다.

열째, 환승 혁명입니다. 특정한 계기를 통해 가치관의 변화를 맞아 새로운 길로 삶의 항로를 바꿈으로써 남들과 다른 나만의 무엇을 발견하는 것입니다. 환승은 주로 내가 원하지 않은 경우가 대부분입니다. 지금까지 살아온 길, 익숙한 것에서 벗어나는 것이므로 어려울 수도 있습니다. 그러나 저자가 만나 본 대부분의 사람들은 인생의 항로를 바꾸는 게 생각만큼 두려운 일은 아니라고 말합니다. 대부분의 사람은 지금 하고 있는 일을 죽을 때까지 할 수 없습니다. 언젠가는 환승을 해야할 때가 옵니다. 환승에 대한 두려움보다 열망을 가지고 조금씩, 그리고 꾸준히 준비하고 노력해야 합니다. 인생의 중요한 기로에서 가치관을 재정립하고 바꾸어 자신만의 무엇을 찾는 환승 혁명도 그래서 중요하고 중대한 인생의 도전입니다. 군 생활이 얼마 남지 않은 저도 늘 마음에 새기고 있습니다.

나만의 스토리를 만들고 전달하라!

"나이키의 경쟁자가 애플이다." 어떻습니까? 나이키의 경쟁자라면 애플이 아니라 아디다스나, 푸마 등 스포츠 브랜드가 되어야 하지 않을까요? 나이키는 스포츠 용품과 의류를 판매하는 회사이고, 애플은 컴퓨터, IT기기 등을 판매하는 회사입니다. 아무리 생각해도 나이키와 애플이 서로 같은 시장을 두고 경쟁을 벌인다는 게 선뜻 이해되지 않습니다. 그런데 이 두 회사 사이에 교집합이 있습니다. 바로 "고객의 여가시간을 유용하게 만들어 준다."는 것입니다.

소비자에게 중요한 것은 나이키의 스포츠 의류냐 애플의 정보기기냐의 문제가 아닙니다. 소비자는 자신의 소중한 여가 시간을 나이키를 통해 스포츠 활동에 투자하느냐 아니면 아이폰이나 아이패드로 시간을 보내느냐의 문제가 중요합니다. 그래서 전혀 다른 영역일 수 있는 애플의 급부상이 나이키에게 있어서는 큰 경쟁이요, 위협이 될 수 있습니다. 몇 억 개가 팔린 아이팟 터치 등 휴대용 게임기를 가지고 방안에 틀어박혀 있는 아이들, 청소년들, 심지어 어른들에게는 더 이상 나이키 의류와 신발이 필요 없습니다. 그러니 나이키에게 있어서는 그들을 밖으로 불러내는 일이 가장 우선적이며, 시급한 일인 것입니다.

지금은 '통섭'의 시대입니다. 아무리 지식, 학문들이 분화되어 있다 하더라도 서로 배타적이면 안 됩니다. 자기 분야가 아닌 다른 분야에서 수많은 교집합을 찾아내는 일이 바로 통섭이고, 가치 혁명입니다. 통섭을 통해서만이 새로운 가치를 창조할 수 있습니다. 인문학, 과학, 사회학 등의 지적인 대통합을 통해 우리는 새로운 도약을 이룰 수 있습니다. 그 교집합을 통해서 남들과 다른 나만의 무엇을 발견할 수 있습니다.

'호모 나랜스(Homo Narrans)'라는 용어가 있습니다. '이야기하는 사람'이란 뜻의 라틴어입니다. 이 말을 처음으로 사용한 미국의 학자 존 닐은 "인간은 이야기하고 즐기는 본능이 있고, 이야기를 통해 사회를 이해한다."고 말했습니다. 내가 남들과 다른 무엇이 되기 위해서는 나만의 스토리를 만들고, 전달해야 합니다. 나만의 스토리는 남들과 다른 점을 알리는 가장 능동적인 방식입니다. 그래서 글쓰기는 무엇보다 유용합니다.

나만의 스토리는 나를 표현하는 하나의 메시지입니다. 국민MC 하면 유재석, 칸의 여왕 하면 전도연, K-POP 하면 BTS가 떠오르듯이 나만의 스토리를 통해 나를 표현하는 것이 무엇보다 중요합니다. 이는 비단 사회적으로 잘 알려진 연예인이나 저명인사에게만 해당되지 않습니다. 친구나 동료들 사이에서도 누구 하면 바로 떠오를 수 있는 하나의 대표적인 메시지가 있어야 합니다. 나를 둘러싼 많은 것들의 교집합 속에서 나만이 내세울 수 있는 고유의 '원메시지' 그리고 그 '원메시지'에 맞는 스토리를 스스로 만들어야 합니다. 무엇보다 중요한 것은 나만의 스토리는 명확해야 하고, 일관되어야 하며, 진정성이 있어야 한다는 점을 잊어서는 안 됩니다.

요즘 청년은 물론 전체적으로 취업이 어렵습니다. 그래도 희망을 잃지 말고 노력하고 도전해야 합니다. 취업을 하기 위해 작성하는 '자기 소개서', 각종 프리젠테이션이 바로 나만의 원메시지를 상대방에게 알리고 보여 주는 일입니다. 그러므로 이를 어떻게 보여 줄지 철저하게 고민해야 합니다. 어떤 상황에서도 자기 확신과 자신감에 찬 모습을 보여 주는 일, 끝까지 일관된 소신을 보여 주는 일, 진정성 있게 호소하는 일, 디테일하고 사소한 것까지도 통일하는 일 등이 준비과정에서 해야 할 중요한 고민입니다.

철저한 준비와 일관된 태도를 갖추었다면, 그다음에 중요한 것이 바로 상대방과의 교감입니다. 상대를 진심으로 대하는 것이 중요합니다. 내 이야기를 통해서 상대방이 "아, 저 사람과 같이 일해 보고 싶다."는 생각을 갖도록 해야 합니다. 이것이 바로 '소통과 공감'입니다. 사람이 어떤 결정을 할 때, 객관적인 정보를 바탕으로 결정을 내리는 것 같지만 결국에 가장 큰 영향을 끼치는 것은 사람의 감정이라고 합니다. 그러니 상대방의 감정을 움직일 수 있는 힘은 결국 상대방과의 교감임을 꼭 기억하십시오.

이제 나만의 스토리를 만들고 전달하는 일을 살펴보겠습니다. STAR는 Situation, Task, Action, Result 이 네 단어의 첫 알파벳을 딴 용어입니다. 쉽게 설명을 드리면 "이런 상황이었습니다. 그 상황에서 저는 이러한 일을 해야 했습니다. 그리고 그 일들을 해내기 위해 이렇게 행동했습니다. 그래서 그 결과는 이렇습니다." 이것이 STAR입니다. 나만의 스토리를 만들고 잘 전달하기 위해서는 늘 이 STAR를 머릿속에 기억해야 합니다. 상대방과 교감하고, 상대방을 설득하기 위해선 논리적으로 엮는 기술도 중요합니다.

상황을 언급하는 것은 상대방의 관심을 이끌어 내고, 내 스토리에 대해 간략하게 설명을 하는 것입니다. 많은 비즈니스나 협상을 보면 이 상황에서 승부가 나는 경우가 많습니다. 그만큼 처음, 시작이 중요합니다. 특히 사람들의 눈과 귀를 사로잡을 수 있는 '첫 문장'이 대단히 중요합니다. 첫 문장에서 사로잡아야 합니다. 공무원을 선발하는 면접장소에서 첫 마디가 "전 기자가 되고 싶었습니다."라고 하면, 모든 면접관들이 의외라는 표정을 지으며 주목할 것입니다. 그러면 그때부터 기자가 되고 싶었던 자신이 왜 공무원 시험에 응시했는지에 대한 스토리를 풀어내면 되는 것입니다. 일반적인 예상을 깨는 첫 문장은 내 스토리에 주목도를 높이고 궁금증을 불러일으키는 효과를 더해 줍니다.

일은 특정 상황에서 내가 해야 할 일을, 해결해야 하는 문제나 과제가 무엇인지를 최대한 간략하고 정확하게 언급하면 됩니다. STAR에서 가장 중요한 부분은 바로 행동입니다. 내가 어떤 생각을 가지고 실행했는지 구체적으로, 또 다양하게 보여 주어야 합니다. 결과는 숫자나 데이터 등과 함께 구체적으로 제시하는 것이 좋습니다. 그래야 신뢰가 더 높아지고, 일의 결과가 정확하게 어땠는지를 이해하게 됩니다. 그러면서 끊임없이 'Why?'라고 자문하는 일이 중요합니다. '왜?'라는 질문을 통해 내가 행동하게 된 이유들을 더 정확히 파악하고 정리할 수 있기 때문입니다. 이렇게 되면 스토리가 구체적이고, 명확해지기 때문에 더욱 재밌어지고 전달력도 높아집니다.

남들과 비교하지 말고, 남들과 다른 사람이 되십시오. 그것이 당신이 가는 길에서 승리할 수 있는 길이고, 행복하게 살아갈 수 있는 길입니다.

당신은 어떤 사람입니까? (채사장)

—인산, 지적 대화를 위한 지식의 바다에 빠지다

1994년 노벨 문학상을 받은 일본작가 오에 겐자부로의 책 '읽는 인간'은 자신을 소설가로 있게 한 '보물 같은 책'들을 소개하는 에세이입니다. 명시로부터 고전, 현대문학까지 그가 읽어 낸 많은 책들을 펼쳐 놓고 있다고 소개하고 있습니다. 이 책에서 오에 겐자부로는 같은 책을 두세 번씩 읽으라고 말했습니다. 깊이 있는 탐구와 이해를 위해서라면 한 번으로는 부족하며, 재독을 통해서 그 깊이를 더할 수 있다고 했습니다. 이는 평소 저도 생각하고 있는 바입니다. 어쩌면 많은 시간을 들여서 한 번 정독하는 것보다 속독 형식으로 두세 번 읽는 것이 더 나을 수도 있습니다. 물론 이러한 방법들은 개인의 취향이나 습관, 책의 종류에 따라 달라질 수 있음을 꼭 아셔야 합니다.

이번에는 '당신은 어떤 사람입니까?'에 대해 살펴보고자 합니다. 저는 개인적으로 인간이 살면서 해야 할 가장 중요한 질문이 바로 제가 여러분들께 드리는 이 질문이라고 생각합니다. 내가 어떤 사람인지를… 내가 어떤 인간인지를… 깊이 생각하고, 성찰하면서 스스로 판단해 보시는 귀중한 경험이 되시길 소망합니다. 이번 책은 '지적 대화를 위한 넓고 얕은 지식'입니다.

윤리적 판단은 상황에 따라 달라진다.

대서양을 지나던 거대한 배가 침몰했습니다. 승객 중 10여 명이 겨우 구명보트에 올라 살아났고, 이들은 대서양을 표류하기 시작했습니다. 살아남은 사람들은 그래도 안도의 한숨을 내쉬고 구조될 때만을 기다렸습니다. 그런데 어찌된 일인지 보트가 조금씩 가라앉고 있었습니다. 정원이 10명인 보트에 11명이 탄 것이 주원인이었습니다.

보트에 탄 사람들은 짐을 하나 둘씩 버렸습니다. 그러나 다 버렸는데도 소용이 없었고, 그러는 새 조금씩 더 가라앉고 있었습니다. 그들의 선택은 두 가지였습니다. 하나는 한 명을 희생시켜 나머지 열 명이 사는 방법, 다른 하나는 아무도 희생시키지 않고 열한 명이 같이 빠지는 방법이었습니다.

자! 지금부터 여러분이 이 배에 타고 있다고 생각하시면서 따라오시기 바랍니다. A라는 사람이 말했습니다. "더 늦기 전에 한 명을 선택하자. 한 명의 목숨보다는 전체의 목숨을 살리는 게 더 윤리적이다." B가 나섰습니다. "한 사람을 희생시키는 게 어떻게 윤리적인가, 무고한 사람을 희생시키는 건 명백히 살인이고, 결코 용서받을 수도, 있어서도 안 되는 행위이다." A의 현실적인 방안과 B의 원칙적이고 도덕적인 방안이 팽팽히 맞서는 가운데, 드디어 제비뽑기로 한 사람을 뽑기로 결정했습니다.

그런데 뽑힌 사람은 다름 아닌 A였습니다. A는 한 사람을 희생시키자고 줄곧 주장하였으며, 제비뽑기도 A가 제안하였습니다. 그런데 막상 뽑히고 나니 A가 못 죽겠다고 버텼습니다. 이때 다른 사람인 C가 나서서 약속대로 A를 바다로 던지자고 하니, 계속 반대했던 B가 또 나서서 A를 옹호했습니다. "A가 잘못한 것은 약속을 어긴 것, 계약을 어긴 것인데, 약속과 계약을 어겼다고 물에 집어던져 사형을 집행하는 법은 어디에도 없다."고 주장했습니다. 보트가 더 이상 지탱하기 어렵게 되자, 다른 사람들은 제비를 뽑은 A 대신 말이 많은 B를 바다로 집어던지자고 주장했습니다.

자! 아까 당신이 저 배에 타고 있다고 말씀드렸습니다. 어떻게 하시겠습니까? 어떤 선택을 하시겠습니까? 혹시, 당신이 재판관이라면 자기 자신들의 생존을 위해 한 사람을 죽게 하자고 하는 열 사람을 어떻게 처리하시겠습니까?

윤리적 판단은 자신이 어떤 위치에 있는지 시점에 대한 고려가 중요합니다. 사람들은 자기 자신이 문제의 당사자일 때와 제3자의 입장에 있을 때 윤리적 판단을 다르게 합니다. 그런데 이것은 지극히 당연한 일이라 할 수 있습니다. 사람은 본능적으로 자기 자신의 이익을 최우선으로 고려하며, 누구보다도 자기 자신에게 관대하기 때문입니다. 그래서 보편적인 윤리에 대해 언급하고자 할 때는 문제의 당사자가 아닌 제3자의 입장을 전제해야 일반적인 견해를 도출할 수 있습니다.

다시 그 상황으로 돌아갑니다. 당신은 어떤 선택을 할지 결정하셨습니까? 제가 당장 답을 하라고 강요하지 않겠습니다. 그 결정을 머릿속에 담으시고, 계속 저를 따라오십시오.

주어진 의무를 고려할 것인가, 미래의 결과를 고려할 것인가?

지금 제가 여러분에게 결정하라고 했던 그 질문이 보통 질문이 아닙니다. 인간의 삶에서 가장 중요한 질문, 바로 유명한 의무론과 목적론에 관한 질문입니다. 쉽게 설명드리겠습니다. 의무론은 우리한테 이미 주어져 있는 도덕법칙, 의무 등을 준수해야 한다는 것입니다. "거짓말을 하면 안 된다.", "부모님께 효도해야 한다.", "다른 사람을 존중해야 한다." 등등의 우리가 잘 알고 있는 보편적인 가치 규범입니다.

목적론은 이렇습니다. 세상에 보편적인 도덕법칙 같은 것은 없다는 입장입니다. 윤리는 상황에 따라 바뀌는 것이라는 견해입니다. 윤리라는 것은 내가 지금 하는 행동의 결과가 우리에게 이익을 창출하는 것이며, 따라서 좋은 결과를 만들어 내는 행위는 그 행위가 어떤 행위이건 상관없이 윤리적으로 좋은 행위라는 것입니다. 쉽게 예를 들면, 만주 하얼빈역에서 민족의 원흉 이토 히로부미를 사살한 대한의군 참모중장 안중근 장군의 거사가 이에 해당한다 할 수 있습니다. 만약에 안중근 장군께서 사람을 죽이는 일은 절대 해서는 안 되는 일이라는 의무론적 가치관을 지닌 분이셨다면 결코 이토 히로부미에게 총을 겨누지 않으셨을 것입니다.

이제 여러분이 어떤 사람인지 아시겠죠? 만약에 지금까지 결정하지 못하셨던 분들은 선택하기가 좀 더 쉬워지셨을 거라 생각합니다. 시간성을 토대로 생각해 보면, 의무론자는 과거부터 주어져 있는 의무를 고려해서 행동하는 사람이고, 목적론자는 미래에 발생할 결과를 고려해서 행동하는 사람입니다. 그래서 의무론은 비결과주의, 목적론을 결과주의라고 부르기도 합니다.

세상에는 이 의무론적 가치관과 목적론적 가치관을 가진 두 종류의 사람들이 있습니다. 여러분도 여러분 자신이 어떤 유형의 사람인지 알고 있는 것과 무관하게, 분명 하나의 유형으로 살아가고 있습니다. 물론 상황에 따라 다를 수도 있지만 큰 흐름은 같을 것입니다.

이제, 당신께 질문합니다. "당신은 어떤 사람입니까?", "당신은 지금까지 어떤 인생을 살아왔습니까?", "당신 같은 윤리관을 가지고 살아온 삶은 괜찮은 삶이었습니까?" 개인주의적이고 경쟁적인 사회를 살아가는 사람들은 대부분 목적론자들이라고 합니다. 그러나 어떤 삶이 더 좋은 삶이었는지는 말하기 어렵습니다. 이 세상이 모두 목적론자들만 있다면 너무나 삭막해서 견디기 어려울 것입니다. 어떤 삶을 사시겠습니까? 판단은 전적으로 여러분, 자신에게 있습니다.

윤리적 판단은 실제의 세계와 무관하게 존재한다.

윤리는 일반적으로 사람이 지켜야 할 도리입니다. 학문적으로 정의하면, 당위적 명제를 대상으로 하는 학문입니다. 우주는 존재자와 그 상태로 되어 있습니다. 바로 주어와 술어입니다. 세계의 모든 언어가 주어와 술어의 형태를 가지고 있습니다. 이와 같이 존재자와 존재자의 상태를 언어로 묘사한 것을 '명제'라고 부릅니다. "사과는 맛있다." 등이 명제입니다.

그런데 이 명제는 두 종류로 구분됩니다. 어떤 명제들은 술어가 '~이다'라고 끝나고, 다른 명제들은 '~이어야 한다'로 끝납니다. 앞의 것을 사실명제, 뒤의 것을 당위명제라고 합니다. "사과는 맛있다."는 사실명제, "사과는 맛있어야 한다."는 당위명제입니다. 이러한 사실명제를 탐구하는 학문이 과학이고, 당위명제를 탐구하는 학문이 윤리입니다. 사실명제는 항상 참과 거짓을 구분할 수 있지만, 당위명제는 참과 거짓을 구분할 수 없습니다. 윤리의 문제도 참과 거짓의 판단을 넘어서 있기에 참과 거짓을 말할 수 없는 것입니다. 당위명제는 사실명제를 통해 증명할 수 없습니다. 윤리적 판단은 실제의 세계가 어떠한지와는 무관하게 독립적으로 존재합니다.

절대적인 윤리 법칙을 찾아라!

의무론을 대표하는 학자는 너무나도 유명한 철학자 칸트입니다. 칸트는 '순수이성비판'과 '실천이성비판'으로 유명합니다. '순수이성'은 인간의 감각, 지각, 지성적 능력을 말하며, 이를 비판한다는 것은 인간의 이성이 하지 못하는 것을 보여 주는 것을 뜻합니다. 반면, '실천이성비판'은 윤리에 관한 내용입니다. 의무론적 윤리설은 바로 칸트의 '실천이성비판'의 핵심적 논지입니다.

칸트는 18세기 사람입니다. 당시 절대적 도덕법칙들이 무너져 가는 시대상을 보며 상대적이고 허무주의적인 철학적 담론 속에서 절대적인 윤리법칙을 찾고자 노력했습니다. 그런데 한 번 생각해 보십시오. 절대적인 윤리를 찾는 게 그렇게 쉽겠습니까? 세상에 절대적인 윤리가 있을 수 있겠습니까? 상황에 따라 항상 예외가 있고 사람마다 자신의 가치관에 따라 생각하는 도덕 판단이 다를 수밖에 없기 때문입니다. 쉽게 예를 들어 설명하겠습니다. 당신이 침몰하는 배의 선장이라고 합시다. 침몰하는 배와 죽음을 같이한다고 그냥 수장되는 것과 끝까지 한 명이라도 더 구조하다가 살아남는 것 중 도덕적으로 어떤 행동이 더 옳은 행동이겠습니까?

절대적인 도덕법칙이 무너져 가는 상황 속에서 칸트가 제시한 것이 바로 '정언명법'입니다. 누구나 반드시 따라야 하는 도덕법칙이 무엇인지 알려 주는 방법입니다. 원문 그대로 번역하면, "네 의지의 준칙이 언제나 동시에 보편적 입법의 원리로 타당할 수 있도록 행위하라."입니다. 네가 개인적으로 하려는 일이 모든 사람이 해도 괜찮은 일인지 생각하고 행동하라는 말입니다.

내가 하려는 특정한 행위를 사회 구성원 모두가 동시에 해도 사회가 붕괴되지 않는다면 그 행위는 도덕적 행위가 되고, 반대로 사회의 신뢰와 연대가 무너져 내린다면 비도덕적인 행위가 되는 것입니다. 칸트는 이 정언명법을 토대로 절대적으로 지켜야 할 도덕법칙과 의무를 찾아내는 방법을 제시했습니다. 정언명법으로 절대적 도덕법칙을 찾고, 그 도덕법칙을 준수하며 살아가라는 게 칸트의 생각이고, 그의 의무론적 윤리설입니다.

최대 다수의 최대 행복을 구하라!

철학에서 목적론적 윤리설을 대표하는 입장이 공리주의입니다. 19세기 무렵에 영국을 중심으로 전개된 윤리적 견해로 잘 아시는 바와 같이 벤담과 밀이 대표적인 학자이고, '최대 다수의 최대 행복'이 모토입니다. 한마디로 윤리적인 것이란 가장 많은 사람에게 가장 행복한 결과를 가져오는 것입니다. 공리주의는 복잡하지 않습니다. 결과가 최대의 이익을 산출하면 되기 때문입니다. 벤담은 "모든 행위의 시비는 그것이 사람의 행복을 증진하는지의 여부에 의해서 평가되어야 한다."고 주장했습니다.

그런데 벤담의 공리주의는 윤리적인 측면에서 보면 미흡한 게 있습니다. 단순히 양적인 행복과 이익만을 고려한다면 전체주의나 노예제도, 여성 차별과 같은 제도도 사회의 생산성을 극대화하고, 전체의 이익을 높여 줄 수만 있다면 윤리적이라고 할 수 있기 때문입니다. 어느 누가 보아도 아니지 않습니까? 따라서 이를 보완해 준 사람이 존 스튜어트 밀입니다. 밀은 여기에 더 보태어 행복의 질적인 측면까지 고려해야 한다고 했습니다. 쉽게 얘기해서 개개인이 느끼는 행복지수가 다 다르기 때문에 그 질적인 부분까지 고려를 한다면 다른 결과가 나올 수도 있다는 것입니다.

예를 들어, 전에 언급한 침몰하는 보트의 상황으로 다시 돌아갑니다. 벤담의 공리주의를 대입하면 답이 간단하게 나옵니다. 나머지 열 사람의 행복을 위해 한 사람이 희생하는 게 당연하고, 윤리적입니다. 그렇게 되어야 최대 다수의 최대 행복입니다. 그런데 밀이 주장한 질적인 부분을 대입하면 상황이 달라집니다. 열한 사람의 행복지수를 고려해서 첫 번째 승객은 +100의 행복을 느꼈고, 두 번째 승객은 +50… 열 번째 승객은 죄책감이 많이 느껴져 +2만큼의 행복을 느꼈습니다. 그런데 바다로 던져질 그 열한 번째의 승객, B의 행복지수가 -1,000(자신이 죽을 것이기에)이었다면, 그 열한 사람의 행복지수를 다 더한 값은 -가 될 것이고, 이는 열 사람의 행복보다 한 사람의 고통이 너무 크므로 윤리적이지 못한 행위가 된다는 말입니다. 밀은 이렇게 쾌락과 행복의 질적인 차이를 인정함으로써, 개인의 자유나 평등 등 인간의 최소한의 권리들을 지켜 낼 수 있었습니다.

당신은, 나는 어떤 사람입니까?

여러분들께 묻습니다. 당신은 지금 우리 사회, 우리나라가 윤리적인 사회, 윤리적인 나라라고 생각하십니까? 당신이 생각하는 윤리적인 사회는 어떤 사회입니까? 만약에 당신이 이 나라의 최고 권력자가 된다면 당신은 어떻게 바꾸어 가겠습니까? 이에 대한 생각이 평상시에 확고하게 정립되어 있습니까? 당신은 어떤 사람입니까?

우리는 이러한 질문에 대해 대답할 수 있어야 합니다. 그래야만 이 시대를 살아가는 지식인이라고 감히 말할 수 있습니다. 이 사회, 이 나라가 안고 있는 성장과 분배의 문제, 공평과 공정의 문제, 빈과 부의 격차 문제, 보편적 복지와 선별적 복지의 문제, 증세와 감세의 문제 등등에 대해 자신만의 견해를 가질 수 있습니다. 정답은 없습니다. 오직 당신의 윤리관이 당신의 행동을 결정할 것이고, 당신이 영향력 있는 사람이 된다면, 당신의 행동이 이 사회, 이 나라에 큰 영향을 끼치게 될 것입니다. 그래서 늘 자문해야 합니다. "나는 어떤 사람입니까?"라고.

　우리가 모르는 새 시간은 가고, 세월은 흐르고, 계절은 바뀌어 갑니다. 한순간, 한순간을 정말 의미 있고, 소중하게 만들어 가지 않으면 우리는 결코 행복할 수 없습니다. 의무론이든 목적론이든, 정언명법이든 공리주의든 결국 모든 것은 인간의 행복, 자기 자신의 행복으로 귀결되는 것임을 우리는 꼭 명심해야 합니다. 문학도, 철학도, 예술도, 신학도, 과학도 세상에서 가장 소중한 나로 귀결되는 것입니다. 그러니 여러분 자신을 정말 소중히 여기십시오. 여러분 자신과 똑같이 소중한 남을 소중히 여기십시오.

고수의 생각은 어떠한가? (조훈현)
—인산, 고수의 생각을 들여다보다

흔히 '신(神)의 한 수'라는 표현을 씁니다. 일반적으로 절묘한 시점에 아주 적절한 행동을 한 것을 말합니다. 그런데 진짜 '신의 한 수'가 있었습니다. 1989년 세계 최대의 프로바둑대회인 제1회 잉창지배 결승전에서 조훈현 9단과 중국의 녜웨이핑 9단이 맞붙었습니다. 세계 최강자를 가리는 대회이다 보니 팽팽했습니다. 4국까지 2 대 2, 마지막 결승전 5국이 싱가포르에서 열렸습니다. 초반에 불리하게 출발했던 조 9단은 계속되는 녜웨이핑 9단의 공세를 막아 내느라 바빴습니다. 시간도 부족한 절체절명의 시점에 조 9단은 바로 '신의 한 수'라 불리는 '129수'를 두었습니다. 이 한 수로 인해 바둑은 역전이 되었고, 승리하였습니다.

사람들은 조 9단이 어떻게 그런 수를 둘 수 있었는지 지금도 의아해합니다. 조훈현 9단은 이렇게 말합니다. "내가 아니라 생각이 답을 찾아냈다." 생각에 깊게 빠지다 보면 답이 보인다는 말이었습니다. 여러분의 인생에서 '신의 한 수'는 과연 무엇이었습니까? 앞으로 펼쳐질 삶에서 '신의 한 수'를 두기 위해 여러분은 많이 생각하십니까? 진정한 생각은 바로 '사유와 성찰'입니다. 제가 늘 강조하는 말입니다. 그 사유와 성찰이 여러분의 인생에서 진정한 '신의 한 수'를 가져다 줄 것이라 저는 믿습니다.

여러분은 바둑을 둘 줄 아십니까? 바둑을 좋아하십니까? 흔히 바둑을 반상에서 펼쳐지는 현란하고 오묘한 세계라고 말들을 합니다. 바둑판 안에 온 우주가 있다고까지 말하는 사람들도 있습니다. 그런 바둑을 잘 두는 사람을 '고수'라고 합니다. 말 그대로 수가 높은 사람입니다. 제일 먼저 떠오르는 우리나라의 바둑 고수는 누구입니까? 아마도 신진서, 박정환, 이세돌, 김지석 등등 뛰어난 프로기사들이 있겠지만, 그래도 역대로 보면 조훈현 9단과 이창호 9단을 꼽는 분들이 많을 것입니다.

저도 한때 바둑을 아주 좋아했던 때가 있었습니다. 실력은 부족하지만 공식적으로는 아마 1단입니다. 바둑을 보면서 제가 궁금했던 건 그 짧은 시간에, 그 변화무쌍한 판에서 어떻게 수많은 수를 생각하고, 몇 수 앞을 내다볼 수 있는지에 관한 것이었습니다. 이 궁금증이 드디어 풀렸습니다. 바로 조훈현 9단께서 쓰신 이 책, '고수의 생각법'을 보고 나서부터입니다.

조훈현 국수는(조훈현 9단은 세 차례에 걸쳐 전관왕 타이틀을 보유하였고, 세계 최초의 바둑대회인 잉창지배의 초대 타이틀 보유자입니다. 그런 조 9단이 가장 좋아하는 호칭이 국수라고 합니다.) 사람이 답을 찾는 게 아니라, 생각이 답을 찾는다는 말씀을 하셨습니다. 고수의 생각은 과연 어떤 생각일까요? 여러분들은 궁금하지 않으십니까? 그래서 꼭 고수의 생각을 전해드리고 싶었습니다. 이제 저와 함께 조 국수께서 말씀하시는 고수의 세계로, 그 생각의 안으로 들어가겠습니다. 바둑뿐만 아니라 인생의 큰 교훈을 얻으실 수 있을 거라 생각합니다.

바둑 고수가 말하는 생각의 법칙

집중, 집중… 나는 고요한 생각의 결 안으로 들어갔다. 천천히, 천천히… 거칠었던 호흡이 편안해지는 것이 느껴졌다. 순간 주변의 모든 것이 사라졌다. 녜웨이핑도 보이지 않고 진행요원들도 사라졌다. 조바심도, 초조함도, 심지어 이기고자 하는 욕망까지도 사라졌다. 바둑과 나, 단 둘만 남았다. 그 절대적인 고요의 순간, 모든 것이 선명하게 보였다. 그래, 바로 여기구나!

멀리서 아득하게 10초를 세는 카운트다운이 들려왔다. 하나, 둘, 셋, 넷, 다섯, 여섯… 현실감각이 돌아오는 것이 느껴졌다. 일곱을 카운트하는 소리와 함께, 나는 힘차게 돌을 놓았다. 그것으로 모든 것이 바뀌었다. 쫓기던 내가 순식간에 주도권을 되찾은 것이다.

이 상황은 조훈현 9단이 1989년 제1회 잉창지배 결승 5국에서 신의한 수라 불리는 '129수'째를 두던 순간을 묘사한 글입니다. 지금도 많은 분들이 궁금해한다고 합니다. "초읽기에 몰려 있던 순간에 어떻게 그런 수를 생각해 낼 수 있었습니까?"란 질문에 조 9단은 "그건 지금의 나도 알 수 없습니다. 나는 그저 생각 속으로 들어갔을 뿐입니다. 내가 답을 찾은 것이 아니라 생각이 답을 찾아낸 것입니다."라고 답했습니다.

바둑은 비슷한 수를 가진, 만만하거나 호락호락하지 않은 두 사람이 두기에 한 수 한 수마다 바둑판의 생사가 걸린 문제가 발생합니다. 그러나 그 수많은 어려운 난제들도 결국에는 풀리고야 맙니다. 세상사도 마찬가지입니다. 해결될 때까지 붙들고 늘어지는 근성만 있으면 됩니다. 바둑은 단순한 게임이 아니라 그 속에서 인생관과 삶의 철학을 읽을 수 있는 치열한 생각의 현장입니다. 조 국수의 스승인 세고에는 문하생이 된 조 국수에게 "내가 답을 줄 수 있다고 생각하느냐? 답이 없는 게 바둑인데 어떻게 너에게 답을 주겠느냐. 그 답은 네 스스로 찾아라."라고 했다고 합니다.

사람들은 행복이 돈이나 명예, 성공에서 온다고 생각합니다. 하지만 진짜 행복은 단단한 자아에서 옵니다. 이러한 자아는 거저 얻을 수 없습니다. 스스로 생각하는 습관과 자기 성찰, 깊이 있는 사고를 통해서만 얻을 수 있습니다. 어디 가서도 눈치 보지 않고, 주눅들지 않고, 자신의 소신을 당당하게 밝히고 신념대로 행동하는 사람, 그런 사람이 되려면 스스로 생각할 줄 알아야 합니다.

좋은 생각은 좋은 사람에게서 나온다.

생각은 행동이자 선택입니다. 어떤 사람이 무슨 생각을 하며 사는지는 그 사람의 선택을 보면 알 수 있습니다. '비인부전 부재승덕(非人不傳 不才承德)'이라는 말이 있습니다. "인격에 문제가 있는 사람에게는 높은 벼슬이나 비장의 기술을 전수하지 말며, 재주나 지식이 덕을 앞서게 해서는 안 된다."는 뜻입니다. 고수가 되기 이전에 인격을 갖추어야 합니다.

생각의 바탕은 인품입니다. 아무리 실력이 좋아도 정상의 무게를 견뎌 낼 만한 인성이 없으면 잠깐 올라섰다가도 곧 떨어지게 됩니다. 특히, 큰 위기가 닥치거나 기회가 주어졌을 때 사람의 인성이 드러나기 마련입니다. 그 순간에 어떤 행동을 하느냐가 그 사람의 인성 자체이기 때문입니다. 그래서 간단한 일일지라도 원칙과 도덕을 지켜야 합니다. 인간이기에 혹시 잘못한다 하더라도 반성할 줄 알아야 합니다. 인품은 누가 가르칠 수 없습니다. 끊임없는 성찰을 통해 노력해야 하는 것입니다.

이기고 지는 것은 프로의 세계에서는 늘 있을 수 있는 일입니다. 어제는 이겼지만 오늘은 질 수 있습니다. 그래서 승부의 세계에서 중요한 것은 감정을 다스릴 줄 아는 것입니다. 이겼다고 우쭐해하면 지는 것을 견디지 못합니다. 이기기 위해서는 수천 번의 지는 경험을 쌓아야 하므로 일상의 경험으로 덤덤하게 바라볼 줄 아는 마음이 필요합니다. 1990년 제29기 최고위전, 조 국수는 열다섯 살의 소년인 제자 이창호에게 처음으로 타이틀을 내주었습니다. 스승으로서 제자에게 타이틀을 뺏긴, 고통과 기쁨이 동시에 찾아든 매우 힘든 날이었지만 그는 평상시와 다름없이 똑같은 하루를 보냈다고 합니다.

생각은 정말 생각하기 나름입니다. 그러니 우리의 생각은 늘 긍정이어야 합니다. 어떠한 경우에라도 이 긍정의 생각을 잊어버려서는 안 됩니다. 모든 것을 다 가졌던 사람이 모든 것을 다 잃었을 때 그 심정이 어떠하겠습니까? 타이틀 전관왕을 세 번이나 했던 프로기사가 무관으로 전락했을 때 마음이 어떠했겠습니까? 중요한 것은 그 순간에도 생각은 늘 긍정이어야 한다는 것입니다. 타이틀이 하나도 없다는 건 이제 잃을 것도 없다는 것을 의미한다고 생각해야 합니다. 밑바닥을 경험한 사람은 이제 더 이상 떨어질 것이 없다고 생각해야 합니다. 최악의 경우를 당해 본 사람은 이제 더는 나빠질 것이 없다는 것을 믿어야 하는 이치입니다.

이길 수 있다면 반드시 이겨라!

조 국수는 평생을 냉엄한 승부의 세계에서 살아온 분입니다. 그래서 이기고 지는 것에 대한 생각이 누구보다 명확합니다. 이길 수 있다면 반드시 이기라고 합니다. 그러면서 이기는 것이 욕심이 아니라 희망이 되어야 한다고 합니다. 욕심일 경우에는 이기는 것 그 자체에 의미가 있으며, 희망일 경우에는 이기는 과정, 이기려고 하는 노력, 이길 수 있다는 기대에 의미가 있기 때문입니다.

저 같은 직업군인에게 있어서 이긴다는 것은 또 다른 의미가 있습니다. 바둑이나 운동같이 이길 수도 있고, 질 수도 있다는 생각을 가질 수 없는 것이 바로 군인의 일, 전투입니다. 다만, 군인들도 늘 명심하는 것이 "전투에서 승리하고, 전쟁에서 패하는 우를 범해서는 안 된다."는 점입니다. 이 점에서 모든 승부 세계에는 승리와 패배가 존재하지만, 궁극의 최종상태는 '승리'에 있어야 함을 다시 한 번 깨닫습니다.

무엇보다도 중요한 것은 포기하지 말아야 한다는 점입니다. 포기하지 않는 자는 반전을 노릴 수 있습니다. 조 국수는 1997년 제8기 동양증권배 결승에서 일본의 고바야시 사토루에게 1, 2, 3국 모두 지고 있다가 역전을 하면서 세계대회에서 우승을 한 경험을 가지고 있습니다. 그는 "과정도 중요하지만 결과도 그에 못지않게 중요하다. 이길 수 있다면 이겨야 한다. 그러기 위해서는 끝까지 포기하지 않고 반전의 기회를 기다려야 한다. 세 번의 대국에서 불리했던 내가 버텼던 이유는 이겨야 한다는 욕심이 아니라 아직 이길 기회가 있다는 희망 때문이었다. 내가 만약에 패색이 짙었던 종반에 포기하고 돌을 던졌다면, 과연 그 기회를 잡을 수 있었을까."라고 말합니다.

바둑은 한마디로 말해서 영토를 확장하는 게임입니다. 영토가, 즉 집이 많은 사람이 이깁니다. 그러므로 끊임없이 영토를 확장해야 합니다. 우리의 삶도 다르지 않습니다. 다들 자신의 영토를 확장하려고 애씁니다. 이것은 욕심이 아니라 당연한 것입니다. 물론 세상에서의 영토 확장은 자신의 잠재력과 가능성을 최대로 발휘하는 것, 꿈을 실현하는 것, 자신의 존재 이유를 찾는 것, 그것이 바로 세상에서의 영토 확장이 되어야 합니다. 그래서 늘 어떻게 살아야 할지, 무엇을 위해 살아야 할지, 스스로에게 질문을 하고, 대답하는 것을 멈추지 말아야 합니다. 그리고 끊임없이 변화하고 혁신하며, 새로운 것을 창조해야 합니다.

싸움에도 예의가 있습니다. 고수가 갖추어야 할 싸움에 대한 가장 중요한 예의는 최선을 다하는 것입니다. 모든 일에 최선을 다하는 자세가 진정한 고수의 자세입니다. 그리고 승부의 첫째 조건은 기백입니다. 표정도 자세도 행동도 자신만만해야 합니다. 고수들 간의 승부는 실력보다는 기백과 자신감의 차이, 압박감을 이겨 낼 수 있는 담력과 집중력의 차이가 더 큽니다. 우리는 매 순간 자신감이 넘치는 태도를 가져야 합니다. 지는 것을 두려워하지 않는 자만이 자신감을 가질 수 있습니다.

판을 정확히 읽고 움직여라!

바둑은 지금 여기, 현재가 중요하다고 말합니다. 바둑을 둘 때는 모든 잡념을 버리고 오로지 바둑판 위에 마음을 집중해야 하기 때문입니다. 우리의 삶도 마찬가지입니다. 지금 있는 자리가 최선의 자리이고, 지금 이 순간이 다시없는 소중한 시간입니다.

바둑 격언에 '반외팔목(盤外八目)'이라는 말이 있습니다. "바둑판 밖에서 보면 8집이 더 유리하다."는 뜻입니다. 흔히 바둑이나 장기에서 훈수를 두는 사람이 수를 더 잘 본다는 것과 마찬가지입니다. 막상 대국을 하게 되면 제한된 시간으로 인한 초조함, 불안, 욕심 등으로 인해 판을 제대로 보지 못하게 됩니다. 인생도 그렇습니다. 사람은 각자 자신의 고난이 가장 크다고 생각하기에 자기만 불행하다고 여깁니다. 그러나 소수의 용기 있는 사람들은 그 벽을 뛰어넘습니다.

우리는 모두 세상이라는 거대한 바둑판 위에 서 있습니다. 돌을 던지는 순간 게임이 끝납니다. 돌을 던지기 전까지는 수많은 가능성이 남아 있기 때문에 최선을 다해야 합니다. 자기 자신은 아무 희망도 없고, 의미도 없다고 좌절하며 괴로워해도 판 밖에서 바라보는 사람들의 생각은 다릅니다. 자기 자신이 보지 못하는 것을 봅니다. 그래서 우리는 늘 8집을 더 갖고 있다는 생각을 해야 합니다. 그것이 우리의 인생 게임을 멈추지 말아야 할 이유입니다.

"9급 열 명이 아무리 들여다봐도 못 보는 수를 1급 한 명이 금방 본다."는 말이 있습니다. 급수의 차이가 바로 이것입니다. 이는 비단 바둑뿐만 아니라 다른 모든 일에도 적용됩니다. 하급자가 아무리 봐도 알 수 없는 수를 상급자들은 금방 볼 수 있는 것입니다. 판을 읽는 능력의 차이입니다. 판을 읽는 능력은 특히 전쟁터에서 가장 잘 드러납니다. 지휘관이, 장수가 정확히 판을 읽는 부대는 전투에서 승리할 수 있습니다. 판을 정확히 읽으면 모든 것이 보입니다. 때로는 버려야 할 때가 있음도 알게 됩니다. 작은 것을 버리면 큰 것을 취할 수 있습니다. 더 큰 이익을 위해 아끼던 돌을 희생할 줄도 알아야 합니다. 사람 사는 세상도 마찬가지입니다.

더 멀리 예측하라!

요즘은 바둑 대국 시간이 통상 4~7시간 이전에 끝나지만, 예전에는 바둑 대국이 길었습니다. 11시간을 넘기기 일쑤였고, 이틀간 진행한 적도 있습니다. 그러니 생각하는 시간이 그만큼 더 많았고, 길었습니다. 제한시간이 많으면 수읽기가 더 깊어집니다. 반면, 속기 바둑은 수읽기보다는 경험과 직관에 의존하여 둘 수밖에 없습니다. 그러다 보니 자칫 신중하고 사려 깊은 태도를 잃어버릴 수 있습니다. 진지하게 오랫동안 고민하지 않게 됩니다. 경솔하고 후회할 일을 저지르게 됩니다. 모두 다 빠른 것을 추구하다가 벌어지는 현상입니다. 더 깊이 더 오래 생각해야 합니다. 모든 것이 빠르게 돌아가는 지금 같은 시대에는 더욱더 그렇습니다.

문제는 언제나 욕심입니다. 바둑을 두다 보면 욕심이 꿈틀거립니다. 이 욕심이 수읽기를 방해합니다. 순간의 이익에 눈이 멀어 서너 수 앞이 보이지 않습니다. '부득탐승(不得貪勝)', "승리를 탐하면 얻지 못한다."는 바둑의 격언입니다. 버려야 할 때 욕심으로 인해 버리지 못하면 더 큰 것을 얻지 못하게 됩니다. 그래서 매사에 욕심을 버리고 더 멀리 보려고 노력해야 합니다.

수읽기는 많이 알면 알수록 유리합니다. 그래서 무엇보다 지식이 많아야 합니다. 끊임없는 공부와 연구로 지식을 많이 쌓아야 다양한 각도에서 판을 읽고 더 멀리 예측할 수 있습니다. 작가는 시대의 요구를 잘 읽어야 좋은 글을 쓸 수 있고, 작곡자는 대중의 취향을 잘 파악해야 인기 있는 곡을 만들 수 있습니다. 세상의 모든 직업이 다 그렇습니다. 모든 것이 우리 인생의 수읽기입니다. 인생의 수읽기를 잘하려면 자기 분야에 대한 꾸준한 공부와 함께 세상에 대한 관심을 기울여야 합니다. 사람을 대하는 방식, 일을 처리하는 방식, 소통하는 방식, 문제를 바라보고 해석하는 방식 등이 달라지고, 창의적인 사고가 가능해집니다.

바둑에는 초읽기가 있습니다. 쉽게 말해 시간에 쫓기는 것입니다. 그러나 진정한 프로는 시간을 지배합니다. 시간을 이깁니다. 우리는 모두 한정된 시간 안에서 살아가고 있습니다. 이 시간의 제약에서 벗어날 수 있는 사람은 아무도 없습니다. 시간제한이라는 압박 속에서 많은 일을 성취해야 합니다. 시간과의 싸움은 인간의 숙명입니다. 진정 자기 일에서 프로가 되려면 시간과의 싸움에서 반드시 승리해야 합니다.

아플수록 복기해라!
복기는 두었던 바둑을 처음부터 다시 두는 것입니다. 지난 과정을 되돌아보는 것입니다. 바둑에서 복기는 반드시 필요합니다. 승리한 대국의 복기는 이기는 습관을 만들어 주고, 패배한 대국의 복기는 이기는 준비를 만들어 줍니다. 복기는 삶에서도 그대로 적용됩니다. 우리가 행하는 모든 일에는 복기가 필요합니다. 패배한 뒤의 복기는 참으로 힘든 일입니다. 아무렇지 않은 것처럼 마음을 다스리며 자신의 패배를 곱씹는 과정이 아프지 않을 수 없습니다. 그러나 아플수록 더 복기해야 합니다. 눈을 부릅뜨고 실패를 다시 바라보아야 합니다. 복기는 지금이 아닌 미래를 위한 과정입니다. 승리를 위한 새로운 시작, 출발입니다.

복기가 주는 장점이 있습니다. 복기를 통해 적의 아이디어를 배우는 것입니다. 혼자 끙끙거리며 연구하는 것보다 훨씬 더 효율적입니다. 복기를 통해 이기는 수를 찾아내는 것입니다. 그래서 복기는 지난 바둑을 다시 두는 것이면서, 동시에 자신만의 새로운 바둑을 두는 것이라고 생각합니다. 진심으로 이기고 싶다면 이기는 사람에게 고개를 숙이고 배워야 합니다. 다른 사람의 아이디어를 내 것으로 만들어야 합니다.

고수는 날마다 복기합니다. 다른 사람들의 대국을 보면서 늘 배웁니다. 묘수를 찾아내고, 스타일을 파악합니다. 바둑은 지구상에 존재하는 보드게임 중 가장 경우의 수가 많은 게임이기 때문에 지난 200년 바둑 역사상 단 한 판도 똑같은 바둑이 없다고 합니다. 룰뿐 아니라 두는 사람의 창의성에 따라 수없이 많은 조합이 있습니다. 일일이 복기하면서 배우는 수밖에 없습니다.

복기할 때는 실패의 기억을 잊어야 합니다. 오로지 복기에만 집중해야 합니다. 사람인 이상 쉽지 않습니다. 그래서 복기는 감정을 극복하고 흘려보내는 일종의 의식입니다. "오늘 바둑을 망치긴 했지만 뭐 어쩌겠는가. 이미 둔 돌을 무를 수 없으니…" 이런 생각을 통해 더 단단해지는 것입니다. 복기는 후회가 아니라 새로운 전략의 수립 과정입니다. 우리의 삶도 이렇듯 적절하게 복기해야, 복기가 있어야 더 단단해질 수 있습니다.

생각을 크게 열어라!

바둑 인구는 한, 중, 일, 대만 등 동아시아에 많고, 세계적으로는 약 3,800여만 명에 이릅니다. 바둑 인구가 많아지고 성장을 하려면 우리나라, 중국, 일본의 바둑이 서로 나누고 베풀어야 합니다. 혼자서는 절대 성장할 수 없습니다. 서로 나누면서 함께 성장해야 합니다. 바둑은 나눔과 베품의 순환입니다. 나누고 베푸는 것은 결코 한 방향이 아닙니다. 그것은 우리가 받은 혜택의 빚을 갚는 것이자 우리의 미래를 위한 투자이기도 합니다. 세상의 모든 일의 이치가 다 그렇습니다.

지금은 중국 바둑이 놀라울 정도로 무섭게 성장했습니다. 세계 랭킹을 보아도 중국 선수들이 상위권을 다수 차지하고 있습니다. 내가 발전하려면 적의 성장을 기뻐해야 합니다. 적의 성장이 나의 발전을 가져오기 때문입니다. 그리고 살아남으려면 문을 열어야 합니다. 문을 열고 받아들여야 합니다. 세계적으로 매우 중요했던 시기에 꽁꽁 문을 닫고 말았던 구한말의 '쇄국정책'이 이 나라를 어떻게 만들었는지 우리는 역사를 통해 배우고 있지 않습니까? "생각을 크게 열어라." 이는 바둑이, 역사가 우리에게 주는 교훈입니다.

사람에게서 배우고 심신의 균형을 찾아라!

조 국수는 그의 스승인 세고에로부터 큰 유산을 물려받았습니다. 바로 바둑에 대한 사랑과 곧고 깊은 정신세계였습니다. 스승은 생전에 조국수를 포함, 단 세 사람만의 제자를 두었습니다. 그는 스승으로부터 받은 유산을 이창호 9단을 통해 물려주었습니다. 승부의 세계를 떠나 이창호 9단은 스승의 자랑스런 유산이 되었습니다. 그는 지금도 늘 고민하고 있다고 합니다. 그를 가르쳐 준 많은 스승들처럼 더 많은 사람을 품기 위해서.

조 국수는 승부의 세계는 참 묘하다고 술회합니다. 단 한 곳의 실력 차이를 두고 신경을 곤두세우며 싸웠던 게 엊그제 같은데 나이가 들면서 그 모든 것이 소용이 없어졌음을 느꼈다고 합니다. 젊음이 최고의 가치라고 느낀 것입니다. 젊음이 모든 걸 이긴다는 것을 안 것입니다. 세상을 뜨겁게 달구웠던 여름도 어느 순간 슬그머니 자취를 감추고 가을이 오듯이 세상은 그렇게 순환하는 것임을 깨닫습니다. 그러면서도 승부사로서의 인생은 늘 여전하다고 말합니다. 승부의 세계에서 나이와 체력은 핑계가 될 수 없습니다. 그 때문에 질 수밖에 없다고 인정해 버리는 순간 승부사로서의 인생은 끝나기 때문입니다.

생각할 시간 만들기

다른 아무것도 없이 온전히 나 자신과 대면할 수 있는 시간, 자신과 대화할 수 있는 정적인 시간이 우리에겐 절실히 필요합니다. 조 국수는 휴대폰, 운전면허증, 신용카드도 없는 삶을 살고 있다고 합니다. 쉽고, 빠르고, 편리한 것을 추구하다 보니 나중에 해도 될 일에 몰두하느라 진짜 중요한 일을 해야 할 시간이 사라지고 있습니다. 업무에 온전히 집중하는 시간, 혼자서 조용히 사색하는 시간이 사라집니다.

또한 조 국수는 대국에서 패할 때마다 늘 혼자서 시간을 보냈다고 합니다. 말 그대로 고독 속으로 들어간 것입니다. 아무 말도, 아무것도 하지 않고 그렇게 시간을 보내다 보면 상처가 조금씩 아물었다고 합니다. 뭔가를 이루기 위해서는 이러한 시간이 반드시 필요합니다. 더 강해지기 위해서, 더 빛나기 위해서는 기꺼이 고독이라는 컴컴한 동굴 속으로 들어가야 합니다. 강자란 보다 훌륭하게 고독을 견디어 낸 사람입니다.

PART 5

삶의 아름다움을 노래하자

세상의
미래를 바꿀
책읽기

시경 (작자미상)

―인산의 해설이 있는 '시경'의 세계

이번 주제는 '삶의 아름다움을 노래하자'입니다. 이 주제를 가지고 여러분들과 깊은 대화를 나누고 싶습니다. 우리가 어떻게 살아가고 있든 간에 삶이 아름답다는 것은 분명합니다. 혹여나 아름답다고 느끼지 못하는 사람들에게 부단히 말해 주어야 합니다. 이 세상에서 가장 아름다운 것은 바로 '당신의 삶'이라고 말입니다.

'삶의 아름다움을 노래하자' 그 첫 번째 편은 '시경(詩經)'입니다. 우리 옛 조상들, 특히 선비들은 공부를 하거나 책을 읽을 때 정해진 룰이 있었습니다. 요즘으로 말하면 학교에 다닐 때 필수적으로 배우는 과목 정도로 이해하시면 됩니다. 가장 기초적인 단계로부터 살펴보면 천자문, 동몽선습, 격몽요결, 명심보감 등을 배웠고, 이후에 사서삼경을 공부했습니다. 사서삼경도 공부하는 순서가 있어서 통상 대학→논어→맹자→중용→시경→서경→주역 순이었습니다. 사서는 주자가 뽑은 것이고, 삼경은 고문에 속하는데, 사서를 공부하는 순서도 주자가 정해 놓았다고 합니다. 주자는 대학을 읽어서 기본적인 내용을 정립하고, 다음엔 논어를 읽어 그 근본을 확립하며, 그다음으로 맹자를 읽어 논어의 주제가 발전되는 것을 이해하고, 마지막으로 중용을 읽어 옛 사람들의 미묘한 사유의 세계에 들어선다고 하였습니다.

이 사서삼경 중에 가장 아름답고 흥미로운 책이 있습니다. 바로 '시경' 입니다. 시경은 공자가 편집한 문학경전으로 총 305편의 노래로 이루어져 있습니다. 오래전부터 사람들이 부르던 노래를 모아 놓은 책입니다. 시대 산물로 인해 어렵게 느껴질 수도 있습니다. 그러나 예나 지금이나 사람들이 살아가면서 느끼는 감정들은 대부분 비슷할 것이라는 점을 감안하면 어렵지 않습니다. 시와 노래에 담긴 설렘과 고통, 안타까움과 아픔 등 구구절절한 이야기에 취하다 보면 과거가 지금이고, 지금이 과거입니다. 과거와 지금을 나누는 것 자체가 무의미해집니다. 시는 노래이고, 노래는 시입니다. 우리는 과거의 노래, 지금의 노래, 미래의 노래가 결코 다르지 않고, 다르지 않을 것임을 깨달을 수 있습니다.

시경에는 사람들이 보편적으로 추구하는 삶의 가치가 담겨 있습니다. 순수한 생각이 들어 있고, 영원한 생명력이 담겨 있습니다. 그래서 시경을 통해 사물을 식별하여 언어를 구사할 수 있는 힘과 능력을 배울 수 있습니다. 공자님은 시경을 다 외우고도 탁월한 정치적 사업 능력과 외교적 조절 능력을 구비하지 못하면 의미가 없는 것이라고 하셨습니다. 공자님의 이 말씀은 오늘날 이 사회의 지도자들이나, 장차 지도자가 되려고 하는 사람들은 깊게 새겨보아야 할 대목입니다.

저는 한동안 '시경'에 깊이 빠졌습니다. 그 전체의 내용 중에 가장 감명 깊게 받아들인 시를 선별, 제가 쓴 해설을 덧붙여서 여러분께 소개합니다. 그러니까 '인산의 해설이 있는 시경의 세계'라 말씀드릴 수 있습니다. 내용이 워낙 방대하기 때문에 차근차근 소개해 드릴까 합니다. 자, 이제 여러분을 아름다운 시경의 세계로 모십니다. 깊이 있게, 잘 음미하시길 빕니다.

물수리

올망졸망 마름풀을 이리 찾고 저리 찾고
얌전한 아가씨를 자나깨나 구한다네
구하여도 얻지 못해 자나깨나 생각하니
그리워라 그리워라 잠 못들어 뒤척이네.

* 물수리가 짝을 찾아 헤매는 것을 노래한 시입니다. 꾸륵꾸륵 물수리가 마름풀 사이를 헤매고 다니면서 얌전한 아가씨를 찾는다는 표현이 예사롭지 않습니다. 짝을 찾는 것이 얼마나 어렵고, 또 그런만큼 얼마나 간절하겠습니까? 그러니 자나깨나 생각하고, 잠 못 들며 뒤척일 수밖에 없는 것이겠지요. 말없는 미물도 그러합니다. 결국 물수리는 마름풀들을 이리저리 골라내면서 꿈에 그리던 얌전한 아가씨를 만나는 기쁨을 누리게 됩니다. 물수리의 그 표정, 그 행동을 통해 자신의 짝을 찾아 헤매고 뒤척이는 것이 살아가는 과정, 사랑하는 과정임을 깨닫게 됩니다. 우리의 삶도 마찬가지입니다. 우리가 세상을 살아가는 이유, 우리가 온전히 추구해야 할 가치들을 찾아가는 과정입니다. 이리 찾고 저리 찾으며, 자나깨나 찾아가는 길입니다. 저도, 여러분들도 그 길 속에 있는 것입니다.

도꼬마리

뜯고 뜯네 도꼬마리 바구니엔 차질 않네
멀리 간 임 그리워서 바구니를 길에 놓네

높은 저 산 오르려나 내가 탄 말 병났으니
좋은 잔에 술을 따라 이내 시름 잊어 볼까.

* 도꼬마리는 국화과의 일년생 풀로 들이나 길가에 자라는 노란 꽃
입니다. 봄에는 새순도 먹을 수 있습니다. 첫 장은 전장에 나간 남편을
그리는 아내의 마음을, 둘째 장은 남편이 아내를 그리는 마음을 담았
습니다. 저는 군인이고, 오랜 시간을 떨어져 살았습니다. 그러다 보니
이 도꼬마리 시에 담긴 그 애절한 마음을 누구보다도 이해할 수 있습니
다. 하물며 그것이 그냥 떨어져 있는 것도 아니고, 생사가 오고가는 치
열한 전쟁터니 오죽하겠습니까? 도꼬마리로 바구니를 채우듯 텅 빈 마
음을 채우고 싶은 아내의 마음은 어떤 것으로도 채워지질 않습니다. 이
에 화답하듯 빨리 전쟁을 끝내고 아내 곁으로 돌아가고 싶은 남편의
마음은 어떻겠습니까? 말이 병들어 시간이 늦어져 안타까움에 술잔만
기울입니다. 여러분도 그 마음 공감하시지요? 지금 당신 곁에 있는 남
편과 아내를, 곁에 있는 부모님과 자녀들을, 곁에 있는 친구와 애인, 동
료들을 소중히, 정말 소중히 여기십시오.

복숭아

작고 고운 복숭아나무 탐스러운 꽃이로다
이 아가씨 시집가면 그 집안이 화목하리

작고 고운 복숭아나무 주렁주렁 열매 맺네
이 아가씨 시집가면 그 집안이 화목하리

작고 고운 복숭아 나무 그 잎사귀 무성하네
이 아가씨 시집가면 그 집안이 화목하리.

* 시집가는 아가씨를 축복하는 노래입니다. 남에게 복을 빌어주는 것
만큼 덕을 베푸는 일도 없습니다. 그것도 탐스러운 꽃, 주렁주렁 맺힌
열매, 무성한 잎사귀를 자랑하는 복숭아나무에 비교하여 축복을 한다
면 가장 최상의 축복임에 틀림없습니다. 시집가서 아름답게 가정을 꾸
리고, 자식도 잘 낳아서 키우고, 집안이 번성하게 되라는 축복이 담긴
노래를 듣는 아가씨 마음은 과연 어떠할까요? 탐스러운 복숭아처럼 분
홍빛으로 뺨이 물들어 세상에서 가장 곱고 아름다운 신부의 모습이지
않을까 생각합니다. 우리 모두 남을 위해 진정으로 축복하는 삶을 살
아갑시다. 그런 당신을 축복하고 또 축복합니다.

풀벌레
풀벌레는 울어 대고 메뚜기는 뛰어노네
당신을 보지 못해 내 마음 답답해라
당신을 본다면 당신을 만난다면 내 마음 가라앉겠네

저 남산에 올라가서 고사리를 뜯었지요
당신을 보지 못해 내 마음 애달파라
당신을 본다면 당신을 만난다면 내 마음 기쁘리라

저 남산에 올라가서 고비를 뜯었지요
당신을 보지 못해 내 마음 서글퍼라
당신을 본다면 당신을 만난다면 내 마음 평안하리.

* 사랑하는 이가 멀리 떠났습니다. 삶과 죽음이 갈리는 전쟁터로 떠났습니다. 보고 싶어도 보지 못합니다. 아니 어쩌면 다시 만나지 못하게 될지도 모를 일입니다. 하찮은 미물인 풀벌레는 울어 대고 메뚜기도 뛰어노는데 당신이 없는 내 마음은 답답하기만 합니다. 애달프기만 합니다. 서글프기만 합니다. 사랑하는 이여! 당신만 제 곁으로 돌아오신다면 제 마음이 가라앉을 것입니다. 제 마음이 기쁠 것입니다. 제 마음이 평안할 것입니다. 이 노래보다 더 절절한 사랑 노래가 또 어디에 있을까요? 아마도 이 노래를 부른 여인은 사랑하는 그 남편과 다시 만났을 것입니다. 무엇이든 간절히 원하면 이루어지니까요.

작은 별
반짝이는 작은 별이 동쪽에 너덧 개가
총총히 밤길 걸어 밤낮으로 일을 하니
기구해라 이내 운명

반짝이는 작은 별은 삼성과 묘성이네
총총히 밤길 걸어 이불마저 안고 가니
기구해라 이내 운명.

* 참 재미있는 시입니다. 노래하는 사람은 기구하다고 한탄을 하는데

듣는 사람이 재미있다고 하면 놀리는 게 될 것입니다. 그런 오해를 받아도 할 수 없습니다. 이 시는 분명 재미있는 시임에는 틀림없습니다. 기구하다고 한탄을 하는 사람이 전혀 기구하게 보이지 않습니다. 하늘에 떠 있는 별을 보면서 밤낮으로 일을 하니 기구하게 보일지 몰라도 그런 경험을 해 본 사람들은 다 압니다. 하늘의 별을 보면서 일할 때 얻는 기쁨과 보람도 이루 말할 수 없이 크다는 것을. 이 노래를 하는 사람은 지금 아마도 투정을 부리는 중일 것입니다. 저는 특히 삼성을 좋아합니다. 동장과 호득이의 전설이 담긴 삼태성이 곧 삼성, 제가 제일 좋아하는 오리온자리 별입니다. 여러분들! 지금도 밤낮으로 일 많이 하시지요? 기쁜 마음으로 하십시오. 기구하다고 생각하지 마십시오. 정작 기구한 것은 스스로를 기구하다고 느끼는 자기 자신의 마음입니다. 운명은 스스로 개척하는 것입니다.

갈라진 물줄기
저 강에는 갈라진 물줄기가 있네
저 아가씨 시집갔네 나를 마다하고 나를 마다하고
나중에야 뉘우치리

저 강에는 물 가르는 모래톱이 있네
저 아가씨 시집갔네 나를 데려가지 않고 나를 데려가지 않고
나중에는 함께 살까

저 강에는 옆으로 흐르는 샛강이 있네
저 아가씨 시집갔네 나를 찾지 않고 나를 찾지 않고

휘파람 불며 노래하리.

　* 갈라진 물줄기 만큼이나 마음도 갈라졌습니다. 물을 가르는 모래 톱의 넓이 만큼이나 내 공허한 마음도 넓디넓습니다. 옆으로 흐르는 샛 강을 따라 마냥 쫓아가고 싶은 마음만 애타게 들 뿐입니다. 사랑하는 이가 내 곁을 떠났습니다. 그래서 아픈 마음을 이렇게 노래로 대신합니 다. 나를 마다하고, 나를 데려가지 않고, 나를 찾지 않고 떠나간 그 아 가씨를 나는 원망하지 않습니다. 나중에는 뉘우쳐서 다시 내 곁으로 돌 아오기를 원합니다. 나중에는 함께 살기를 원합니다. 휘파람 불며 노래 하면서 그 아가씨를 기다리기를 원합니다. 갈라진 물줄기가 다시 합치 듯 그 순간을 나는 그저 담담히 기다립니다. 세상의 일도 이렇게 되었 으면 합니다. 내 곁을 떠나간 사람들, 내 손을 벗어난 일들을 그저 담담 하게 지켜보면서 살아가고 싶습니다. 그 순간이 지나고 어느 길에선가 다시 그 줄기를 만나 하나가 되는 꿈을 꾸면서 그저 묵묵히 그 길을 가 고 싶습니다.

해님과 달님
저 하늘의 해님과 달님은 오늘도 이 세상을 비추시건만
어찌해서 우리 님은 나를 옛날처럼 대해 주지 않나요
어찌해야 님의 마음 잡을까요 나를 거들떠보지도 않는데

저 하늘의 해님과 달님은 오늘도 이 세상을 비추시건만
어찌해서 우리 님은 나를 좋아하지 않나요
어찌해야 님의 마음 잡을까요 내게는 말도 하지 않는데

저 하늘의 해님과 달님은 오늘도 동녘에 떠오르시건만
어찌해서 우리 님은 따뜻한 말 한마디 하지 않나요
어찌해야 님의 마음 잡을까요 당신을 잊을 수 없는데

저 하늘의 해님과 달님은 오늘도 동녘에 떠오르시건만
날 낳으신 아버님 어머님 그이는 끝까지 나와 살지 않겠데요
어찌해야 님의 마음 잡을까요 내게는 못된 짓만 해대는데.

　* 좋아하는 사람이, 사랑하는 사람이 날 싫다고 떠난 경험이 있으신지요? 낮과 밤의 하늘에 떠 있는 해님과 달님처럼 내 마음은 여전히 변함없는데, 날 싫다고 떠나간 사람을 잡아 보신 적이 있나요? 그리고 다시 물어볼께요. 날 좋다고 간절히 매달리는 사람을 매정하게 뿌리치고 떠나온 적이 있나요? 해님과 달님처럼 변함없이 날 사랑한다고 하는데도 불구하고 그 사람을 두고 돌아선 적이 있나요? 어찌해야 님의 마음 잡을까요? 내게는 말도 하지 않는데… 당신을 잊을 수가 없는데… 내게는 못된 짓만 해대는데… 뿌리치고 붙잡는 그 마음이 그저 아플 뿐입니다. 어느 한쪽이 아닙니다. 둘 다 아픕니다. 세상은 변함없어도 사람은 변합니다. 사람이 변하면서 사랑도 변합니다. 부디 바라기는 변하지 않는 사람이 되길 원합니다. 그리고 살아가는 동안에 서로의 마음이 변해서 떠나고 잡는 일이 없었으면 하는 아주 소박한(?) 바람을 가져 봅니다.

쥐

보아라 쥐에게도 가죽 있거늘 사람으로서 체통이 없네
사람으로서 체통이 없으면 차라리 죽기나 하지 무얼 하는가

보아라 쥐에게도 이빨 있거늘 사람으로서 행실이 없네
사람으로서 행실이 없으면 차라리 죽기나 하지 무얼 기다리나

보아라 쥐에게도 몸통 있거늘 사람으로서 예의가 없네
사람으로서 예의가 없으면 어찌하여 빨리 죽지 않는가.

* 시 치고는 너무 과격한 표현이 많은 시입니다. 체통이 없으면, 행실이 없으면, 예의가 없으면 살 필요가 없다고 합니다. 빨리 죽는 게 낫다고 말합니다. 왜 이렇게까지 말하는 것일까요? 사람으로서, 인간으로서 지켜야 할 기본적인 도리를 다해야 비로소 사람다울 수 있다는 것입니다. 그렇지 않으면 하찮은 쥐만도 못하니 차라리 죽는 게 낫다는 뜻입니다. 최근 우리 사회에도 사람답지 못한 행동을 하는 사람들이 많이 있습니다. 참지 못하고 '욱'하는 사람들이 많습니다. 도에 지나쳐 흉악한 범죄로 이어집니다. 문제는 갈수록 더 늘어난다는 것에 있습니다. 계속 논란이 되고 있는 소위 '갑질'도 다 여기에 속합니다. 지위가 높다고, 돈이 많다고, 권력이 있다고 사람이 위에 있는 것이 아닙니다. 이 세상에 살고 있는 모든 사람은 다 평등합니다. 다 존귀합니다. 그러니 우리는 나 아닌 다른 사람을 존귀한 존재로 인정하고, 예를 다해야 합니다. 인간에 대한 예의! 사람으로서 우리가 무엇보다 소중히 해야 할 귀한 가치입니다.

대나무
저 기수 물굽이를 보니 푸른 대나무 무성하구나
빛나는 군자여 자르는 듯 다듬는 듯 쪼아 내듯 가는 듯

씩씩하고 꿋꿋하게 빛나고 드러나니
빛나는 군자를 끝내 잊을 수가 없네.

　* 총 3개의 연으로 된 시 중 제1연입니다. 원래는 위나라 무공을 찬
양한 노래라고 합니다. 당연히 무공을 푸른 대나무에 비유하여 찬양한
것이죠. 이 시가 특히 유명한 것은 바로 여러분도 잘 아시는 '절차탁마
(切磋琢磨)'라는 말이 유래한 시이기 때문입니다. '절차탁마'라는 말은
제가 육사에 입교하여 처음 들었던 말입니다. 정식 사관생도가 되기 이
전에 기초군사훈련을 받았습니다. 그때 동기생끼리 절차탁마하여 이
어려운 훈련을 잘 이겨 내라는 말을 처음 듣고 알게 되었습니다. 원본
에는 이렇게 쓰여 있습니다. '여절여차 여탁여마(如切如磋 如琢如磨)'.
절차탁마란 결국 조약돌과 같은 모습입니다. 깊은 계곡의 상류, 어느
바위에서 떨어져 나간 돌이 굽이굽이 계곡을 떠내려가며 다듬어지고,
둥글어진 모습을 말합니다. 바로 우리 삶의 성숙, 인격의 성숙입니다.
평생을 자르고 다듬고 쪼아 내고 갈아 내어 성숙한 인간이 되어야 하
는 것입니다. 오늘 이 시를 읽으니 1984년 초, 살을 에는 태릉의 연병장
에서 들었던 '절차탁마'의 외침이 다시 귀에 생생히 들려오는 듯합니다.
우리 모두 빛나는 군자가 되도록 늘 노력하는 삶이길 기원합니다.

모과

나에게 모과를 던져 주기에 아름다운 패옥으로 갚아 주었지
굳이 갚자고 하기보다는 길이길이 사이좋게 지내보자고

나에게 복숭아를 던져 주기에 아름다운 구슬로 갚아 주었지

굳이 갚자고 하기보다는 길이길이 사이좋게 지내보자고

나에게 오얏을 던져 주기에 아름다운 옥돌로 갚아 주었지
굳이 갚자고 하기보다는 길이길이 사이좋게 지내보자고.

* 사랑하는 사람이 있습니다. 나에게 모과를 , 복숭아를, 오얏을 주고
갑니다. 나 역시 아름다운 패옥, 구슬, 옥돌을 아낌없이 줍니다. 사랑하
는 사람에게 무엇을 줄 때는 그것이 세상에서 가장 귀한 것일지라도 아
깝지 않습니다. 사랑의 가치는 세상에 존재하는 모든 물질의 가치를 뛰
어넘기 때문입니다. 사실 아무런 조건 없이 준다는 것이 쉽지 않은 일
입니다. 'give and take'가 일상화된 세상입니다. 아니 take만 하고 give를
꺼리는 사람도 많이 있습니다. 시인은 말합니다. 굳이 갚자고 하기보
다는 길이길이 사이좋게 지내고 싶다고… 그 마음이 바로 사랑입니다.
여러분들도 주위에 사랑하는 사람이 많이 있죠? 주십시오. 여러분들이
가지고 있는 귀한 것, 비싼 것, 좋은 것 다 주십시오. 아무것도 남지 않
는 그 텅 빈 공간에 사랑이 가득 채워질 테니까요.

기장
저 기장 이삭이 더부룩하고 저 피도 새싹이 돋아났네
차마 길 가지 못하고 마음 또한 둘 곳이 없네
나를 아는 사람이야 마음이 서글퍼서라지만
날 모르는 사람이야 무언가 찾으려는 줄 아네
아득하고 아득한 하늘이여 이렇게 만든 사람 누구인가요.

* 참으로 가슴 아프고 안타까운 상황입니다. 처한 상황이 어렵습니다. 모든 것이 헝클어졌습니다. 정리를 하려고 해도 어디서부터 손을 댈지 모릅니다. 그러니 앞으로 나아갈 수 없습니다. 마음을 둘 만한 곳도, 의지할 곳도 없습니다. 나를 아는 사람들 몇몇은 그래도 조금 이해를 해 줍니다. 그러나 대부분은 날 모릅니다. 이해하지 못합니다. 더 나아가서 오해까지 합니다. 하늘도 무심합니다. 원망스럽습니다. 지금 노래를 하는 주인공의 심정은 이러할 것입니다. 그러나 너무 슬퍼하지 마십시오. 이 세상에 나를 아는 사람이 단 한 사람만 있어도 세상은 살만한 것이니까요. 어느 누군가에게 있어 당신이 바로 그 한 사람일 테니까요.

칡이나 캐러 갈까?

저 칡이나 캐러 갈까 하루를 못 보아도 석 달이나 된 듯하네

저 흰쑥이나 캐러 갈까 하루를 못 보아도 세 번째 가을이 된 듯하네

저 약쑥이나 캐러 갈까 하루를 못 보아도 삼 년이나 된 듯하네.

　* 간절한 그리움이 잔뜩 묻어나는 시입니다. 제목하고 어울리지 않는 간절한 사랑 노래입니다. 아마도 누구나가 공감할 만한 시라고 생각합니다. 살면서 이런 느낌은 누구나 한 번쯤 경험해 보셨을 테니까요. 하루를 보지 못했는데 석 달, 세 번째 가을, 삼 년이 된 듯하다고 고백하는 그 절절한 그리움이 바로 절절한 사랑입니다.(사실 세 번째 가을이나 삼 년이 동일한 기간일 것인데 시에서는 이렇게 표현했습니다.) 이

시가 특히 유명한 것은 2연에서 나오는 '一日如三秋(일일여삼추)'가 유래된 시이기 때문입니다. 시인은 어쩔 수 없이 그리움을 달랩니다. 달래는 방법은 오직 무엇을 캐는 것입니다. 칡도 캐고, 흰쑥도 캐고, 약쑥도 캐러 갑니다. 칡은 즙을 내서 그리운 사람에게 달여 주고, 흰쑥은 잘 버무려 떡도 해 줄 것입니다. 약쑥으로 건강까지 챙겨 줄 것입니다. 나를 하루 동안 보지 않아도 석 달, 세 번째 가을, 삼 년같이 그리워해 줄 그 누군가가 이 세상에 있다면 우리는 행복할 것입니다. 만약에 없다고 할지라도 슬퍼하지 마시고, 이 따뜻하고 절절한 시로 인해 더욱 행복해지시길 빕니다.

마른 잎

마른 잎이여 마른 잎이여 바람이 불면 떨어지리라
그대여 그대여 나를 부르면 화답하리라

마른 잎이여 마른 잎이여 바람이 불면 날려 가리라
그대여 그대여 나를 부르면 응해 주리라.

* 상대방에게 구애하는 시입니다. 남자가 여자에게 하는 것일 수도 있고, 여자가 남자에게 하는 것일 수도 있습니다. 시경에 나온 대부분의 사랑 노래가 애절하듯 이 시 또한 애절합니다. 오직 한 사람만을 바라보는 마음이니 그럴 수밖에 없습니다. 푸르른 신록의 빛나는 시기를 다 지낸 마른 잎은 이제 조그만 바람에도 쉽게 떨어집니다. 언제 떨어질지도 모릅니다. 사랑도 마찬가지입니다. 자신의 삶의 전성기를 다 보내고 나면 이제 조그만 몸짓에도 애절할 수밖에 없습니다. 더 간절하

고, 더 절절하게 됩니다. 오직 불러 주기만을 바랍니다. 그러면 나는 언제든지 화답하고, 아무때든지 응할 수 있습니다. 그대가 내 이름을 불러 주었을 때 나는 그대의 꽃이 되었다는 어느 시인의 마음도 이 마음이었을 것입니다. 여러분들도 그 마음을 한 번 들여다보시기 바랍니다. 삶은 사랑입니다.

동문을 나서니
저기 동문을 나서고 보니 여자들 많기가 구름같구나
아무리 구름같이 많다 하지만 내 마음 그들에게 있지 않네요
흰 옷에 쑥색 수건 쓴 여자여
오로지 그녀만이 나는 좋다네

저기 성문 밖 나서고 보니 여자들 예쁘기가 띠꽃과 같네
아무리 띠꽃같이 예쁘다지만 내 마음 그들에게 있지 않네요
흰 옷에 붉은 수건 쓴 여자여
오로지 그녀만이 나는 좋다네.

* 오직 한 여자만을 사랑하겠노라 맹세하는 남자의 사랑 고백입니다. 이보다 더 멋진, 이보다 더 간절한 사랑 고백이 또 있을까요? 구름같이 많은 여자들 중에, 띠꽃같이 예쁜 수많은 여자들이 있어도 내 마음은 그들에게 있지 않습니다. 눈도 팔지 않습니다. 내 마음은 오직 단 한 사람. 쑥색 수건 쓰고, 붉은 수건 쓴 당신만이 나는 좋습니다. 지구상 78억 명이 넘는 사람들 중에 오직 한 사람만을 사랑한다는 고백은 그 무엇보다도 숭고한 고백입니다. 시인은 "그녀가 나는 좋다네"가 아니라

"그녀만이 나는 좋다네"라고 노래했습니다. 당신에게는 그런 사람이 있습니까? 당신만이… 오직 당신만이 좋다고 하는 그 사람이. 당신 곁에는 그런 사람이 있습니까? 당신만을… 오직 당신만을 좋아할 거라고 고백할 수 있는 그 사람이 결국 사랑입니다.

분수의 물가
저 분수의 물가에서 나물을 뜯고 있네
저기 저 사람은 아름답기 그지없네
아름답기 그지없지만 높은 사람 같지 않네

저 분수의 한켠에서 뽕잎을 따고 있네
저기 저 사람은 아름답기 꽃과 같네
아름답기 꽃 같지만 높은 사람 같지 않네

저 분수의 한 굽이에서 쇠귀나물 뜯고 있네
저기 저 사람은 아름답기 옥과 같네
아름답기 옥 같지만 높은 사람 같지 않네.

* 안분지족(安分知足)이라는 말이 있습니다. 수분지족, 지족자부 등도 같은 뜻입니다. 분수는 쉽게 말씀드려서 자기의 신분과 위치에 맞는 한도라 할 수 있습니다. 그러니 분수를 안다는 것은 자기의 신분과 위치에서 행할 수 있는 말과 행동의 한계를 인식한다는 뜻입니다. 그러나 이 시에서 말하는 분수는 그런 분수가 아닙니다. 강 이름입니다. 한 무제가 이 강에 배를 띄우고 놀면서 시를 지었다는 일화가 전해지는 강입

니다. 시인은 이 분수의 강가에서 뽕잎을 따고, 쇠귀나물을 뜯고 있습니다. 열심히 일하고 있습니다. 자기 자신과 가족의 생계를 위해서, 먹을거리를 얻기 위해서 하는 일입니다. 그러다가 한 사람을 봅니다. 아름다운 사람입니다. 화려하게 치장한 사람입니다. 멀리서 바라다보니 꽃과 같이 예쁘고, 옥과 같이 아름답습니다. 초라한 옷차림으로 일하고 있는 자기 자신과 비교하니 더욱 그렇게 보입니다. 그러나 시인은 압니다. 꽃이나 옥같이 예쁘고 화려해도 높은 사람같지 않다고 단정짓습니다. 분수에 어울리지 않는, 도가 지나친 행색임을 알아차린 것입니다. 분수의 강가에서 분수에 어울리지 않는 모습을 본 것입니다. 안분지족! 지금과 같은 물질만능주의 시대에 더욱 새겨야 할 소중한 가치입니다. 자기의 분수를 깨닫고 족할 줄 아는 사람이 행복한 사람입니다. 예나 지금이나 동일합니다.

네 필 말
네 필 말이 달려가니 큰 길도 굽어 있네
돌아가고 싶지마는 나라 일에 바빠서리 마음만 애달프네

네 필 말이 달려가니 쉭쉭대는 가리온말 돌아가고 싶지마는
나라 일에 바빠서리 쉴 틈조차 없다네

훨훨 나는 비둘기가 올라갔다 내려갔다 상수리 숲에 모여 앉네
나라 일에 바빠서리 아버님도 못 모시네

훨훨 나는 비둘기가 날다가는 내려와서 구기자 나무에 모여 앉네

나라 일에 바빠서리 어머님도 못 모시네

수레 끄는 네 필 가리온말 달리고 또 달리네 돌아가고 싶지마는
대신 노래 지어서 부모 봉양 생각하네.

* 시를 읽어만 보아도 어떠한 뜻이 담겨 있는지 금방 알 수 있습니다. 부모님을 간절히 그리는 시입니다. 가고 싶어도, 모시고 싶어도 그러지 못하는 안타까움과 회한이 가득 담겨 있습니다. 개인 사정으로 인한 것도 아닙니다. 나라 일입니다. 그러니 팽개치고 갈 수도 없는 일입니다. 비슷한 경험을 하신 분들도 많을 테지만 저는 특히나 이 시인과 같은 마음을 늘 간직하고 있습니다. 고등학교 1학년 시절부터 부모님 곁을 떠나 살았습니다. 채 이십 년도 부모님 품안에서 살지 못했습니다. 군 복무로 인해 지금껏 한 번도 모시지 못하고 떠나 살고 있습니다. 그 안타까움과 회한으로 치자면 시인의 마음보다 결코 덜하지 않을 것입니다. 어느덧 삼십 년도 훌쩍 넘은 세월이 흘러 부모님은 연로하시고, 아프시기까지 합니다. "자식은 부모를 봉양하려고 하나, 부모는 기다려 주지 않는다."는 격언을 가슴 깊이 뼈저리게 느끼는 요즘입니다. 부모님은 기다려 주지 않으십니다. 바쁜 나라 일 내버려 두고 돌아갈 수는 없지만, 이제 남은 소망은 나라에서 부여한 소임 다 끝나고 부모님께 돌아갈 때까지 건강하게 기다려 주셨으면 하는 마음입니다. 여러분 모두 살아 계실제 부모님께 효도하는 사람이 되시기를 소망합니다.

넘실대는 물
넘실대며 흐르는 물 바다로 모여들고

쏜살같이 나는 새매 날다가는 내려앉네
아아 우리 형제들과 나라의 여러 벗들
난리를 걱정 않으니 누가 부모 없겠는가

넘실대며 흐르는 물 출렁출렁 흘러가고
쏜살같이 나는 새매 날다가는 솟구치네
따라오지 않을 줄 알면서도 일어나서 길을 가네
마음의 근심이여 잊을 수가 없구나

쏜살같이 나는 새매 산등성이 따라가네
사람들의 뜬소문들 어찌 그치지 않나
우리 벗들 공경하면 참소 어찌 일어나겠나.

* 넘실대며 흐르는 물과 쏜살같이 나는 새매가 예사롭지 않습니다.
물은 출렁거리며 흘러가고, 새매는 내려앉다가 솟구칩니다. 아마도 우
리가 사는 세상의 모습을 그려 낸 것이 아닐까 생각합니다. 난리를 걱
정하고, 마음에 근심을 하면서 이 어지러운 세상을 염려하는 마음이 가
득 담겨 있음을 느낄 수 있습니다. 이 시는 여러 제후들이 어지러운 시
대를 걱정하며 천자에게 충성을 맹세하였다는 시입니다. 지금 이 시대
도 어지러운 시대입니다. 그러니 우리도 충성해야 합니다. 넘실대며 흐
르는 물이 바다로 모여들듯이 우리의 마음을 하나로 모아 충성할 대상
을 찾아야 합니다. 우리가 충성할 대상은 바로 국가이고, 국민입니다.
시에서 말한 우리 형제들과 나라의 여러 벗들이 바로 국민입니다. 마음
에 근심이 없는 국민, 사람들 가운데 뜬소문이 그치게 만드는 사회, 서

로 공경하여 참소가 없도록 만드는 나라, 사랑으로 가득한 세상을 만들어 나가야 합니다. 그것이 저와 여러분에게 주어진 사명입니다.

학

학이 높은 언덕에서 우니 그 소리 들판에 울려 퍼지네
물고기 못 속에 잠겨 있으나 때로는 물가에도 나와 있다네
즐거운 저 동산에 박달나무 심어 놓으니 그 아래엔 낙엽이 떨어지네
다른 산 굴러다니는 돌도 숫돌이 될 수 있는 것을

학이 높은 언덕에서 우니 그 소리 하늘까지 들리네
물고기 못 가에 있다가도 때로는 깊은 못 속에 숨는다네
즐거운 저 동산에 박달나무 심어 놓으니 그 아래엔 닥나무가 자라네
다른 산 굴러다니는 돌도 옥을 갈 수 있는 것을.

* 이 시를 감상하면 금방 마음에 와닿는 표현이 있습니다. 여러분도 느끼실 수 있을 것입니다. '다른 산 굴러다니는 돌'이라는 표현입니다. 바로 유명한 '타산지석(他山之石)'이라는 말입니다. 그러고 보면 우리가 자주 쓰는 사자성어들이 시경에서 많이 유래했다는 것을 알 수 있습니다. 학은 고고한 새입니다. 학의 울음소리는 온 세상에 울려 퍼지고, 하늘까지 닿습니다. 현인은 학과 같은 존재입니다. 현인의 덕이 온 세상에 울려 퍼지고 하늘까지 닿습니다. 지금 이 시대, 지금 이 세상에 이러한 현인이 나타나기를 기대해 봅니다. 못 속에 잠겨 있는 물고기 같은 그 현인이 물가에 나오길 기대해 봅니다. 그래서 그 현인이 이끌어 나가는 세상이 밝게 펼쳐지길 기대해 봅니다. 그러한 세상을 만들어 가기

위해 우리는 다른 산의 돌도 숫돌이 되고, 다른 산의 돌로 옥을 갈 수 있다는 것을 잊으면 안 됩니다. 타인을 존중하고, 배려하고 인정하는 가운데 늘 겸허한 마음으로 자신을 되돌아보아야 합니다. 어쩌면 이 시대의 진정한 현인은 그러한 정신을 실천해 나가길 다짐하는 저와 여러분일 수 있습니다.

양

누가 양이 없다 했나 한 테만도 삼백 마리
누가 소가 없다 했나 큰 소만도 구십 마리
양떼가 내려오니 뿔들이 모여 있고
소떼가 내려오니 귀들이 움직이네

언덕에서 내려오기도 하고 못가에서 물 마시기도 하며
자기도 하고 어슬렁거리기도 하네
저기 목동은 오는데 도롱이 입고 삿갓 쓰고 마른 밥도 메고 오니
서른 가지 색깔들이 제물 모두 갖추었네

저기 목동 오는데 나뭇단을 짊어지고 짐승들도 잡아오네
양떼들 돌아오니 이리저리 옹기종기 가지런히 모여 있네
팔을 들어 손짓하니 우리로 들어가네

목동이 꿈을 꾸니 많고 많은 물고기요 여러 가지 깃발이네
점쟁이가 풀이하니 많고 많은 물고기는 풍년들 조짐이요
여러 가지 깃발들은 집안 잘 될 조짐이네.

* 소와 양을 기르는 소박한 목동이 부른 노래입니다. 소와 양을 기르는 일상의 모습이 잘 나타나 있습니다. 전원의 유유자적한 풍경이 눈에 선합니다. 언덕이나 물가에 자기도 하고, 어슬렁거리기도 하는 양과 소의 모습은 사실 우리가 꿈꾸는 모습일 수도 있습니다. 그런 양과 소를 기르는 목동은 아주 멋진 사람입니다. 비록 소와 양을 기르는 이름없는 목동일망정 자부심이 있고, 자신감이 넘칩니다. 꿈을 이야기하며 미래에 대한 긍정적인 비전도 가지고 있습니다. 저는 이 시대의 위정자들이 다 저 목동을 닮아야 한다고 생각합니다. 양과 소로 비유되는 많은 국민들이 언덕에 있든, 물가에 있든, 잠을 자든, 어슬렁거리든 여러 환란으로부터 보호되는 편안한 삶을 누릴 수 있도록 할 책무가 바로 위정자들에게 있는 것입니다.

"양떼가 내려오니 뿔들이 모여 있고, 소떼가 내려오니 귀들이 움직인다."는 표현은 아무나 할 수 있는 표현이 아닙니다. 참 재미있고, 멋진 표현입니다. 특히, 자기 자신이 정성을 기울이는 대상에 대한 깊은 사랑이 있을 때 보일 수 있고, 느낄 수 있는 표현으로 여겨집니다. 그래서 저 목동을 목동으로 둔 양과 소들은 행복할 것입니다. 우리 모두가 이 같은 마음으로 세상을 살아가야 합니다. 서로를 위해 주고, 보호해 주는 참 목동, 참 목자가 되어야 합니다. 시인은 또 번영을 꿈꿉니다. 물고기를 통해서, 깃발을 통해서 그가 꿈꾸는 미래를 축복합니다. 그래서 이 시를 음미하고 있으면 기분이 좋아집니다. 시인이 축복하는 그 세상이 곧 우리 곁에 올 것 같기 때문입니다. 그 세상이 꼭 올 것입니다.

멀리하니
상제께서 멀리하니 백성들이 병이 드네
말을 해도 옳지 않고 꾀를 내도 크지 않아
성인 없어 근심하고 성실하지 못하니
꾀가 크지 못한지라 이때 크게 일러주네

하늘이 난을 내리는데 그렇게 기뻐하지 마라
하늘이 변하는데 그렇게 태연하지 마라
말이 화합하면 백성들이 모이겠고
말이 즐거우면 백성들이 안정되리

…중략…

하늘이 포악한데 그렇게 희희낙락하지 마라
늙은이가 정성껏 말을 해도 젊은 놈들 교만하네
망령된 말 않았거늘 걱정을 농담 삼네
불꽃처럼 타올라서 구할 약도 없으리라

하늘이 노하는데 크게 아첨하지 마라
예의를 어지럽혀 착한 이가 말이 없네
백성들이 신음하매 헤아려 주질 않네
난리에 재물 없어 우리들을 구하지 못하네

…후략…

＊ 총 8연으로 구성된 장시입니다. 원 제목이 '판'입니다. 통상 '널빤지판'으로 쓰이는데, 어긋난다, 배반한다고 할 때는 '반'으로 읽힙니다. 그러므로 이 시에서는 멀리한다, 어긋난다, 배반한다는 뜻입니다. 나라를 다스리는 관리들에게 오직 백성들을 위해 똑바로 일하라고 경계하는 시입니다. 특히 위정자들과 군의 간부들이 깊이 새기고 행동으로 실천해야 할 내용입니다. 두 번째 연에 나오는 말이 화합하고, 말이 즐거워야 한다는 내용은 우리가 잘 듣고 실천해야 합니다. 오늘날 많은 화가 말에서 비롯됩니다. 인터넷에서는 익명성을 빙자하여 남에게 상처가 되는 말들을 거침없이 쏟아 냅니다. 그 말로 인해 갈등과 분열이 시작됩니다. 정치하는 사람들의 말도 마찬가지입니다. 어제의 말과 오늘의 말이 다릅니다. 그러니 힘든 것은 백성들, 국민들뿐입니다. "늙은이가 정성껏 말을 해도 젊은 놈들 교만하다"는 구절도 잘 새겨들어야 할 내용입니다. 나라를 다스리는 관리, 군을 지휘하는 지휘관과 간부들은 국민의 뜻, 장병들의 뜻에 어긋나면 안 됩니다. 그렇게 되면 국민이, 장병들이 신음한다고 했습니다. 그들을 구하지 못한다고 했습니다. 우리는 서로 멀리하지 않았으면 좋겠습니다. 위정자와 국민, 군의 간부와 용사들이 서로 멀리하지 않고 아껴 주고, 위해 주는 그런 나라가 되었으면 좋겠습니다.

빛나는 군대여

빛나고 밝은지라
왕께서 경사이자 남중의 후손이신
태사 황보에게 명을 내려
우리 육군을 정돈하고 우리 병기를 수선해서

단속하고 경계하여 남쪽 나라 순종케 하네

…중략…

왕의 군대 많고 많아 나는 듯이 날개치며
강수 같고 한수 같고
꼼짝 않는 산과 같고 흐르는 내와 같아
이어져도 질서 있어 헤아릴 수 없고
이길 수 없어 크게 서주 정복하네

…후략…

* 시에서 보듯이 왕이 이끄는 군대의 용맹을 찬양한 노래입니다. 시 제목이 '상무(常武)'입니다. 선왕의 일정한 덕을 노래한 것입니다. 우리가 흔히 말하는 '상무(尙武)정신'의 '상무'라 해도 될 것입니다. 역사 이래로 '무(武)'를 경시할 때 나라는 위기를 겪었습니다. 특히 우리나라는 나라까지 잃었던 뼈아픈 역사를 가지고 있습니다. 용서는 하되, 결코 잊어서는 안 됩니다. 지금도 튼튼한 안보(安保)는 나라에 있어 가장 기본입니다. 위협으로부터 자유할 수 있는 상태가 '안보'이며, 그 일을 온전히 감당하는 집단이 군대입니다. 그러므로 언제, 어떠한 순간이라도 군대를 믿고, 신뢰해야 합니다. 우리 대한민국 국민도 대한민국 군대를 믿고, 신뢰해야 합니다.

길고 길었던 '시경'으로의 여행을 마칩니다. '시경'은 진솔한 인간의 삶을 담고 있습니다. 그래서 그 어느 책보다도 인간적인 책입니다. 따스한 책입니다. 부드러운 책입니다. 시를 통해 풍자하고, 비판하면서도 아프지 않습니다. 그냥 울고, 웃고, 좋아하고, 화내는 인간 본연의 모습이 그 시 속에, 그 노래 속에 온전히 녹아 있습니다. 300편이 넘는 '시경'의 시는 구성이 다르고, 대상이 다르지만 그 속에 흐르고 있는 사람의 마음은 어떤 나라이든 간에, 예나 지금이나 변함이 없다는 것을 깨달았습니다. 바로 '사랑'입니다. 사랑은 모든 걸 가능하게 합니다. 사랑이 전부입니다.

나의 별에도 봄이 오면 (윤동주)
―인산, 우리 민족의 영원한 시인을 만나다

　우리 민족의 위대한 시인 윤동주님을 모십니다. 윤동주 시인은 1917년 북간도에서 태어나셨습니다. 고향 명동촌의 명동소학교와 광명중학을 거쳐 연희전문학교(지금의 연세대학교)를 졸업하였습니다. 1943년 일본 도시샤대학 영문과에 재학 중 독립운동을 했다는 이유로 체포되어 모진 고문에 시달리다, 1945년 2월 16일 광복을 불과 몇 달 앞두고 규슈의 후쿠오카 형무소에서 옥사하셨습니다. 28년의 짧은 생애, 안타까운 죽음이었습니다. 잘 알려진 시집 '하늘과 바람과 별과 시'는 광복 후인 1948년에 간행된 유고시집입니다.

　윤동주 시인에 대해 얘기하고자 할 때 우리가 같이 살펴볼 인물이 두 분 있습니다. 시인의 고종사촌 송몽규와 문익환 목사입니다. 송몽규는 시인이 태어나기 세 달 전에 자신의 외가인 윤동주 시인의 집에서 태어났습니다. 문학적 재능이 탁월했으면서도 정치적인 성향이 강했고, 실천적인 행동가였습니다. 그는 1935년 동아일보 신춘문예에 콩트 부문으로 당선된 정식 등단작가입니다. 그러나 그는 문학에 전념하지 않고 독립운동에 투신합니다. 그리고 결국 일제에 의해 체포되어 시인과 같은 해에, 같은 후쿠오카 형무소에서 옥사합니다. 문익환 목사는 윤동주 시인보다 한 해 늦게 시인과 같은 동네에서 태어나셨습니다. 그리고 같은 학교를 다녔습니다. 두 분과 절친한 친구 사이였습니다. 목사님은 이 두 분 친구들보다 50년을 더 사셨습니다. 그 삶을 우리는 기억합니다. 목사님은 그 50년 동안 이 두 분을 늘 생각하셨다고 합니다. 모임이 있을 때면 윤동주 시인의 시를 항상 낭송할 정도로….

저는 윤동주 시인의 시를 통해 그의 짧은 생애와 사상, 그리고 그 삶속에 깃든 숭고한 정신을 배우려 합니다. '시경'과 마찬가지로 인산의 해설이 함께하는 윤동주 시인의 시 세계입니다.

별 헤는 밤 - 1941. 11. 5.
계절이 지나가는 하늘에는
가을로 가득차 있습니다

나는 아무 걱정도 없이
가을 속의 별들을 다 헤일 듯합니다

가슴속에 하나 둘 새겨지는 별을
이제 다 못 헤는 것은
쉬이 아침이 오는 까닭이요,
내일 밤이 남은 까닭이요,
아직 나의 청춘이 다하지 않은 까닭입니다

별 하나에 추억과
별 하나에 사랑과
별 하나에 쓸쓸함과
별 하나에 동경과
별 하나에 시와
별 하나에 어머니, 어머니,

어머님, 나는 별 하나에 아름다운 말 한마디씩 불러 봅니다. 소학교 때 책상을 같이했던 아이들의 이름과, 패, 경, 옥 이런 이국 소녀들의 이름과 벌써 애기 어머니 된 계집애들의 이름과, 가난한 이웃 사람들의 이름과, 비둘기, 강아지, 토끼, 노새, 노루, 프랑시스 짬, 라이넬 마리아 릴케 이런 시인의 이름을 불러 봅니다

이네들은 너무나 멀리 있습니다
별이 아슬이 멀 듯이

어머님,
그리고 당신은 멀리 북간도에 계십니다

나는 무엇인지 그리워
이 많은 별빛이 나린 언덕 위에
내 이름자를 써 보고,
흙으로 덮어 버리었습니다

딴은 밤을 새워 우는 벌레는
부끄러운 이름을 슬퍼하는 까닭입니다

그러나 겨울이 지나고 나의 별에도 봄이 오면
무덤 위에 파란 잔디가 피어나듯이
내 이름자 묻힌 언덕 위에도
자랑처럼 풀이 무성할 거외다.

* 총 10연으로 구성된 시입니다. 윤동주 시인의 작품 중 가장 긴 시입니다. 일본으로 건너가기 전, 연희전문학교 졸업 전에 쓰셨습니다. 시경의 시들과는 확연히 다름을 느낄 수 있을 것입니다. 연마다 특별한 형식이 없습니다. 제목에서 알 수 있듯이 별이 주제어입니다. 이 시에 별이 몇 번 나오는지 아십니까? 혹자는 이런 질문을 하면 직접 세어 보면서 열두 번 나온다고 답하실지도 모릅니다. 그러나 이 시에 나오는 별은 무수히 많습니다. 헤아릴 수 없이 수많은 별입니다. 밤 하늘에 반짝이는 수많은 별들은 바로 시인의 마음을 그대로 표현하고 있습니다. 청춘이 많이 남은 젊은 시인의 마음속에 가득 차 있는 한없는 그리움, 셀 수 없이 많은 별들 만큼이나 헤아릴 수 없는 그리움은 전체 시 10연의 구석구석에 아름다운 시어로 알알이 박혀 있습니다. 그리고 그 그리움의 절정은 어머니로 귀결됩니다. 결국 시인의 별은 어머니인 것입니다. 시인은 노래했습니다. 별 하나마다 아름다운 말 한마디씩 불러 준다고… 얼마나 많은 아름다운 말을 붙여야 그 긴 과정이 끝나겠습니까? 아마 불가능할 것입니다. 친구들, 이웃들, 동물들, 좋아하는 시인들의 이름을 부르고 불러도 끝이 나지 않을 것입니다. 그러나 시인이

어머니를 부르는 순간 그 끝이 보이지 않을 것 같았던 일도 끝이 납니다. 어머니, 어머니, 어머님! 이 시는 윤동주 시인의 사모곡입니다. 그리고 '나의 별에도 봄이 오면…' 식민지 나라의 앞날을 걱정하는 젊은 애국자의 깊은 마음을 담은 고백입니다. 오늘 저도 조용히 되뇌입니다. '나의 별에도 봄이 오면…' 위대한 시인의 음성이 들립니다.

만돌이 – 1937. 3. 10. 이후 추정

만돌이가 학교에서 돌아오다가
전봇대 있는 데서
돌재기 다섯 개를 주었습니다

전봇대를 겨누고
돌 첫 개를 뿌렸습니다
딱
두 개째 뿌렸습니다
아뿔싸
세 개째 뿌렸습니다
딱
네 개째 뿌렸습니다
아뿔싸
다섯 개째 뿌렸습니다
딱

다섯 개에 세 개…

그만하면 되었다
내일 시험,
다섯 문제에, 세 문제만 하면…
손꼽아 구구를 하여 봐도
허야 육십 점이다
볼 거 있나 공 차러 가자

그 이튿날 만돌이는
꼼짝 못하고 선생님한테
흰 종이를 바쳤을까요
그렇잖으면 정말
육십 점을 맞았을까요.

* 저는 만돌이가 누구인지 잘 모릅니다. 보아하니 이 시는 시인이 어렸을 적을 생각하며 쓴 시인 듯합니다. 참 따뜻한 시입니다. 윤동주 시인의 따뜻한 품성이 전해지는 시입니다. 만돌이는 시인의 절친한 친구였거나, 어쩌면 시인 자신이었을지도 모릅니다. 그리고 그 시대를 살아온 모든 사람들이었을 수 있습니다. 전봇대를 겨누고 돌재기를 뿌리는 만돌이의 모습이 눈에 선합니다. 지금 젊은이들은 모르겠지만 저희들이 어릴 적에는 비슷한 놀이가 꽤 많았습니다. 비석치기, 딱지치기, 자치기, 다방구 등등….

  시인은 단지 소리만으로 명중이냐 아니냐를 알려 줍니다. '딱, 아뿔싸' 소리가 그림이 되어 눈에 저절로 그려집니다. 참 아름다운 시어입니다. 다섯 개 중에서 세 개를 명중시킨다는 것은 참 잘한 일입니다. 내일 있을 시험을 염두에 두다 보니 집중이 더 잘되어 좋은 결과가 나왔을 수도 있습니다. 그리곤 금세 자기 위안을 찾습니다. 육십 점은 위안을 삼을 수 있는 최소한의 점수가 되는 것입니다. 돌재기 세 개를 명중시키고 공 차러 가는 만돌이의 그 낙천적인 모습이 어쩌면 우리가 살아가는데 있어 정말 필요한 것일지도 모릅니다. 우리는 자기 자신을 믿어야 합니다. 스스로 끊임없이 자신만의 암시를 해야 합니다. 희망을 만들어 내고, 자신감을 불어넣어야 합니다. 그것은 어느 누가 내게 주는 것이 아닙니다. 온전히 자신만의 몫일 수밖에 없는 것입니다. 시인은 만돌이를 통해 우리에게 일깨워 줍니다. 여러분! 자기 자신을 믿으십시오. 자기 자신을 사랑하십시오. 때론 당신의 삶을 지극히 낙천적으로 바라보고 나아가십시오. 만돌이와 같이….

해바라기 얼굴 – 1937~1938 사이
누나의 얼굴은
해바라기 얼굴
해가 금방 뜨자
일터에 간다

해바라기 얼굴은
누나의 얼굴
얼굴이 숙어들어
집으로 온다.

* 참 간결한 시입니다. 해바라기 얼굴과 누나의 얼굴이 서로 대구를 이루며 메시지를 전달합니다. 윤동주 시인은 동시를 잘 지으신 것으로 도 유명합니다. 그만큼 따뜻한 품성을 지니셨습니다. 윤동주 시인은 3 남 1녀 중 장남으로 태어나셨습니다. 여동생만 있고 누나는 없습니다. 그러니 시에서 언급한 누나는 시인의 누나가 아닙니다. 이 누나는 시인 이 바라보던 당시의 모든 여자들이었을 것입니다. 해가 금방 뜨자 일터 로 가고, 얼굴이 숙어들어 집으로 오는 고단한 일상을 보내는 누나에 대한 안타까운 마음을 해바라기 얼굴을 통해 표현하고 있습니다. 시인 에게 있어 누나는 일제의 치하에서 숨죽이고 살아가고 있는 불쌍한 젊 은 여인들이었을 것입니다. 그들의 삶이 그렇듯 고단하게 보였을 것입 니다. 표현하고 싶어도 마음껏 표현할 수 없었던 시인은 해바라기라는 작은 식물을 통해 그 깊은 마음을 전합니다. 또한 해를 바라는 해바라 기는 광명을 바라는 식민지 백성들의 마음인 듯 느껴집니다. 젊은 시절 부터 남보다 뛰어난 지성과 문제의식을 가지고 있었던 시인은 결코 가 볍게 해바라기를 언급하지 않았을 것입니다. 그 어두운 시대를 힘겹게 헤쳐 가면서도 희망과 소망의 끈을 이어 가셨던 선열들께 머리 숙여 존 경의 마음을 표합니다. 이제 우리도 우리 시대의 해바라기가 되어 새로 운 꿈을 꾸고, 새로운 빛을 찾아 움직여야 합니다. 이 위대한 민족시인 이 주셨던 그 아름답고 숭고한 삶의 메시지를 우리의 후손들에게 이어 주고, 전해 주어야 하는 것이 우리 모두의 시대적 사명입니다.

공상 - 1935. 10.

내 마음의 탑

나는 말없이 이 탑을 쌓고 있다

명예와 허영의 천공에다
무너질 줄도 모르고
한 층 두 층 높이 쌓는다.

  * 1935년 10월, 숭실중학교 YMCA 문예부에서 내던 '숭실활천' 제15호에 발표한 시입니다. 이 작품은 현재까지 찾을 수 있는 인쇄된 최초의 작품입니다. 시는 아주 짧습니다. 간결합니다. 북간도에서 평양으로 유학 온 젊은 시인, 넓은 세상에 발을 내딛은 시인으로서는 꿈도 많았고, 이상도 컸었으리라 생각합니다. 문학에 대한 열정과 지식에 대한 목마름도 누구보다 컸을 거라 여겨집니다. 식민지 시대를 살아가고 있는 지식인 청년의 마음속에는 과연 무엇이 가장 크게 자리잡고 있었을까요? 어떠한 고뇌가, 어떠한 열망이, 어떠한 화두가 그를 사로잡고 있었을까요? 모든 생각과 마음을 모아 그 시절 시인의 마음이 되고자 노력했습니다. 상상할 수도 없고, 따라잡을 수도 없는 꿈같은 이야기일지는 몰라도 최소한 사람의 삶은, 사람의 생각은 통할 것이라는 믿음만 가지고 시도했습니다. 시인이 만나 줍니다. 시인의 마음이 열립니다. 그 속에 들어가니 나지막이 속삭입니다. 그리고 말합니다. 그 탑! 마치 하늘을 향해 뻗고 싶었던 바벨탑 같은 그 탑을 정말로 쌓고 싶었다고 말합니다. 시인이 쌓고자 했던 마음의 탑은 현실에서 쌓을 수 없는 고뇌와, 한탄과, 서러움의 탑이었습니다. 그러면서 어두운 현실을 반드시 이겨 내겠다는 의지와, 신념과, 희망의 탑이었습니다. 비록 명예와 허영의 공허한 하늘을 향해 쌓아 가는 탑일지언정 시인은 탑을 통해 그 마음을 알리고 싶었다고 합니다. 한 층 두 층 묵묵히 쌓다 보면 어느새 명예와 허영의 천공이 걷히고 진정한 소망과 기쁨의 하늘이 열릴 거라

믿었습니다. 언젠가는 한 층 두 층 소중히 쌓아 온 그 탑이 세상 가운데 우뚝 설 날이 펼쳐질 것입니다. 시인은 그날을 기약하면서 마음의 탑을 쌓았습니다. 그 탑은 시인의 희망이자, 식민지 시대를 살아가고 있는 모든 백성들의 희망이었습니다.

새로운 길 – 1938. 5. 10.

내를 건너서 숲으로
고개를 넘어서 마을로
어제도 가고 오늘도 갈
나의 길 새로운 길

민들레가 피고 까치가 날고
아가씨가 지나고 바람이 일고

나의 길은 언제나 새로운 길
오늘도… 내일도…

내를 건너서 숲으로
고개를 넘어서 마을로.

* 윤동주 시인은 1938년 4월 9일, 서울의 연희전문학교 문과에 입학하였습니다. 언더우드 박사가 1915년에 설립한 대학이었습니다. 기독교적인 분위기에서 자라난 시인이 연희전문학교에 입학한 것은 숙명이었는지 모릅니다. 시인은 서울에 와서 새로운 사람을 만나고, 새로운

희망을 품습니다. 입학 직후인 1938년 5월 10일에 쓴 이 시는 그래서 희망의 시입니다. 내를 넘고, 고개를 넘어서 새로운 곳을 향합니다. 그곳은 숲이고, 마을입니다. 푸르른 생명들이 살아 숨쉬는 대자연이며, 따뜻한 사람들이 옹기종기 모여 살아가는 사람 세상입니다. 바로 시인이 꿈꾸는 세상입니다. 시인의 앞에 그 세상으로 가는 새로운 길이 펼쳐집니다. 지금까지 꿈꾸어 왔던, 그리고 앞으로도 변함없이 꿈꾸며 나아갈 소중한 길입니다. 그 여정은 홀로 가는 길이 아닙니다. 민들레도 있고, 까치도 있습니다. 아가씨도 지나가고 바람도 붑니다. 시인은 그 새로운 길, 새로운 세상을 결코 혼자서 가려하지 않습니다. 더불어 가려 합니다. 더불어 가는 길은 외롭지 않습니다. 멀어도 멀게 느껴지지 않습니다. 암울한 나라의 모습, 더 암울한 사람들의 모습을 온전히 껴안고 가고자 하는 시인의 뜨거운 사랑이 있기에 새로운 길은 희망에 가득찬 길일 수밖에 없습니다. 이 시를 음미하노라면 그 길을 시인과 같이 걷고 있는 듯한 느낌이 듭니다. 젊은 청년 윤동주 시인과 같이 걷는 새로운 길로 여러분도 발을 내딛으십시오. 시인이 여러분을 안내할 것입니다. 어제나 오늘이나 여전히 새로운 그 길로 여러분을 인도할 것입니다.

자화상 - 1939. 9.
산모퉁이를 돌아 논가 외딴 우물을 홀로 찾아가선
가만히 들여다봅니다

우물 속에는 달이 밝고 구름이 흐르고 하늘이 펼치고
파아란 바람이 불고 가을이 있습니다

그리고 한 사나이가 있습니다
어쩐지 그 사나이가 미워져 돌아갑니다

돌아가다 생각하니 그 사나이가 가엾어집니다
도로 가 들여다보니 사나이는 그대로 있습니다

다시 그 사나이가 미워져 돌아갑니다
돌아가다 생각하니 그 사나이가 그리워집니다

우물 속에는 달이 밝고 구름이 흐르고 하늘이 펼치고
파아란 바람이 불고 가을이 있고
추억처럼 사나이가 있습니다.

* 사람이 세상을 살아가는 일 중에 가장 어려운 일을 들자면 바로 자기 자신을 아는 일일 것입니다. 세계적인 철학자이자 성인인 소크라테스도 '너 자신을 알라'고 하였습니다. 윤동주 시인은 어째서 그 젊은 나이에 그토록 자기 자신을 들여다보길 원했던 걸까요? 자화상, 자서전이란 단어는 사실 인생을 어느 정도 살아 놓고 나서 겨우 펼쳐나 볼 단어인 듯한데 시인은 그러지 않았습니다. 어쩌면 시인은 그리 길지 않을 자신의 삶을 예견이라도 했던 것이었는지도 모릅니다. 시인이 자신을 들여다보는 틀은 참으로 광대합니다. 시인이 들여다본 우물은 이 세상입니다. 그 안에는 달과 구름, 하늘과 바람, 그리고 시인이 좋아하는 계절 가을이 있습니다. 이 세상 전부입니다. 그 안에서 세상의 한 점 만도 못한 자기 자신을 들여다봅니다. 제대로 보일 리가 없습니다. 마음에

차지도, 마음에 들지도 않을 일입니다. 티끌 만치도 못한 초라한 모습의 자기 자신을 차마 용납하지도 않았을 시인입니다. 그러니 미워집니다. 돌아갑니다. 미워서 발길을 돌릴 때는 몰랐는데 가다 보니 그 사나이는 바로 자기 자신입니다. 그리고 신음하는 조국입니다. 뜨거운 연민이 치솟습니다. 가장 사랑하는 대상을 차마 두고 갈 수 없는 노릇입니다. 다시 돌아온 시인 앞에는 여전히 초라한 자신의 모습이 있습니다. 다시 돌아섰다가, 이내 가엾어서 또 돌아옵니다. 그런 과정이 반복되면서 시인은 깨닫습니다. 자기 자신에 대한 사랑은 바로 그런 것이라는 걸. 비록 초라할망정 추억처럼 자리를 지키고 있는 사나이인 자기 자신을 버려둘 수 없다는 걸. 그 순간 자기 자신은 달보다도 밝고, 구름보다도 자유롭고, 하늘보다도 깊고, 파아란 바람보다도 더 파아란 존재가 됩니다. 시인이 바라본 자신의 모습, 그 자화상은 지금 이 세상을 살아가는 우리의 자화상이 됩니다.

바람이 불어 – 1941. 6. 2.

바람이 어디로부터 불어와
어디로 불어가는 것일까

바람이 부는데
내 괴로움에는 이유가 없다

내 괴로움에는 이유가 없을까,

단 한 여자를 사랑한 일도 없다

시대를 슬퍼한 일도 없다

바람이 자꾸 부는데
내 발이 반석 위에 섰다

강물이 자꾸 흐르는데
내 발이 언덕 위에 섰다.

 * 인생의 바람이 붑니다. 잔잔한 일상, 잔잔한 생각, 잔잔한 마음을 휘젓고 나갑니다. 바람이 불기 전에는 몰랐는데, 바람이 불기 전에는 모른 척했는데 기어이 불어오니 어쩔 수 없습니다. 바람과 함께 이유 없는 괴로움이 다가옵니다. 그 험난한 시대를 바람 없이 넘기고 싶었던 것은 순수한 시인만의 바람이었을 것입니다. 그래도 항변합니다. 여자를 사랑한 일도, 시대를 슬퍼한 일도 없다고 소리쳐 봅니다. 시인이 겪어야 할 아무런 이유가 없는 괴로움입니다. 그래서 부끄러운 치부를 드러내면서까지 소리쳐 봅니다. 바람에 흔들리지 않으려 든든한 반석 위에 서 보기도 하고 언덕 위에 올라 서서 흘러가는 강물도 봅니다. 언제쯤 바람이 멈출 수 있을까? 시대를 살아가는 젊은 지식인의 마음에 바람처럼 멈추지 못하는 괴로움과 번민이 휑하니 맴돌다 떠납니다. 오늘 전 그 바람 속에 외로이 서 있는 시인을 꼭 안아 주고 싶습니다. 둘이 서 있으면 덜 흔들릴 테니… 둘이 안고 있으면 덜 춥고 덜 외로울 테니….

서시 - 1941. 11. 20.

죽는 날까지 하늘을 우러러
한 점 부끄럼이 없기를,
잎새에 이는 바람에도
나는 괴로워했다
별을 노래하는 마음으로
모든 죽어 가는 것을 사랑해야지
그리고 나한테 주어진 길을
걸어가야겠다

오늘밤에도 별이 바람에 스치운다.

 * 달리 무슨 설명이 필요할까요? 무슨 해설이 필요할까요? 이 시는 윤동주 시인 그 자체입니다. 윤동주 시인 하면 떠오르는 대표적인 시입니다. 하늘, 바람, 별이 있습니다. 세상에 두 발을 딛고 서서 살아가는 사람들은 모두 이와 같은 심정일 것이고, 또 이와 같은 고뇌를 하며 살아갈지도 모릅니다. 저는 이 시를 읊을 때마다 십자가에서 고난을 당하신 예수님을 생각합니다. 죽는 날까지 하늘을 우러러 한 점 부끄럼이 없는 사람은 세상에 단 한 사람도 없습니다. 오직 하나님의 아들이신 예수님밖에는 없습니다. 시인의 독실한 신앙이 이런 숭고한 고백을 할 수 있었던 밑바탕이 되었으리라 생각합니다.

 다시 시로 돌아갑니다. 시인의 마음으로 돌아갑니다. 죽는 날까지 늘 변함없이 한결같기를 바라는 마음을 생각합니다. 그것은 쉬이 이루어질 수 없는 일입니다. 탁월한 인격자도, 구도자도 이루기 어려운 일입니다. 그러나 젊은 청년이 겁도 없이 말합니다. 하늘을 우러러 한 점 부끄럼이 없겠노라고… 부끄럼이 많은 세상, 부끄럼이 많은 나라, 부끄럼이 많은 어른들 속에서 그는 잎새에 이는 작은 바람에도 괴로워합니다. 결코 부끄럽지 않게 살았을 그의 고뇌가 그래서 더 애처롭습니다. 그러나 시인은 이내 힘을 냅니다. 주어진 모든 것들을 사랑하면서 뚜벅뚜벅 갈 길을 가겠다고 다짐합니다. 억압과 상처를 딛고, 슬픔과 좌절을 이기고 새로운 희망과 새로운 소망을 품습니다. 별이 바람에 스치웁니다. 아마 세상 끝날 때까지 그럴 것입니다. 윤동주 시인의 고백 '서시'는 세상 끝날까지 우리 모두의 영원한 고백이 되어야 됩니다. 윤동주 시인 님! 사랑합니다.

황무지 1편 ^(T.S. 엘리엇)
—인산, 20세기 최고의 시(詩)를 만나다

삶의 아름다움을 노래하는 많은 것들, 분야들이 있지만, 그중에서도 저는 시(詩)가 단연 으뜸이 아닐까 생각합니다. 그래서 동양의 시인 '시경', 우리나라의 시인 '별헤는 밤', '서시' 등을 살펴보았습니다. 이번에는 서양의 시 세계로 모십니다.

여러분들은 4월이 되면 무슨 생각을 하시는지요? 4월이 되면 무엇이 떠오르는지요? 지금 우리나라 대다수의 국민들에게는 바로 세월호 참사가 떠오를 수 있습니다. 그 안타깝고, 가슴 아픈 일을 빼놓고는 또 무엇이 생각나십니까?

4월이 되면 누구나 읊조리는 시 한 구절이 있습니다. 바로 T.S. 엘리엇의 '황무지'입니다. "4월은 잔인한 달…"로 시작합니다. 아마도 모르는 분이 없으실 것입니다. 그런데 그 이후의 내용에 대해선 글쎄… 하게 됩니다. 사실 황무지는 이 한 구절로 유명해진 시입니다. 어느 특정 시에 대해 깊게 알 필요는 없습니다. 그냥 한 구절 정도만 기억해도 되고, 그 자체로 의미가 있습니다. 본래 '시'라는 것이 시인이 말하고자 했고, 노래하고자 했던 대상이 있고, 의미가 있고, 깊이가 있을 터이지만 시를 감상하는 모든 사람들이 시인과 같은 마음일 수는 없습니다. 그래서 시는 너무 무겁지 않게, 조금 가볍게 대해도 된다고 생각합니다. 시를 음미하다 보면 어떤 시는 정말 가슴에 와닿는 시가 있고, 때로는 아무리 음미해 보아도 도저히 알 수 없는 난해한 시도 있습니다. 그러나 시는, 시인은 특별하지 않습니다. 세상을 살아가는 우리의 삶이 시이고, 우리가 바로 시인입니다.

T.S. 엘리엇은 미국에서 태어난 영국의 시인이자 문학비평가입니다. 1888년 미국 세인트루이스에서 태어났습니다. 프랑스 소르본대학교와 미국의 하버드대학교에서 공부했습니다. 모더니즘 운동을 주도했으며, 1차 세계대전과 2차 세계대전 동안 20세기 문화에 지대한 영향을 끼친 인물로 평가받고 있습니다. 이 공로로 1948년 노벨 문학상을 받았습니다.

시인의 대표작 '황무지'는 세상에서 가장 길고, 난해한 시 중의 하나로 손꼽힙니다. 그래서 첫 구절을 제외하고는 기억하는 사람들이 별로 없습니다. 어쩌면 이 시의 전편을 다 감상해 본 사람도 전 세계인의 0.00001%에 불과할지도 모릅니다. 그만큼 잘 알려진 시이면서도, 잘 알지 못하는 시가 바로 '황무지'입니다. 우리나라의 대표적인 시인이자 문학평론가인 황동규 님은 20세기를 대표하는 시 중 단 한 편을 꼽으라면 주저하지 않고 '황무지'를 꼽을 것이라고 말씀하십니다. '황무지'는 인간의 정신적 메마름, 일상적 행위에 가치를 주는 믿음의 부재, 생산이 없는 성, 그리고 재생이 거부된 죽음에 관한 시라고 평론가는 말합니다. 이 시는 모더니즘을 대표하는 시답게 현란한 수사와 시어가 이어집니다. 엘리엇은 1920년대 웨스튼이 지은 '제식에서 기사 이야기까지', 프레이저가 지은 '황금가지' 등의 책에서 책의 구성, 상징, 영감을 얻었다고 술회합니다. 신화와 전설, 상징, 의식 등이 '황무지'의 전편에 걸쳐 녹아 있습니다.

이 시는 총 5부작으로 이루어진 장시입니다. 제1부 '죽은 자의 매장', 제2부 '체스 놀이', 제3부 '불의 설교', 제4부 '수사', 제5부 '천둥이 한 말'로 구성되어 있습니다. 그러니 아무런 배경지식이 없이 이 시를 접하는 분들은 이해하기 어렵습니다. 우리 모두가 "4월은 가장 잔인한 달…"까지만 알고 있는 가장 큰 이유입니다. 그래서 저는 야심차게 도전하였습니다. 20세기 최고의 시라고 하는데 알지도 못하고 이 세상을 살아간다는 것이 부끄럽기도 했습니다. 그래서 동양에서 가장 유명한 '시경', 우리나라의 가장 대표적인 시 '하늘과 바람과 별과 시', '서시'에 이어 서양을 대표하는, 20세기 최고의 시인 '황무지'를 소개하고자 합니다. 지식인이라면, 최소한 삶의 아름다움을 노래하고자 하는 사람이라면 반드시 음미해야 할 장편 서사시의 세계로 모십니다. 한 가지 더 사족을 붙이자면 '황무지' 전편을 음미해 보신 분들과 그렇지 못한 분들 간에는 큰 차이가 있을 것임을 저는 압니다.

자! 이제, 여러분들은 이 지구상에서 '황무지' 전편을 다 음미하는 얼마 안 되는 특별한 사람이 되실 것입니다. 마음을 열어 놓고, 오래오래 인내하시면서 '20세기 최고의 시'를 잘 감상해 보십시오. 그리고 저의 바람이 있습니다. '21세기 최고의 시'는 다른 누가 아닌 바로 당신이 써 나가시길 간절히 소망합니다.

황무지(The waste land)

죽은 자의 매장
사월은 가장 잔인한 달
죽은 땅에서 라일락을 키워 내고
추억과 욕정을 뒤섞고
잠든 뿌리를 봄비로 깨운다
겨울은 오히려 따뜻했다
잘 잊게 해 주는 눈으로 대지를 덮고
마른 구근으로 약간의 목숨을 대어 주었다
슈타른버거 호 너머로 소나기와 함께 갑자기 여름이 왔지요
우리는 주랑에 머물렀다가
햇빛이 나자 호프가르텐 공원에 가서
커피를 들며 한 시간 동안 얘기했어요
저는 러시아인이 아닙니다. 출생은 리투아니아이지만 진짜 독일인입니다
어려서 사촌 태공집에 머물렀을 때
썰매를 태워 줬는데 겁이 났어요
그는 말했죠. 마리 마리 꼭 잡아
그리곤 쏜살같이 내려갔지요
산에 오면 자유로운 느낌이 드는군요
밤에는 대개 책을 읽고 겨울엔 남쪽에 갑니다

이 움켜잡는 뿌리는 무엇이며,
이 자갈더미에서 무슨 가지가 자라 나오는가?
인자여, 너는 말하기는커녕 짐작도 못하리라
내가 아는 것은 파괴된 우상더미뿐
그곳에 해가 쪼아 대고 죽은 나무에는 쉼터도 없고
귀뚜라미도 위안을 주지 않고
메마른 돌엔 물소리도 없느니라
단지 이 붉은 바위 아래 그늘이 있을 뿐
(이 붉은 바위 그늘로 들어오너라)
그러면 너에게 아침 네 뒤를 따르는 그림자나
저녁에 너를 맞으러 일어서는 네 그림자와는 다른
그 무엇을 보여 주리라
한줌의 먼지 속에서 공포를 보여 주리라
〈바람은 상쾌하게
고향으로 불어요.
아일랜드의 님아
어디서 날 기다려 주나?〉
"일 년 전 당신이 저에게 처음으로 히아신스를 줬지요.
다들 저를 히아신스 아가씨라 불렀어요."
-허지만 히아신스 정원에서 밤늦게
한아름 꽃을 안고 머리칼 젖은 너와 함께 돌아왔을 때
나는 말도 못하고 눈이 안 보여
산 것도 죽은 것도 아니었다
빛의 핵심인 정적을 들여다보며 아무것도 할 수 없었다

〈황량하고 쓸쓸합니다. 바다는〉

유명한 천리안 소소스트리스 부인은
독감에 걸렸다. 허지만
영특한 카드 한 벌을 가지고
유럽에서 가장 슬기로운 여자로 알려져 있다
이것 보세요, 그네가 말했다
여기 당신 패가 있어요. 익사한 페니키아 수부군요
(보세요, 그의 눈은 진주로 변했어요)

이건 벨라돈나, 암석의 여인 수상한 여인이에요
이건 지팡이 셋 짚은 사나이, 이건 바퀴
이건 눈 하나밖에 없는 상인
그리고 아무것도 안 그린 이 패는 그가 짊어지고 가는 무엇인데
내가 보지 못하도록 되어 있습니다
교살당한 사내의 패가 안 보이는군요
물에 빠져 죽는 걸 조심하세요
수많은 사람들이 원을 그리며 돌고 있군요
또 오세요. 에퀴톤 부인을 만나시거든
천궁도를 직접 갖고 가겠다고 전해 주세요
요새는 조심해야죠

현실감 없는 도시,
겨울 새벽의 갈색 안개 밑으로

한떼의 사람들이 런던교 위로 흘러갔다
그처럼 많은 사람을 죽음이 망쳤다고 나는 생각도 못했다
이따금 짧은 한숨들을 내쉬며
각자 발치만 내려보면서
언덕을 넘어 킹 윌리엄 가를 내려가
성 메어리 울노스 성당이 죽은 소리로
드디어 아홉 시를 알리는 곳으로,
거기서 나는 낯익은 자를 만나
소리쳐서 그를 세웠다. "스테슨
자네 밀라에 해전 때 나와 같은 배에 탔었지!
작년 뜰에 심은 시체에 싹이 트기 시작했나?
올해엔 꽃이 필까?
혹시 때아닌 서리가 묘상을 망쳤나?
오오 개를 멀리하게, 비록 놈이 인간의 친구이긴 해도
그렇잖으면 놈이 발톱으로 시체를 다시 파헤칠 걸세!
그대! 위선적인 독자여! 나와 같은 자 나의 형제여!"

* 황동규 시인의 해설 : '황무지'에서 사월은 가장 잔인한 달이다. 진정한 재생을 가져 오지 않고 공허한 추억으로 고통을 주기 때문이다. 휴양지에서 지껄이는 사람들은 진정한 새로운 삶을 원치 않는다. 사월은 재생을 원치 않는 사람들에게 재생을 요구하므로 또한 잔인하다. 갑자기 구약성경의 에스겔적인 음성으로 문명의 메마름과 희망 없음을 알리는 소리가 들려온다. 그러고는 낭만적인 정열과 실패한 사랑의 추억이 담긴 노랫소리로 바뀐다. 그다음에는 고대의 종교의식이 점치

는 행위로 바뀐 황무지의 상황으로 바뀐다. 타로카드의 원초적인 상징들이 속화되어 나타난다. 그리고 현대문명에 대한 좀 더 직접적인 상이 나타난다. 보들레르의 파리, 현대 런던, 단테의 지옥 및 연옥, 이 모든 것이 하나로 통합된다. 그러고 나서 화자는 저 위대한 부활 제식을 기괴한 정원 가꾸기로 바꾼다. 끝에 가서는 보들레르의 시구를 따다가 독자들도 같은 상황에 있음을, 공모자임을, 자각하도록 한다.

  * 인산 생각 : 가뜩이나 난해한 시라 주눅들게 되는데, 이를 풀어주는 평론가의 해설도 난해하기는 마찬가지입니다. '사월은 가장 잔인한 달…' 여러분은 이 유명한 한 구절을 도대체 어떻게 이해하십니까? 저는 이 구절을 이해하기 위해 많은 시간을 보냈습니다. 그리곤 제 나름대로 깨달았습니다. 시인의 마음이 보였습니다. 오히려 거기다가 하나 더 보태고 싶습니다. "사월은 시인이 가장 잔인하다고 읊었던 그 당시보다 지금에 와서도 가장 잔인하고, 더 잔인한 달"이라고 말입니다.

  사월은 봄입니다. 만물이 깊은 동면에서 깨어납니다. 깨어나고 싶지 않은 것도 어쩔 수 없습니다. 깨어나고 싶지 않은 것도 많이 있습니다. 마치 아침에 학교에 가라고 깨우는 엄마에게 '5분만 더'를 외치며 이불 속으로 파고드는 어린아이의 간절한 바람보다도 더 간절하게 깨지 말았으면 하는 것들이 있습니다. 그냥 그대로 조용히 잠들고 싶은데 자연은 그냥 놔두지 않습니다. 사월이 오지 말았어야 합니다. 사월이 없었어야 합니다. 그러니 그 사월이 얼마나 잔인하겠습니까? 추억은 추억대로, 욕정은 욕정대로 평온하게 놔두고 싶은데 사월은 잔인하게 깨우고 뒤섞어 버립니다. 눈으로 덮어서 잊게 해 주었던 겨울이 오히려 따듯했습니다. 참으로 야속한 사월, 잔인한 사월입니다. 그러나 시인은 끝에 가서 결국 싹, 꽃, 묘상을 말합니다. 바로 희망입니다. 사월이 가장 잔인하다고 말하는 시인의 고백은 어느새 가장 강렬한 희망으로 바뀝니다. 이는 절묘한 반전입니다. 우리 모두의 삶이 바로 이러한 절묘한 반전이어야 하지 않을까요? 죽음을 생명으로, 잔인한 절망을 간절한 희망으로 만드는 것은 매년 사월을 맞는 저와 여러분들의 온전한 몫인 것입니다.

체스 놀이

그네가 앉아 있는 의자는 눈부신 옥좌처럼 대리석 위에서 빛나고, 거울이

열매 연 포도넝쿨 아로새긴 받침대 사이에 걸려 있다

넝쿨 뒤에서 금빛 큐피드가 몰래 내다보았다

(큐피드 또 하나는 날개로 눈을 가리고)

거울은 가지 일곱 촛대에서 타는 불길을 두 배로 해서

테이블 위로 쏟았고, 비단갑들로부터

잔뜩 쏟아 놓은 그네의 보석들이 그 빛을 받았다

마개 뽑힌 상아병 색 유리병에는

이상한 합성 향료들이 연고 분 혹은 액체로 숨어서

감각을 괴롭히고 어지럽히고 익사시켰다

향내는 창에서 신선히 불어오는 바람에 자극받아

위로 올라가 길게 늘어진 촛불들을 살찌게 하고

"그네가 앉아 있는 거룻배는 눈부신 옥좌처럼 울 위에 빛났다."

연기를 우물반자 속으로 불어넣어
격자무늬를 설레이게 했다
동박 뿌린 커다란 바다나무는
색 대리석에 둘러싸여 초록빛 주황색으로 타고
그 슬픈 불빛 속에서 조각된 돌고래 한 마리가 헤엄치고 있었다
그 고풍의 벽난로 위에는
마치 숲 풍경이 내다보이는 창처럼
저 무지한 왕에게 그처럼 무참히 능욕당한
필로멜라의 변신 그림이 걸려 있다
나이팅게일은 맑은 목청으로
온 황야를 채우지만,
세상 사람들은 여전히 그 짓을 계속한다
그 울음은 더러운 귀에 〈쩍 쩍〉 소리로 들릴 뿐
그 밖에도 시간의 시든 꽁초들이 벽에
그려져 있고, 노려보는 초상들은 몸을 기울여
자기들이 에워싼 방을 숙연케 했다
층계에 신발 끄는 소리
난로 빛을 받아, 빗질한 그네의 머리는
불의 점들처럼 흩어져 달아올라
말이 되려다간 무서울만치 조용해지곤 했다

"오늘밤 제 신경이 이상해요. 정말 그래요. 가지 말아요. 얘기를 들려
주세요. 왜 안 하죠. 하세요.

뭘 생각하세요? 무슨 생각? 무슨?

당신이 뭘 생각하는지 통 알 수 없어요. 생각해 봐요."

나는 죽은 자들이 자기 뼈를 잃은
쥐들의 골목에 우리가 있다고 생각해

"저게 무슨 소리죠?"
문 밑을 지나는 바람 소리
"지금 저건 무슨 소리죠? 바람이 무얼하고 있죠?"
아무것도 하지 않아 아무것도
"당신은
아무것도 모르죠? 아무것도 보지 못하죠.
아무것도 기억 못하죠?"

나는 기억하지
그의 눈이 진주로 변한 것을
"당신 살았어, 죽었어요? 머릿속에는 아무것도 없나요?"
그러나
오오오오 셰익스피어식 래그 재즈—
그것 참 우아하고
그것 참 지적이야
"저는 지금 무얼 해야 할까요? 무얼 해야 할까요?"
"저는 그대로 거리로 뛰어나가 머리칼을 풀어헤친 채 거리를 헤매겠
어요. 내일을 무얼 해야 할까요?
  도대체 무얼 해야 할까요?"
  열 시에 온수

만일 비가 오면, 네 시에 세단차
그리곤 체스나 한판 두지
경계하는 눈을 하고 문에 노크나 기다리며

릴의 남편이 제대했을 때 내가 말했지―
노골적으로 말했단 말이야.
〈서두르세요. 닫을 시간입니다〉
이제 앨버트가 돌아오니 몸치장 좀 해
이 해 박으라고 준 돈 어떻게 했느냐고 물을 거야
돈 줄 때 내가 있었는걸
죄 뽑고 참한 걸로 해 넣으라구, 릴
하고 앨버트가 분명히 말했는걸, 차마 볼 수 없다고
나도 차마 볼 수가 없다고 했지. 가엾은 앨버트를 생각해 봐
4년 동안 군대에 있었으니 재미 보고 싶을 거야
네가 재미를 주지 않으면 다른 여자들이 주겠지
오오 그런 여자들이 있을까, 릴이 말했어
그럴걸, 하고 대답해 줬지
그렇다면 고맙다고 노려볼 여자를 알게 되겠군, 하고 말하겠지
〈서두르세요, 닫을 시간입니다〉
그게 싫다면 좋을 대로 해 봐, 하고 말했지
네가 못하면 다른 년들이 할 거야
혹시 앨버트가 널 버리더라도 내가 귀띔 안 한 탓을 아냐
그처럼 늙다리로 보이는 게 부끄럽지도 않니? 하고 말했지
(걔는 아직 서른한 살인걸)

할 수 없지. 쓸쓸한 표정을 지으며 릴이 말했어
애를 떼기 위해 먹은 환약 때문인걸
(걔는 벌써 애가 다섯, 마지막 조지를 낳을 땐 죽다 살았지)
약제사는 괜찮을 거라고 했지만 그 뒤론 전과 같지 않아
넌 정말 바보야, 하고 쏘아 줬지

그래 앨버트가 널 가만두지 않는다면 어떡하지
애를 원치 않는다면 결혼은 왜 했어?
〈서두르세요. 닫을 시간입니다〉
그런데 앨버트가 돌아온 일요일 따뜻한 햄 요리를 하곤
나를 불러 맛보게 했지
〈서두르세요. 닫을 시간입니다〉
〈서두르세요. 닫을 시간입니다〉
빌 안녕, 루 또 보자, 메이 안녕, 안녕
탁탁, 안녕, 안녕.
안녕, 부인님들, 안녕, 아름다운 부인님들, 안녕 안녕.

 * 황동규 시인의 해설 : 권태로운 유한부인이 화장대 앞에 앉아 있다.
실내 장식과 향수와 화려함이 감각을 마비시킨다. 다음에 이어지는 대
화 혹은 독백과 셰익스피어를 재즈로 바꾸기까지 이르는 패러디는 문
화의 타락을 암시해 주고 삶의 무의미감을 고조시켜 준다. 이들이 기다
리는 무서운 '노크'는 술집 바텐더가 문 닫을 시간이 되었음을 알리는
카운터에 치는 노크로 바뀐다. 그리고 등장인물은 앞서의 상류층 인물
에서 하류층 인물로 바뀐다. 그들이 주고받는 생과 성이야말로 생식이

없는 황무지의 생과 성이다.

　* 인산 생각 : '체스 놀이'라는 제목부터 눈에 띕니다. 어떤 의미일까요? 이 시를 이해하기 위해서는 수없이 읽고, 생각만 한다고 해서 해결되지 않습니다. 서두에서 말씀드렸다시피 시인이 모티브를 얻은 배경지식을 알아야 합니다. 이 시에서의 '체스 놀이'는 단순한 놀이가 아닙니다. 치명적인 놀이입니다. 안타까운 놀이입니다. 시인은 토마스 미들튼의 극 '체스 놀이'와 '여자는 여자를 경계하라'에서 모티브를 얻었다고 합니다. 극 중에서 며느리인 필로멜라(희랍신화, 형부 테레우스 왕에게 능욕당하고, 혀가 잘려 결국 나이팅게일로 변함)가 능욕당하는 동안 보호자인 시어머니의 주의를 다른 곳으로 돌리기 위한 수단이라고 설명합니다. 그러니 그 '체스 놀이'는 단순한 놀이가 아닌 것입니다. 아주 끔찍하고, 원망스러운 유혹인 것입니다.

　2부 '체스 놀이'는 독특한 형식으로 이루어져 있습니다. 전반부는 섬세한 한 편의 그림을 보는 듯한 느낌을 줍니다. 마치 신화를 들여다보는 것처럼 아름다운 장면들을 구체적으로 묘사합니다. 그러다 후반부에 가면 흐름이 바뀝니다. 전설에서 현실로, 신화에서 세상으로 내려옵니다. 그리곤 우리와 같은 생각으로 살아가는 사람들이 등장합니다. 엄청난 시공간의 흐름이자 이동을 느낄 수 있습니다. 그러면서 대화가 이어집니다. 그 대화를 음미해 보십시오.

　예나 지금이나 사람들은 삶을 살아가는데 있어 싫든 좋든 공허한 시간들을 경험하게 됩니다. 이유가 있을 수도 있고, 없을 수도 있습니다.

마음에 맞는 사람과 대화를 하기도 하고, 책도 읽기도 하고, 여행을 떠나기도 합니다. 혹자는 아무 생각없이 방에 누워 생각을 정리하기도 할 것입니다. 여기서 다른 사람과 말을 나누는 것을 '대화'라 하고, 자기 자신과 나누는 것을 '독백'이라 합니다. 2부 '체스 놀이'에서의 대화와 독백은 저와 여러분, 그리고 우리 모두의 대화이자 독백이 됩니다.

"서두르세요. 닫을 시간입니다(Hurry up, Please it's time)."라고 술집주인(혹은 종업원일지도…)이 독촉합니다. 사람들은 문 닫을 시간이라고. 서두르라는 말을 들어도 애써 무시합니다. 마치 그 시간이 지나면 다시는 대화를 할 수 없을 것 같은 심정이었는지도 모를 일입니다. 그러나 독촉도 무시하면서 간절한 마음으로 나누는 대화가 뭔지 모르게 건조합니다. 꼭 필요한 말, 반드시 해야 하는 말도 아닌 것 같습니다. 메마름, 무미건조함 그 자체입니다. 시인은 그 대화를 통해 말들은 많이 오고가나 진지하고 진정한 대화는 없는, 무미건조하고 메마를 수밖에 없는 현대인들의 삶의 모습을 깨우치고 있는 거라 저는 느꼈습니다.

'문 밑을 지나는 바람 소리'. 바람이 무얼하고 있느냐고 물어봅니다. "아무것도 하지 않는다, 아무것도 모른다, 아무것도 보지 못하고, 기억 못한다."고 답합니다. '아무것도… 아무것도…' 이것이 우리의 삶에 있어 진정한 의미를 찾지 못하고 있는 우리의 모습을 안타까운 마음으로 바라보는 시인의 마음이라고 생각합니다. 여러분들은 어떻습니까? 여러분은 문 밑을 지나는 바람이 전하는 소리를, 그 말을 듣고, 보고, 기억할 수 있습니까? 마음으로, 꼭 마음으로 들어 보십시오.

황무지 2편 (T.S. 엘리엇)
—인산, 20세기 최고의 시(詩)를 만나다

앞에서 엘리엇의 '황무지 1, 2부'를 감상하셨습니다. 대다수의 분들이 어렵다고 하셨습니다. 당연합니다. 엘리엇 스스로도 자신의 시(詩)가 난해하다고 생각했습니다. 그래서 자기 시에 나오는 생소한 이름, 구절, 모티브가 된 내용에는 자신이 직접 주석을 달았습니다. 주석을 보면 조금 더 낫기는 하나 그래도 어렵기는 매한가지입니다.

그럼에도 불구하고 제가 이 시를 소개하는 이유는 단지 이 시가 '20세기 최고의 시'라는 평가를 받아서가 아닙니다. 가장 지적인 시인의 시를 통해 인간의 생각과 감정의 깊이, 넓이가 과연 어디까지인지 같이 느껴 보고, '황무지'로 대변되는 인간의 황폐한 정신을 새로운 희망으로 바꾸어 나가자는 뜻이 있습니다. 머리로 이해하시려 하지 말고, 가슴으로 느끼시기 바랍니다.

제1차 세계대전이 1918년에 종전된 후 서구의 세계는 황무지와 같았습니다. 시인은 전후 서구의 황폐한 정신적 상황을 조망하려고 이 시를 썼다고 했습니다. 정신적인 메마름, 인간의 일상적 행위에 가치를 주는 믿음의 부재, 생산이 없는 성, 그리고 재생이 거부된 죽음으로 대변되는 서구 문명에 대한 진단을 '황무지'로 형상화해 표현하고 있습니다. 그러면서 구원의 미래, 새로운 희망을 꿈꿉니다. 인간의 삶이 황폐하지만은 않다는 것을, 황폐해서도 안 된다는 희망을 시에 담고 있습니다. 한마디로 말해 '황무지'는 가장 황폐한 곳에서 노래하는 가장 아름다운 삶의 노래인 것입니다.

총 434행의 시를 통해 시인이 전달하고자 하는 깊은 의미를 되새겨 보아야 합니다. 20세기의 가장 지적인 시인이 그냥 난해하기만 하고, 의미가 없는 시를 쓰지는 않았을 것입니다. 시인은 인간의 구원을 노래하고 있음을, 인간의 아름다운 삶을 꿈꾸고 있음을 같이 느껴야 합니다. 그러므로 '황무지'는 우리 인간에게 새롭게 다가올 '구원의 낙원'이 됩니다.

오늘날 우리가 살고 있는 세상도 '황무지'입니다. 물질과 권력과 욕망에 함몰되어 인간다움을 상실해 가는 '황무지'에서 우리는 살아가고 있습니다. 우리가 접하고 느끼는 모든 일상들은 시인 엘리엇의 그 일상과 별반 다르지 않을 것입니다. 그러니 우리도 '황무지'를 노래해야 합니다. 그리고 우리가 사는 '황무지'를 '낙원'으로 가꾸고 만들어가야겠다는 귀한 꿈을 꾸어야 합니다. 자! 황무지 2편을 노래합니다.

불의 설교
강의 천막은 찢어졌다. 마지막 잎새의 손가락들이
젖은 둑을 움켜쥐며 가라앉는다

바람은 소리 없이 갈색 땅을 가로지른다
님프들이 떠나갔다
고이 흐르라, 템스강이여, 내 노래 끝낼 때까지
강물 위엔 빈 병도, 샌드위치 쌌던 종이도
명주 손수건도, 마분지 상자도 담배꽁초도
그 밖의 다른 여름밤의 증거품도 아무것도 없다
님프들은 떠나갔다. 그리고
그네들의 친구들, 빈둥거리는 중역 자제들도
떠나갔다, 주소를 남기지 않고
레먼 호수가에 앉아 나는 울었노라
고이 흐르라, 템스강이여, 내 노래 끝낼 때까지
고이 흐르라, 템스강이여, 내 크게도 길게도 말하지 않으리니
허나 등뒤의 일진냉풍 속에서 나는 듣는다
뼈들이 덜컹대는 소리와 입이 찢어지도록 낄낄거리는 소리를

어느 겨울 저녁 가스 공장 뒤를 돌아
음산한 운하에서 낚시질을 하며
형왕의 난파와 그에 앞서 죽은 부왕의 생각에 잠겨 있을 때,
쥐 한 마리가 흙투성이 배를 끌면서
강둑 풀밭을 슬며시 기어갔다
흰 시체들이 발가벗고 낮고 습기찬 땅속에
뼈들은 조그맣고 낮고 메마른 다락에 버려져서
해마다 쥐의 발에만 채어 덜그덕거렸다
허나 등뒤에서 나는 때로 듣는다

클랙슨 소리와 엔진 소리를, 그 소리는
스위니를 샘물 속에 있는 포터 부인에게 데려가리라
오 달빛이 포터 부인과
그네의 딸 위로 쏟아진다
그들은 소다수에 발을 씻는다

"그리고 오 둥근 천정 속에서 합창하는 아이들의 노랫소리여!"

투윗 투윗 투윗
적 적 적 적 적 적
참 난폭하게 욕보았네
테류
허망한 도시
겨울 낮의 갈색 안개 속에서
스미르나 상인 유게니데스 씨는
수염도 깎지 않고 포켓엔 보험료 운임 포함 가격의
건포도 일람 증서를 가득 넣고 속된 불어로
나에게 캐논 스트리트 호텔에서 점심을 하고
주말을 메트로폴 호텔에서 보내자고 청했다

보랏빛 시간, 눈과 등이
책상에서 일어나고 인간의 내연기관이
택시처럼 털털대며 기다릴 때,
비록 눈이 멀고 남녀 양성 사이에서 털털대는

시든 여자 젖을 지닌 늙은 남자인 나 티레지어스는 볼 수 있노라
보랏빛 시간, 귀로를 재촉하고
뱃사람을 바다로부터 집에 데려오는 시간
차(茶) 시간에 돌아온 타이피스트가 조반 설거지를 하고
스토브를 켜고 깡통 음식 늘어놓는 것을
창밖으로 마지막 햇살을 받으며 마르고 있는
그네의 컴비네이션 속옷이 위태롭게 널려 있다

(밤엔 그네의 침대가 되는) 긴 의자 위엔
양말짝들, 슬리퍼, 하의, 코르셋이 쌓여 있다
시든 젖이 달리 늙은 남자 나 티레지어스는
이 장면을 보고 나머지는 예언했다―
나 또한 놀러올 손님을 기다렸다
이윽고 그 여드름투성이의 청년이 도착한다
군소 가옥 중개소 사원, 당돌한 눈초리,
하류 출신이지만 브랫포드 백만장자의 머리에 놓인
실크 모자처럼 뻔뻔스러움을 지닌 젊은이
식사가 끝나고 여자는 지루하고 노곤해하니
호기라고 짐작하고 그는 그네를 애무하려 든다
원치 않지만 내버려 둔다
얼굴 붉히며 결심한 그는 단숨에 달려든다
더듬는 두 손이 아무런 저항도 받지 않는다
잘난 체하는 그는 반응을 필요로 하지 않아
그네의 무관심을 환영으로 여긴다

(나 티레지어스는 바로 이 긴 의자 혹은 침대 위에서 행해진 모든 것
을 이미 겪었노라
　나는 테베 시의 성벽 밑에 앉기도 했고
　가장 비천한 죽은 자들 사이를 걷기도 했느니라)
　그는 생색내는 마지막 키스를 해 주고
　더듬으며 층계를 내려간다, 불 꺼진 층계를…

그네는 돌아서서 잠시 거울을 들여다본다
애인이 떠난 것조차 거의 의식지 않는다
머릿속에는 어렴풋한 생각이 지나간다
〈흥 이제 일을 다 치뤘으니 좋아〉
사랑스런 여자가 어리석을 일을 저지르고
혼자서 방을 거닐 때는
무심한 손으로 머리칼을 쓰다듬고
축음기에 판을 하나 건다
〈이 음악이 물결을 타고 내 곁으로 기어와〉
스트랜드 가(街)를 따라 퀸 빅토리아 가로 따라왔다
오 〈도시〉 도시여, 나는 때때로 듣는다
로우어 템스 가의 술집 옆에서
달콤한 만돌린의 흐느끼는 소리와
생선 다루는 노동자들이 쉬며 안에서
떠들어대며 지껄이는 소리를, 그곳에는
마그누스 마아터 성당의 벽이
이오니아풍(風)의 흰빛 금빛 형언할 수 없는 화려함을 지니고 있다

강은 땀 흘린다

기름과 타르로

거룻배들은 썰물을 타고 흘러간다

붉은 돛들이 활짝

육중한 돛대 위에서

바람 반대편으로 돌아간다

거룻배들은 떠 있는

통나무들을 헤치고

개 섬(島)을 지나

그리니지 하구로 내려간다

웨이얼랄라 레이어

윌랄라 레이얼랄라

엘리자베스 여왕과 레스터 백작

역풍에 젖는 노

고물은

붉은빛 금빛 물들인

조개껍질

힘차게 치는 물결은

양편 기슭을 잔 무늬로 꾸미고

남서풍은

하류로 가지고 갔다

노래하는 종을,

하얀 탑들을,

웨이얼랄라 레이어

월랄라 레이얼랄라

"전차(電車)와 먼지 뒤집어쓴 나무들
하이베리가 저를 낳고 리치몬드와 큐가
저를 망쳤어요. 리치몬드에서 저는 좁은 카누 바닥에 누워
두 무릎을 치켜 올렸어요."

"저의 발은 무어게이트에, 마음은
발밑에 있습니다. 그 일이 있은 뒤
그는 울었습니다. 그는 〈새 출발〉을 약속했으나
저는 아무 말도 안 했습니다. 무엇을 원망해야 할까요?"

"마아게이트 모래밭
저는 하찮은 사람에서 사람으로 옮겨다녔어요
더러운 두 손의 찢겨진 손톱
제 집안 사람들은 불쌍한 사람들
아무 기대도 없는"
랄라

카르타고로 그때 나는 왔다
불이 탄다 탄다 탄다 탄다
오 주여 당신이 저를 건지시나이다
오 주여 당신이 저를 건지시나이다
탄다.

*황동규 시인의 해설 : 템스강의 가을 장면이다. 이 장면은 문학의 유명한 작품의 대부분을 아이러니컬하게 인용하거나 왜곡함으로써, 그리고 과거의 고상한 제식 행위를 현대의 사소하고 음탕한 행위와 일치시킴으로써 괴기한 장면이 된다. 잠시 지중해의 풍요 의식이 퍼뜨린 스미르나 상인의 현대판을 보여 주고 나서 현대의 성(性)이 지닌 무서운 무의미의 사실적인 현장에 들어간다.

템스강에서 유혹당한 이야기가 엘리자베스 여왕 때의 사랑과 비교되며 바그너, 셰익스피어, 단테들의 작품이 주는 메아리들과 함께 황무지의 성(性)이 지닌 무의미와 저속함을 더 파고든다. 그리고 서양의 성 오거스틴, 동양의 부처의 "정욕을 버리라."는 호소로 끝맺는다.

*인산 생각 : 3부 '불의 설교'는 가장 깁니다. 런던의 템스강, 스위스의 레먼 호수, 터키의 스미르나 항구, 영국의 브라이튼 시(市), 브랫포드 시, 고대 희랍의 테베 시, 로우어 템스 가, 개 섬, 무어게이트, 마아게이트 등 많은 지명이 등장합니다. 그리고 앤드류 마블의 '수줍은 애인에게', '템페스트', 존 테이의 '벌들의 회의', 베를렌의 시 '파르시팔', 골드 스미스의 '웨이크필드의 목사', 바그너의 오페라 '니벨룽겐의 반지', 단테의 '신곡, 연옥편', 성 어거스틴의 '고백록' 등 성경과 희랍신화를 비롯하여 많은 문학, 음악작품이 숨가쁘게 이어집니다. 황무지는 이 작품들을 통해 형상화됩니다. 우리가 막연하게 생각하고 있는 황무지의 모습을 구체적으로 떠올리게 합니다. 그리고 그 황무지가 어디 멀리 있는 곳이 아니라 시인이, 저와 여러분들이 살았고, 살아가고 있는 이 세상임을 간절히 말해 주고 있습니다.

마지막 부분에서 시인은 "불이 탄다 탄다 탄다 탄다"며 다급하게 외치고 있습니다. 이 세상의 모든 추함과 욕망을 다 태우고 싶다는 소망일 것입니다. 그리고 또 외칩니다. "오 주여 당신이 저를 건지시나이다. 오 주여 당신이 건지시나이다" 황폐한 세상을 모두 다 태우고 나서 새롭게 건지실 주님의 구원을 간절히 원합니다. 물로 세상을 멸했다가 '노아의 방주'로 구원하신 하나님의 그 구원이 이제 불로 태웠다가 다시 구원이 이루어지길 기도하고 있는 것입니다. 시인의 이 기도와 간구는 종교를 떠나, 이 황폐한 시대를 살아가고 있는 우리 모두의 기도와 간구가 되어야 합니다.

수사(水死)
페니키아 사람 플레버스는 죽은 지 2주일
갈매기 울음소리도 깊은 바다 물결도
이익도 손실도 잊었다

바다 밑의 조류가
소근대며 그의 뼈를 추렸다, 솟구쳤다 가라앉을 때
그는 노년과 청년의 고비를 다시 겪었다
소용돌이로 들어가면서

이교도이건 유태인이건
오 그대 키를 잡고 바람 부는 쪽을 내다보는 자여
플레버스를 생각하라, 한때 그대만큼 미남이었고 키가 컸던 그를.

* 황동규 시인의 해설 : 자명한 것 같은 이 짧은 마디는 두 가지 상반되는 해석을 동시에 갖고 있다. 즉 재생이 없는 수사(물을 제대로 사용 못하는 현대적 상황)를 암시한다는 해석, 재생에 앞선 희생적 죽음을 암시한다는 해석이 있다. 두 번째 설명을 따르는 비평가가 더 많지만, 이 마디에 나오는 죽음에는 이상한 고요함이 뒤따르고 있어 딱 결정하기 힘든 문제이다.

* 인산 생각 : 아주 짧아서 좋습니다. 제목이 '수사(水死)'입니다. 물로 인한 죽음입니다. 거대한 태풍 전에 오는 고요함과 잔잔함 같습니다. 새로운 생명의 탄생을 위해 필연적으로 와야 하는 죽음입니다. 깊은 바다 속에서 죽은 플레버스는 오늘을 살아가고 있는 우리 모두입니다. 이교도이건 유태인이건, 즉 인간이면 누구나 모두 자신만의 키를 잡고, 바람이 부는 쪽, 즉 자신이 헤쳐 나가야 할 상황을 직시하며 살아가려 합니다. 그런 우리 모두에게 시인은 플레버스를 생각하라고 말합니다. 우리 모두는 다 플레버스임을 잊지 말라고 말합니다. 삶과 죽음은 분리된 것이 아님을, 그리고 죽음은 새로운 생명을 잉태하는 것임을 깊이 느낄 수 있습니다.

천둥이 한 말
땀 젖은 얼굴들을 붉게 비춘 횃불이 있은 이래
동산에 서리처럼 하얀 침묵이 있은 이래
돌 많은 곳은 고뇌가 있은 이래
아우성 소리와 울음소리
옥(獄)과 궁궐(宮闕)

먼 산을 넘어오는 봄 천둥의 울림
살아 있던 그는 지금 죽었고
살아 있던 우리는 지금 죽어 간다
약간씩 견디어 내면서

여기는 물이 없고 다만 바위뿐
바위 있고 물이 없고 모랫길뿐
길은 구불구불 산들 사이로 오르고
산들은 물이 없는 바위산
물이 있다면 발을 멈추고 목을 축일 것을
바위 틈에서는 멈출 수도 생각할 수도 없다
땀은 마르고 발은 모래 속에 파묻힌다
바위 틈에 물만 있다면
침도 못 뱉는 썩은 이빨의 죽은 산 아가리
여기서는 설 수도 누울 수도 앉을 수도 없다
산속엔 정적마저 없다
비를 품지 않은 메마른 불모의 천둥이 있을 뿐
산속엔 고독마저 없다
금간 흙벽집들 문에서
시뻘겋게 성난 얼굴들이 비웃으며 으르렁댈 뿐
만일 물이 있고
바위가 없다면
만일 바위가 있고
물도 있다면

물
샘물
바위 사이에 물웅덩이
다만 물소리라도 있다면
매미 소리도 아니고
마른 풀잎 소리도 아닌
바위 위로 흐르는 물소리가 있다면
티티새가 소나무 숲에서 노래하는 곳
뚝뚝 똑똑 뚝뚝 또로록 또로록
하지만 물이 없다

항상 당신 옆에서 걷고 있는 제삼자는 누구요?
세어 보면 당신과 나 둘뿐인데
내가 이 하얀 길을 내다보면
당신 옆엔 언제나 또 한 사람이
갈색 망토를 휘감고 소리 없이 걷고 있어,
두건을 쓰고 있어
남자인지 여자인지는 알 수 없으나
-하여간 당신 곁에 있는 사람은 누구요?
공중 높이 들리는 저 소리는 무엇인가
어머니의 비탄 같은 흐느낌 소리
평평한 지평선에 마냥 둘러싸인
갈라진 땅 위를 비틀거리며 끝없는 벌판 위로 떼지어 오는
저 두건 쓴 무리는 누구인가

저 산 너머 보랏빛 하늘 속에
깨어지고 다시 세워졌다가 또 터지는 저 도시는 무엇인가
무너지는 탑들
예루살렘 아테네 알렉산드리아
비엔나 런던
현실감이 없는
한 여인이 자기의 길고 검은 머리칼을 팽팽히 당겨
그 현(絃) 위에 가냘픈 곡조를 타고,
어린애 얼굴들을 한 박쥐들이 보랏빛 황혼 속에서
휘파람 소리를 내며 날개치며
머리를 거꾸로 하고 시커먼 벽을 기어 내려갔다
공중엔 탑들이 거꾸로 서 있고
추억을 불러일으키는 종을 울린다, 시간을 알렸던 종소리
그리고 빈 물통과 마른 우물에서 노래하는 목소리들

산속의 이 황폐한 골짜기
희미한 달빛 속에서 풀들이 노래하고 있다
무너진 무덤들 너머 성당 주위에서,
단지 빈 성당이 있을 뿐, 단지 바람의 집이 있을 뿐
성당엔 창이 없고 문은 삐걱거린다
마른 뼈들이 사람을 해칠 수는 없지
단지 지붕마루에 수탉 한 마리가 올라
꼬꾜 꼬꾜 꼬꾜
번쩍하는 번개 속에서, 그러자 비를 몰아오는

일진(一陣)의 습풍(濕風)

갠지스강은 바닥이 나고 맥없는 잎들은
비를 기다렸다. 먹구름은
멀리 히말라야 산봉 너머 모였다
밀림은 말없이 쭈그려 앉았다
그러자 천둥이 말했다
다
〈다타(주라)〉 우리는 무엇을 주었던가?
친구여, 내 가슴을 흔드는 피
한 시대의 사려분별로도 취소할 수 없는
한순간에의 굴복, 그 엄청난 대담,
이것으로 이것만으로 우리는 존재해 왔다
그것은 죽은 자의 약전에서도
자비스런 거미가 덮은 죽은 자의 추억에서도
혹은 텅 빈 방에서
바짝 마른 변호사가 개봉하는 유언장 속에도
찾을 수 없다
다
〈다야드밤(공감하라)〉 나는 언젠가 문에서
열쇠가 돌아가는 소리를 들었다. 단 한 번 돌아가는 소리
각자 자기 감방에서 우리는 그 열쇠를 생각한다
열쇠를 생각하며 각자 감옥을 확인한다
다만 해질녘에는 영묘한 속삭임이 들려와

잠시 몰락한 코리올레이누스를 생각나게 한다
다
〈담야타(자제하라)〉 보트는 경쾌히
응했다, 돛과 노에 익숙한 사람의 손에
바다는 평온했다. 그대의 마음도 경쾌히 응했으리라
부름을 받았을 때, 통제하는 손에
순종하여 침로를 바꾸며

나는 기슭에 앉아
낚시질했다. 등뒤엔 메마른 들판
적어도 내 땅만이라도 바로잡아 볼까?
런던 교가 무너진다 무너진다
〈그리고 그는 정화하는 불길 속에 몸을 감추었다〉
〈언제 나는 제비처럼 될 것인가〉 -오 제비여 제비여
〈황폐한 탑 속에 든 아퀴텐 왕자〉
이 단편들로 나는 내 폐허를 지탱해 왔다
분부대로 합죠 히에로니모는 다시 미쳤다
다타, 다야드밤, 담야타
샨티 샨티 샨티.

 * 황동규 시인의 해설 : 엘리엇이 밝힌 주석과 같이 세 가지 테마가
나타나고 예수가 죽임당한 풍요신과 관련이 맺으나 아직 부활은 없
다. 바위만 있는 풍경이 점점 열을 더해 가자 서양 문명이 낳은 위대한
도시들이 모두 악몽으로 바뀌는 비전에까지 이른다. 그러자 곧 황무지

한가운데 있는 위험 성당으로 장면이 바뀐다. 그 성당은 비어 있고 버림받은 것 같으며 지금까지 그곳은 찾아온 고행이 헛된 것처럼 보인다. 갑자기 닭이 울고 번개가 치며 풍요를 약속하는 비가 내린다. 천둥은 동양의 지혜의 틀을 통해 구원의 메시지를 보낸다. '주라, 공감하라, 자제하라' 그러나 우리는 적절히 주기에는 너무 신중하고, 적절히 공감하기에는 너무 자신들에 갇혀 있고, 자제하기에는 자제를 당하도록 되어 있다. 구원은 아직 문제를 안고 있고 '적어도 내 땅만이라도 지탱해 보는' 상태를 보여 줄 뿐이다.

 * 인산 생각 : 시는 숨가쁘게 이어져 종착역에 다다릅니다. 천둥 소리가 들립니다. 메마르고 갈라진 '황무지'에 곧 반가운 비 소식, 생명의 비 소식이 들려오는 듯합니다. 천둥은 그래서 생명 소리입니다.

 5부의 첫 장은 황무지인 골고다 언덕에서의 예수님의 고난과 처형을 묘사하고 있습니다. 부활하시기 전까지의 절망적인 상황입니다. 동산의 침묵은 겟세마네 동산에서 있었던 예수님의 마지막 기도입니다. 그리고 물이 이어집니다. 이 물은 황무지를 낙원으로 바꾸어 주는 생명의 물입니다. 당신 곁에서 걷고 있는 제삼자는 우리와 늘 동행하시는 주님이십니다. 이어지는 공중 높이 들리는 소리, 울리는 종소리, 노래하는 목소리, 풀들의 노래, 수탉의 울음은 생명을 부르는 소리입니다. '주라, 공감하라, 자제하라' 우리를 내려놓으라 합니다. 그리고 나서야 "샨티 샨티 샨티" 모든 이해관계를 초월한 평화가 다가옵니다. 비로소 '황무지'는 '낙원'이 됩니다. 우리도 지금 살고 있는 이곳 '황무지'를 이렇게 '낙원'으로 만들어야 합니다.

참고 문헌

「장자」, 장자, 김원일 옮김, 북마당 2010

「인생이란 무엇인가?」, 톨스토이, 동완 옮김, 신원문화사, 2012

「아들러 심리학을 읽는 밤」, 기시미 이치로, 박재현 옮김, 살림, 2015

「소소한 풍경」, 박범신, 자음과 모음, 2014

「지금 이 순간」, 디트리히 그뢰네마이어, 송휘재 옮김, 청년정신, 2008

「소크라테스의 변명」, 플라톤, 황문수 옮김, 문예출판사, 1999

「신은 진실을 알지만 끝까지 기다리신다」, 톨스토이, 정항 옮김, 청암, 1990

「행복이란 무엇인가?」, 샤하르 강의, 왕옌밍 엮음, 김정자 옮김, 느낌이 있는 책, 2014

「돈과 고민에서 벗어나는 인생의 법칙」, 데일 카네기, 이채윤 옮김, 아이디어북, 2003

「버리고 얻는 즐거움」, 오리슨 마든, 배진욱 옮김, 리더북스, 2015

「난중일기」, 이순신, 지식공작소, 2014 외 다수

「징비록」, 류성룡, 서해문집, 2003 외 다수

「산성일기」, 작자미상, 서해문집, 2004 외 다수

「목민심서」, 정약용, 풀빛, 2005 외 다수

「백범일지」, 김 구, 돌베개, 2005 외 다수

「당신은 정직한가?」, 낸 드마스, 정경한 옮김, 2012

「무엇이 최선인가?」, 조셉 L. 바다라코, 김현정 옮김, 21세기북스, 2012

「어떻게 원하는 것을 얻는가?」, 스튜어드 다이아몬드, 김태훈 옮김, 8.0, 2011

「나는 남들과 무엇이 다른가?」, 정철윤, 8.0, 2012

「지적 대화를 위한 넓고 얕은 지식」, 채사장, 한빛비즈, 2015

「조훈현 고수의 생각법」, 조훈현, 인플루엔셜, 2015

「시경」, 작자미상, 홍익출판사, 2012 외 다수

「나의 별에도 봄이 오면」, 고운기, 산하, 2011

「황무지」, T.S. 엘리엇, 황동규 옮김, 2000